Windows 11

Schritt für Schritt einfach erklärt

Ignatz Schels

Markt+Technik

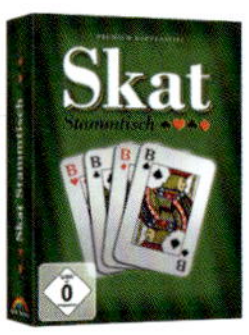

Gratis-Download

Wenn Sie auf die Buch-Webseite www.mut.de/pdf-book/0077 gehen und den Code **0077** eingeben, können Sie gratis das Spiel *Skat Stammtisch* downloaden.

ISBN 978-3-98810-077-1

Produktmanagement Christian Braun, Burkhardt Lühr
Lektorat, Herstellung Jutta Brunemann
Covergestaltung David Haberkamp
Coverfoto © Monkey Business – Adobe Stock
Satz inpunkt[w]o, Wilnsdorf, www.inpunktwo.de
Druck mediaprint solutions GmbH, Paderborn
Printed in Germany

Windows 11

Liebe Leserin, lieber Leser,

ich freue mich, Sie bei *Bild für Bild* für Windows 11 begrüßen zu dürfen. Mit diesem Buch werden Sie Ihr Betriebssystem spielend einfach kennenlernen. In zwölf Kapiteln zeige ich Ihnen die wichtigsten Werkzeuge, erkläre die nützlichsten Tools und gebe Ihnen zahlreiche Hinweise und Tipps, wie Sie mit Windows 11 einfach arbeiten und viel Spaß haben können.

»Sehen und Können« heißt das bewährte Konzept, und nach diesem finden Sie zu jedem Thema bebilderte Schritt-für-Schritt-Anleitungen, die alles auf den Punkt bringen und einfach nachvollziehbar sind.

Ob mit dem Desktop-PC, dem Notebook oder mit dem Tablet – *Bild für Bild* liefert immer die passende Beschreibung. Lesen Sie Ihr Buch Seite für Seite oder suchen Sie gezielt über das Inhaltsverzeichnis oder das Stichwortregister, um Ihr Thema zu finden. Und wenn Sie Hilfe zu einem technischen Begriff brauchen, werden Sie sicher im Lexikon fündig.

Dieses Buch beschreibt die neuste Version von Windows 11 (25H2, ab September 2025). Sie enthält viele Neuerungen und Änderungen gegenüber der früheren Version. Falls Sie etwas lesen, das Ihr Windows noch nicht anbietet, sehen Sie in den Einstellungen unter *Updates* nach, ob Sie die aktuelle Version haben.

Ich freue mich, Ihnen Bild für Bild für Windows 11 präsentieren zu dürfen, und wünsche Ihnen viel Spaß und viel Erfolg beim Lesen und Ausprobieren!

Ihr Autor
Ignatz Schels

1 Start, Startmenü und Apps 11

2 Taskleiste und Desktop 33

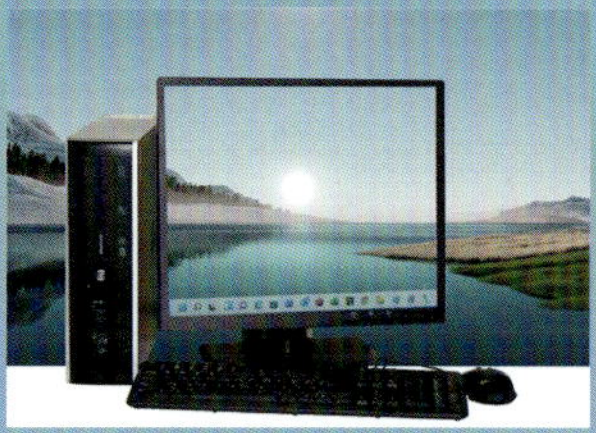

3 Die Einstellungen 65

4 Windows-Apps und Spiele 105

5 Info-Apps und App-Store 147

6 Das Computersystem 163

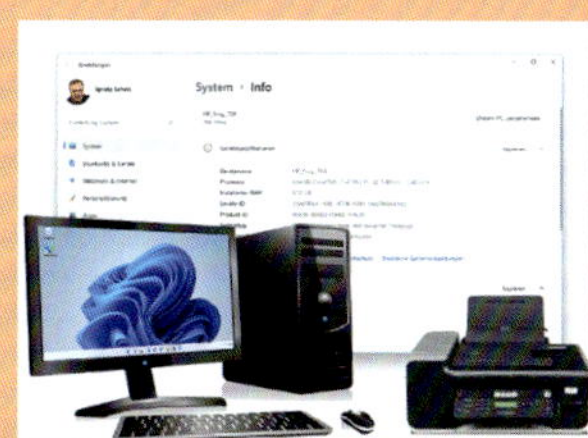

7 Datenverwaltung mit dem Windows-Explorer 185

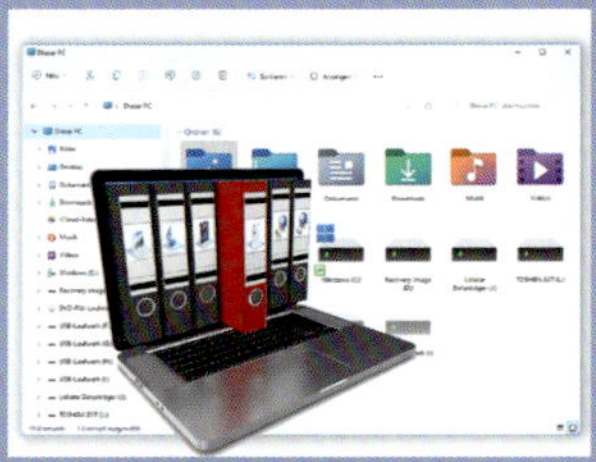

8 Microsoft Edge – der Internetbrowser 211

9 Netzwerk- und Internetverbindungen 243

10 Sicherheit, Datenschutz und Konten 265

11 Nützliches Zubehör 295

12 Windows 11 spezial 317

Lexikon 337

1

Start, Startmenü und Apps

Start

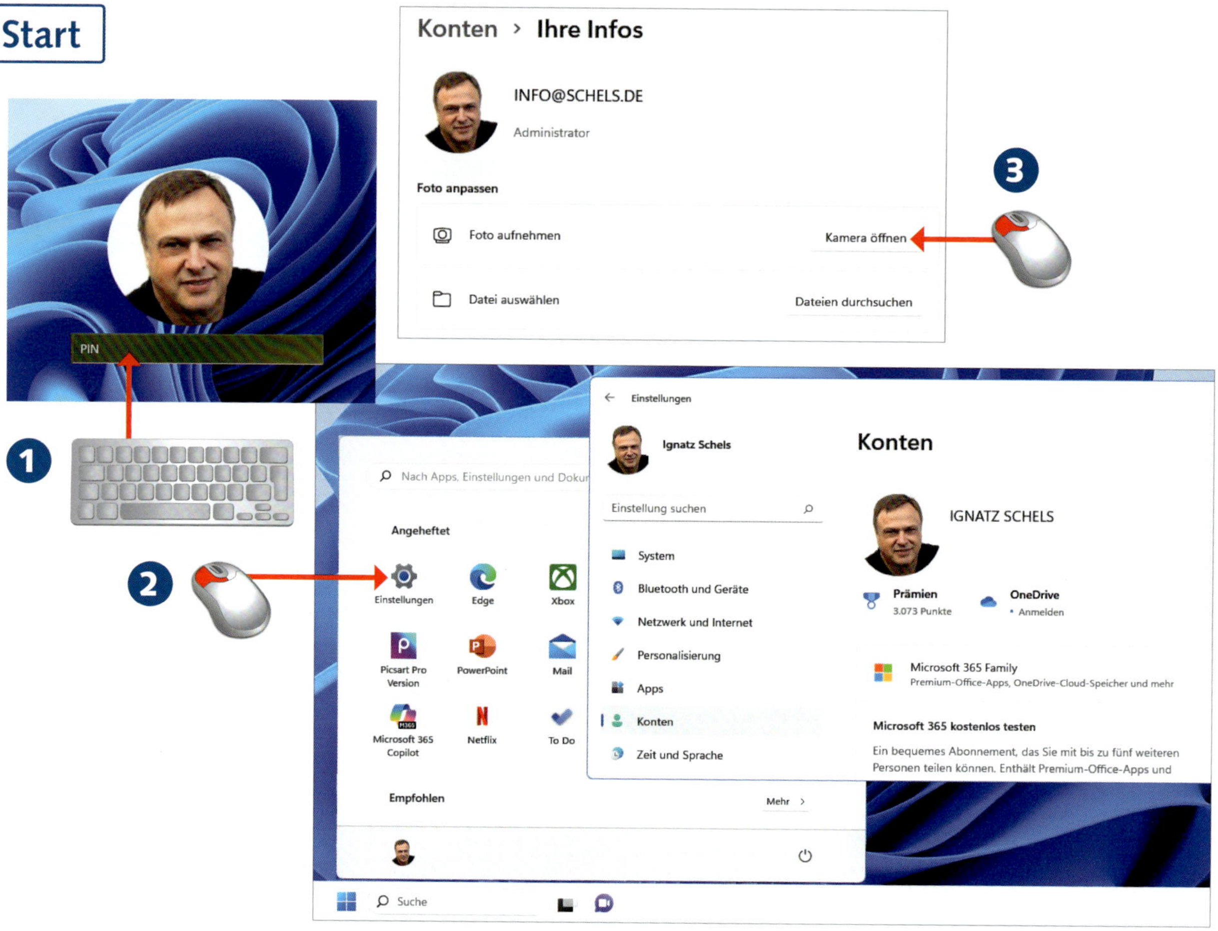

1. Starten Sie Ihren PC, Laptop oder Ihr Tablet. Geben Sie Ihre PIN oder Ihr Kennwort ein, um sich anzumelden.
2. Aktivieren Sie über das Startmenü die *Einstellungen*. Hier können Sie bei Bedarf auf ein anderes Konto umschalten.
3. Nutzen Sie die Kamera, um ein Foto für das Konto aufzunehmen, oder wählen Sie eine gespeicherte Bilddatei (JPEG oder ein anderes Bildformat).

WISSEN

Windows 11 präsentiert nach dem Start zuerst den Sperrbildschirm mit Datum, Uhrzeit und Anmeldeoptionen. Nach der Anmeldung über das Kennwort oder eine PIN erscheint der Startbildschirm mit Startmenü und Taskleiste.

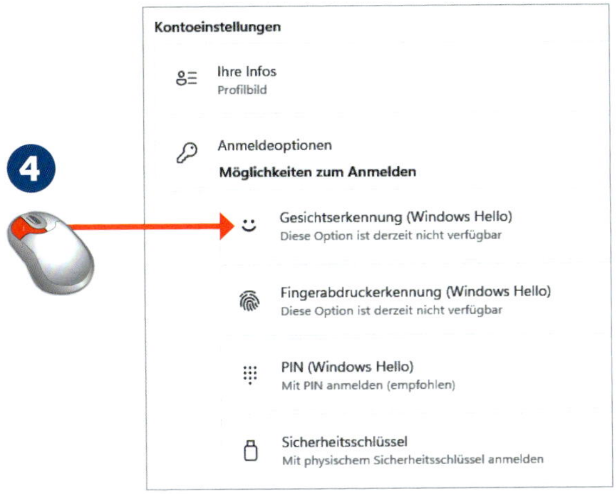

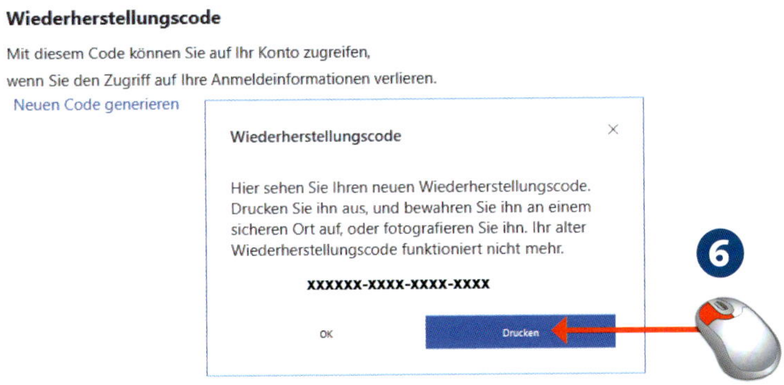

4 Über die Anmeldeoptionen lässt sich auch *Windows Hello* oder die Gesichtserkennung als Anmeldeform aktivieren.

5 Das Konto verwalten Sie über die Webseite von Microsoft. Hier können Sie ein lokales Konto auch in ein Microsoft-Konto umwandeln.

6 Legen Sie einen Wiederherstellungscode an, drucken Sie ihn aus und bewahren Sie ihn an einem sicheren Ort auf.

Ende

HINWEIS

Für Windows 11 brauchen Sie ein Konto. Es wird bei der Installation angelegt. In den *Einstellungen* können Sie das Konto verwalten und wichtige Sicherheitsinformationen eintragen.

HINWEIS

Mit diesem Link schalten Sie auf die Webseite für die Kontoverwaltung mit Kennwörtern und Benutzerkonten: *https://account.microsoft.com*

Start

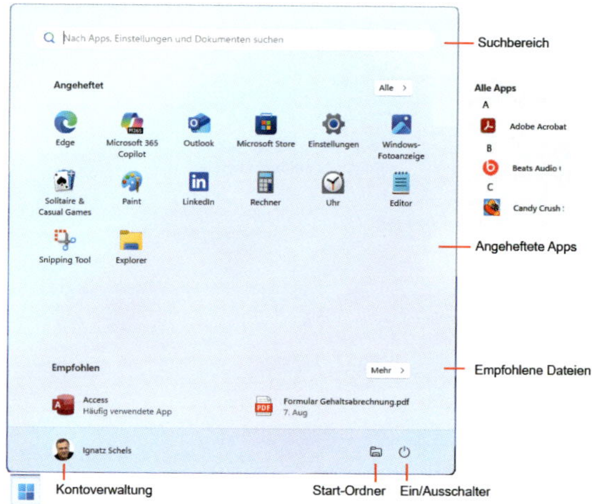

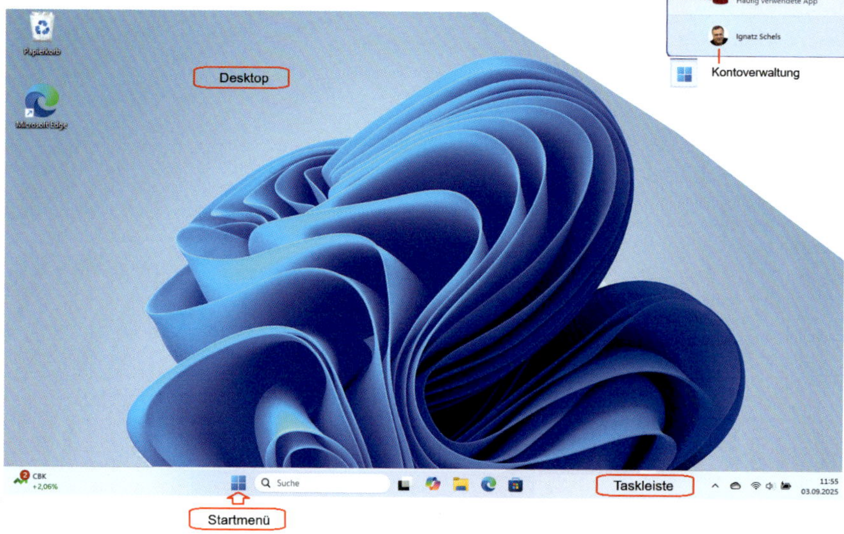

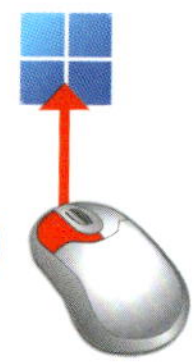

1. Windows 11 präsentiert sich nach dem Start mit dem Desktop, der Taskleiste und dem Startmenü.
2. Klicken Sie auf das Startmenü-Symbol, um das Startmenü zu aktivieren.
3. Das sind die Bereiche des Startmenüs. Jeder Bereich lässt sich individuell konfigurieren.

WISSEN

Auf dem Desktop arbeiten Sie mit Windows 11. Das Startmenü ist Ihre Schaltzentrale. Hier finden Sie Startsymbole für alle installierten Apps, ein intelligentes Suchfeld und eine Liste mit häufig benutzten Dateien.

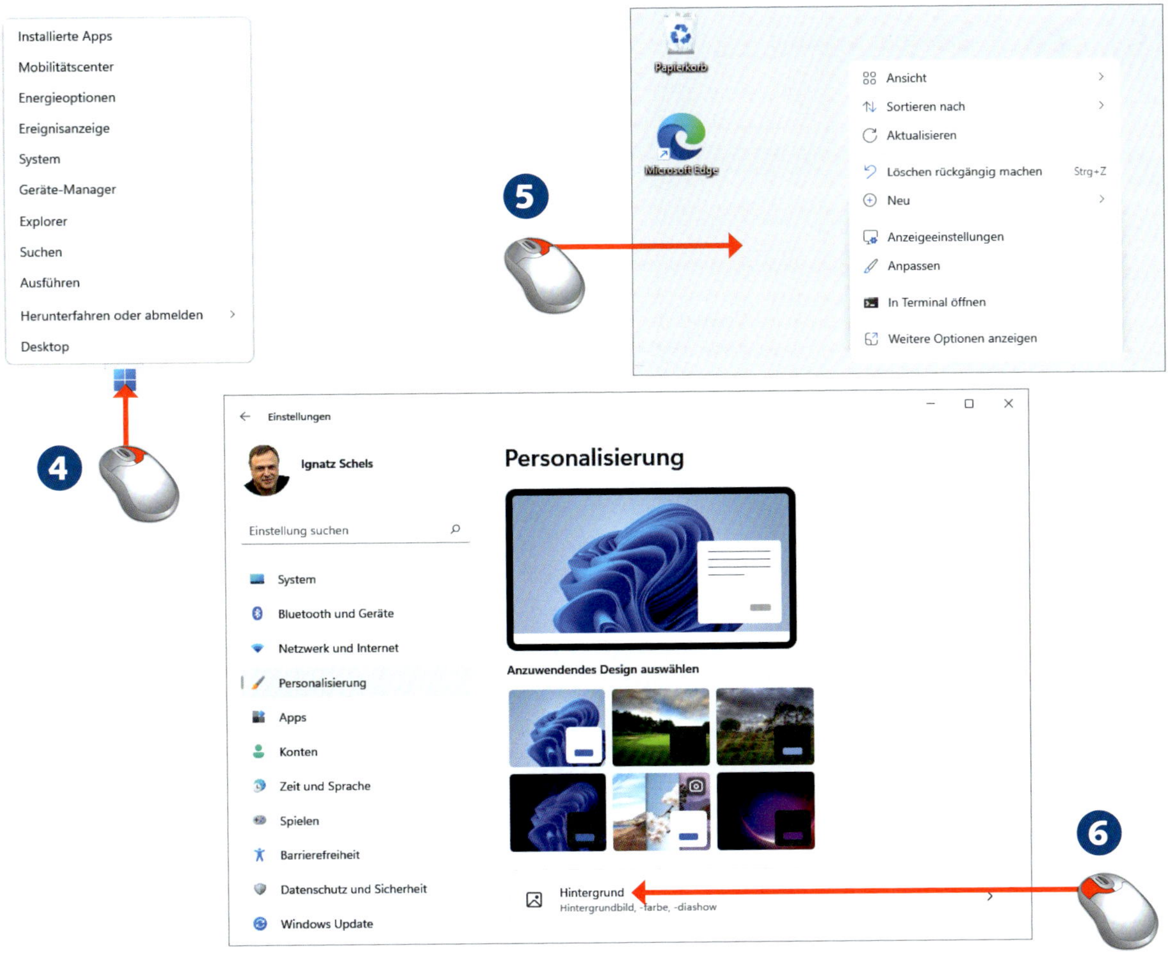

4 Ein Klick mit der rechten Maustaste aktiviert das Kontextmenü des Startmenüs. Hier finden Sie die wichtigsten Werkzeuge des Betriebssystems.

5 Der Desktop bietet ebenfalls ein Kontextmenü über die rechte Maustaste an.

6 Mit *Anpassen* schalten Sie die Funktion *Personalisierung* in den *Einstellungen* ein. Passen Sie hier den Anzeigemodus und den Desktophintergrund an.

Ende

TIPP

Schnelle Tastenkombinationen:
Startmenü aktivieren: [Windows-Taste]
Desktop personalisieren: [Windows-Taste]+[I]

HINWEIS

Der Bereich *Empfohlen* im Startmenü wird erst sichtbar, wenn einige Apps gestartet wurden.

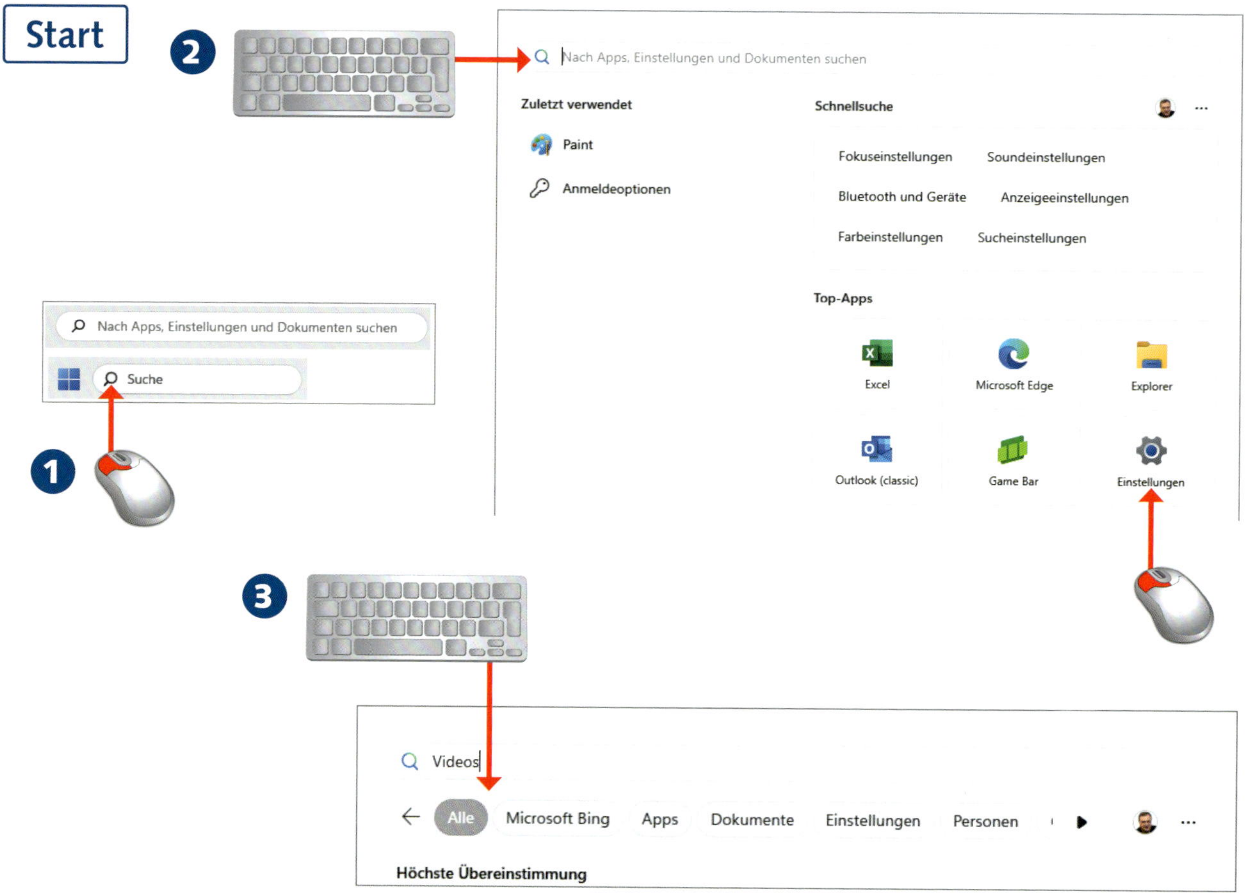

1. Klicken Sie im Startmenü oder in der Taskleiste auf das Symbol mit der Lupe, um die Windows-Suche zu starten.
2. Tragen Sie den Suchbegriff in das Suchfeld ein oder verwenden Sie die *Schnellsuche*. *Top-Apps* bietet Startsymbole für häufig benutzte Apps an.
3. Geben Sie einen Suchbegriff ein, zeigt das Suchfenster sofort Ergebnisse aus unterschiedlichen Quellen.

WISSEN

Der schnellste Weg zur gewünschten Information ist die Suchfunktion: Aktivieren Sie die Lupe aus dem Startmenü oder in der Taskleiste und suchen Sie nach Apps, Dokumenten, Mails, Fotos, Videos oder Musik. Windows wird natürlich auch gleich das Internet durchsuchen.

TIPP

Nutzen Sie die Windows-Suche, um Apps besonders schnell zu starten. Einfach eintippen (z. B. »Excel«) und App-Symbol anklicken.

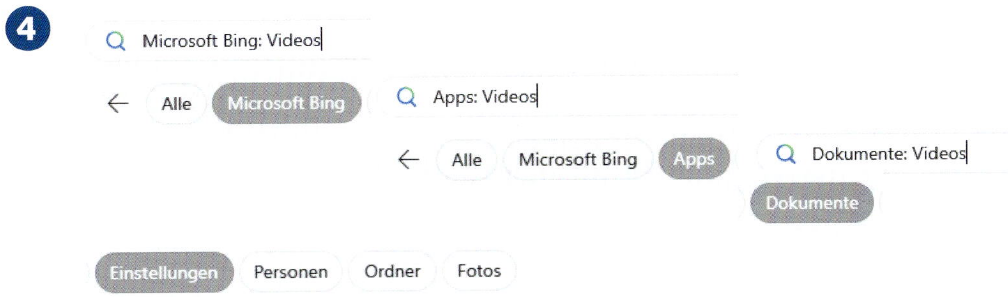

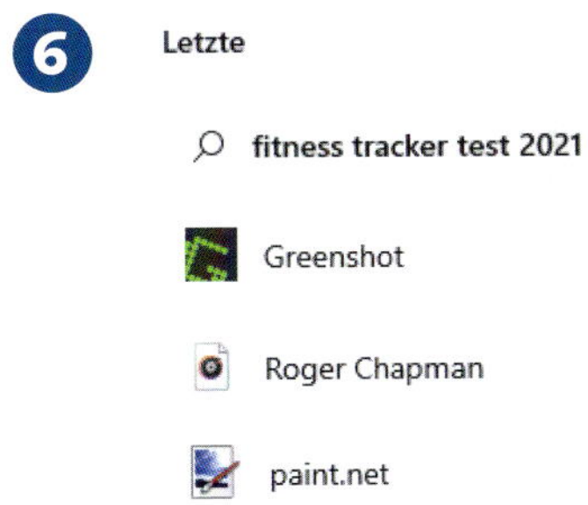

4 Schalten Sie zwischen den Kategorien um, wählen Sie zwischen Fundstellen in Apps, Dokumenten oder im Web.

5 Unter *Mehr* finden Sie weitere Kategorien wie *E-Mail*, *Musik*, *Personen* und *Videos*.

6 Die Liste unter *Letzte* enthält die zuletzt eingegebenen Suchbegriffe.

Ende

TIPP

Geben Sie das Präfix (z. B. »web:«) vor dem Suchbegriff ein, sucht Windows gezielt in dieser Kategorie.

HINWEIS

Unter *Schnellsuche* finden Sie nützliche Apps von Microsoft Bing wie den Übersetzer oder den Währungsrechner.

Start

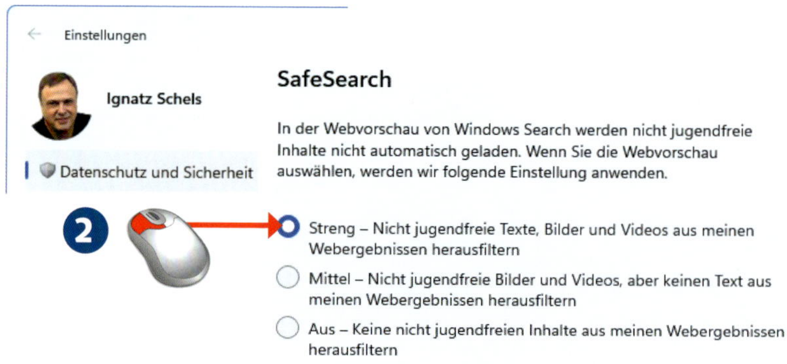

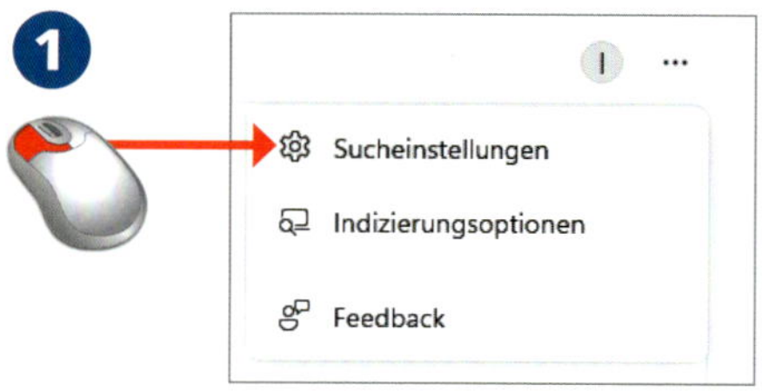

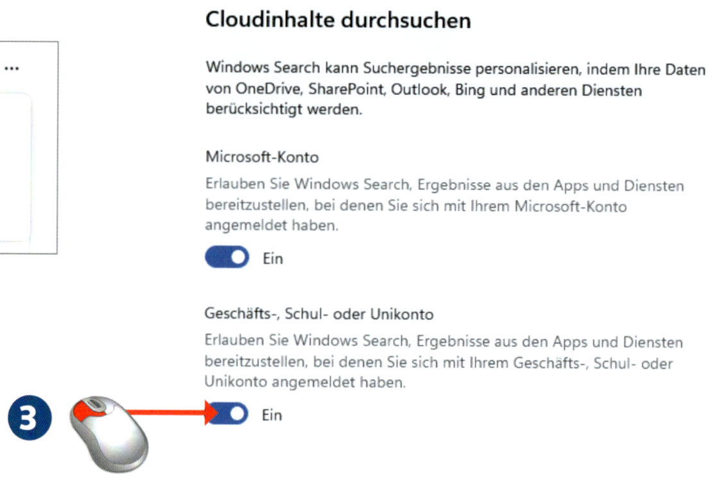

1. Aktivieren Sie die *Sucheinstellungen*, um die Suchergebnisse zu verfeinern.

2. SafeSearch filtert nicht jugendfreie Inhalte aus Suchergebnissen im Internet heraus.

3. Lassen Sie die Windows-Suche auch in Apps und Diensten suchen, die mit Ihrem Microsoft-Konto oder mit dem Geschäfts-/Schulkonto verbunden sind.

WISSEN

Über die Sucheinstellungen regeln Sie das Verhalten der Windows-Suche und stellen sicher, dass keine jugendgefährdenden Inhalte aus dem Internet angezeigt werden. Löschen Sie Ihren Suchverlauf auch regelmäßig, wenn Sie auf »fremden« Rechnern arbeiten.

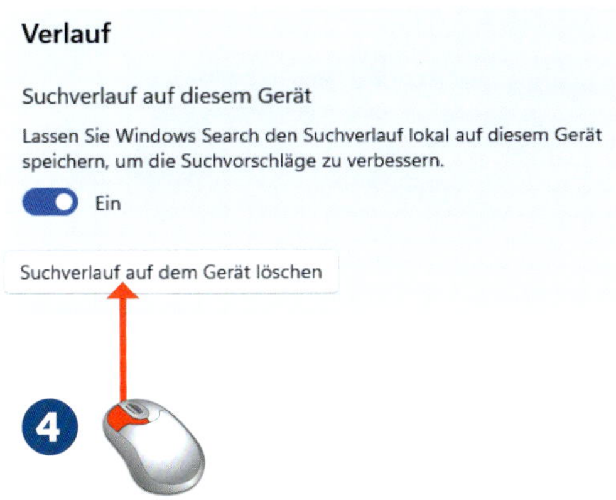

5

6

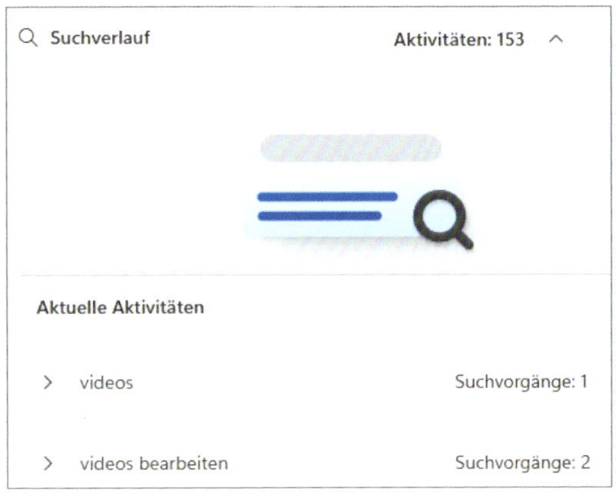

4 Hier lässt sich der Suchverlauf lokal speichern. Schalten Sie die Option aus oder löschen Sie den kompletten Suchverlauf.

5 Im Datenschutz-Dashboard finden Sie den kompletten Suchverlauf, auch als Datei zum Download. Hier löschen Sie die Liste auch aus der Cloud.

6 Der Suchverlauf der Suchmaschine Bing lässt sich hier überprüfen und löschen.

Ende

TIPP

Erstellen Sie unter *Datenschutz/Daten herunterladen* ein Archiv, und sichern Sie darin Suchverläufe, OneDrive-Daten, Teams-Sitzungen u. a.

HINWEIS

Suchergebnisse werden in der Cloud zwischengespeichert, damit Windows sie auch bei anderen Aktivitäten berücksichtigen kann.

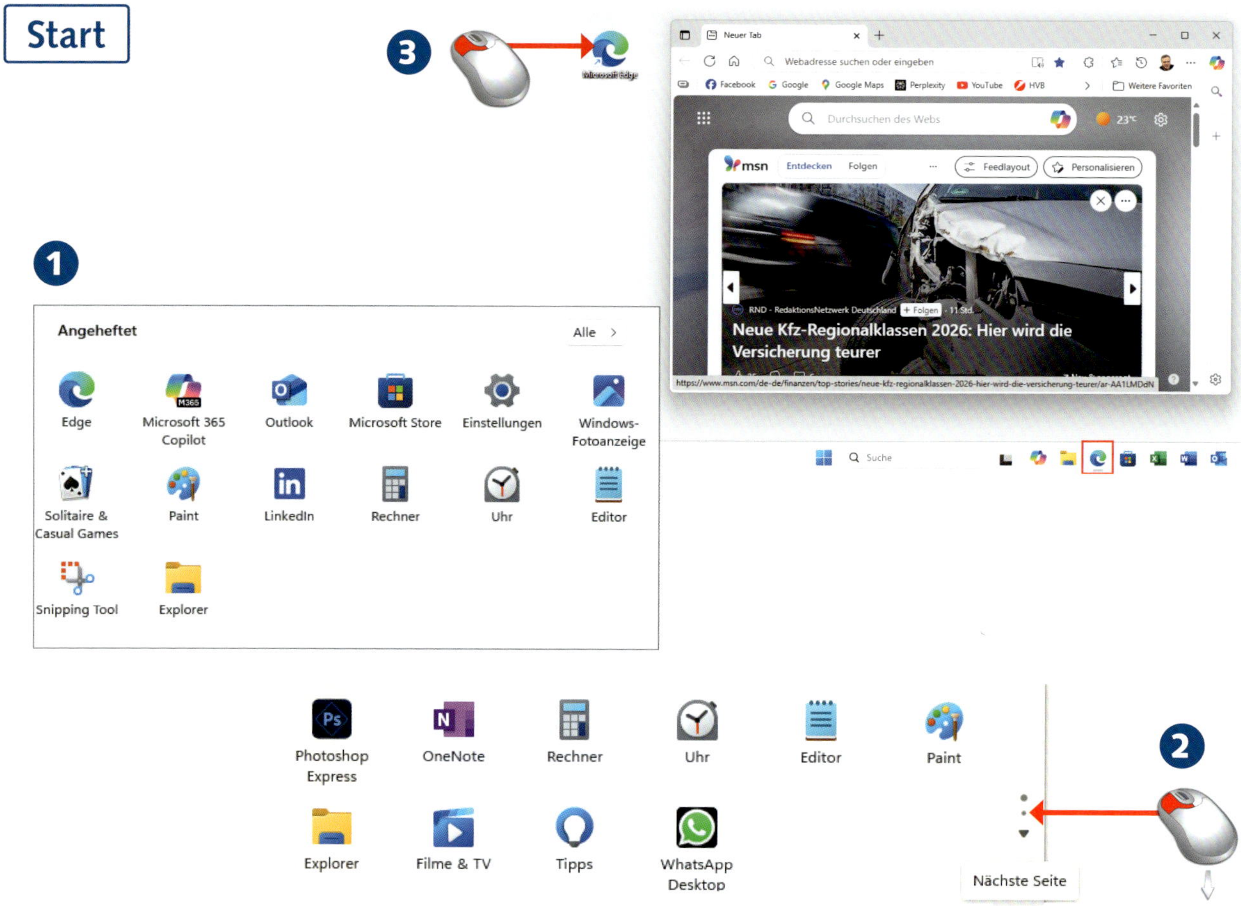

1. Unter *Angeheftet* stehen im Startmenü die wichtigsten Windows-Apps zur Auswahl.

2. Blättern Sie mit dem Mausrad oder mit der Bildlaufleiste am rechten Rand zwischen den Seiten, wenn die Liste mehr als 18 Apps enthält.

3. Ein Klick auf das Symbol – hier der Browser *Edge* – und die App wird gestartet. Das Taskleistensymbol ist markiert, solange die App aktiv ist.

WISSEN

Das Startmenü ist die Schaltzentrale von Windows, und die App-Symbole sind die Schalter. Holen Sie die wichtigsten in die Auswahl, organisieren Sie App-Symbole in Ordnern und legen Sie Verknüpfungen in der Taskleiste an.

HINWEIS

Vom Startmenü gelöste Apps werden nicht gelöscht, sie lassen sich in der App-Liste schnell wieder an das Startmenü anheften.

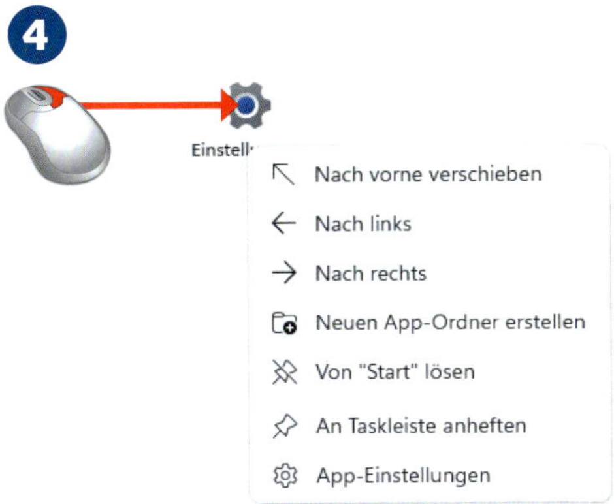

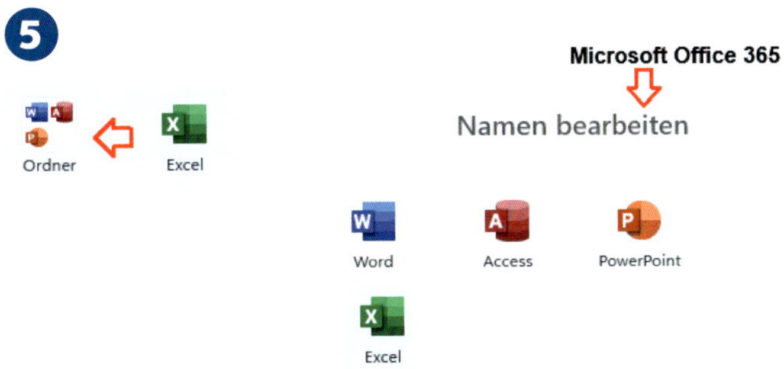

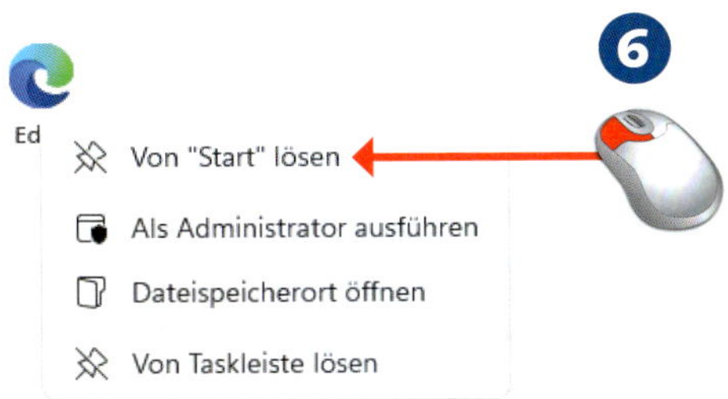

4 Klicken Sie mit der rechten Maustaste auf *Einstellungen*, um das Kontextmenü zu öffnen. Verschieben Sie die App oder erstellen Sie einen App-Ordner.

5 Ziehen Sie App-Symbole einfach mit gedrückter Maustaste in den App-Ordner. Öffnen Sie diesen per Klick, und ändern Sie den Namen im Namensfeld.

6 Wählen Sie *An Taskleiste anheften*, wird das App-Symbol unten in der Taskleiste sichtbar. *Von "Start" lösen* löscht das App-Symbol aus der App-Liste.

TIPP

Die App-Liste lässt sich auch mit dem Mausrad durchblättern. Zeigen Sie auf eine beliebige App und drehen Sie das Mausrad.

HINWEIS

Als Administrator ausführen sollten Sie nutzen, wenn die App besondere Rechte für Windows-User mit Admin-Status vorsieht.

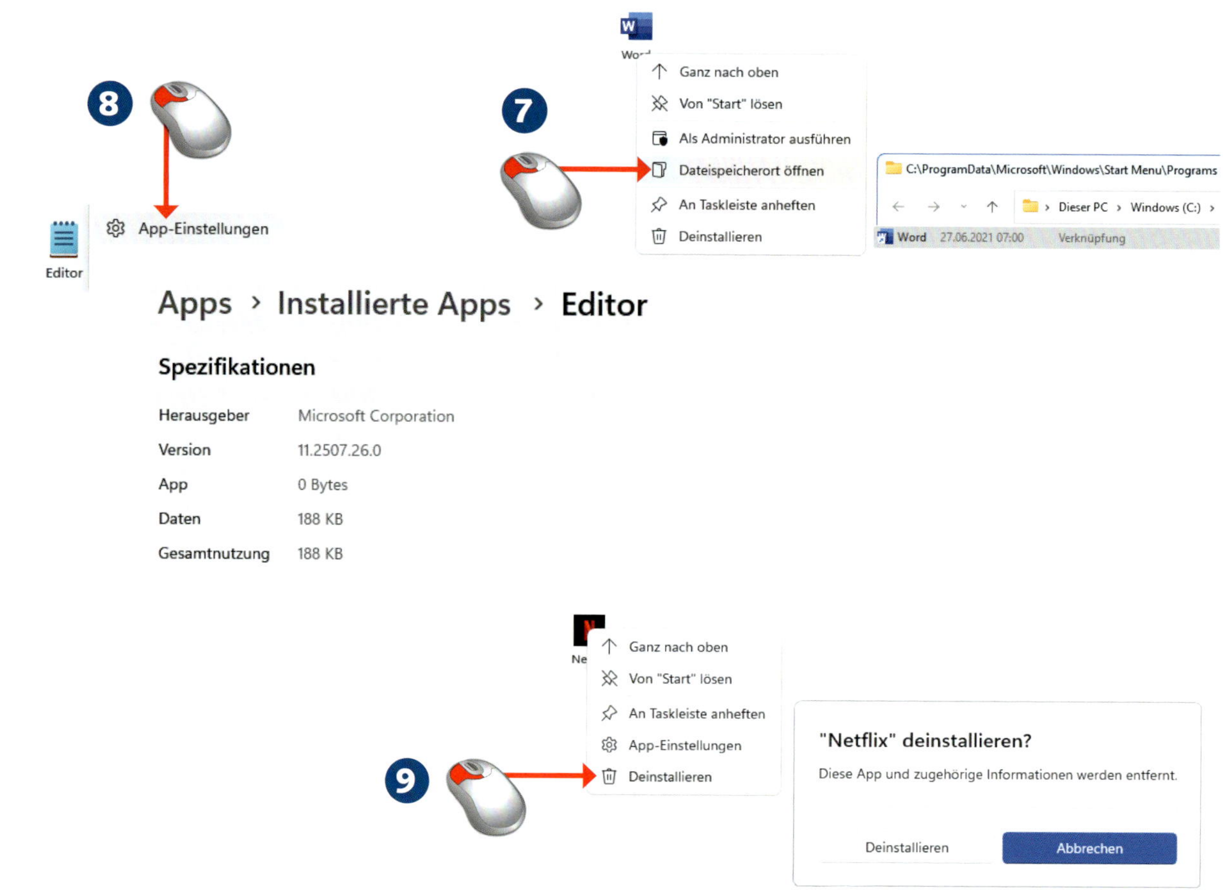

7 Apps sind meist ausführbare Dateien mit der Dateiendung *.exe* oder Verknüpfungen auf solche Dateien. Den Speicherort einer App-Datei finden Sie im Kontextmenü.

8 Die *App-Einstellungen* (hier vom *Editor*) geben neben Herstellerinformationen Auskunft über Größe, Datenvolumen und Speicherverbrauch der App.

9 Deinstallieren Sie eine App, wird die App-Datei gelöscht. Um die App wieder zu aktivieren, muss sie erneut aus dem Store oder über Dateidownloads installiert werden.

WISSEN

Das Startmenü enthält nur die Auswahl der wichtigsten oder häufig benutzten Apps. Ein Klick auf *Alle* zeigt die vollständige Liste der Apps an. Suchen Sie hier Ihre App, pinnen Sie diese ans Startmenü an oder starten Sie das Programm gleich per Klick auf das Symbol.

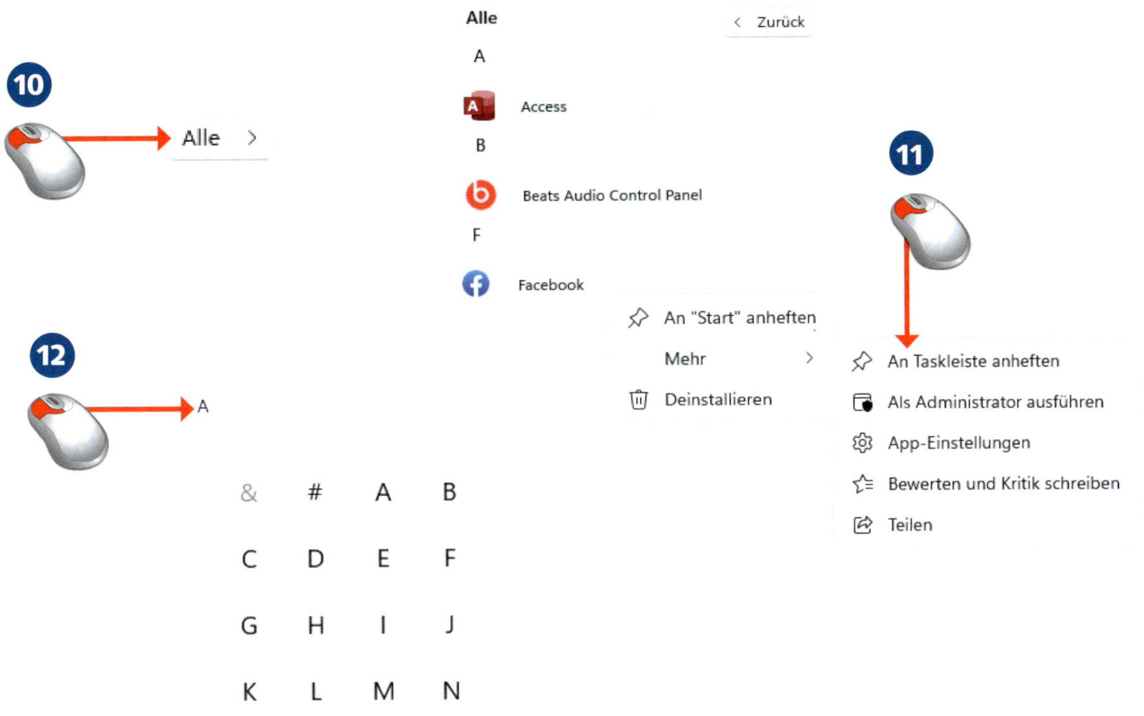

10 Klicken Sie auf *Alle*, um eine alphabetisch sortierte Liste aller verfügbaren Apps einzublenden.

11 Blättern Sie mit dem Mausrad durch die Liste und starten Sie Apps per Klick. Im Kontextmenü finden Sie Optionen, um eine App an das Startmenü oder an die Taskleiste anzuheften.

12 Klicken Sie auf einen Gruppenbuchstaben, um alle Gruppen einzublenden. Ein Klick auf eine Gruppe und die App-Gruppe wird als Erste im Menü angezeigt.

Ende

TIPP

Statt der Gruppenauswahl können Sie bei aktiver App-Liste auch den gewünschten Buchstaben eintippen und die App aus der Ergebnisliste des Suchfensters starten.

HINWEIS

Die Apps haben unterschiedliche Kontextmenü-Einträge. Standard-Windows-Apps wie Fotos oder Kalender lassen sich nicht deinstallieren und geben auch keine Dateiverknüpfung preis.

Start

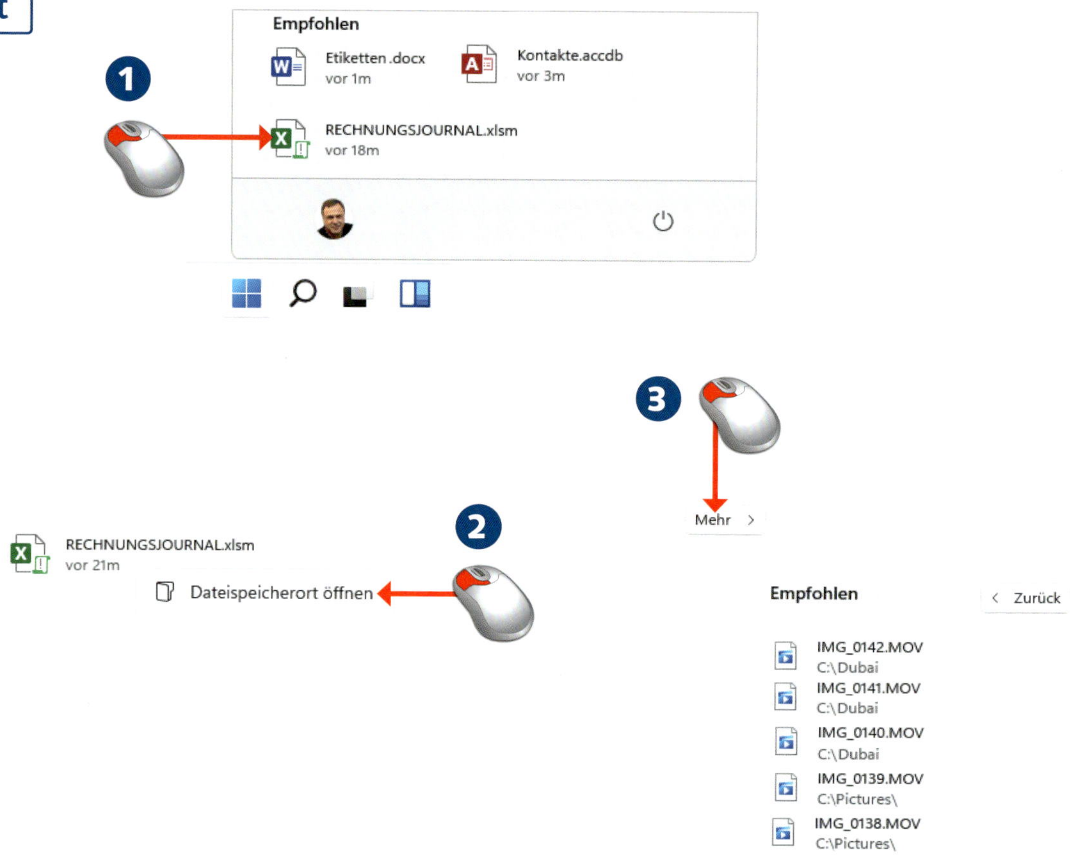

1. Unter *Empfohlen* stehen die zuletzt benutzten Dateien und Dokumente zur Auswahl. Ein Klick genügt, um sie wieder zu aktivieren.
2. Wählen Sie *Dateispeicherort öffnen* im Kontextmenü, um die Datei im Windows-Explorer anzuzeigen.
3. Angezeigt werden immer die letzten sechs Dateien. Klicken Sie auf *Mehr*, um eine größere Liste einzublenden.

WISSEN

Empfohlen heißt der Teil des Startmenüs, in dem die zuletzt verwendeten Dateien gelistet sind. Nutzen Sie die Möglichkeit, diese schnell wieder zu aktivieren, sparen Sie damit lange Suchaktionen in der App-Liste oder im Windows-Explorer.

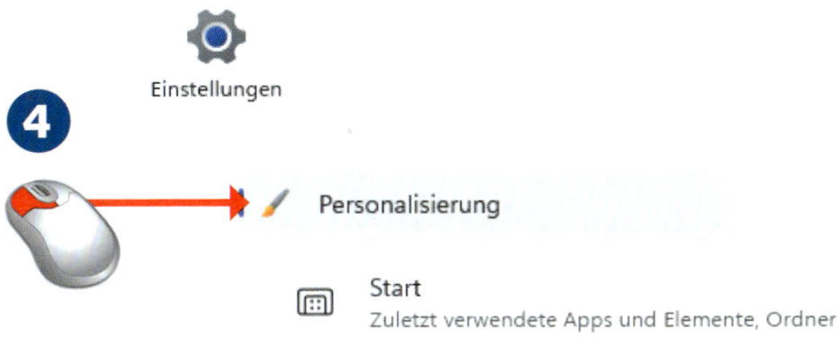

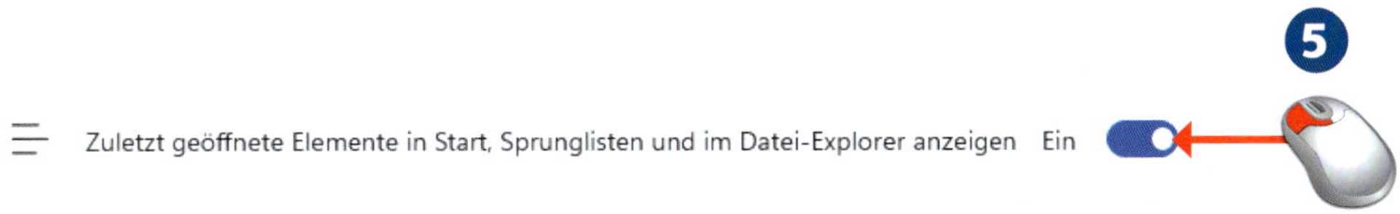

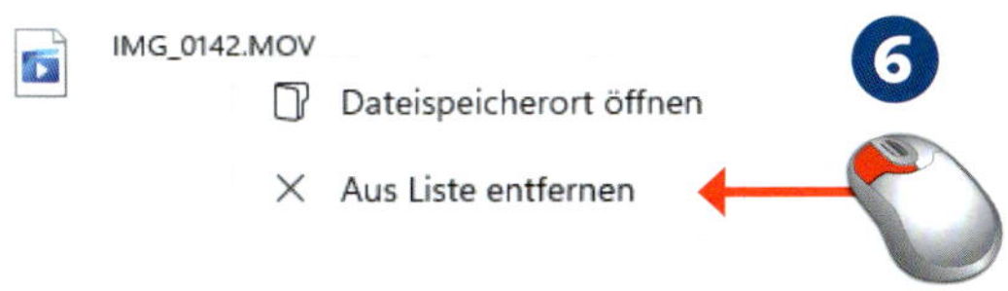

4 In den *Einstellungen* unter *Personalisierung/Start* finden Sie die Möglichkeit, diese Liste der zuletzt verwendeten Dateien aus- oder einzublenden.

5 Stellen Sie den Schalter auf *Ein*, werden die zuletzt verwendeten Dateien angezeigt.

6 Um einzelne Dateien aus der Liste zu entfernen, verwenden Sie die gleichnamige Option im Kontextmenü des Dateisymbols.

Ende

HINWEIS

In der langen Liste der zuletzt verwendeten Dateien blättern Sie einfach durch Scrollen mit dem Mausrad.

TIPP

Zeigen Sie einfach auf einen Eintrag in der Liste der empfohlenen Dateien. Nach kurzer Zeit wird der komplette Dateipfad eingeblendet.

Start

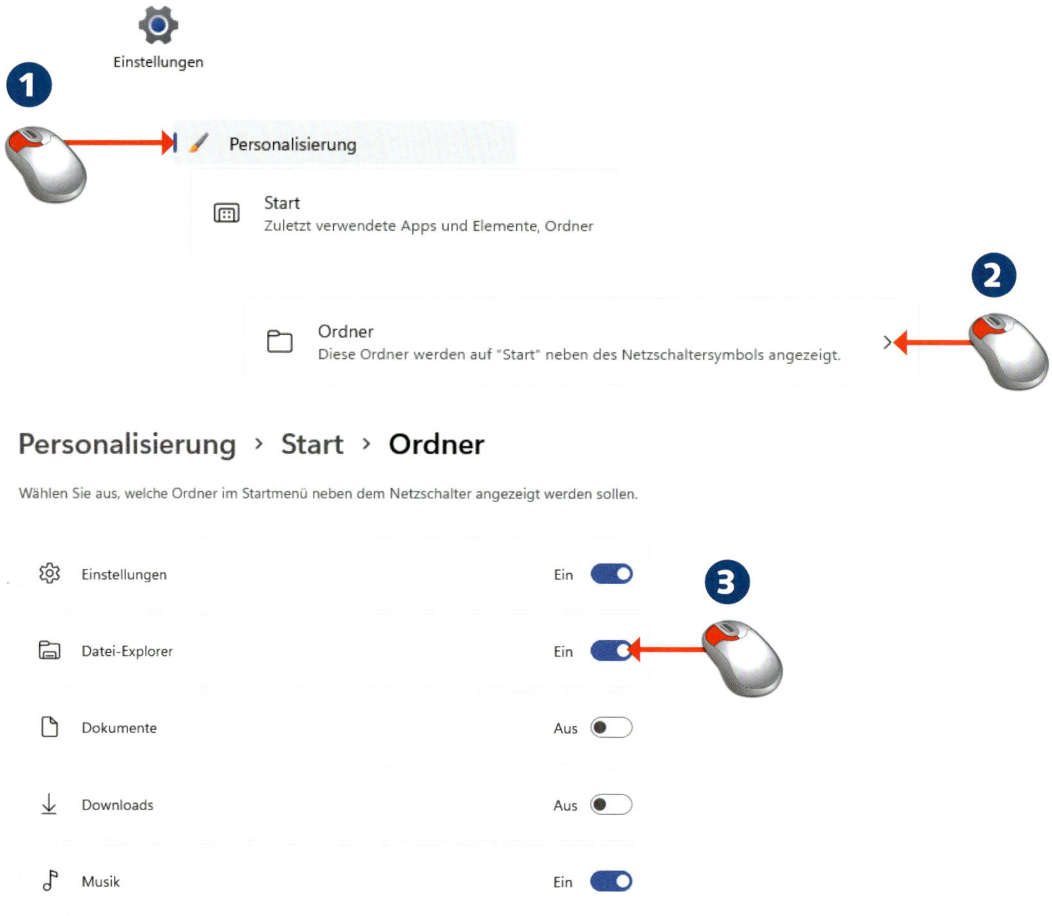

1. Wählen Sie *Personalisierung/Start* in den *Einstellungen*.
2. Unter *Ordner* finden Sie die Liste der aktivierten Netzschaltersymbole.
3. Klicken Sie auf den Schalter des gewünschten Elements, das Sie neben dem Netzschalter sehen wollen.

WISSEN

Neben angehefteten Symbolen und zuletzt verwendeten Dateien gibt es noch eine nützliche Einrichtung für den schnellen Zugriff auf Apps und Daten: Holen Sie sich die wichtigsten Elemente als Symbole direkt neben den Netzschalter.

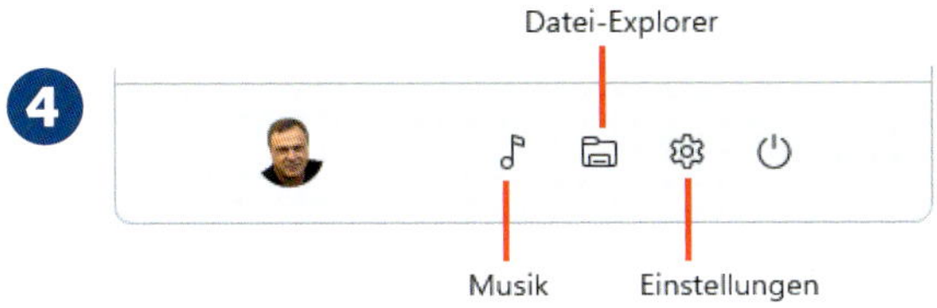

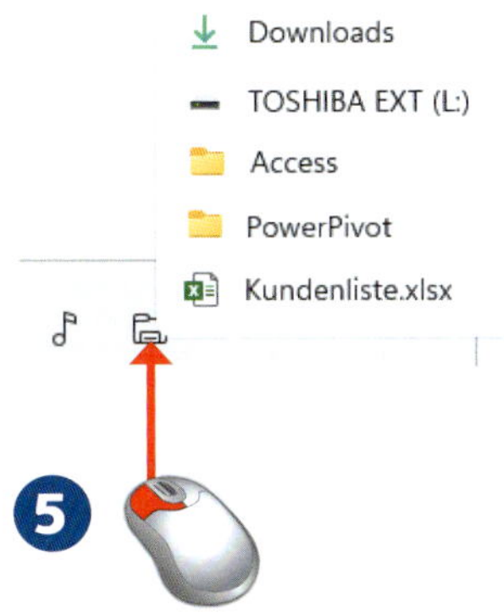

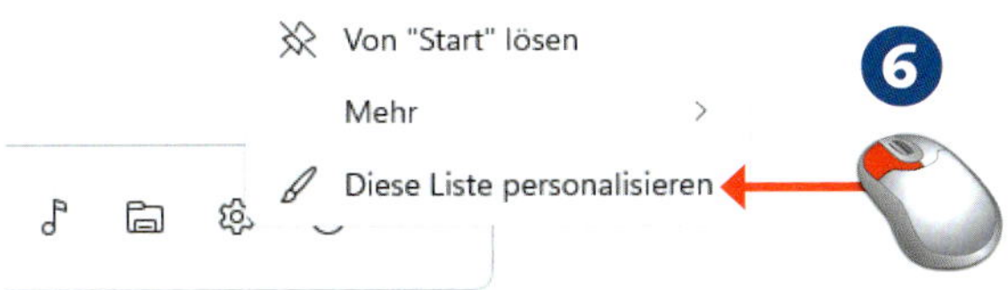

4 Die Symbole werden neben dem Netzschalter eingeblendet, klicken Sie ein Symbol an, um die App oder den Dienst zu starten.

5 Der Datei-Explorer bietet Zugriff auf Laufwerke, Dateien und Ordner.

6 Mit *Diese Liste personalisieren* blenden Sie die Ordnerliste in den *Einstellungen* wieder ein.

Ende

HINWEIS

Die Symbole für Bilder, Videos und Musik beziehen sich auf die Dateien des aktiven Benutzers.

HINWEIS

Das Symbol *Dokumente* aktiviert den Ordner *Eigene Dateien* des aktiven Benutzers.

Start

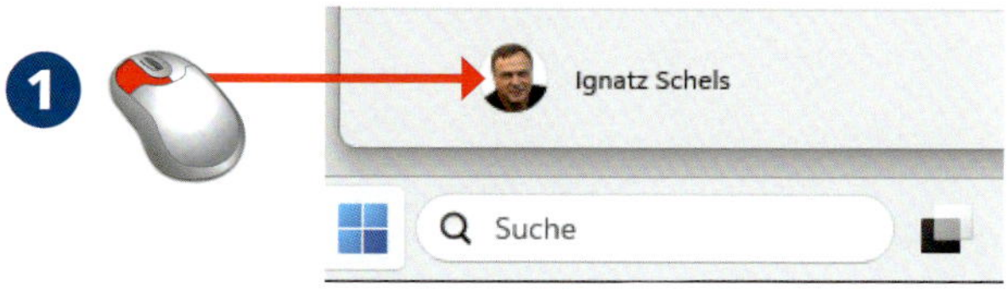

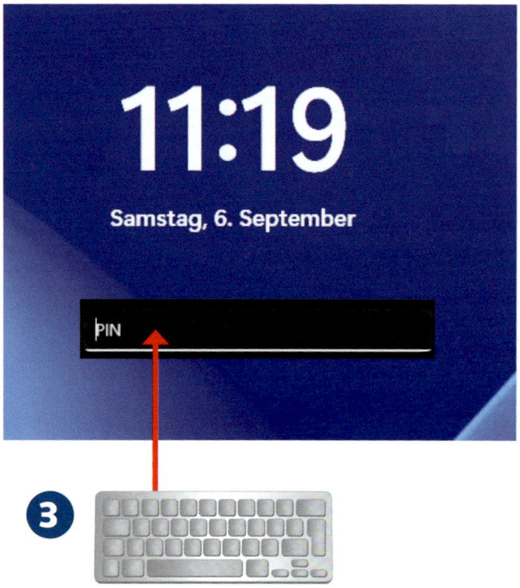

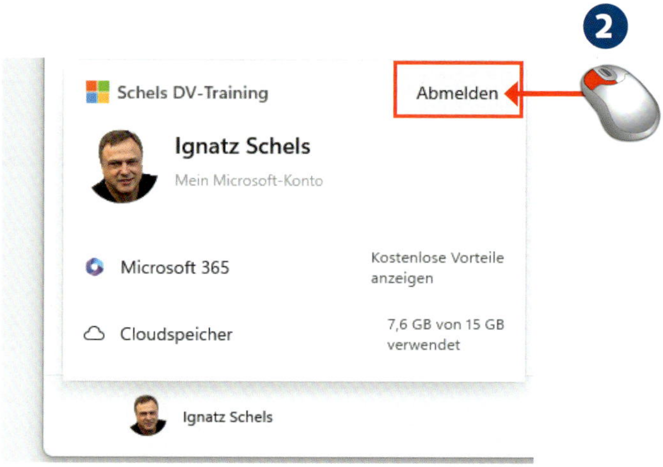

1. Aktivieren Sie das Startmenü und klicken Sie auf Ihr Kontobild.
2. Das aktive Konto wird angezeigt. Klicken Sie auf *Abmelden*, schaltet Windows 11 die Anmeldung ab und präsentiert den Startbildschirm.
3. Ein Klick auf den Startbildschirm und die Anmeldeoptionen werden angezeigt. Geben Sie Ihre PIN oder Ihr Kennwort ein, um sich wieder anzumelden.

WISSEN

Wenn Sie mehrere Konten für die Anmeldung bei Windows 11 oder ein Familienkonto eingerichtet haben, können Sie sich beim aktiven Konto abmelden und an einem anderen Konto wieder anmelden.

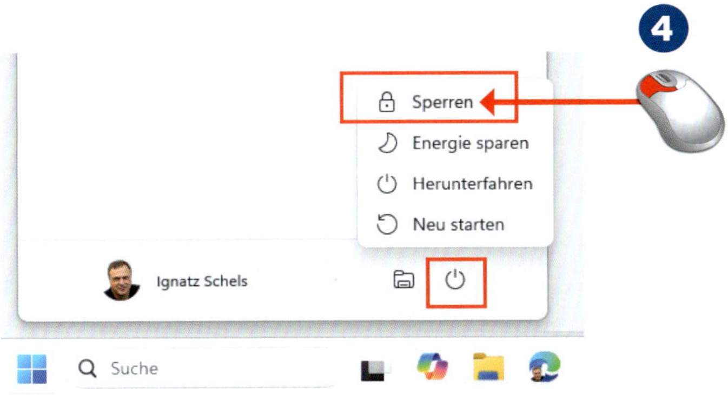

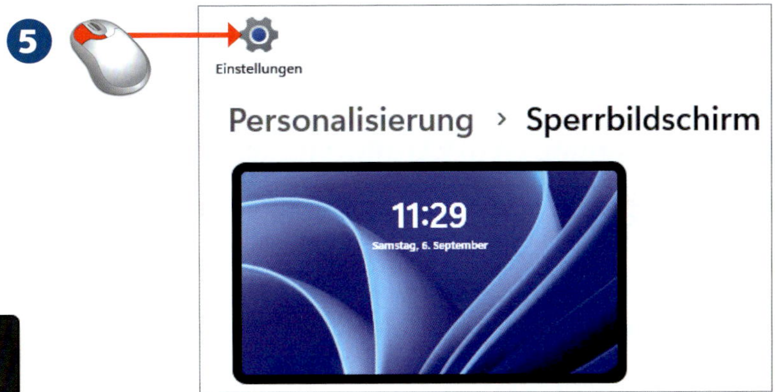

4 Der Ein-/Ausschalter im Startmenü präsentiert ein Menü mit vier Abmeldeoptionen. Klicken Sie auf *Sperren*, um Ihren PC zu sperren.

5 Der Sperrbildschirm wird über *Einstellungen/Personalisierung* gestaltet.

6 Die schnelle Tastenkombination, um Windows zu sperren: Drücken Sie [Win]+[L].

Ende

HINWEIS

Mit [Alt]+[F4] schalten Sie den »alten« Abmeldedialog von Windows (ohne Sperren) ein.

HINWEIS

Die Kontoverwaltung finden Sie unter *Einstellungen/Konten*. Hier können Sie auch neue Konten anlegen. Dazu aktiviert Windows 11 aber die Webseite von Microsoft (*account.microsoft.com*).

Start

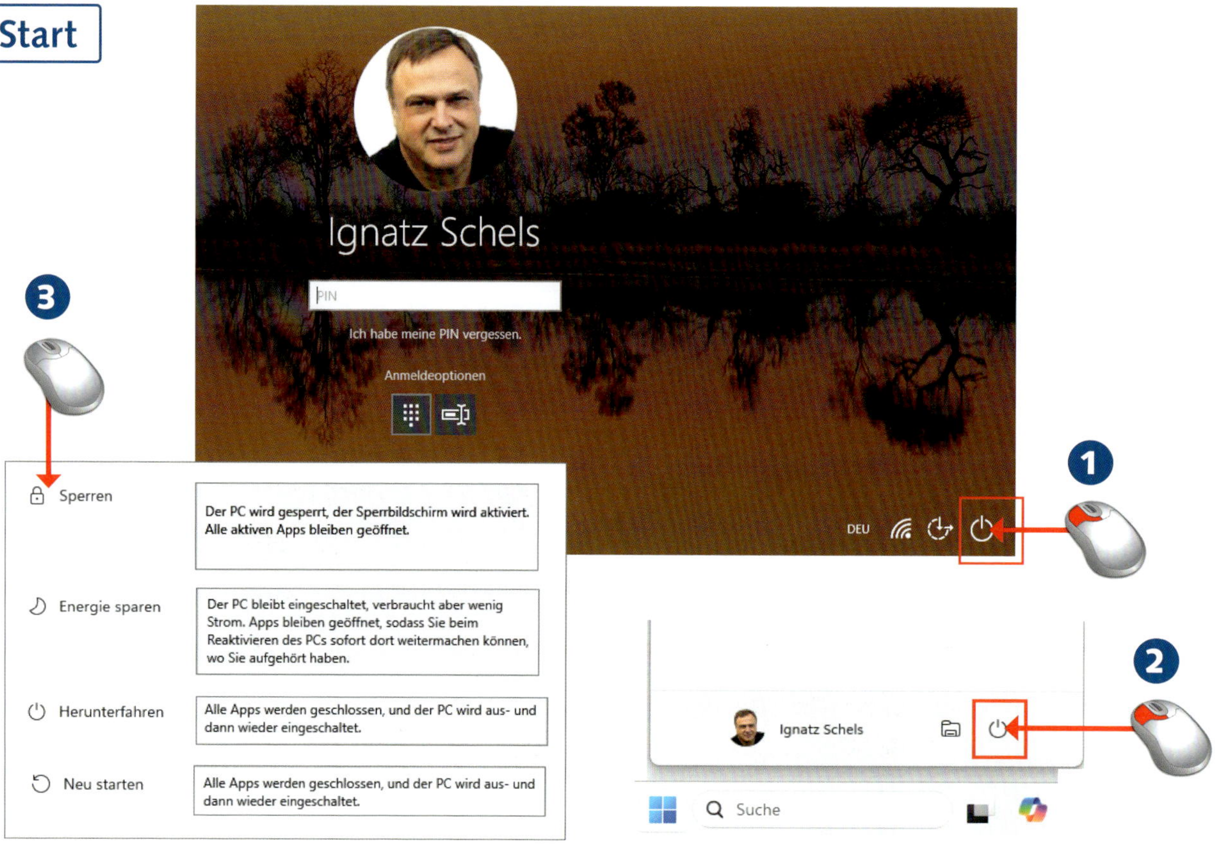

1. Die erste Möglichkeit, Windows zu beenden, bietet sich bereits nach dem Einschalten und vor der Anmeldung. Klicken Sie auf das Symbol rechts unten.
2. Das aktive Betriebssystem Windows beenden Sie mit dem Ein-/Ausschalter rechts unten im Startmenü.
3. Vier Optionen stehen zur Auswahl. Zeigen Sie auf eine Option, wird ein Hilfetext eingeblendet.

WISSEN

Gönnen Sie sich und Ihrem Computer eine Pause, schalten Sie Windows 11 ab.
Oder schicken Sie den Computer wenigstens in den Energiesparmodus.
Oder melden Sie nur Ihr Konto ab. Sie haben die Wahl.

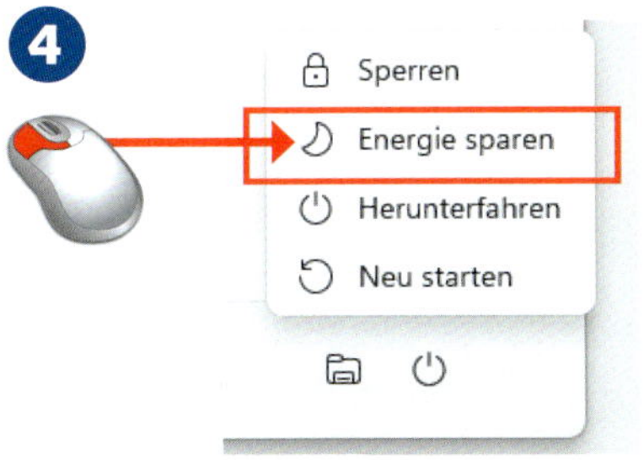

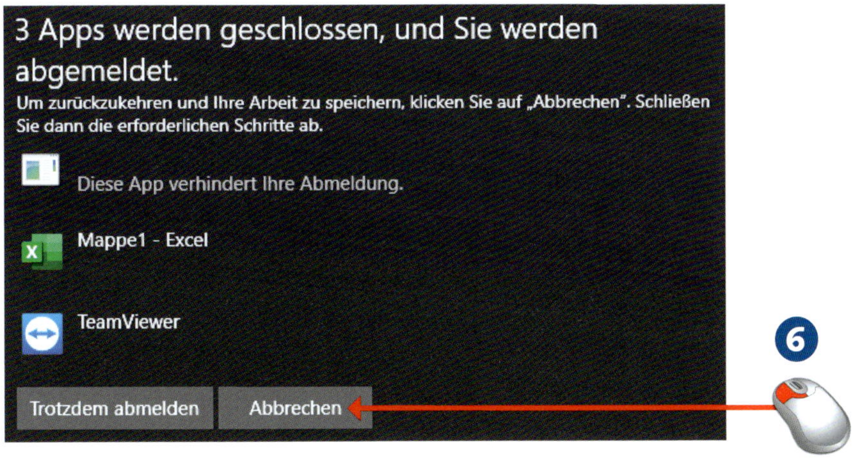

4 Im Energiesparmodus bleibt der PC-Status im Arbeitsspeicher. Bildschirm, Festplatte und alle weiteren Komponenten werden abgeschaltet. Der PC verbraucht geringfügig Strom.

5 Mit *Herunterfahren* werden alle aktiven Apps geschlossen, Bildschirm, Festplatte und alle anderen Komponenten abgeschaltet.

6 Wenn noch Apps mit nicht gespeicherten Daten offen sind, erhalten Sie eine Meldung. Klicken Sie auf *Abbrechen*, und schließen Sie zuvor die Apps, bevor Sie Windows 11 beenden.

Ende

HINWEIS

Wenn Sie eine Meldung erhalten, dass eine App das Schließen verhindert, und *Trotzdem herunterfahren* anklicken, können wertvolle Daten verloren gehen. Sehen Sie lieber noch einmal nach.

TIPP

Um Windows 11 aus dem Energiesparmodus »aufzuwecken«, genügt ein Klick mit der Maus auf den Bildschirm oder das Drücken einer beliebigen Taste.

2

Taskleiste und Desktop

Start

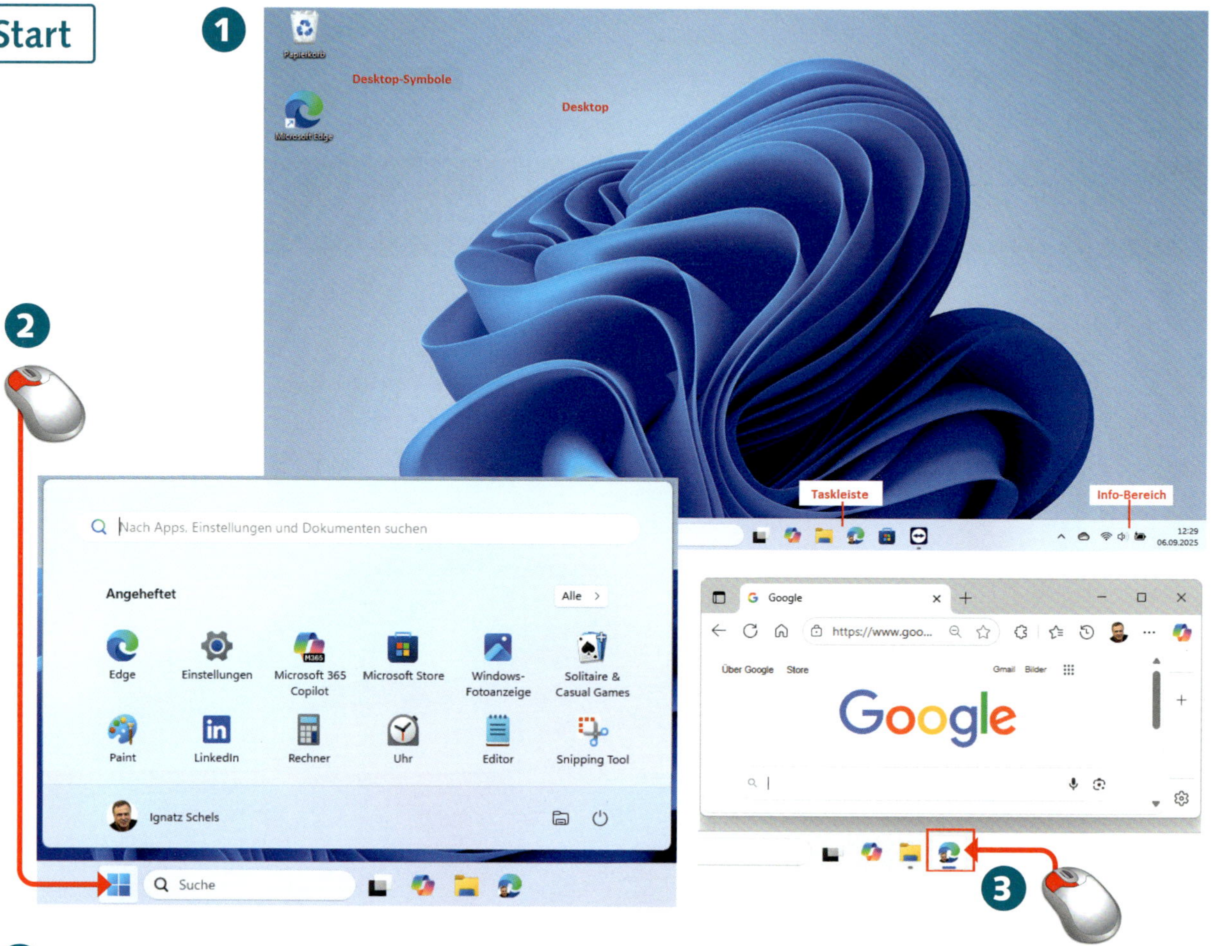

1. Der Desktop übernimmt nach dem Start den Bildschirm und präsentiert sich mit Desktopsymbolen und Taskleiste.
2. Mit dem ersten Symbol in der Taskleiste wird das Startmenü aktiviert. Ein weiterer Klick oder Drücken der Esc-Taste schließt es wieder.
3. Ein Klick auf ein Symbol in der Taskleiste öffnet die App in einem Fenster, ein weiterer Klick schließt das App-Fenster, die App bleibt aber aktiv.

WISSEN

Der Desktop ist Ihre Windows-Oberfläche. Hier arbeiten Sie wahlweise mit Symbolen oder mit Apps aus dem Startbildschirm. In der Taskleiste legen Sie häufig benötigte Apps ab, damit Sie diese mit einem Klick starten können.

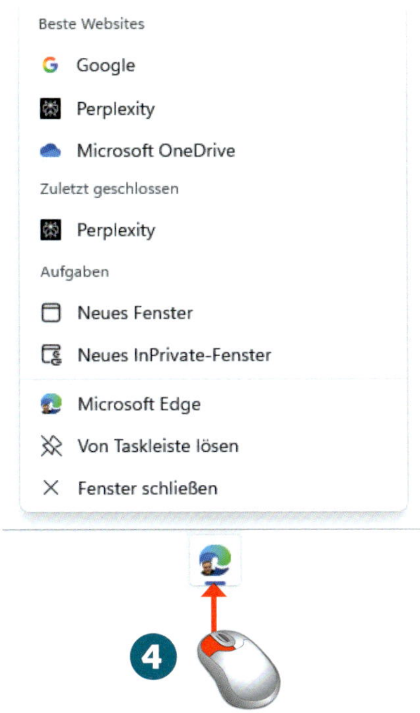

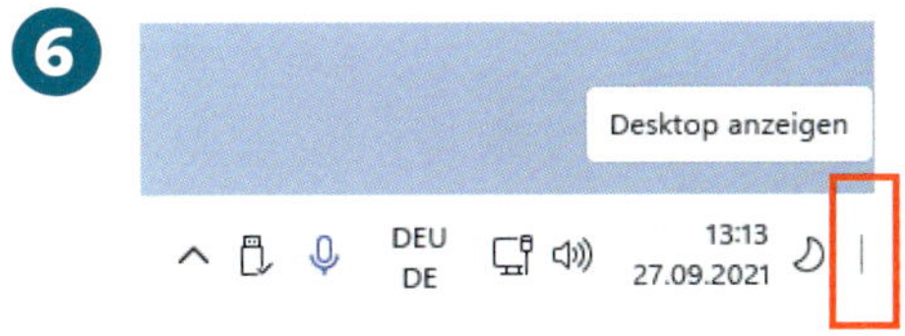

4 Im Kontextmenü finden Sie je nach Symbol häufig besuchte Webseiten oder benutzte Dokumente und Bilder oder weitere nützliche Links.

5 Zeigen Sie auf das Symbol einer aktiven App, sehen Sie eine Miniansicht der App. Ein Klick darauf und das App-Fenster erscheint wieder auf dem Desktop.

6 Zeigen Sie rechts unten in die Taskleiste, um den Desktop aufzuräumen. Ein Klick und alle Fenster werden minimiert, ein weiterer Klick aktiviert wieder alle.

Ende

TIPP

Schneller Sprung zum Desktop und zurück: Drücken Sie [Win]+[D].

TIPP

Mit dem Minimieren wird die App nicht geschlossen. Erst wenn Sie das Fenster der Miniansicht schließen, verschwindet die App vom Desktop.

HINWEIS

Auf dem Tablet: Statt der rechten Maustaste tippen und halten Sie, bis ein Kontextmenü erscheint.

Start

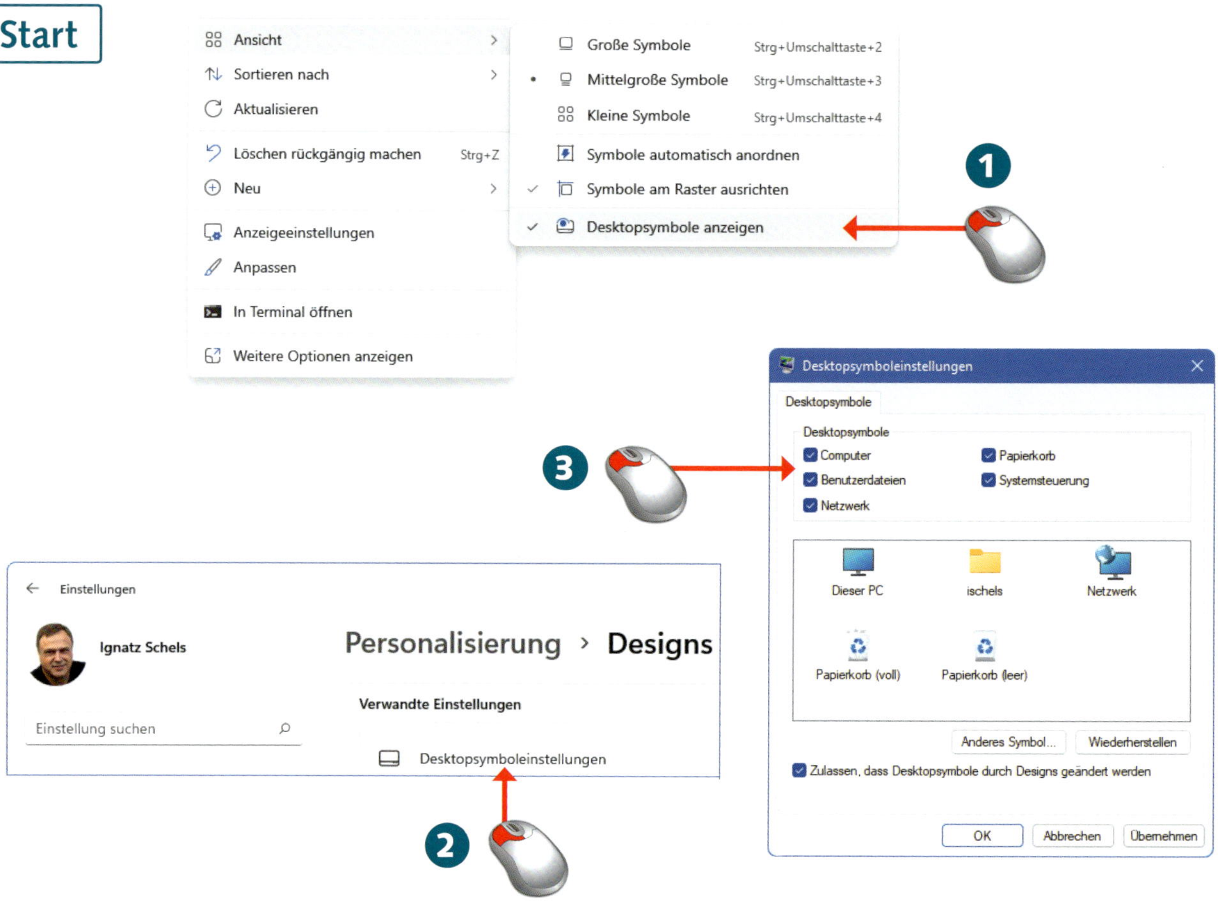

1. Klicken Sie mit der rechten Maustaste auf den Desktop und wählen Sie *Ansicht/ Desktopsymbole anzeigen*.
2. Wählen Sie im Kontextmenü der rechten Maustaste *Anpassen*, klicken Sie auf *Personalisierung/Designs/Desktopsymboleinstellungen*.
3. Hier können Sie weitere Symbole für den Desktop ankreuzen, zum Beispiel *Computer*, *Benutzerdateien* oder *Systemsteuerung*.

WISSEN

Mit Desktopsymbolen starten Sie Ihre Programme einfach per Doppelklick. Holen Sie sich weitere Symbole auf den Desktop, zum Beispiel für die Systemsteuerung oder Ihre Benutzerdaten, und weisen Sie den Symbolen auf Wunsch neue Bilder zu.

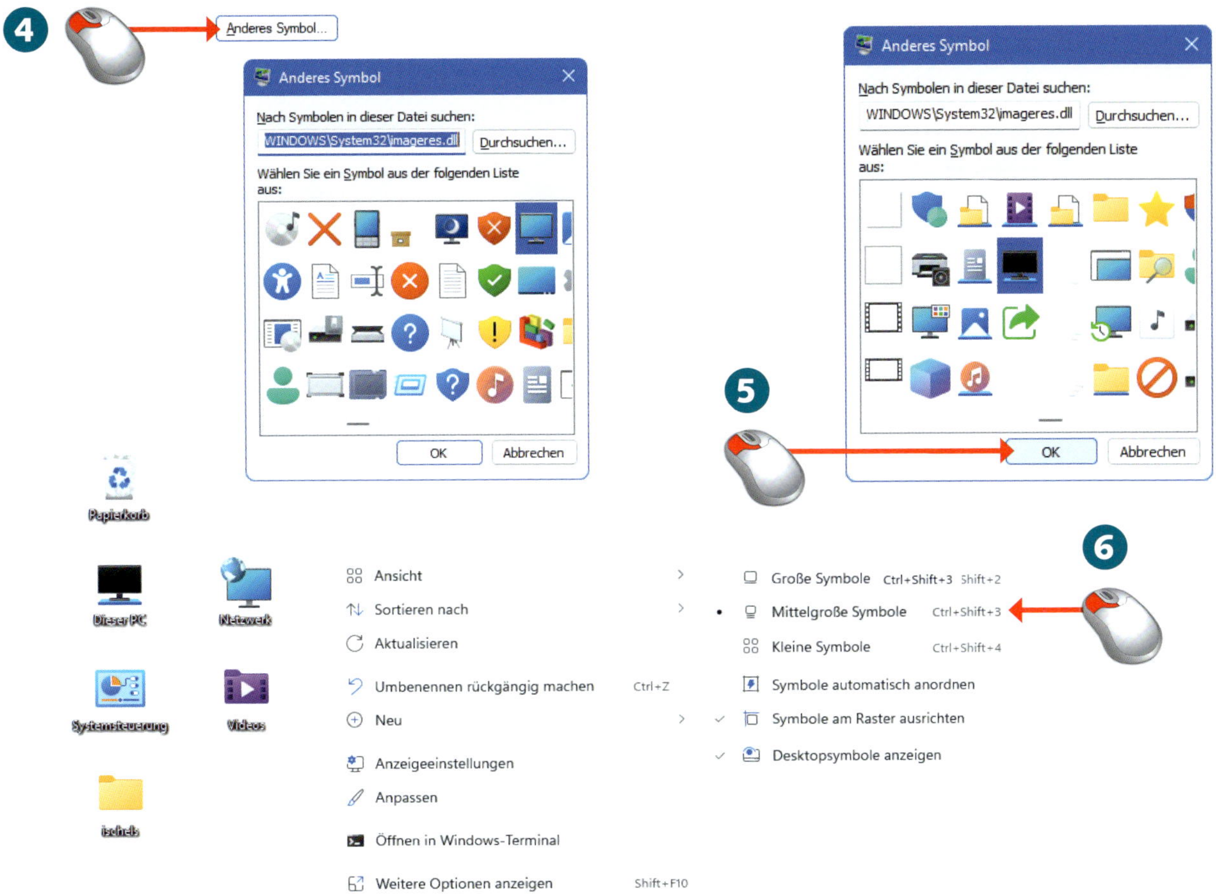

4 Möchten Sie ein Symbol durch ein anderes ersetzen? Markieren Sie es und wählen Sie *Anderes Symbol*.

5 Klicken Sie auf *OK*, um die Änderungen zu übernehmen, und schließen Sie die beiden Fenster.

6 Jetzt zeigt der Desktop am linken Rand die neuen Symbole. Im Kontextmenü können Sie noch die Größe und Anordnung ändern.

HINWEIS

Klicken Sie ein Symbol mit der rechten Maustaste an, wählen Sie *An "Start" anheften*. Damit steht es auch auf dem Startbildschirm zur Verfügung.

TIPP

Unter *Ansicht* im Kontextmenü können Sie die Anordnung der Symbole automatisch einstellen.

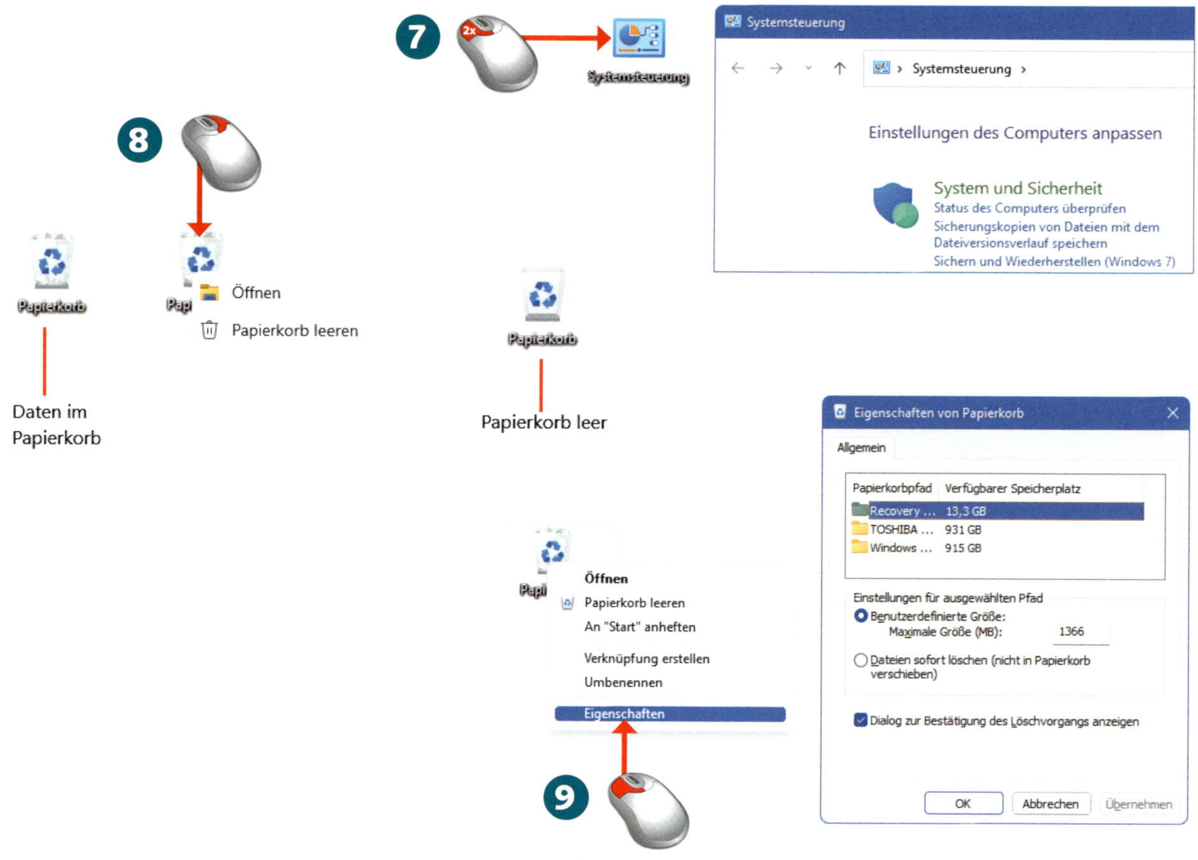

7. Desktopsymbole können Verwaltungstools und Dateien enthalten. Ein Doppelklick darauf öffnet die Datei im verknüpften Programm.

8. Der Papierkorb enthält gelöschte Dateien aus den Apps (z. B. Explorer). Mit *Öffnen* im Kontextmenü sehen Sie den Inhalt. Leeren Sie ihn, werden die Dateien endgültig entfernt.

9. Wählen Sie *Eigenschaften* im Kontextmenü, sehen Sie alle Informationen zum Programm oder zur Datei.

WISSEN

Auf dem Desktop legen Sie natürlich auch Dateien ab, sammeln diese in Dateiordnern oder erstellen Verknüpfungen auf Dateien irgendwo im Dateisystem.
Um das Symbol einer Datei oder Verknüpfung vom Desktop zu löschen, markieren Sie das Symbol und drücken [Entf].

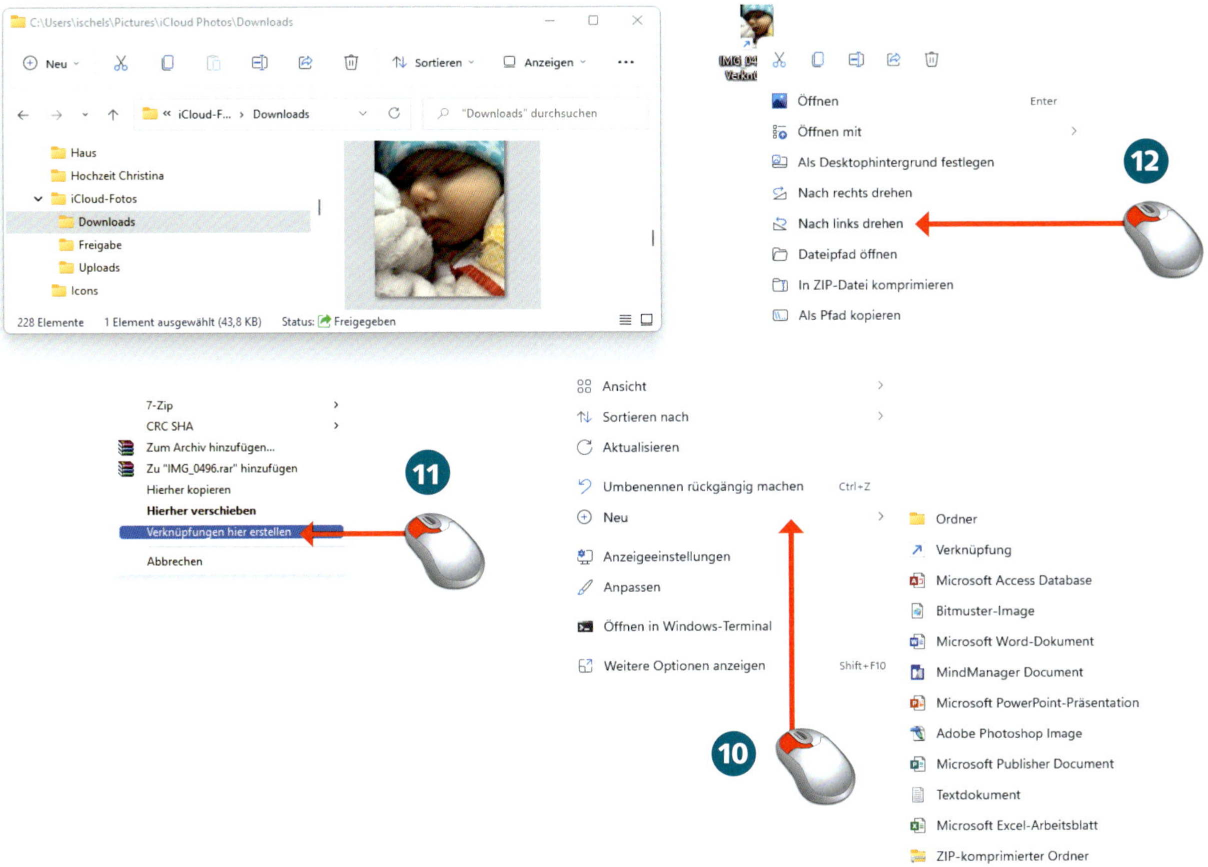

10 Über das Kontextmenü der rechten Maustaste können Sie Ordner oder Dokumente aller Art auf dem Desktop anlegen.

11 Ziehen Sie Ordner oder Dateien aus dem Explorer-Fenster auf den Desktop. Drücken Sie dabei die rechte Maustaste, können Sie entscheiden, ob das Ergebnis eine Datei oder eine Verknüpfung zur Datei wird.

12 Im Kontextmenü finden Sie viele Optionen zur Bearbeitung der Desktop-Datei oder -Verknüpfung.

Ende

HINWEIS

Dateien, die mit [Entf] gelöscht werden, landen im Papierkorb. Drücken Sie [⇧]+[Entf], werden sie gleich endgültig gelöscht.

HINWEIS

Desktop-Verknüpfungen können auch Internetadressen enthalten: *www.schels.de* *www.mut.de* u. a.

Start

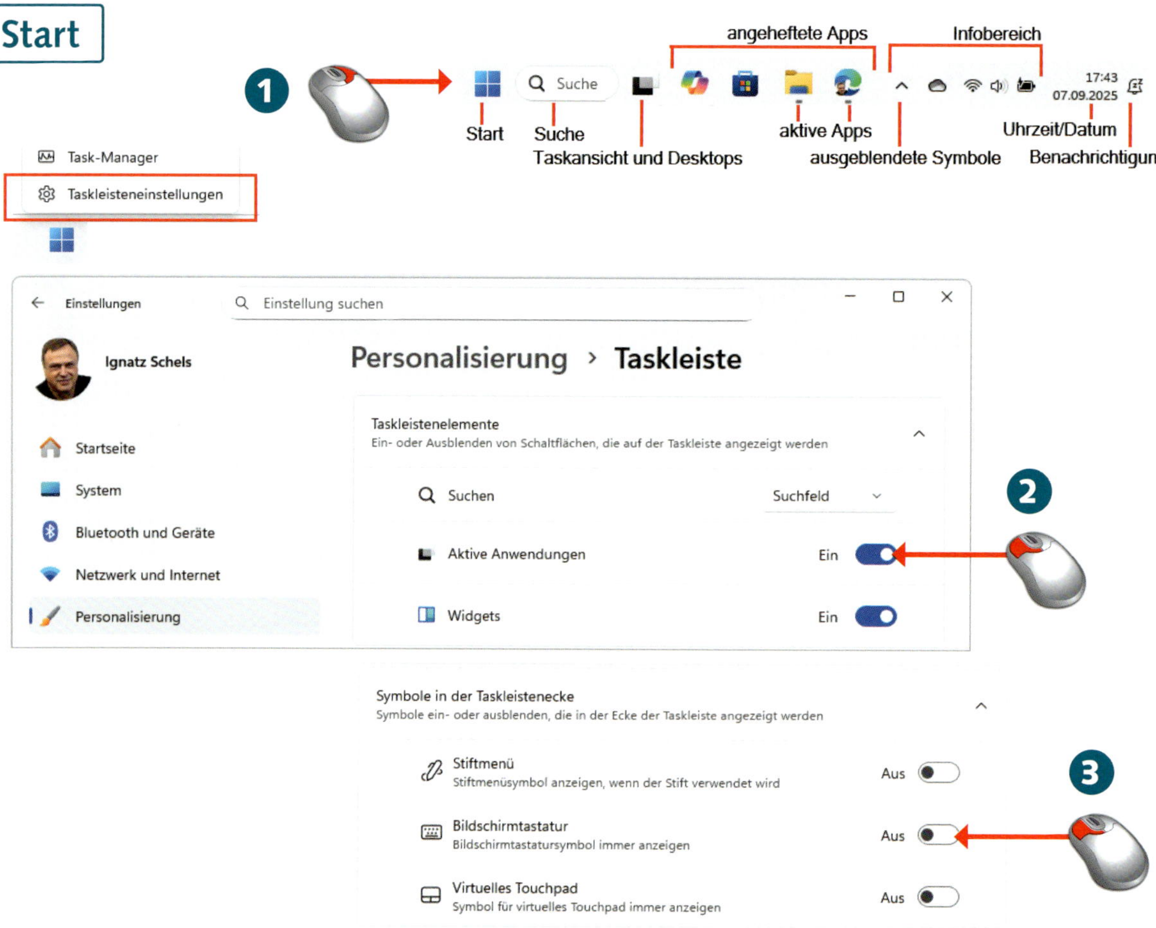

1. Die Taskleiste ist die Schaltzentrale des Desktops. Hier finden Sie Symbole für Apps und Werkzeuge des Betriebssystems.
2. Klicken Sie mit der rechten Maustaste in die Taskleiste und wählen Sie *Taskleisteneinstellungen*. Schalten Sie hier die Symbole ein, die Sie in der Taskleiste sehen wollen.
3. Diese drei Symbole können zusätzlich noch rechts unten angezeigt werden, wenn Sie sie einschalten.

WISSEN

Die Taskleiste ist das Kontrollzentrum und die Schaltzentrale für Apps, Dienstprogramme und Einstellungen unter Windows. Sie enthält Schnellstartsymbole und eine Sammlung wichtiger Systemwerkzeuge.

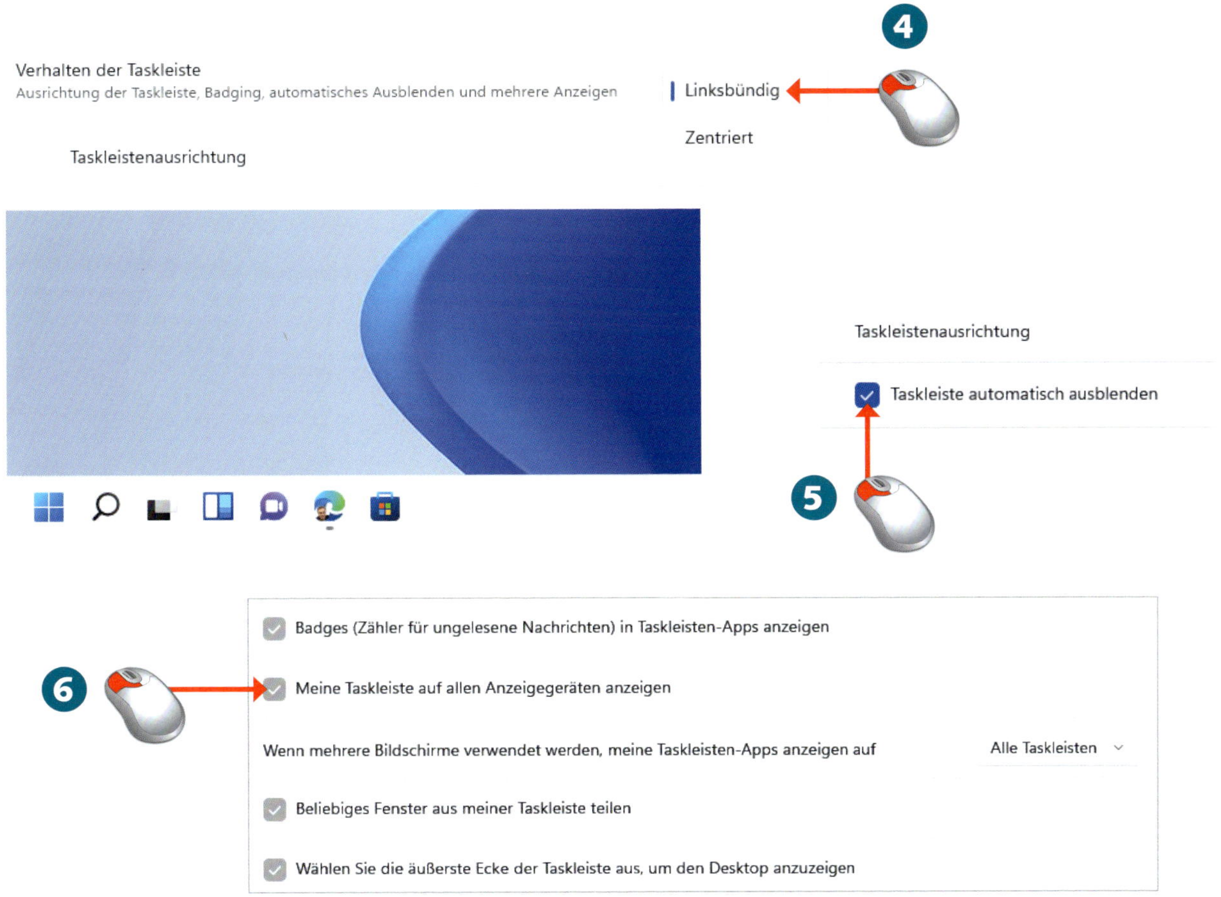

4. Hier können Sie die Taskleiste wahlweise links an den Rand (wie Sie es von Windows 10 gewohnt waren) oder in die Mitte des Bildschirms stellen.

5. Lassen Sie die Taskleiste automatisch ausblenden, wird sie erst aktiv, wenn der Mauszeiger auf den unteren Rand des Bildschirms zeigt.

6. Entscheiden Sie über diese Optionen, auf welchen Geräten und Bildschirmen die Taskleiste angezeigt wird.

Ende

HINWEIS

Die Größe der Taskleiste lässt sich wie in der Vorgängerversion nicht mehr einstellen, sie kann in Windows 11 auch nicht mehr an anderen Bildschirmrändern positioniert werden.

HINWEIS

Mit einem Briefsymbol im Infobereich meldet die Taskleiste, dass ungelesene Mails vorliegen.

Start

1

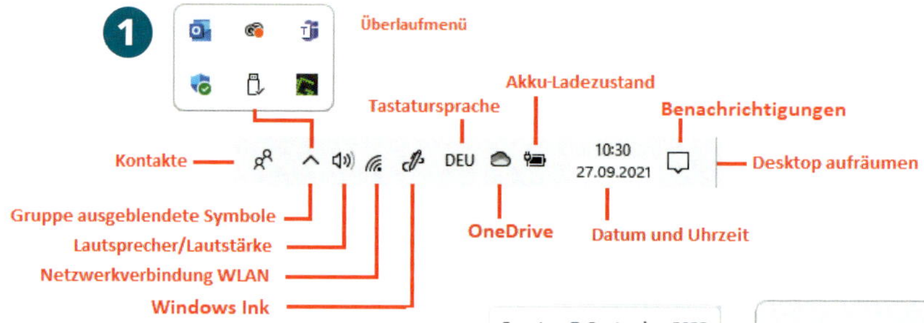

2

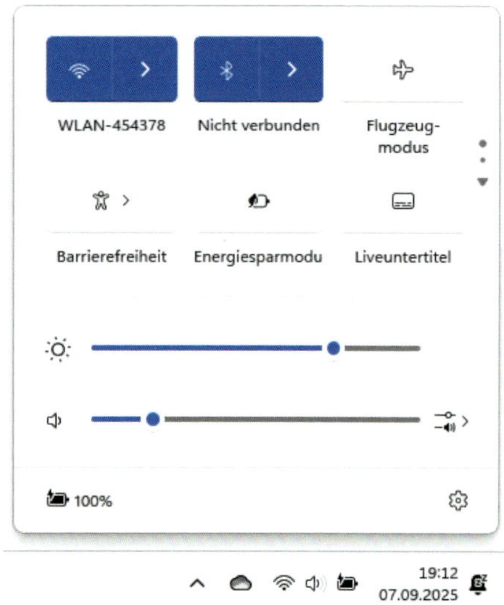

3

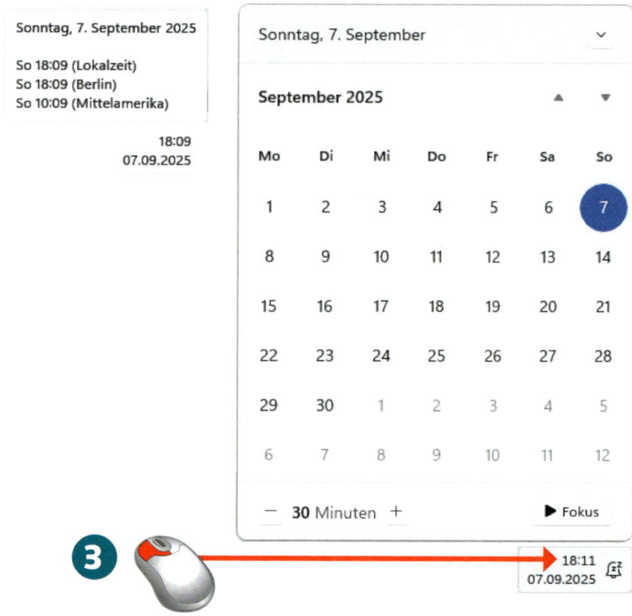

1. Der Infobereich enthält eine variable Anzahl an Symbolen. Im Überlaufmenü können Sie einige davon gruppieren, wenn es zu viele werden.

2. Klicken Sie auf ein Symbol im Infobereich, wird eine Gruppe von Einstellungen eingeblendet. Stellen Sie WLAN, Netz, Lautstärke, Helligkeit u. a. ein.

3. Datum und Uhrzeit werden ausführlicher eingeblendet, wenn der Mauszeiger darauf zeigt. Ein Klick aktiviert den kompletten Kalender.

WISSEN

Das Info-Center zeigt wichtige Meldungen des Systems an, meldet anstehende Updates sowie Wartungen und bietet eine Auswahl von Symbolen für den schnellen Abruf von Apps oder Dienstprogrammen an.
Lassen Sie wichtige Benachrichtigungen direkt auf dem Sperrbildschirm anzeigen.

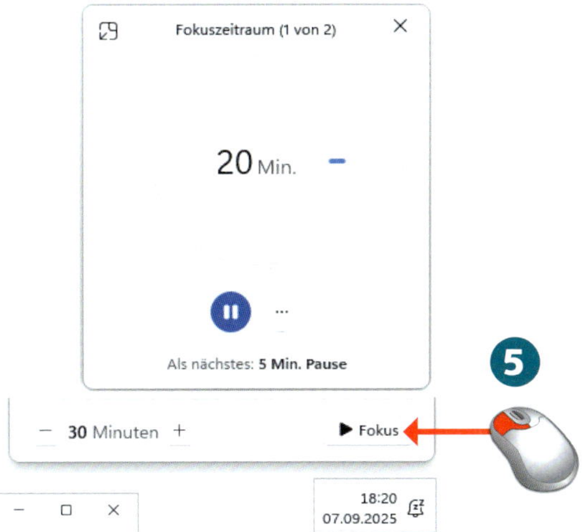

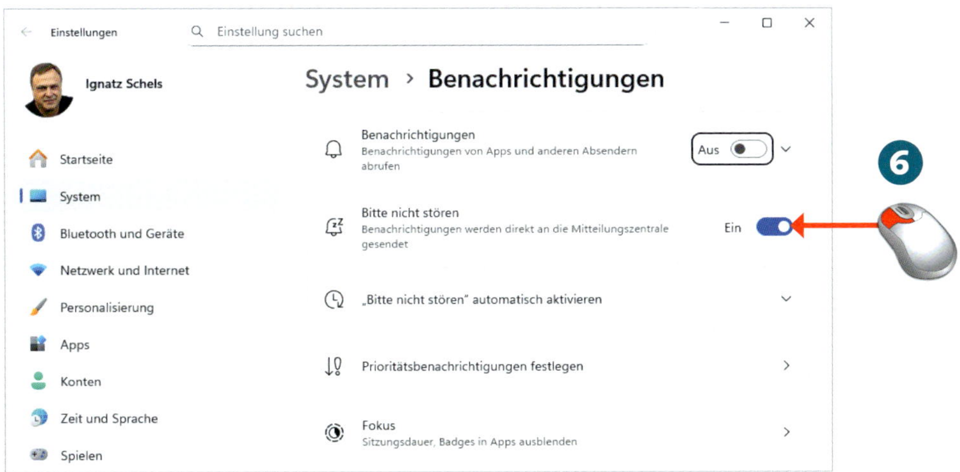

4 Deaktivieren Sie die automatischen Benachrichtigungen in den *Einstellungen*, können Sie diese bei Bedarf über das Symbol in der Taskleiste abrufen.

5 Schalten Sie den Fokus ein, um Benachrichtigungen und Warnungen temporär zu blockieren und das Blinken von Apps auszuschalten.

6 In den *Einstellungen* finden Sie den Benachrichtigungsassistenten und alle Optionen für Fokus und Info-Center.

Ende

HINWEIS

Der Fokus zur Unterdrückung von Warnungen und Nachrichten kann über einen Timer reguliert werden. Wichtige Nachrichten aktivieren Sie in den Einstellungen. Der Fokus steht auch in der App *Uhr* und bei Widgets zur Auswahl.

TIPP

Schnelle Tastenkombinationen:
Info-Center anzeigen: [Windows]+[A]
Benachrichtigungen und Kalender: [Windows]+[N]

Start

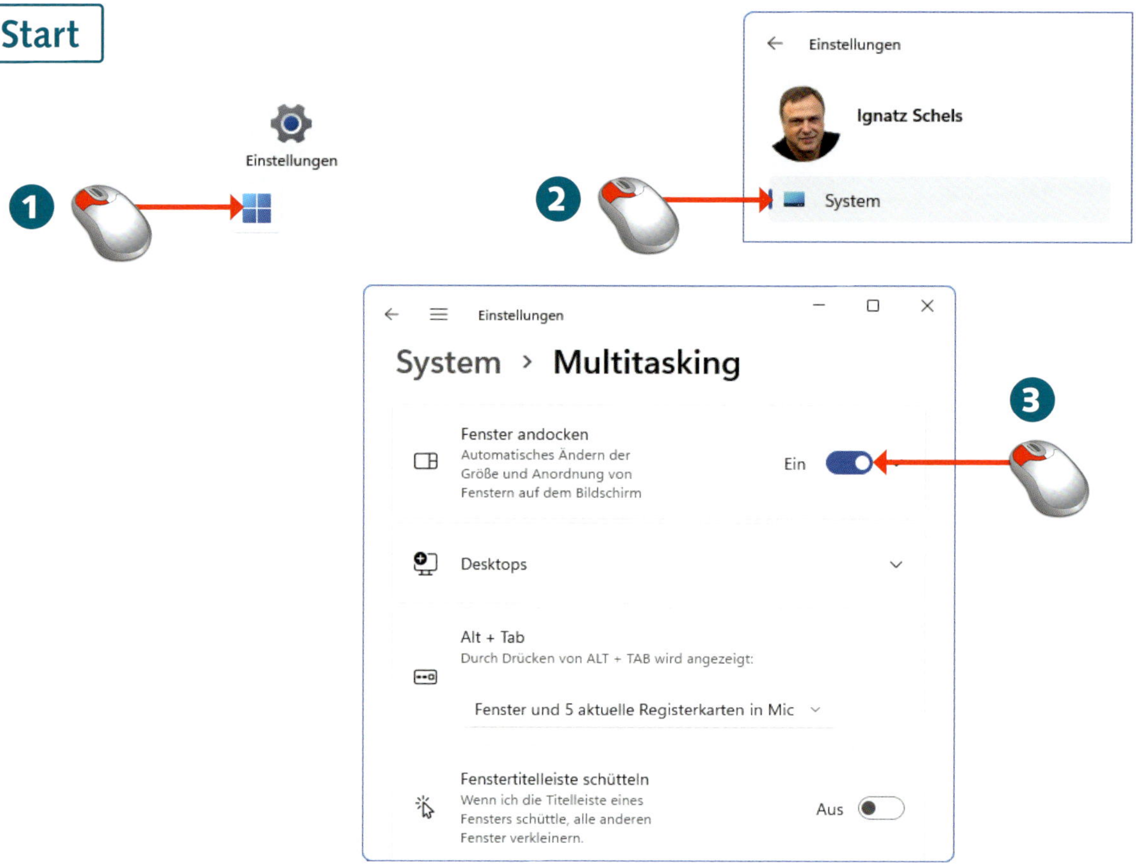

1. Starten Sie die *Einstellungen* über das Startmenü oder drücken Sie [Windows]+[I].

2. Markieren Sie das Register *System* und schalten Sie um auf *Multitasking*.

3. Hier finden Sie vier allgemeine Einstellungen für die Handhabung von Fenstern auf dem Desktop.

WISSEN

Die Arbeit mit mehreren Fenstern auf dem Desktop ist nicht immer einfach. Damit der Überblick nicht verloren geht, stellt Windows einige Funktionen bereit, zum Beispiel Snap-Layouts.

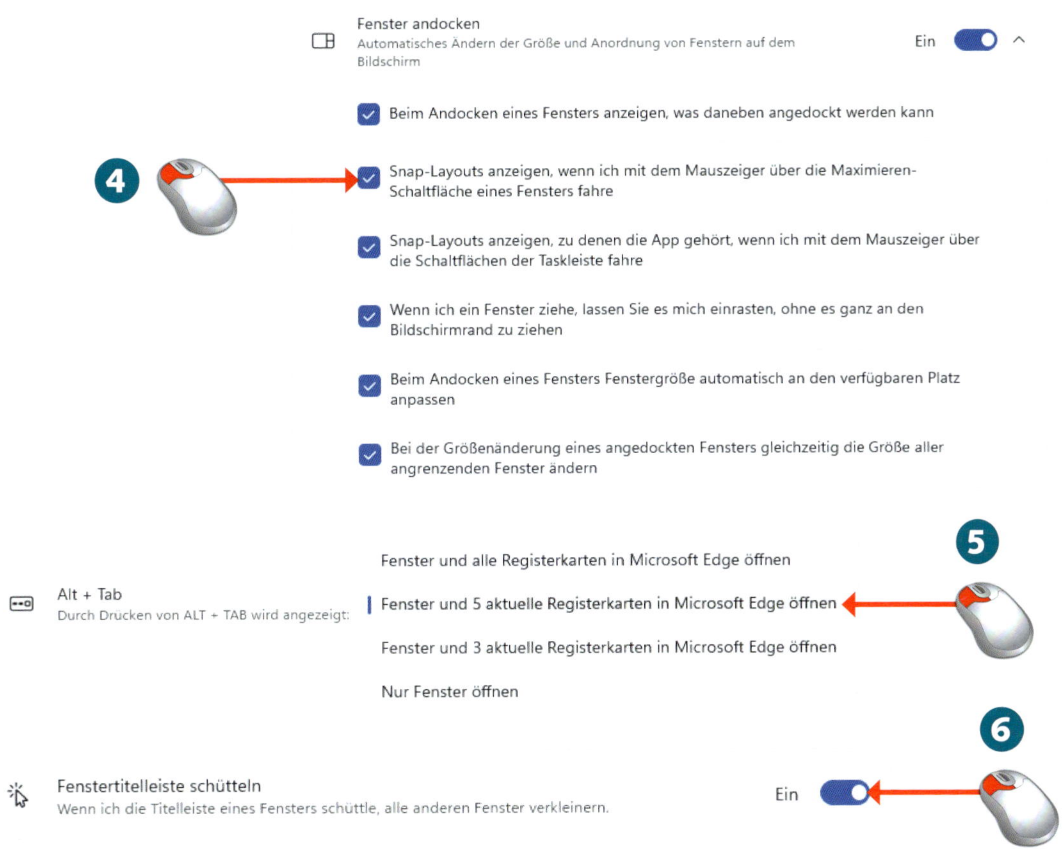

4 Unter *Fenster andocken* schalten Sie das Snap-Layout ein und stellen die Optionen für das Andocken von Fenstern ein.

5 Mit der Tastenkombination Alt+↹ wird ein Fensterwechsel aktiv. Hier stellen Sie ein, wie viele Registerkarten im Browser geöffnet werden.

6 Mit der Option *Fenstertitelleiste schütteln* können Sie durch Schütteln der Maus bei gedrückter Maustaste auf der Titelleiste alle anderen Fenster schließen (oder öffnen).

Ende

HINWEIS

Fenstereinstellungen gelten grundsätzlich für alle Desktops, auch für virtuelle. Mit dem Desktopsymbol verwalten Sie alle Desktops.

Start

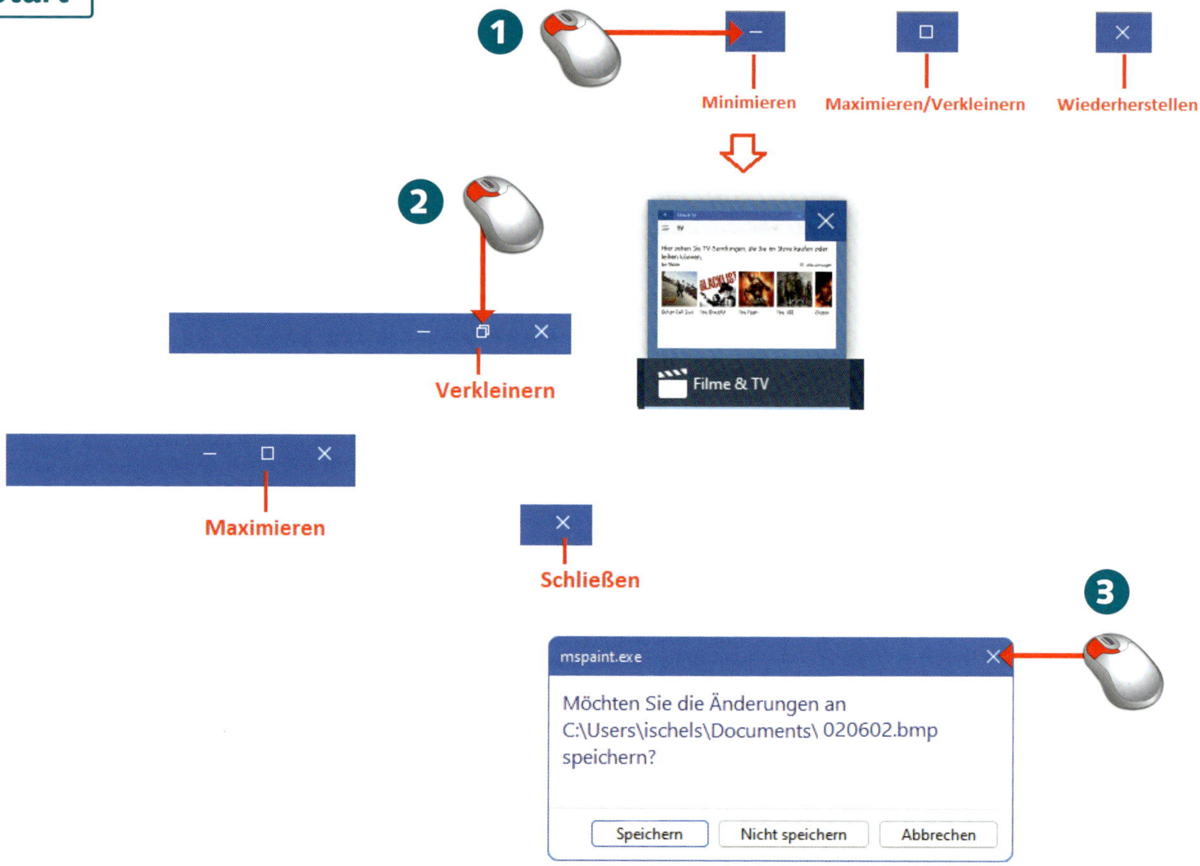

1. Mit diesen drei Symbolen steuern Sie die Fensteransicht. Klicken Sie auf *Minimieren*, um das Fenster in die Taskleiste zu schicken.
2. Das *Vollbild*-Symbol schaltet das Fenster in den Vollbildmodus, es wird damit zum *Verkleinern*-Symbol, mit dem wieder in den Fenstermodus geschaltet wird.
3. Das Schließen-Symbol schließt die App und das Fenster. Wenn nicht gespeicherte Änderungen an Dateien vorliegen, erscheint eine Speicherwarnung.

WISSEN

Windows-Fenster verschieben und positionieren Sie am besten mit der Maus und dem Mauszeiger in der Titelleiste. Dazu stehen drei Fenstersymbole zur Auswahl.

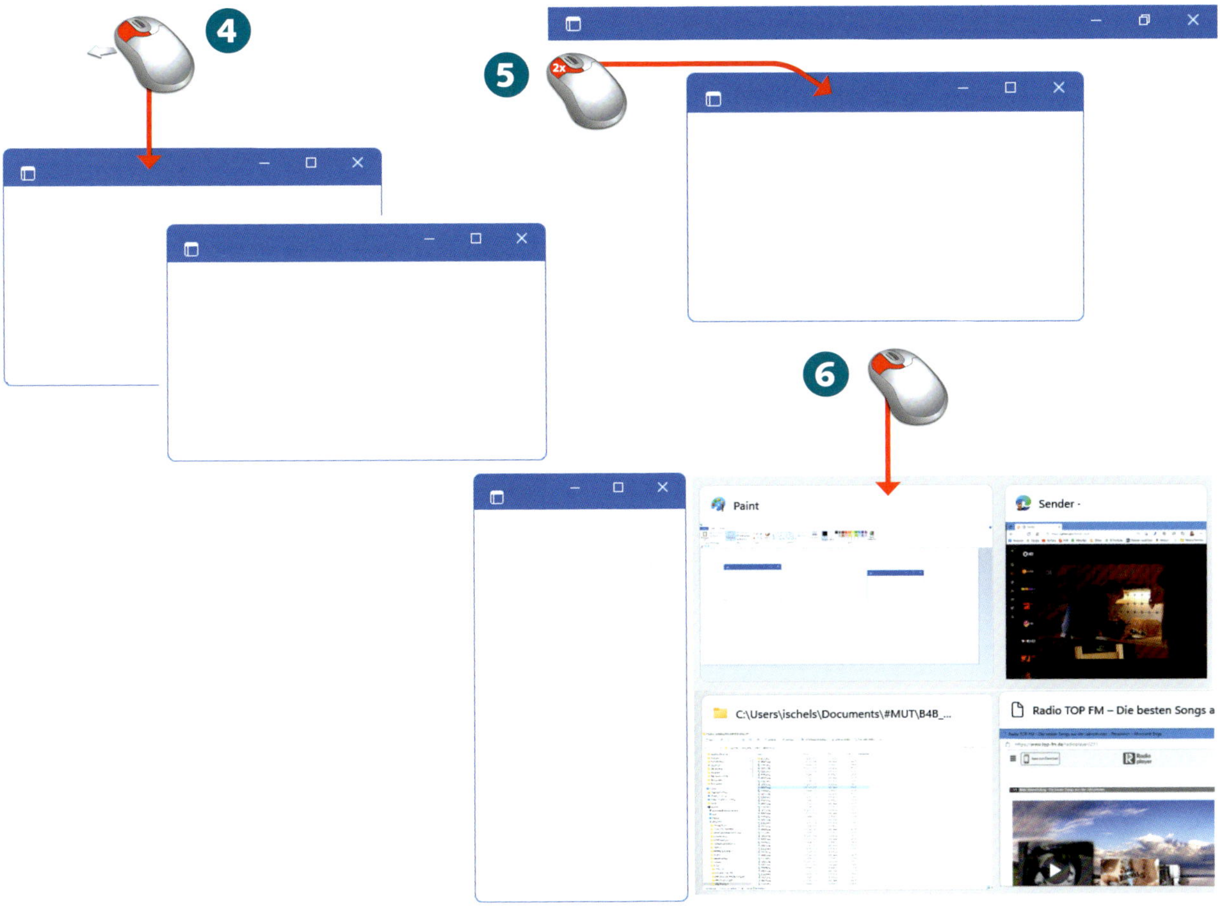

4 Ziehen Sie das Fenster im Fenstermodus mit gedrückter Maustaste auf die Titelleiste.

5 Ein Doppelklick auf die Titelleiste schaltet in den Vollbildmodus oder zurück in den Fenstermodus.

6 Ziehen Sie das Fenster an der Titelleiste über einen Rand, wird der Bildschirm geteilt. Ein Klick auf eines der Vorschaufenster aktiviert dieses in der anderen Hälfte.

Ende

HINWEIS

Zu viele Fenster offen? Minimieren Sie den Desktop per Klick rechts unten in der Taskleiste und öffnen Sie einzelne Fenster wieder gezielt.

TIPP

Nützliche Tastenkombinationen:
Fenster wechseln: Alt+Esc
Fenster schließen: Alt+F4
Alle Fenster minimieren: Windows+M

Start

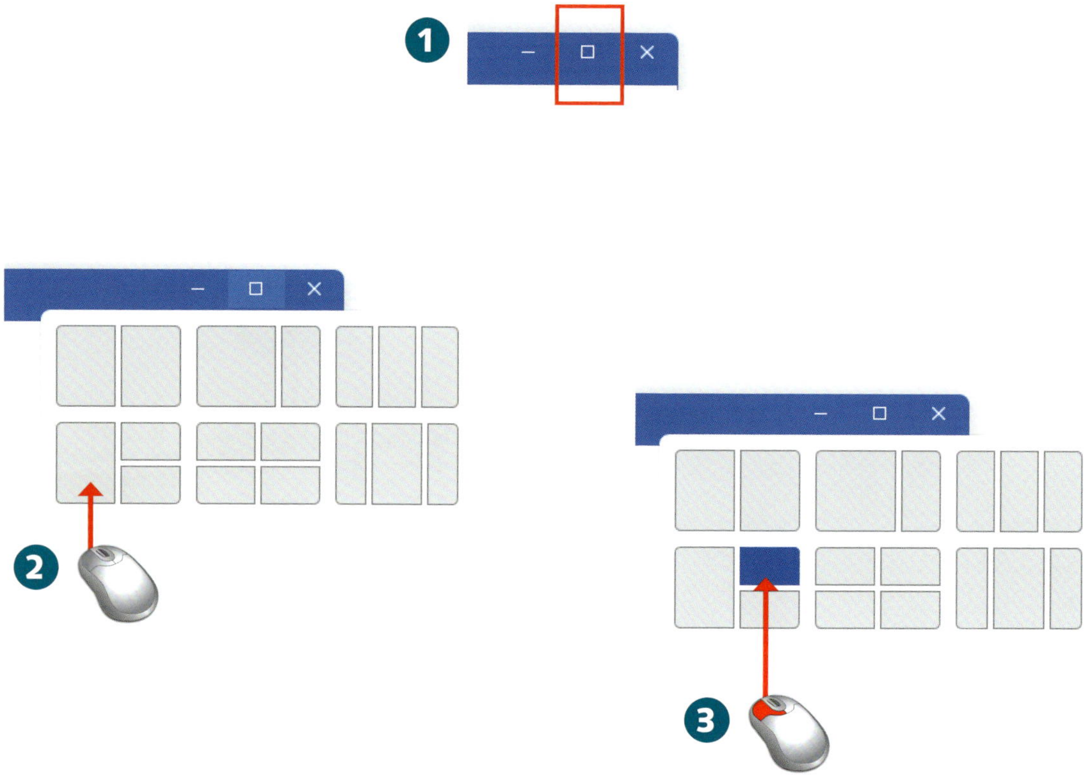

1. Zeigen Sie in einem der Fenster im Vollbildmodus auf das Symbol *Verkleinern* oder im Fenstermodus auf *Vergrößern*.

2. Die verfügbaren Snap-Layouts werden nach kurzer Zeit eingeblendet. Zeigen Sie auf die gewünschte Aufteilung.

3. Klicken Sie auf das Teilfenster im Snap-Layout, in dem das aktive Fenster stehen soll.

WISSEN

Snap-Layouts sind ein ideales Werkzeug, wenn der Desktop mal wieder viel zu voll ist. Suchen Sie ein passendes Layout und positionieren Sie die aktiven Tasks der Reihe nach in die Snap-Fenster.

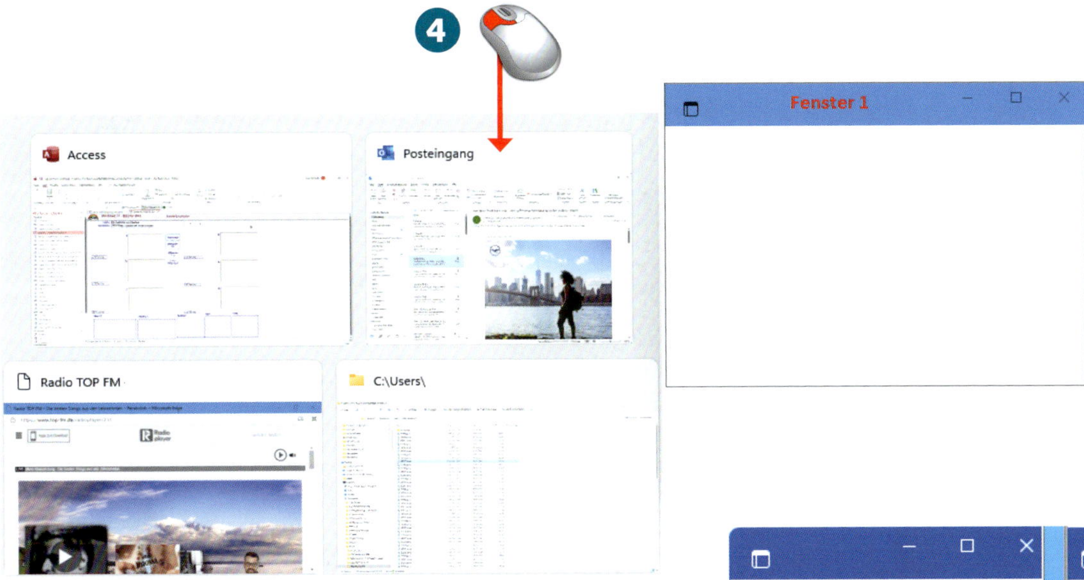

5

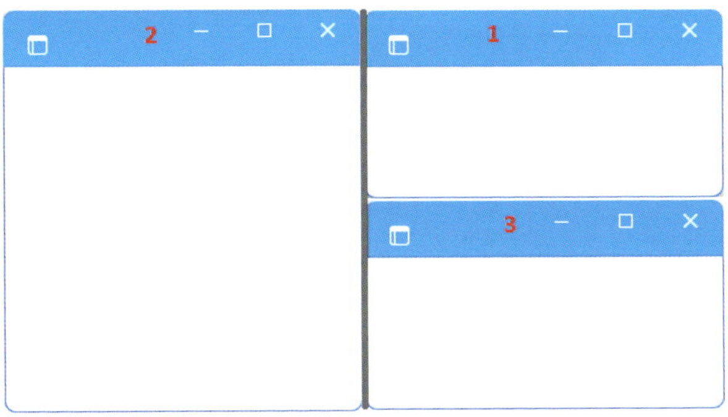

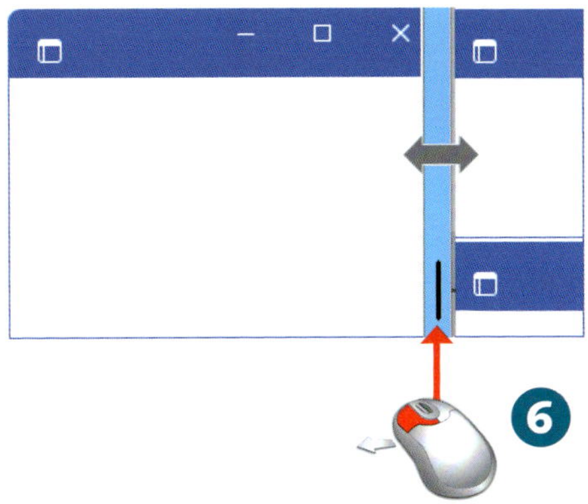

6

4 Das Fenster wird positioniert, alle weiteren stehen als Minivorschau bereit. Sie können für die übrigen Snap-Positionen die passenden Fenster wählen.

5 Die Fenster werden der Reihe nach in ihre Snap-Positionen befördert.

6 Ziehen Sie die Zwischenlinie zwischen den Snap-Fenstern mit gedrückter Maustaste, um ein Fenster zu verkleinern oder zu vergrößern.

Ende

HINWEIS

Die Anzahl der angebotenen Snap-Layouts ändert sich nicht, es sind immer sechs Layouts.

HINWEIS

Snap-Fenster können horizontal und vertikal in der Größe verändert werden, solange das Snap-Layout bearbeitet wird.

Start

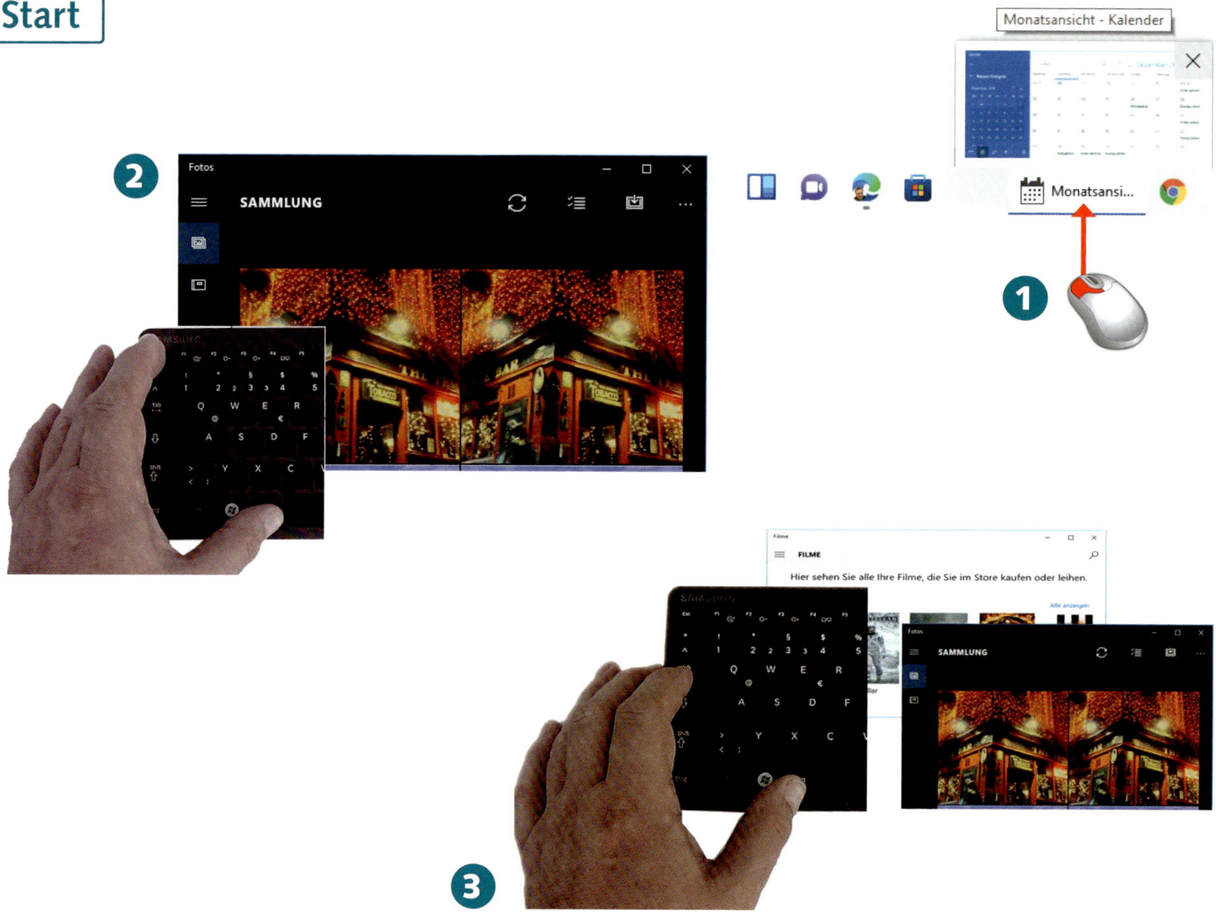

1. Mit der Maus wechseln Sie zwischen den Fenstern auf dem Desktop am schnellsten über die Taskleiste.
2. Drücken Sie [Alt]+[Esc], um zum nächsten aktiven Fenster zu wechseln.
3. Drücken Sie [Alt]+[Tab], um zwischen den beiden letzten aktiven Fenstern umzuschalten.

WISSEN

Wer lieber mit der Tastatur arbeitet als mit der Maus, dem stellt Windows einige besonders pfiffige Tastenkombinationen zum Wechseln von Tasks und zum Anzeigen der Tasks zur Verfügung.

4 Halten Sie die [Alt]-Taste gedrückt und drücken Sie [⇆], können Sie das gewünschte Fenster im kleinen Task-Manager ansteuern.

5 Halten Sie die Tasten gedrückt, lässt sich eines der Minifenster auch per Mausklick öffnen.

6 Drücken Sie [⊞]+[M], um alle aktiven Fenster zu minimieren (entspricht einem Mausklick rechts unten auf *Desktop anzeigen*, dem kleinen Strich rechts unten in der Taskleiste). [⊞]+[⇧]+[M] stellt alle Fenster wieder her.

Ende

HINWEIS

Die Option *Alle Fenster schließen* finden Sie im Kontextmenü des Taskleistensymbols. Damit werden alle Fenster der Taskleiste geschlossen.

TIPP

Wenn Sie [Alt]+[⇆] drücken und die [Alt]-Taste festhalten, können Sie gezielt mit dem Mauszeiger ein bestimmtes Minifenster anklicken.

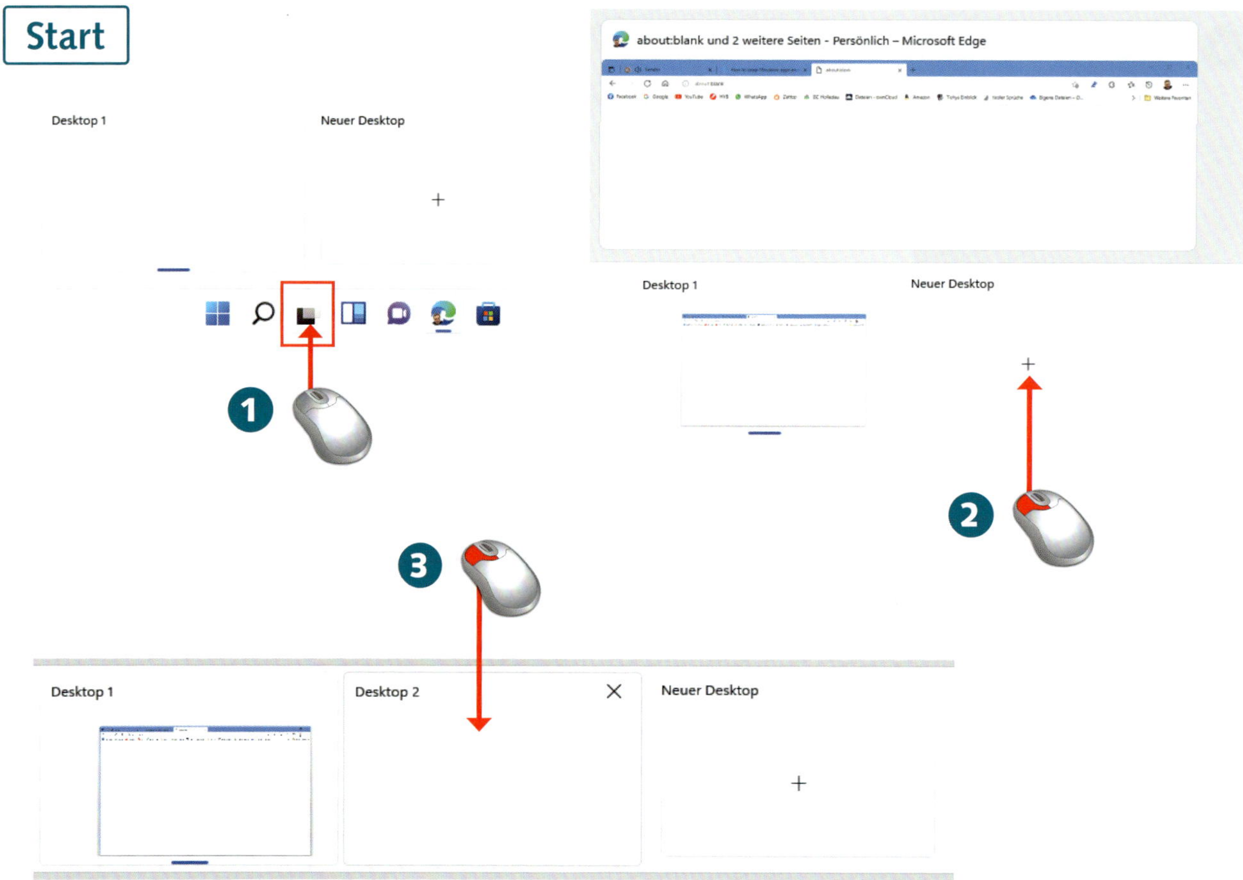

1. Zeigen Sie auf das Symbol *Desktops* in der Taskleiste, um alle Desktops in der Miniaturansicht anzuzeigen.
2. Alle offenen Fenster werden auf die Miniaturansicht verkleinert, Sie können per Klick auf das Pluszeichen einen neuen Desktop anlegen.
3. Jetzt stehen beide Desktops zur Auswahl, klicken Sie das Fenster mit dem neuen Desktop an.

WISSEN

Kein Platz mehr für weitere Fenster auf dem Desktop? Kein Problem, legen Sie einfach einen neuen Desktop an. Starten Sie in diesem weitere Tasks und wechseln Sie bequem zwischen Ihren Desktops.

4

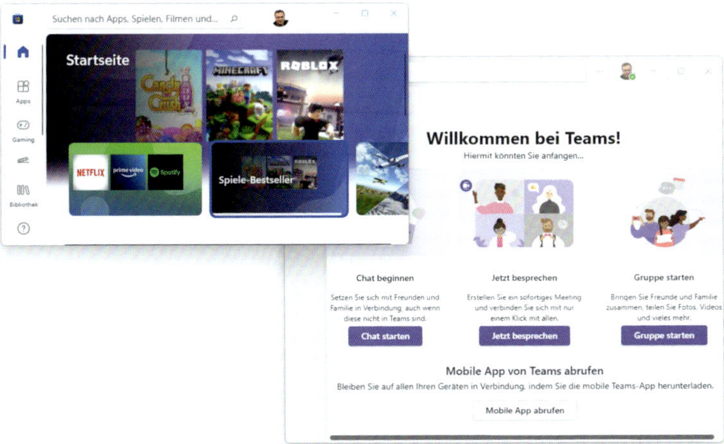

5

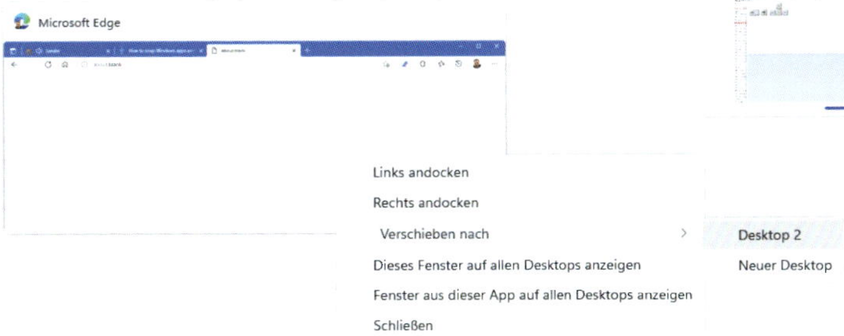

6

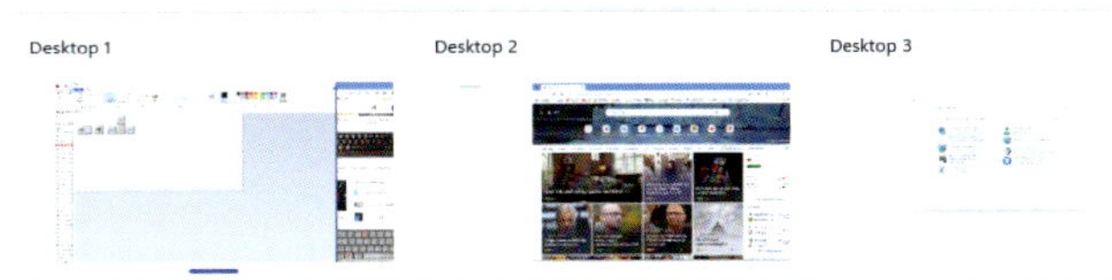

4 Öffnen Sie Apps in diesem Desktop und ordnen Sie diese in Fenstern auf dem Desktop an.

5 Klicken Sie wieder auf das Symbol für virtuelle Desktops (siehe Schritt 1) in der Taskleiste, und wechseln Sie zurück zum ersten Desktop.

6 Mit den Tasten [Windows] und [Strg] sowie den beiden Pfeiltasten [→] und [←] wechseln Sie schnell zum nächsten bzw. vorherigen Desktop.

Ende

HINWEIS

Klicken Sie auf das Schließen-Symbol eines Desktops, um diesen zu beenden. Alle Apps auf diesem Desktop werden damit auch geschlossen.

TIPP

Nützliche Tastenkombinationen:
Virtuelle Desktops aufrufen: [Windows]+[Tab]
Neuen Desktop anlegen: [Windows]+[Strg]+[D]

Start

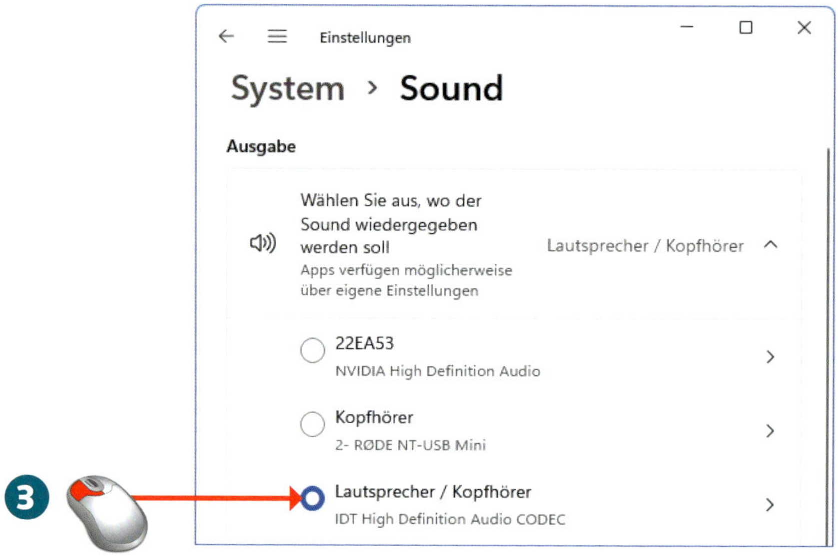

1. Klicken Sie auf das Lautsprechersymbol im Infobereich und ziehen Sie den Schieberegler, um die Lautstärke einzustellen.
2. Öffnen Sie im Kontextmenü die *Soundeinstellungen* für alle verfügbaren Soundgeräte.
3. Wählen Sie das Ausgabegerät, das standardmäßig zum Abspielen von Sounds benutzt werden soll.

WISSEN

Für den perfekten Sound bei der Wiedergabe von Musik und Videos oder für Spiele konfigurieren Sie Ihre Soundanlage und das Mikrofon direkt über das Info-Center des Desktops.

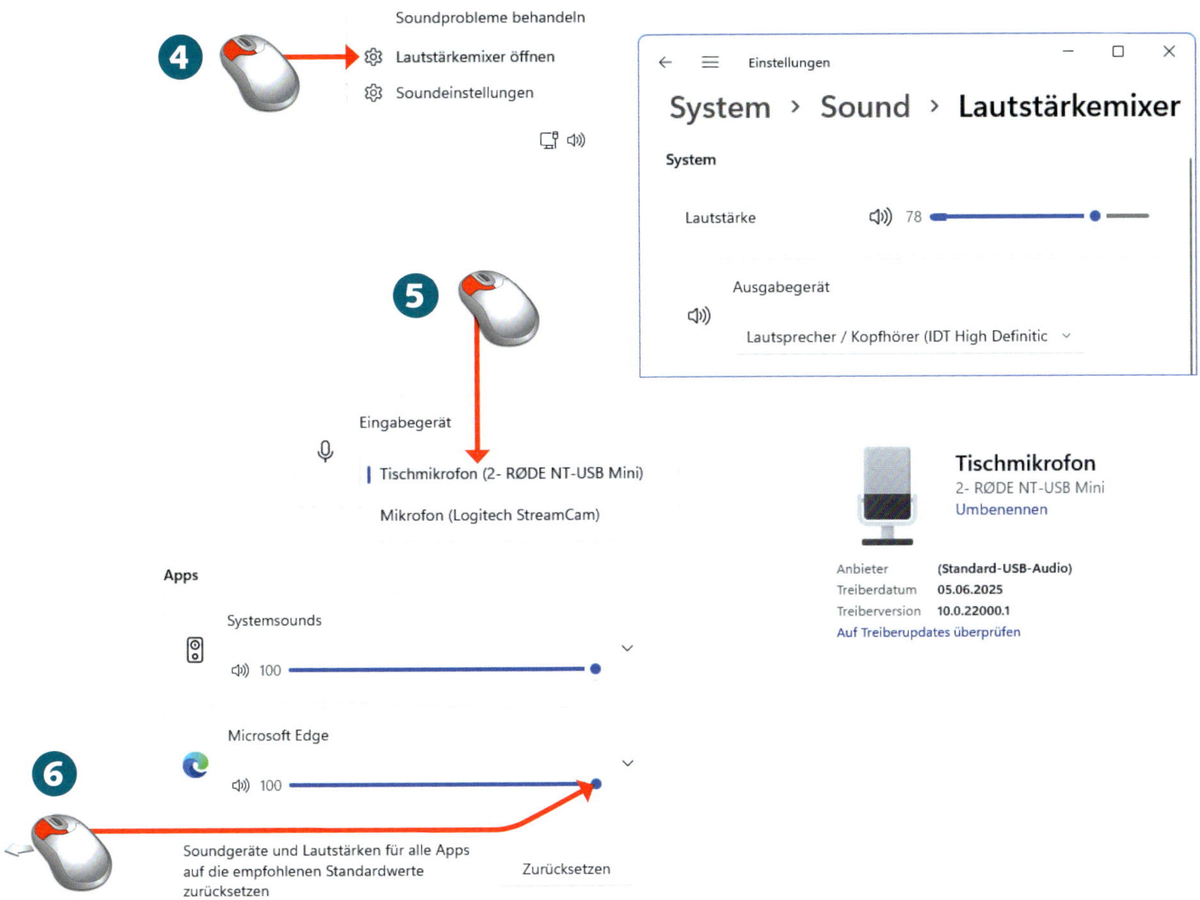

4. Öffnen Sie den Lautstärkemixer, wenn Sie die Lautstärke explizit und für mehrere Geräte einstellen wollen.

5. Hier finden Sie auch die Lautstärkeregelung für die Eingabegeräte (Mikrofone).

6. Auch die Lautstärke der von Windows abgespielten Systemsounds und die des Browsers Edge lässt sich getrennt regeln.

Ende

HINWEIS

Die Soundeinstellungen finden Sie noch detaillierter in der Systemsteuerung unter *Hardware und Sounds*. Hier können Sie auch die Windows-Sounds einstellen.

TIPP

Ziehen Sie den Lautstärkeregler ganz nach links, wenn Sie den Sound stummschalten wollen.

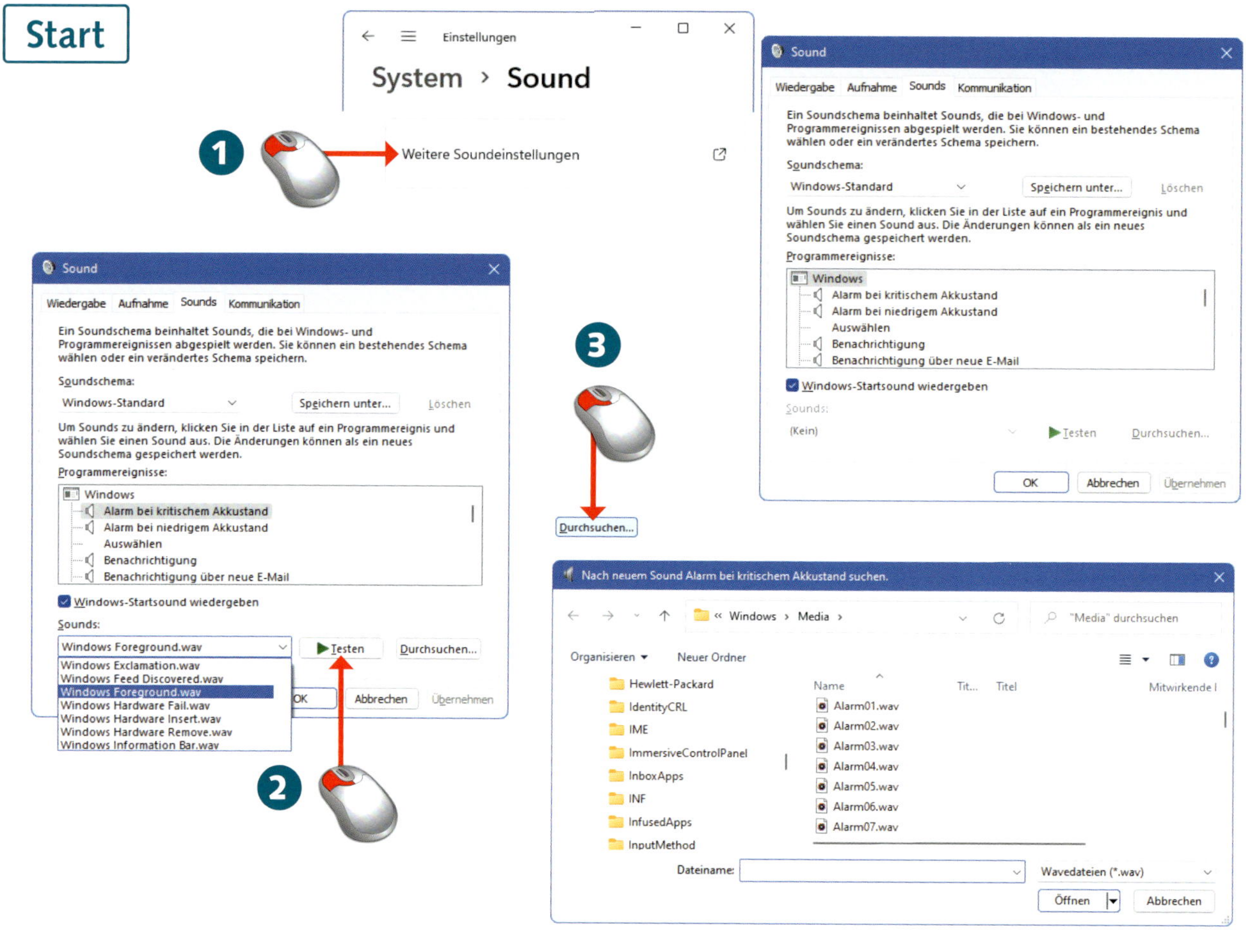

1 Wählen Sie in den Soundeinstellungen *Weitere Soundeinstellungen* und schalten Sie um auf die Windows-Sounds.

2 Markieren Sie eines der Ereignisse, testen Sie es mit der Schaltfläche *Testen* und schalten Sie auf einen passenden Sound um.

3 Mit *Durchsuchen* können Sie auch andere WAV-Dateien aus dem *Windows Media*-Ordner auswählen.

WISSEN

Ob Start, Hinweis, Fehlermeldung oder Kalendererinnerung – alle Windows-Ereignisse sind mit einem Sound unterlegt. Schalten Sie ab, was nervt, oder gestalten Sie Ihr eigenes Windows-Soundschema.

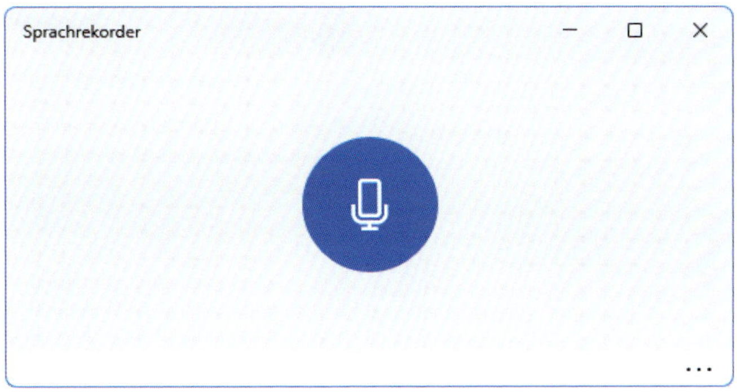

4 Soundpakete für Windows werden im Internet angeboten. Laden Sie die *Windows Sounds Schemes* herunter und installieren Sie sie.

5 Das geänderte Soundschema speichern Sie unter einem neuen Namen ab.

6 Mit der Sprachrekorder-App basteln Sie sich Ihre eigenen Windows-Sounds. Aktivieren Sie die App im Startmenü.

Ende

HINWEIS

Mit der Option *Windows-Startsound wiedergeben* schalten Sie den Startsound ein.

TIPP

Um einen Ereignissound abzuschalten, wählen Sie *(Kein)* in der Liste der Sounds.

Start

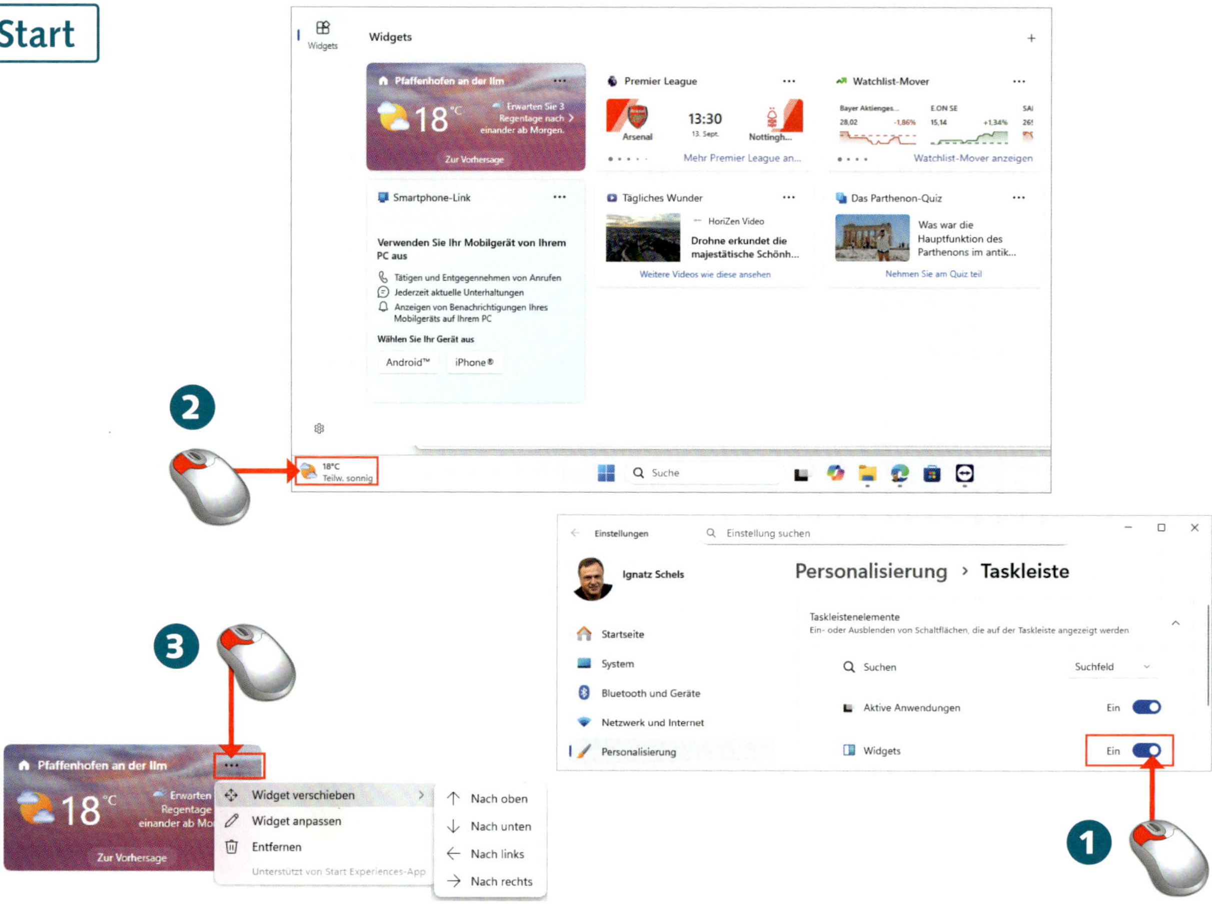

1. Schalten Sie die Widgets in den Taskleisteneinstellungen ein.

2. Das erste Widget wird am linken Rand der Taskleiste angezeigt. Klicken Sie darauf, um das Widgets-Board zu aktivieren.

3. Verschieben Sie Widgets im Board mit gedrückter Maustaste oder über das Drei-Punkte-Symbol.

WISSEN

Widgets sind kleine grafische Apps für schnelle Informationen zu allem, was Sie interessiert oder interessieren könnte. Ob Wetter, Sport oder Aktienkurse – schalten Sie ein, was Sie brauchen, und lassen Sie sich stets das Neuste aus vielen Themenkreisen anzeigen.

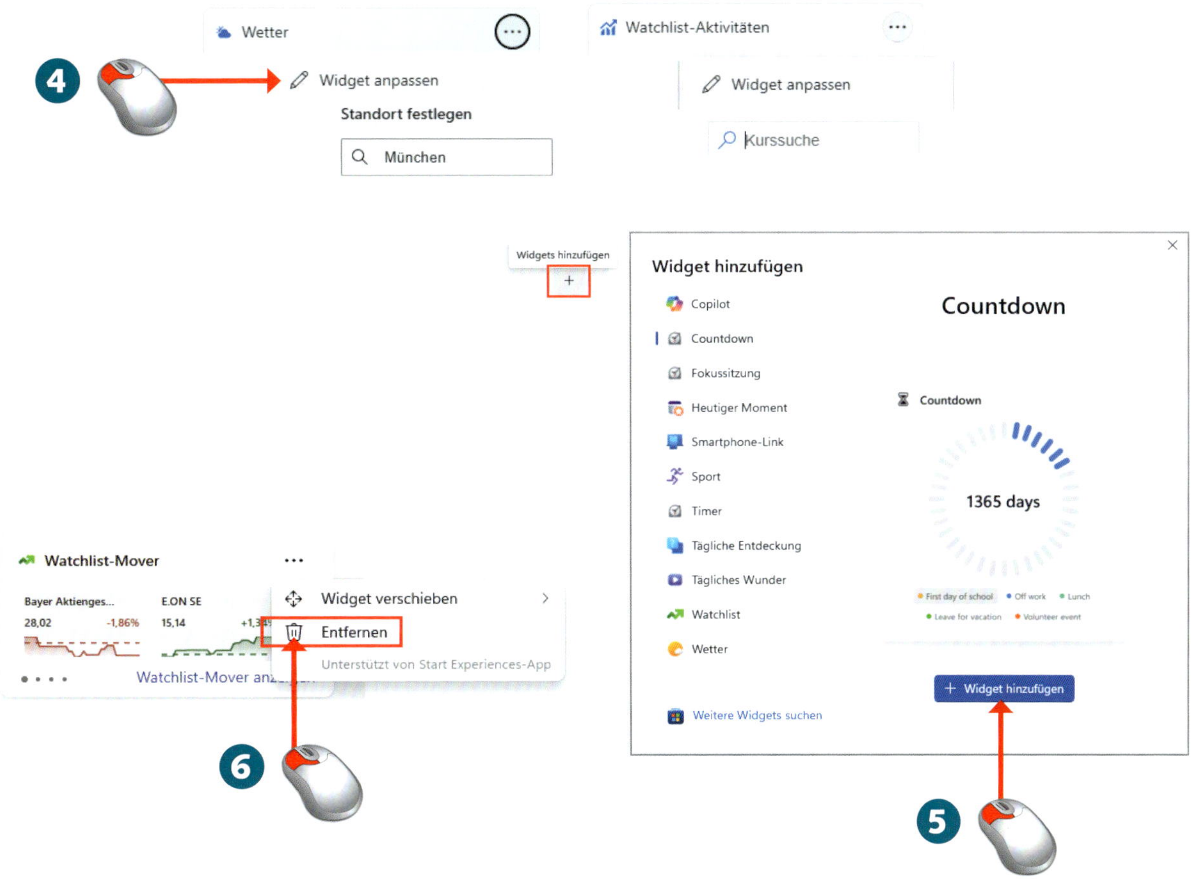

4 Unter *Widget anpassen* finden Sie Widget-spezifische Optionen, etwa den Standort für die Wetterkarte oder Wertpapier-Kurzzeichen für die Watchlist.

5 Klicken Sie auf *Widgets hinzufügen*, um alle Widgets angeboten zu bekommen. Ein Klick auf das Pluszeichen und das Widget steht bereit.

6 Mit *Entfernen* löschen Sie das Widget aus dem Board.

HINWEIS

Das Widget-Board wird ausgeblendet, wenn Sie noch einmal auf das Widget-Symbol in der Taskleiste oder in die Taskleiste selbst klicken.

FACHWORT

Widget ist ein Kunstwort, zusammengesetzt aus »Windows« und »Gadget«.

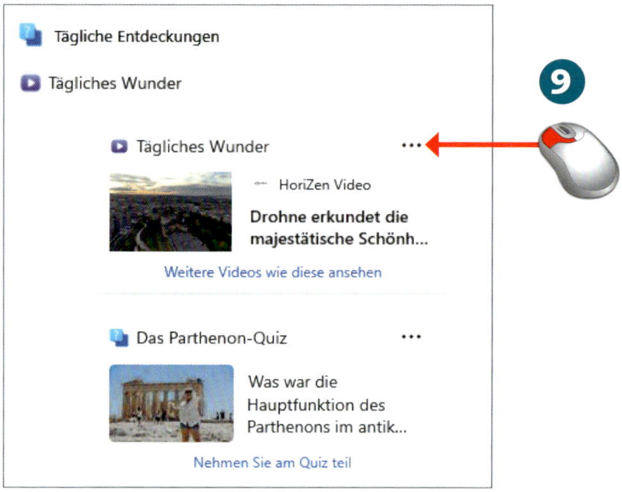

7 *Countdown* und *Fokussitzung* stellen einen Timer bereit für die Planung von Ereignissen und die Einstellung einer Alarm- und Nachrichtenunterbrechung.

8 Über den *Smartphone-Link* verbinden Sie Ihr Android- oder iOS-Mobiltelefon mit Windows 11. Scannen Sie den Barcode und richten Sie eine Bluetooth-Verbindung ein.

9 *Tägliches Wunder* und *Tägliche Entdeckungen* bieten Fotos, Quizshows und Videos des Microsoft-Nachrichtendienstes MSN sowie der Suchmaschine Bing an.

WISSEN

Nachrichten und Wetterberichte, Fotos, Videos und interessante Reiseberichte – das Angebot an Widgets ist groß und vielfältig. Und falls Sie nicht fündig werden, suchen Sie im Windows Store nach den passenden Widgets.

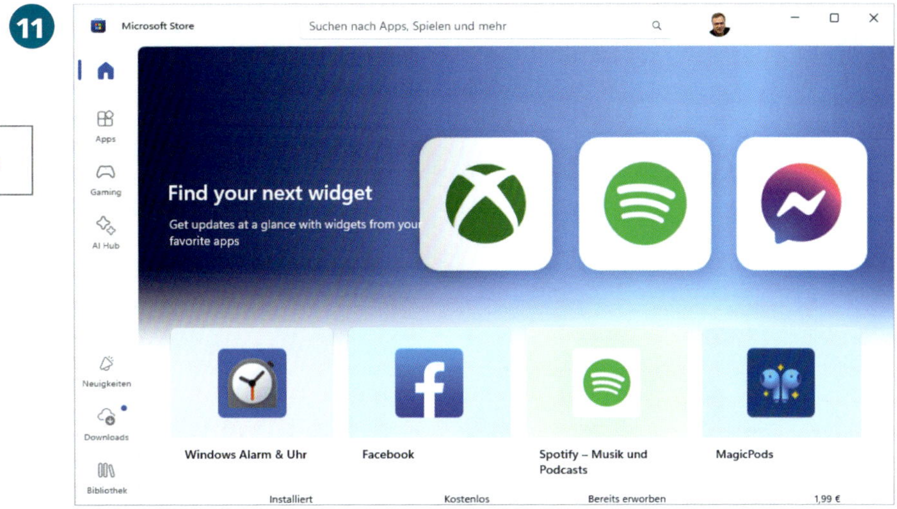

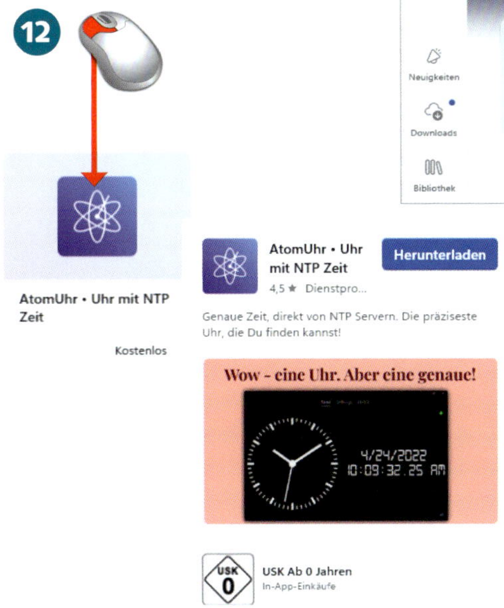

10 Klicken Sie unter *Widgets hinzufügen* auf *Weitere Widgets suchen*, …

11 … und stöbern Sie im Angebot des Microsoft Store. Hier finden Sie Widgets zu kleinen Preisen und kostenlose Widgets für Windows 11.

12 Zeigen oder klicken Sie auf ein Angebot, wird eine ausführliche Beschreibung zum Widget eingeblendet.

Ende

HINWEIS

Spotify ist die Alternative zur Musik-App, die es unter Windows 11 leider nicht mehr gibt.

TIPP

Schnelle Tastenkombination: Drücken Sie ⊞+W für die Widget-Liste.

Start

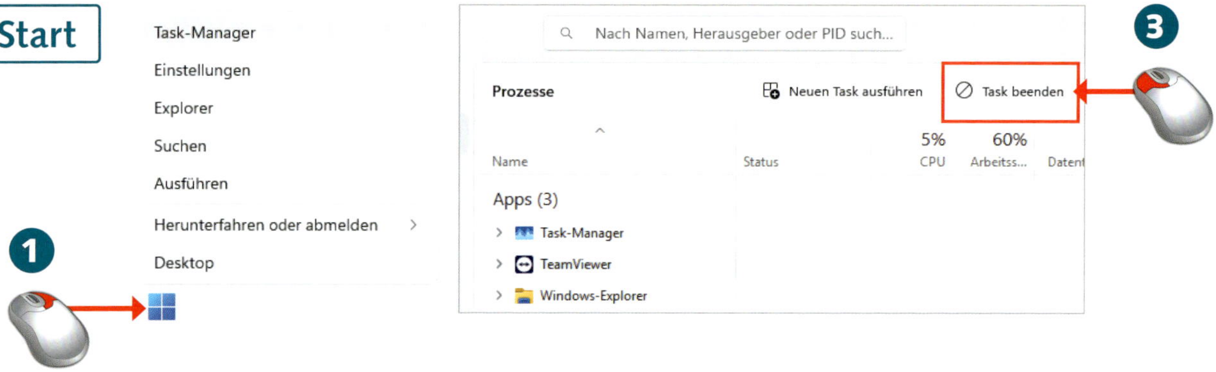

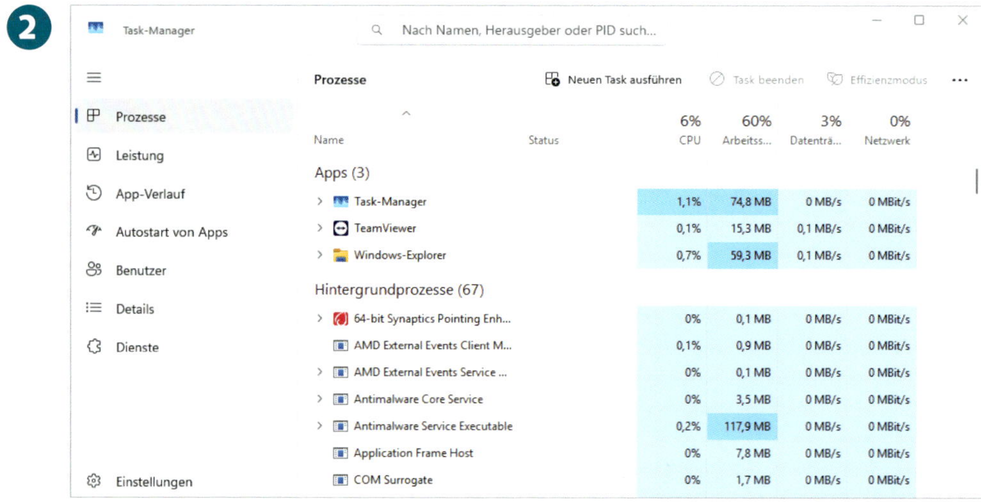

1. Klicken Sie mit der rechten Maustaste auf das Startmenü oder auf die Taskleiste und wählen Sie *Task-Manager*.
2. Der Task-Manager wird aktiv und zeigt die aktiven Prozesse mit Auslastung von Prozessor, Arbeitsspeicher und physikalischem Speicher an.
3. Markieren Sie einen Prozess und wählen Sie *Task beenden*, wird die App, das Programm oder der Dienst geschlossen.

WISSEN

Der Task-Manager zeigt alle aktiven Apps, Programme und Dienste und gibt Auskunft über die Auslastung von Prozessor, Speicher, Datenträgern und Netzwerk. Nutzen Sie ihn, um Schwachstellen aufzudecken oder abgestürzte Programme zu beenden.

FACHWORT

CPU (**C**entral **P**rocessing **U**nit) ist der Prozessor, GPU (**G**raphics **P**rocessing **U**nit) der Grafikprozessor.

4

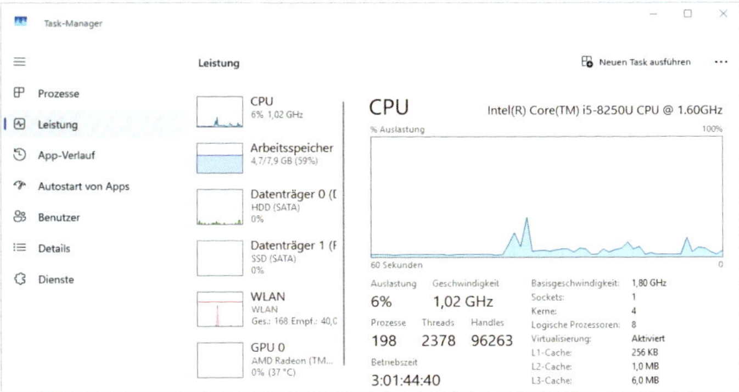

5

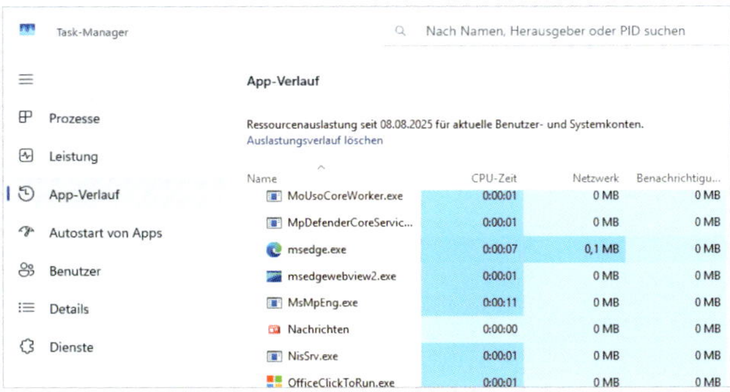

6

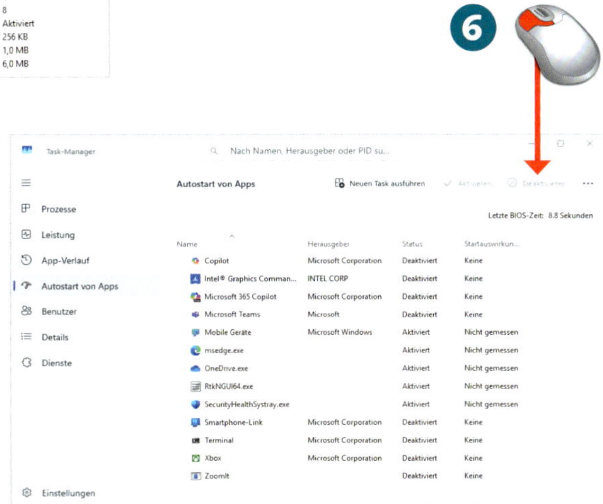

4 Auf der Registerkarte *Leistung* überprüfen Sie die Auslastung von CPU, Arbeitsspeicher, Datenträgern und Netzwerk.

5 Im *App-Verlauf* sehen Sie die Ressourcenauslastung (Prozessorzeit, Netzwerk) für die einzelnen aktiven Apps.

6 Unter *Autostart von Apps* sehen Sie Programme, die Windows mit dem Start aktiviert. Klicken Sie auf *Deaktivieren*, um eine App vom Autostart auszuschließen.

Ende

HINWEIS

Beenden Sie Tasks nur, wenn *Keine Rückmeldung* angezeigt wird, in diesem Fall »hängt« das Programm oder ist abgestürzt. Aber Achtung: Nicht gespeicherte Daten gehen dabei verloren.

TIPP

Tastenkombinationen:
Menü: Strg+Alt+Entf
Task-Manager direkt:
Strg+⇧+Esc

3

Die Einstellungen

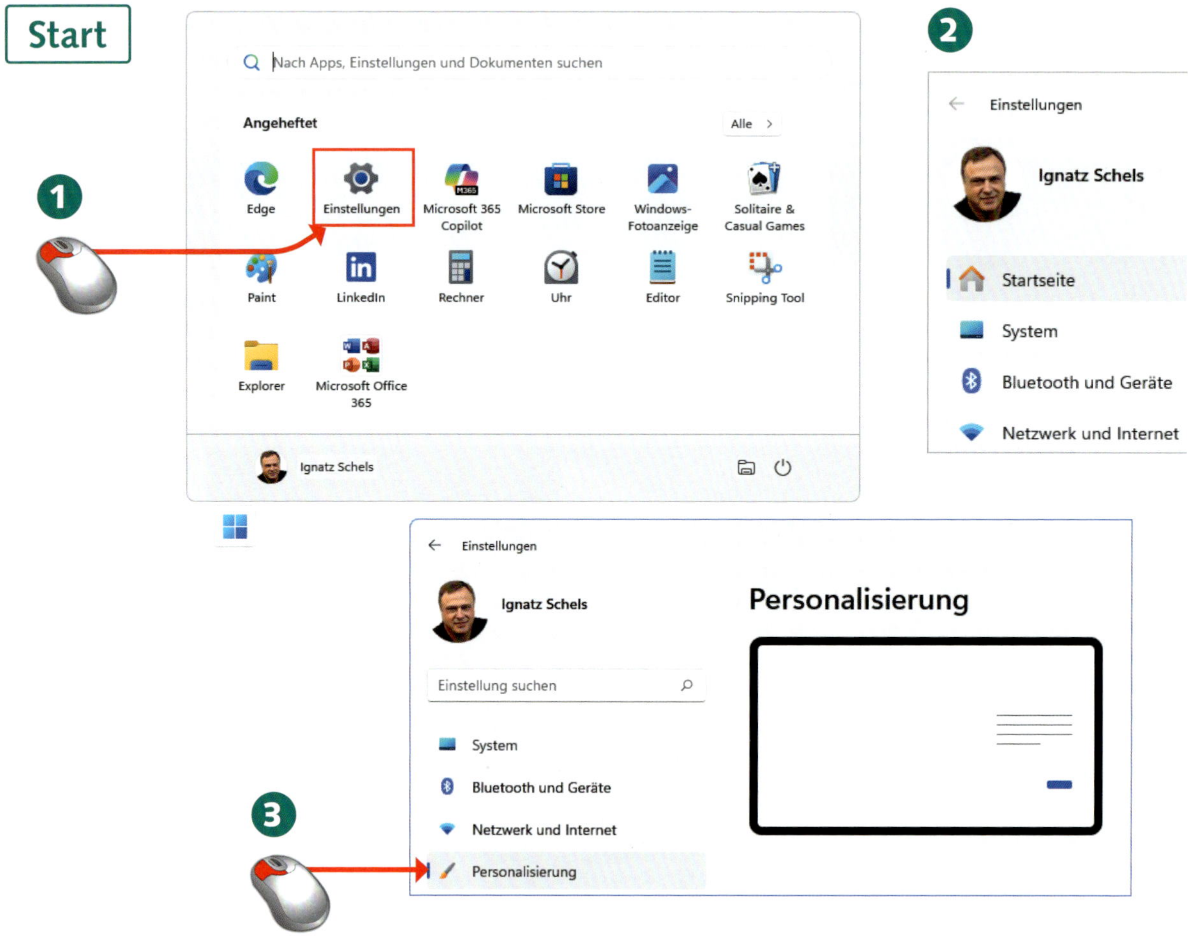

1. Öffnen Sie das Startmenü und klicken Sie auf *Einstellungen* unter *Angeheftet* oder suchen Sie das Symbol der App unter *Alle*.
2. Die *Windows-Einstellungen* werden gestartet. Am linken Rand sehen Sie die einzelnen Kategorien von *System* bis *Windows Update*.
3. Ein Klick auf eine Kategorie schaltet die darin verfügbaren Einstellungen ein.

WISSEN

Hier finden Sie die wichtigsten Einstellungen für Windows 11. Richten Sie Ihren Start- und Sperrbildschirm ein und passen Sie Benutzerkonten an. Ein schnelles Suchfeld erleichtert die Suche nach der passenden Einstellung.

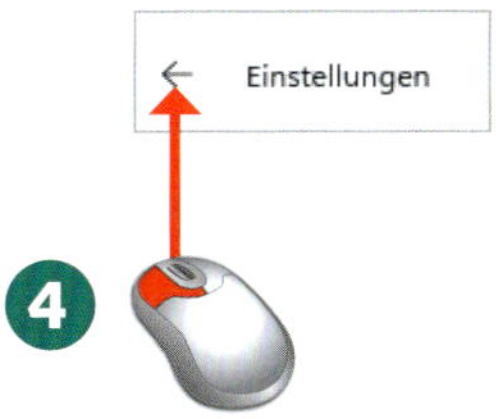

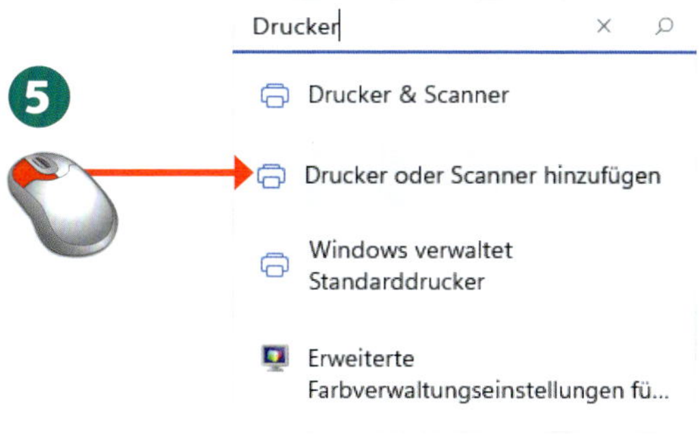

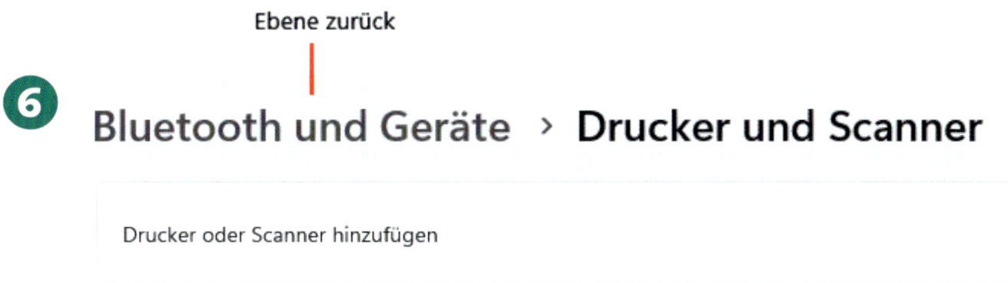

4 Mit dem Pfeilsymbol schalten Sie in den Kategorien jeweils eine Ebene zurück.

5 Geben Sie einen Begriff in das Suchfeld ein. Die Suchergebnisse werden sofort angezeigt, Sie können einen Eintrag anklicken.

6 Die passenden Einstellungen werden präsentiert. Klicken Sie auf eine Ebene oder schalten Sie mit dem Pfeilsymbol eine Seite zurück oder klicken Sie auf eine Kategorie.

Ende

HINWEIS

In den *Einstellungen* sind nicht alle, aber die wichtigsten Systemeinstellungen für Bildschirm, Benutzer und Sicherheit zu finden. Eine Komplettübersicht bietet die Systemsteuerung.

TIPP

Klicken Sie mit der rechten Maustaste auf den Desktop, finden Sie unter *Anzeigeeinstellungen* und *Anpassen* zwei Einstellungen für den Bildschirm.

Start

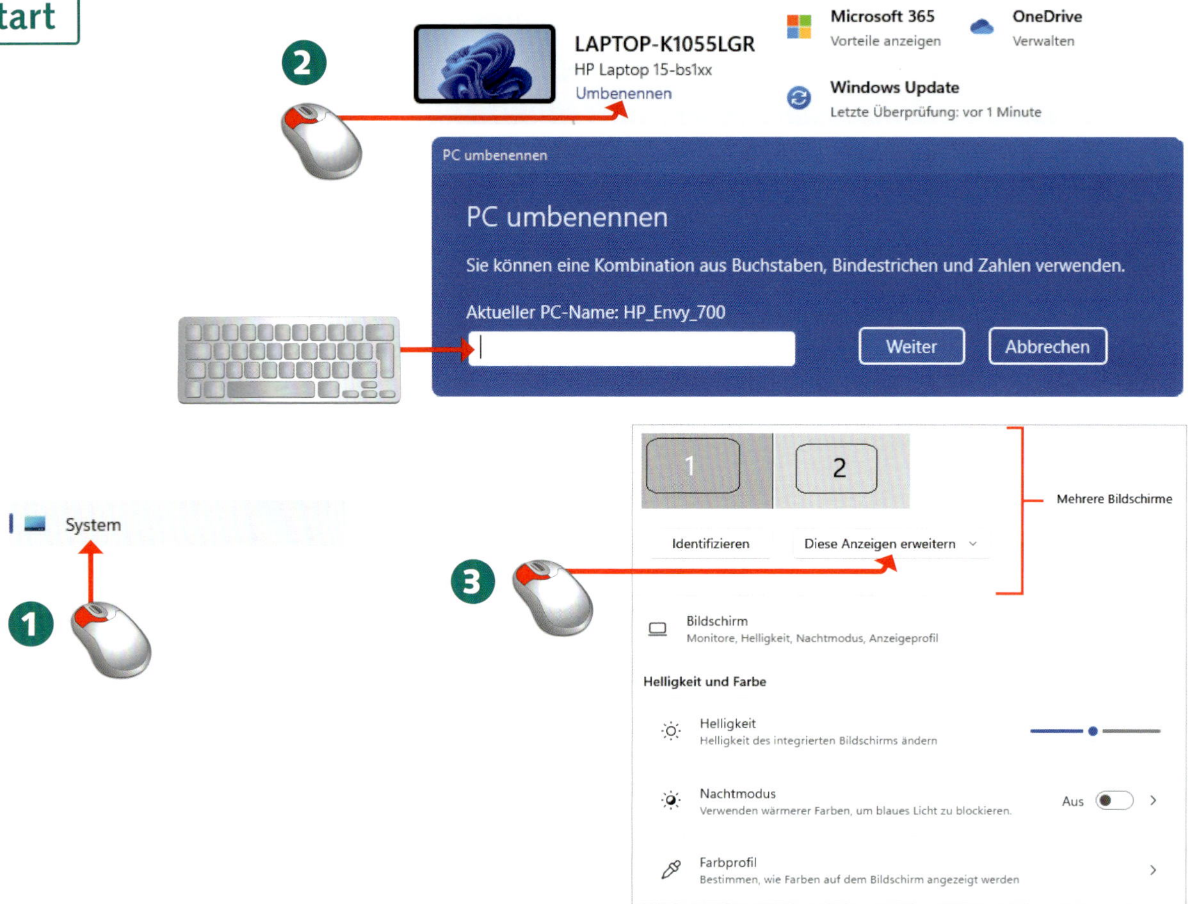

1. Die *System*-Einstellungen beziehen sich auf das Computersystem allgemein. Sie starten sie durch einen rechten Mausklick auf das Windows-Icon in der Taskleiste.
2. Hier wird der Computername angezeigt. Klicken Sie auf *Umbenennen*, können Sie ihn ändern.
3. Der Bereich *Bildschirm* enthält alle Einstellungen für die Bildschirme im System. Schalten Sie auf *Diese Anzeige erweitern*, wenn Sie mehrere Monitore angeschlossen haben.

WISSEN

Die Systemeinstellungen sind eine bunte Mischung aus Bildschirmanpassung, Desktop-Gestaltung, Speicherplatzanzeige, Energiesparoptionen und bieten eine Übersicht über alle installierten Apps und Windows-Programme.

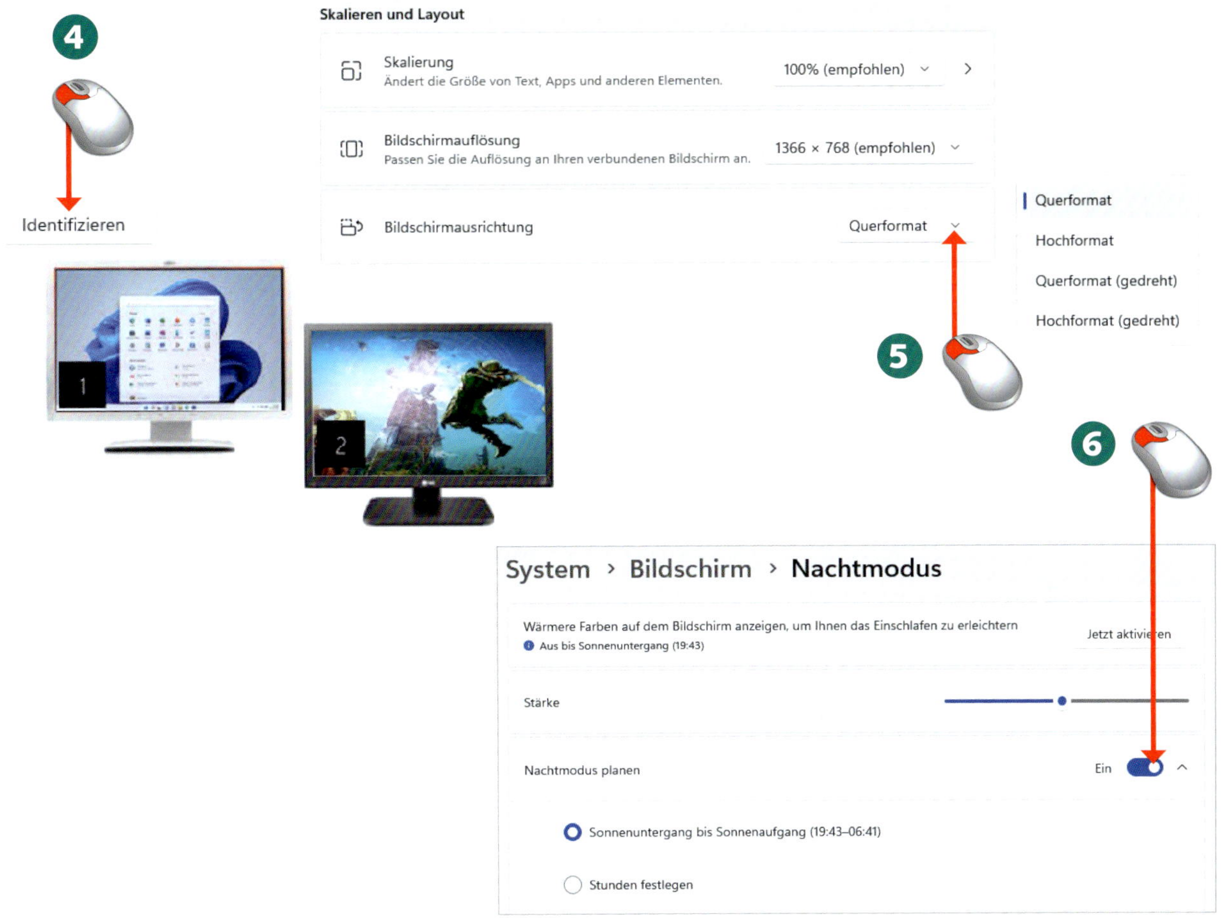

4 Ein Klick auf *Identifizieren*, dann werden die Bildschirme durchnummeriert.

5 Hier finden Sie die passende Skalierung, die verfügbaren Bildschirmauflösungen sowie die Bildschirmausrichtung.

6 Planen Sie unter *System/Bildschirm/Nachtmodus*, wann der Bildschirm in den Nachtmodus mit abgedämpftem Licht schalten soll.

HINWEIS

Bevor Sie Ihren Computer umbenennen, sollten Sie sicherstellen, dass der Name nicht mit Anmeldungen in Apps verbunden ist.

HINWEIS

Die verfügbaren Bildschirmauflösungen orientieren sich an der Qualität der Bildschirme und Grafikadapter.

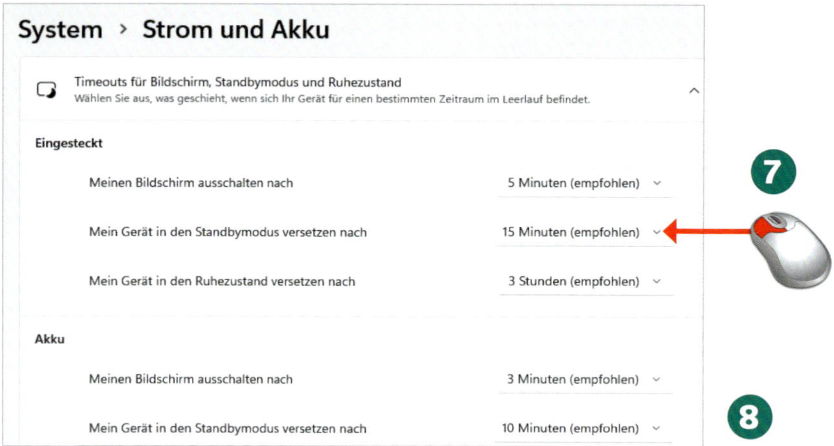

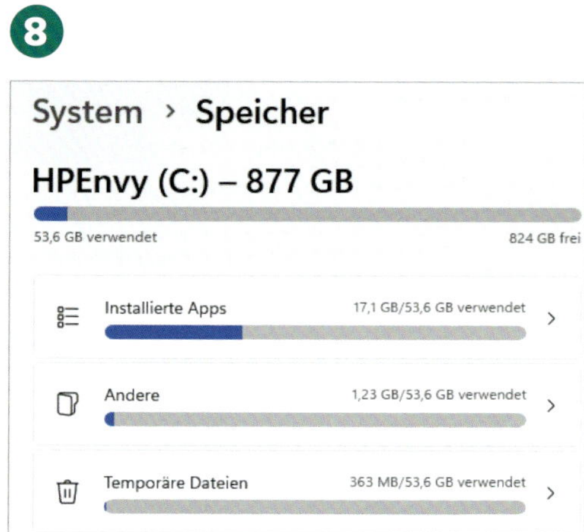

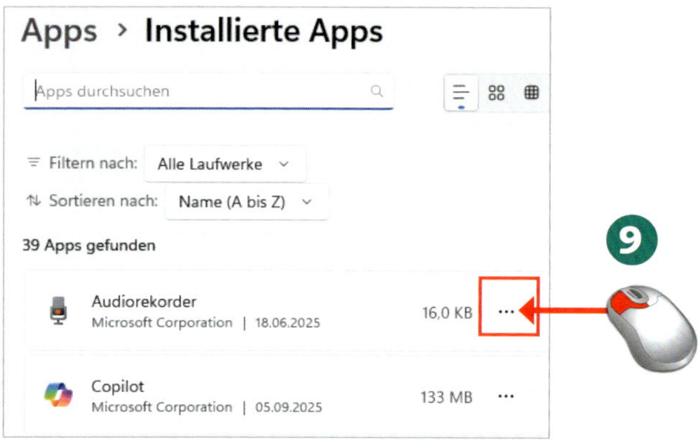

7 Stellen Sie unter *Strom und Akku* die Zeit ein, nach der Ihr Bildschirm oder der Computer in den Ruhezustand versetzt wird.

8 *Speicher* informiert über den verfügbaren und verbrauchten Speicherplatz und bietet eine Speicheroptimierung an.

9 Klicken Sie auf *Apps/Installierte Apps* und überprüfen Sie die Liste mit allen installierten Apps. Ein Klick auf das Drei-Punkte-Menü, ...

WISSEN

Informationen über den PC, die Datenträger und Windows finden Sie in den Systemeinstellungen. Und wenn es Probleme gibt, sehen Sie in der Problembehandlung nach oder setzen Sie Ihr System auf die Werkseinstellungen zurück.

HINWEIS

Multitasking regelt das Verhalten von Windows, wenn Fenster auf dem Bildschirm verschoben werden.

10

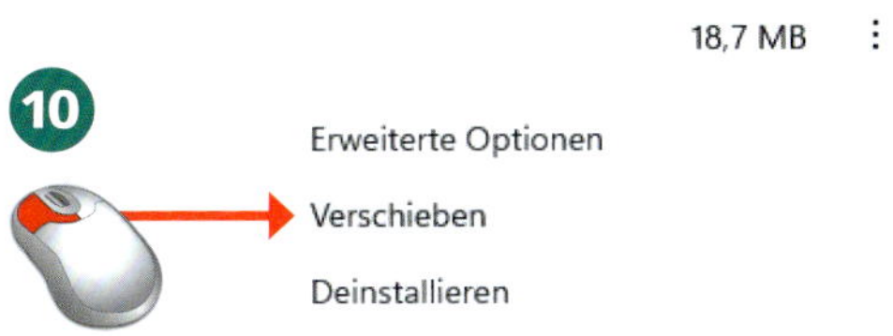

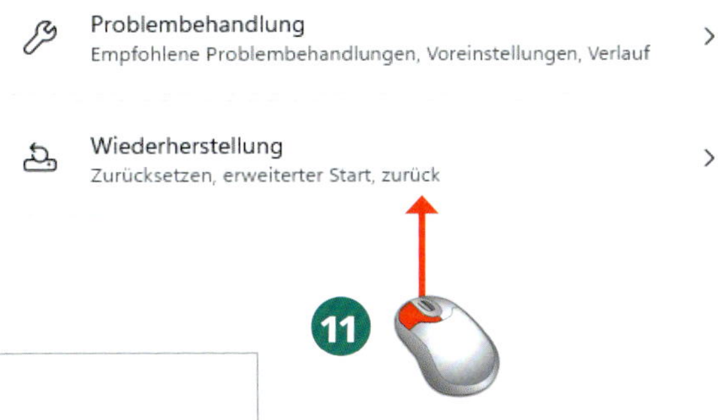

11

12

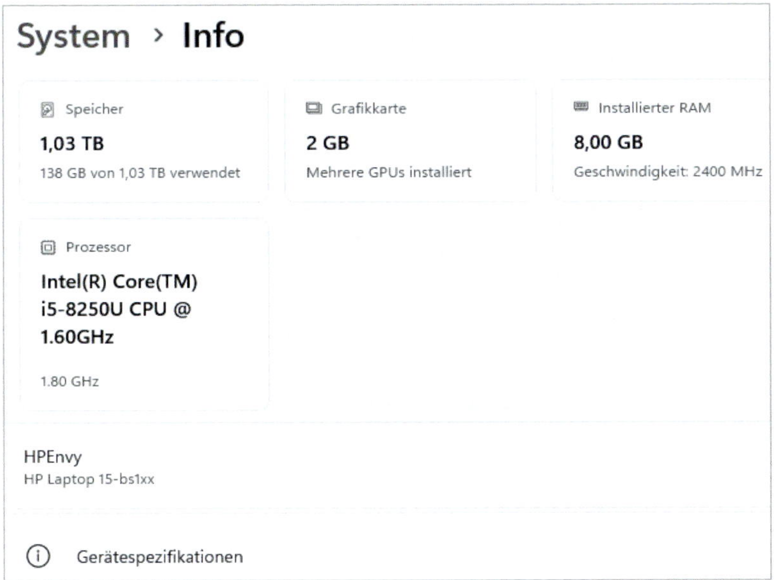

10 ... und die App kann repariert, verschoben oder gelöscht werden.

11 Sehen Sie sich die Einstellungen für Problembehandlungen an und setzen Sie den PC bei Bedarf auf die Werkseinstellungen zurück.

12 Im Bereich *System/Info* finden Sie die technischen Infos über das System mit Prozessor und Hauptspeicher (RAM) und die Windows-Version.

Ende

HINWEIS

Unter *Speicher/Erweiterte Einstellungen* finden Sie alle Datenträger mit Volumen und Partitionen.

TIPP

Unter *Speichern/Speicherort für neuen Inhalt ändern* können Sie festlegen, wo Windows bei Downloads und Dateispeicheraktionen zugreift.

Start

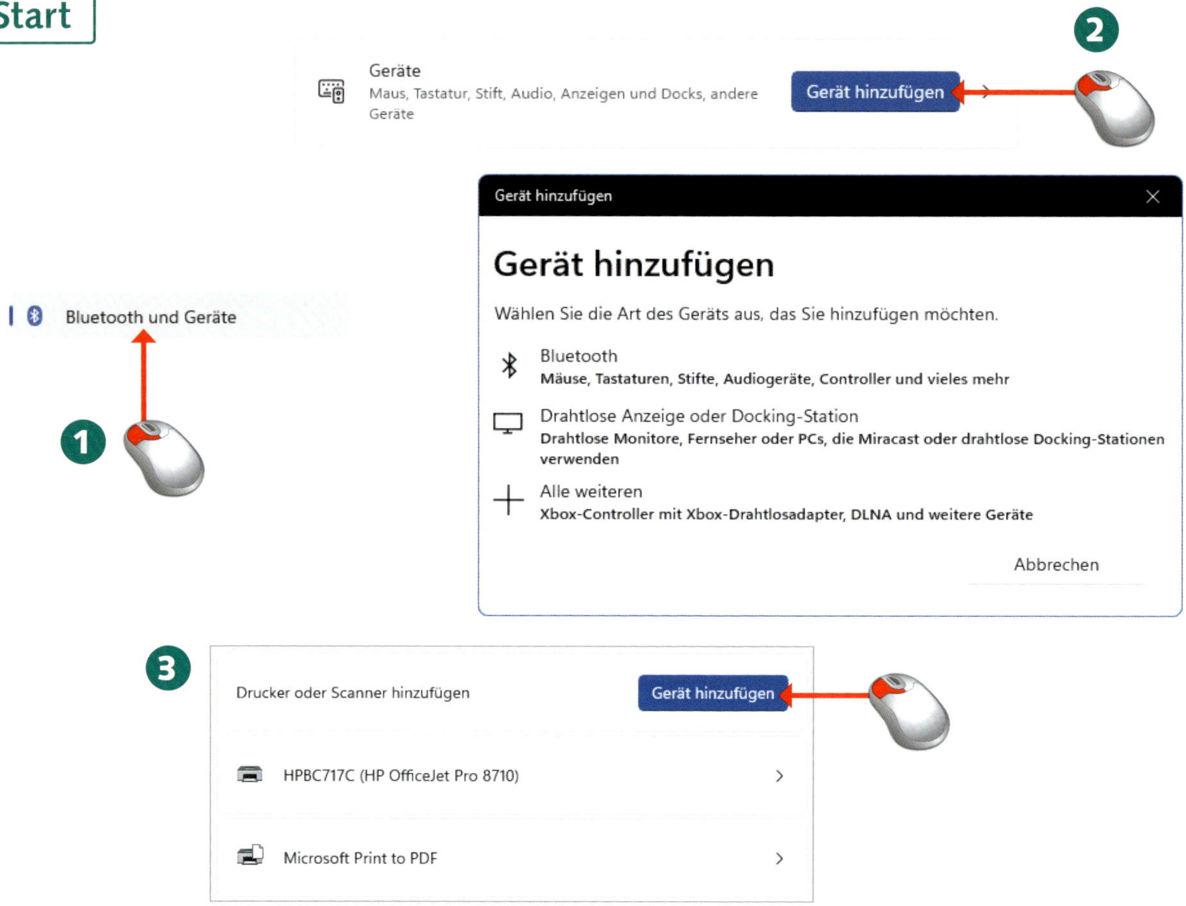

1. Einstellungen für Geräte, lokal oder über das Netzwerk angeschlossen, finden Sie unter diesem Symbol.
2. Verwalten Sie hier alle Geräte, die über Bluetooth angeschlossen sind, fügen Sie Geräte hinzu oder entfernen Sie sie.
3. Fügen Sie einen neuen Drucker oder Scanner hinzu oder klicken Sie ein Gerät an und wählen Sie *Gerät entfernen*.

WISSEN

Die Geräteeinstellungen bieten die wichtigsten Elemente aus der Systemsteuerung. Nutzen Sie diese für schnelle Reparaturen oder auf Tablets, für ausführliche Installationen gehen Sie in die Systemsteuerung.

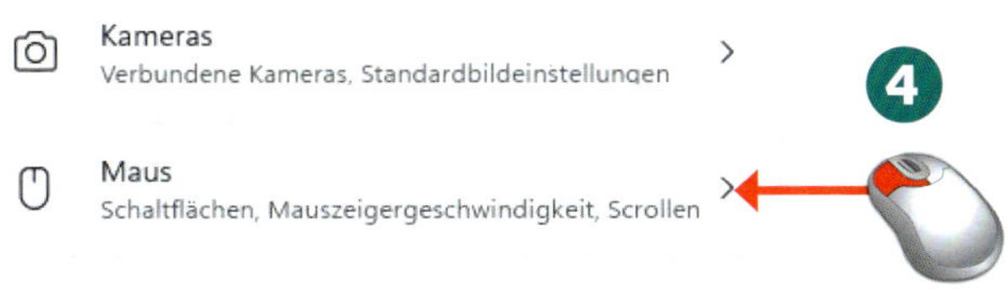

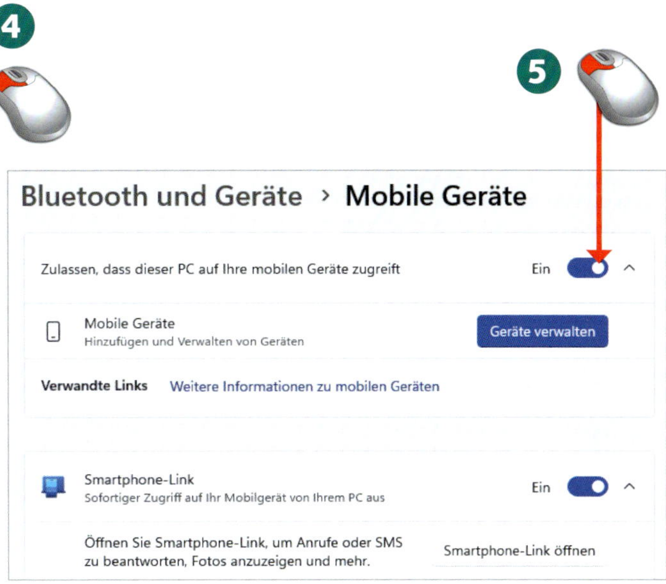

4 Die Einstellungen für Mäuse und Kameras finden Sie hier oder unter *USB*.

5 Hier können Sie Ihr Smartphone oder ein anderes mobiles Gerät mit Windows verbinden.

6 Was nach Anschluss eines USB-Sticks, einer externen Festplatte oder einer Speicherkarte passiert, regeln Sie mit diesen Einstellungen.

Ende

HINWEIS

Für Windows Ink finden Sie auch ein Symbol rechts unten in der Taskleiste.

TIPP

Ausführliche Anleitungen zur Geräteinstallation finden Sie in Kapitel 6.

TIPP

Schalten Sie Bluetooth ein, meldet sich Windows auf Ihrem Bluetooth-fähigen Gerät und Sie können es koppeln.

Start

1. Unter dieser Einstellungskategorie finden Sie die wichtigsten Verbindungseinstellungen für Netzwerk und Internet.
2. Hier sehen Sie, mit welchem Netz oder WLAN Sie verbunden sind. Wählen Sie *Verfügbare Netzwerke anzeigen*, wenn Sie das WLAN wechseln wollen.
3. Der *Flugzeugmodus* schaltet alle aktiven Verbindungen ab, ohne sie zu trennen. Nutzen Sie ihn für WLANs oder Bluetooth-Geräte.

WISSEN

In dieser Einstellungsgruppe überprüfen Sie schnell Ihre Internetverbindung per WLAN oder Ethernet oder richten diese ein. VPN und Proxyserver können ebenfalls verwaltet werden. Der Flugzeugmodus schaltet alle Verbindungen ab, ohne sie zu deinstallieren.

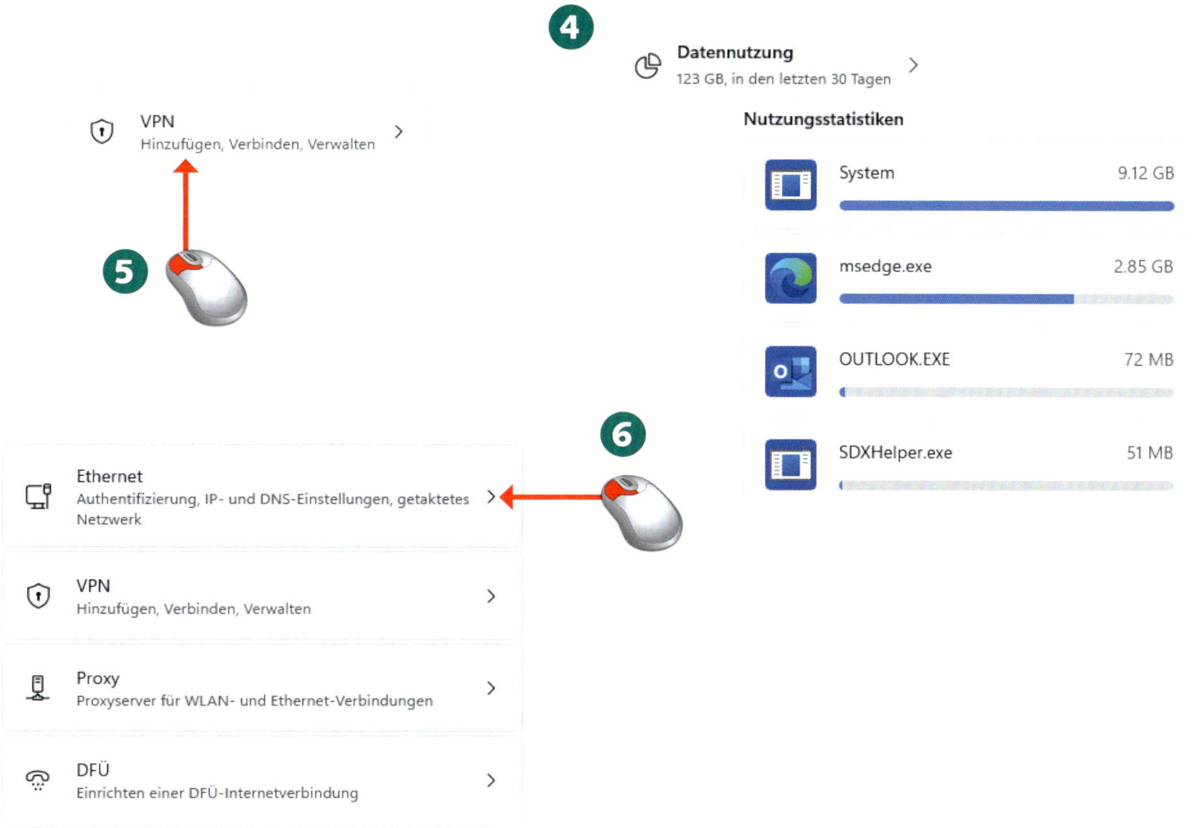

4. Hier sehen Sie, wie viele MB oder GB die letzten 30 Tage über WLAN oder Ethernet übertragen wurden (*Netzwerk und Internet/Erweiterte Netzwerkeinstellungen*).

5. Mit *VPN* können Sie sich in ein Firmennetz einwählen, *DFÜ* verwaltet Einwählverbindungen über Modems.

6. Wenn Sie eine Kabelverbindung haben, verwalten Sie diese über *Ethernet*, den Proxyserver stellen Sie über *Proxy* ein und DFÜ-Verbindungen über *DFÜ*.

Ende

FACHWORT

Wi-Fi: **Wi**reless **Fi**delity, wird als Synonym für WLAN benutzt, ist aber eine Bezeichnung für einen IEEE-Standard für Funknetzwerke.

TIPP

Stellen Sie Ihr Netzwerkprofil auf *Öffentlich*, kann Ihr Gerät im Netzwerk nicht aufgespürt werden.

FACHWORT

Proxyserver sind Verbindungsrechner im Intranet oder Internet.

Start

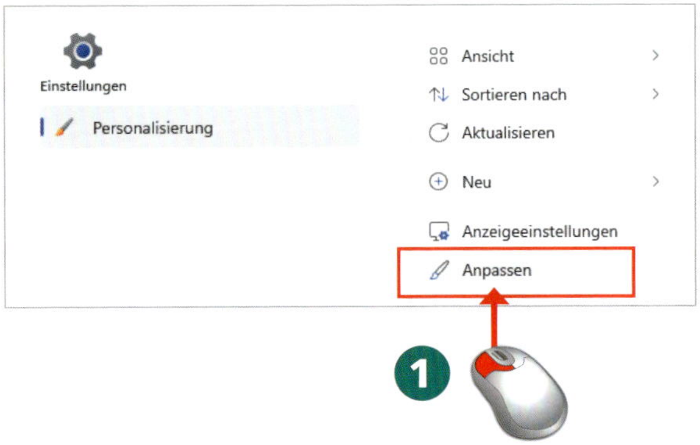

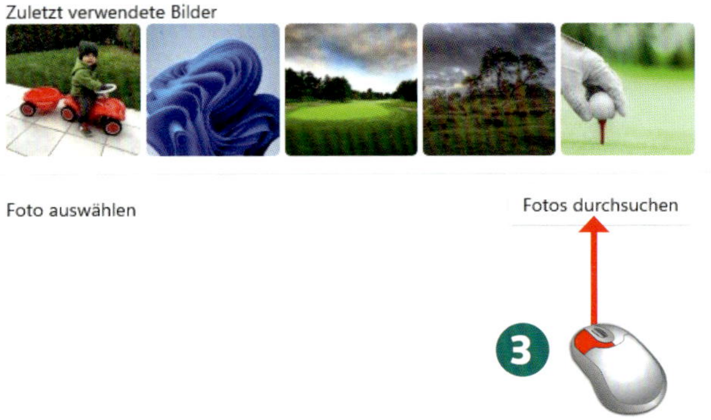

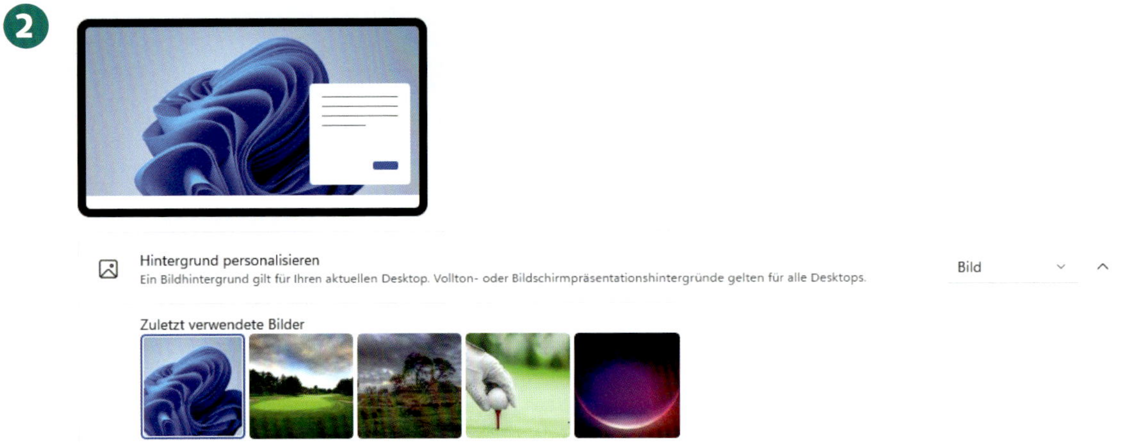

1. Alle *Einstellungen* für die Benutzeranmeldung und die Bildschirmgestaltung finden Sie unter *Anpassen* im Kontextmenü des Desktops.
2. Hier können Sie den Hintergrund gestalten. Die Vorschau zeigt, wie Hintergrund, Startmenü und Fenster derzeit aussehen.
3. Für ein anderes Hintergrundbild klicken Sie auf eine Bildvorschau oder auf *Fotos durchsuchen*, um eine Bilddatei zu wählen.

WISSEN

Gestalten Sie Ihren ganz persönlichen Desktophintergrund mit einem schönen Bild aus der Windows-Bibliothek, einer eigenen Aufnahme oder einer Diashow mit wechselnden Bildern in einem von Ihnen festgelegten Zeitintervall.

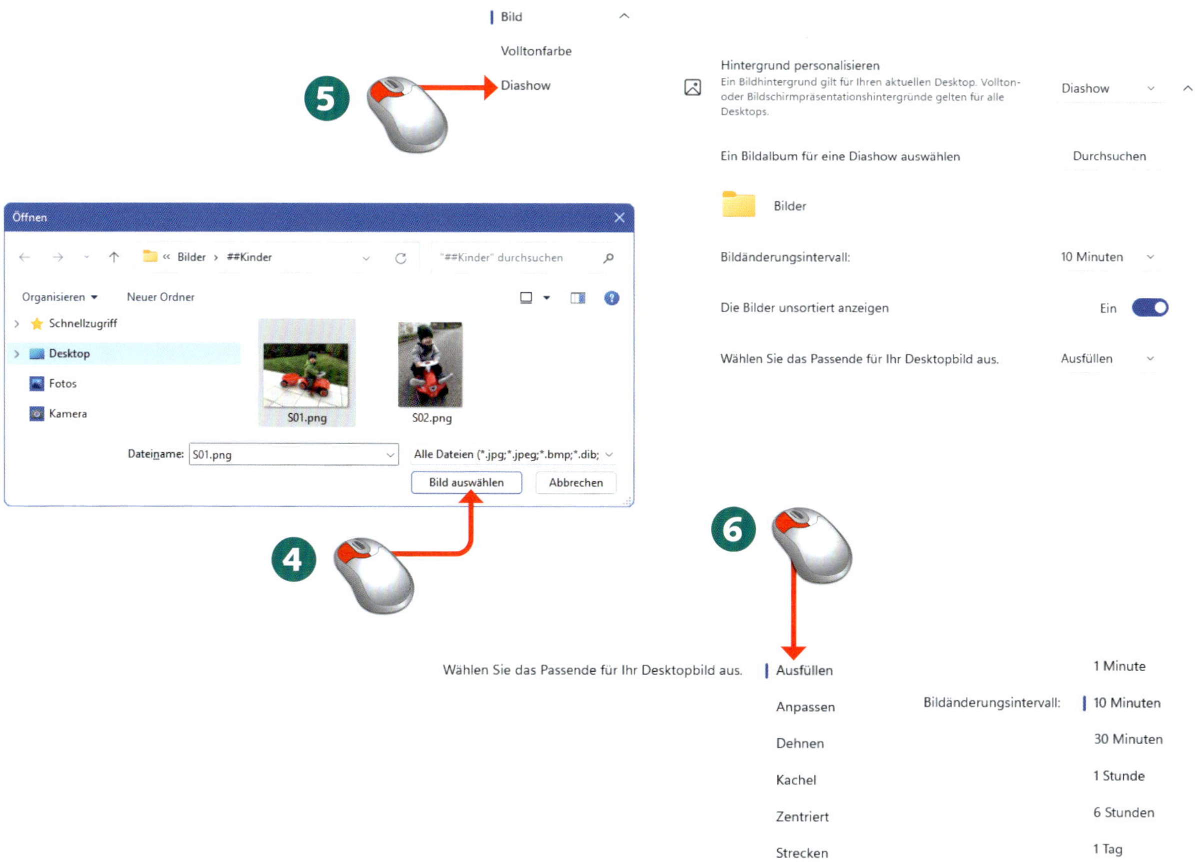

4 Markieren Sie das gewünschte Bild und klicken Sie auf *Bild auswählen*.

5 Schalten Sie um auf *Diashow*, wenn Sie mehrere Bilder mit Bildwechsel sehen wollen.

6 Ändern Sie hier das Intervall für den Bildwechsel, und wählen Sie die Anzeigeart für die Bilder.

Ende

HINWEIS

Die Bilder für die Diashow sollten Sie vorher in einem Ordner zusammengefasst haben. Verknüpfungen sind auch erlaubt. Über das Kontextmenü auf dem Desktop können Sie die Diashow testen (*Nächster Desktophintergrund*).

TIPP

Die Anpassung *Zentriert* ist die Standardeinstellung für Bilder in Normalgröße. Wenn die Bilder zu klein sind, wählen Sie *Ausfüllen*.

Start

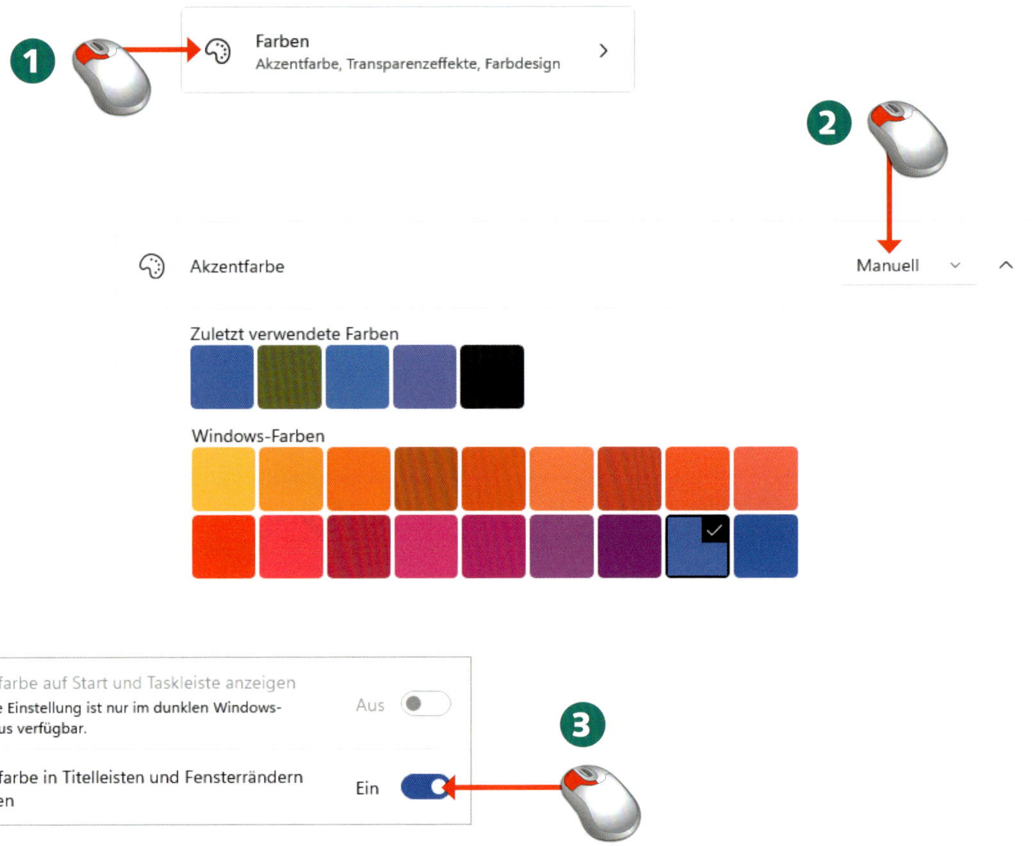

1. Schalten Sie um auf *Farben*, um die Farbgestaltung für das Startmenü, die Taskleiste sowie die Fenster zu ändern.
2. Wenn Sie die automatische Akzentfarbe ausschalten, können Sie eine Farbe aus der Palette markieren ...
3. ... und damit die Farbe des Startmenüs und der Taskleiste sowie der Fensterelemente ändern.

WISSEN

Windows 11 ist bunt. Zahlreiche Akzentfarben stehen zur Auswahl, sie passen sich je nach dem gewählten Design an. Sie können aber auch Ihre eigene Lieblingsfarbe wählen und damit Startmenü, Taskleiste und das Info-Center einfärben.

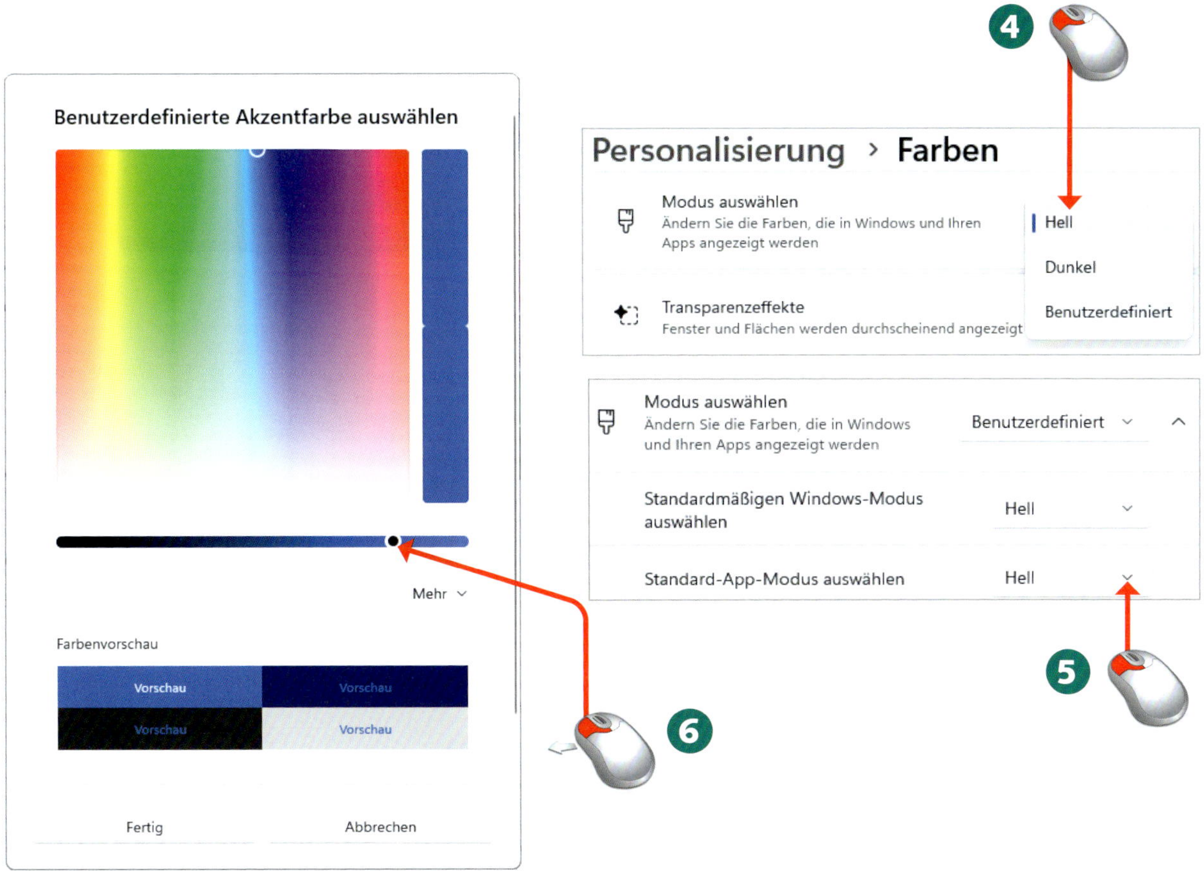

4 Hier legen Sie den Hintergrund für alle Windows-Fenster fest.

5 Der Modus lässt sich auch individuell für Apps und Windows-Fenster festlegen. Mit der Transparenz scheint der Hintergrund durch.

6 Unter *Benutzerdefinierte Farbe* können Sie sogar die RGB-Werte Ihrer Wunschfarbe angeben.

Ende

HINWEIS

Die Akzentfarbe lässt sich nur bei einem aktiven Design auf Startmenü und Taskleiste anzeigen.

TIPP

Mit der Zuweisung eines Designs schalten Sie die individuelle Farbgebung ab. Ihre persönliche Farbgestaltung lässt sich aber unter *Design* als Design speichern.

Start

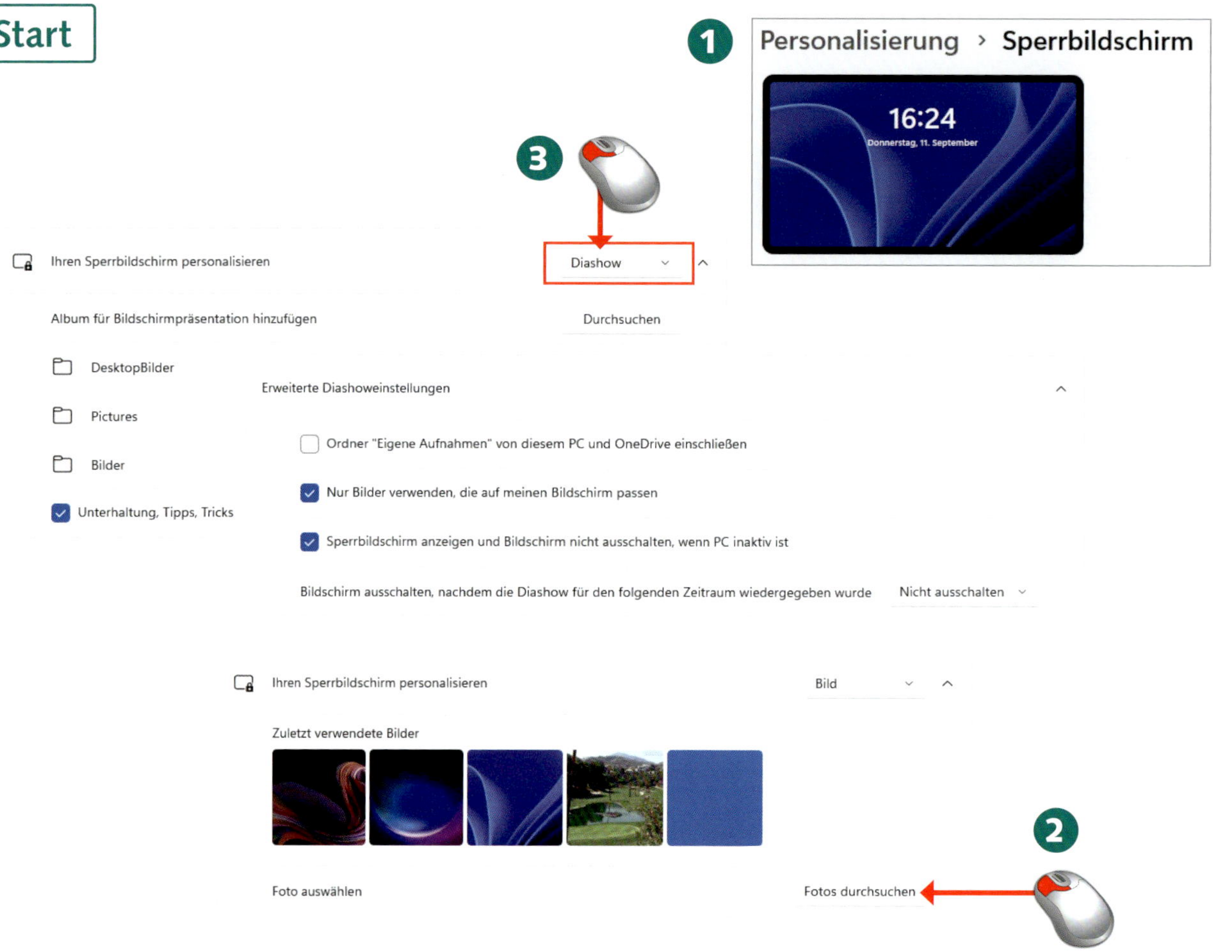

1. Unter dieser Option wird der aktuelle Sperrbildschirm in der Vorschau angezeigt.
2. Wählen Sie als Hintergrund eines der angebotenen Windows-Bilder oder klicken Sie auf *Fotos durchsuchen* für ein Bild Ihrer Wahl.
3. Wollen Sie lieber eine Diashow auf dem Sperrbildschirm sehen, legen Sie hier die Auswahl der Bilder fest.

WISSEN

Sperrbildschirm heißt der Bildschirm, der nach dem Einschalten und vor dem Anmelden des Benutzers oder beim Wechsel eines Benutzerkontos angezeigt wird. Gestalten Sie ihn mit einem schönen Hintergrund und lassen Sie sich über Widgets wichtige und nützliche Informationen anzeigen.

4. Mit dem *Windows-Blickpunkt* präsentiert der Sperrbildschirm schöne Bilder, per Internet geliefert von Microsoft.
5. Holen Sie Widgets auf den Sperrbildschirm, lassen Sie sich das Wetter und aktuelle Informationen anzeigen.
6. Die Widgets werden angezeigt, sobald der Sperrbildschirm aktiv ist.

Ende

HINWEIS

Zusätzliche Widgets für den Sperrbildschirm finden Sie, wenn Sie links unten in die Taskleiste klicken.

HINWEIS

Der Sperrbildschirm wird mit *Sperren* im Kontextmenü des Ein-/Ausschalters aktiviert oder über den Bildschirmschoner.

Start

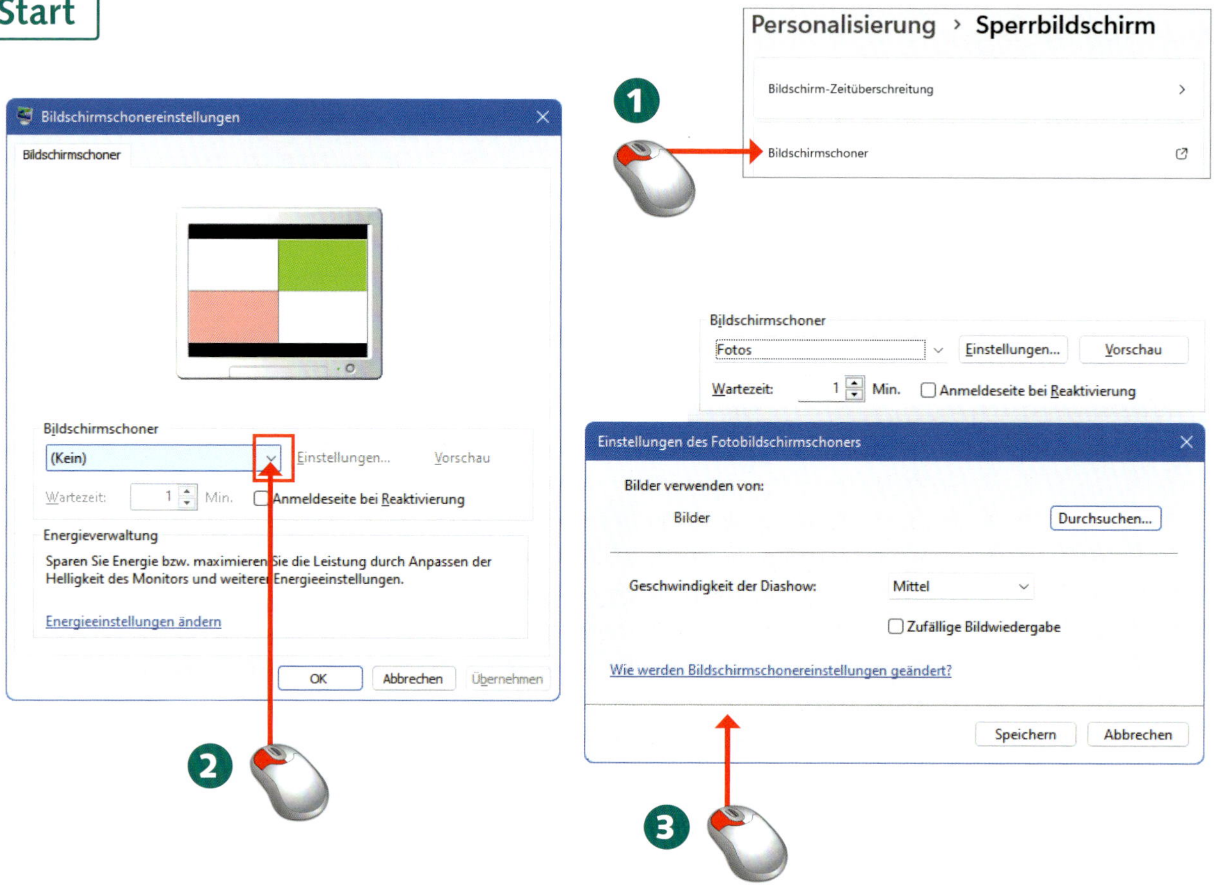

1. In den *Einstellungen* für den Sperrbildschirm finden Sie auch eine Option für den Bildschirmschoner.
2. Klicken Sie auf den Listenpfeil unter *Bildschirmschoner*, um ein Element auszuwählen.
3. Entscheiden Sie sich für *Fotos*, bieten die *Einstellungen* die Auswahl des Bilder-Ordners und der Anzeigegeschwindigkeit für eine Diashow an.

WISSEN

Der Bildschirmschoner schaltet den Bildschirm ab, wenn Tastatur oder Maus in einer bestimmten, vom Benutzer einstellbaren Wartezeit nicht aktiv genutzt wurden. Stellen Sie die Option *Anmeldeseite bei Reaktivierung* ein, bietet er einen nützlichen Kennwortschutz für Ihre Abwesenheit vom Rechner.

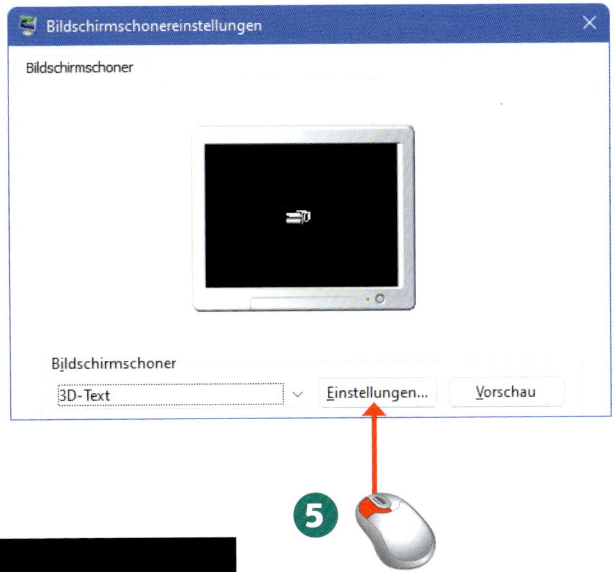

4 Stellen Sie die Wartezeit bis zur Aktivierung des Bildschirmschoners ein und haken Sie diese Option für eine erneute Anmeldung an.

5 Interessante Effekte liefert der Bildschirmschoner *3D-Text*. Klicken Sie auf *Einstellungen*.

6 Das Ergebnis: dreidimensionale Schriftzüge mit Rotation, Muster und Spiegelung.

Ende

HINWEIS

Mit dem Link *Energieeinstellungen ändern* wählen Sie die Energieoptionen, die zum Bildschirmschoner passen.

TIPP

Klicken Sie auf *Vorschau*, um den eingestellten Bildschirmschoner zu testen.

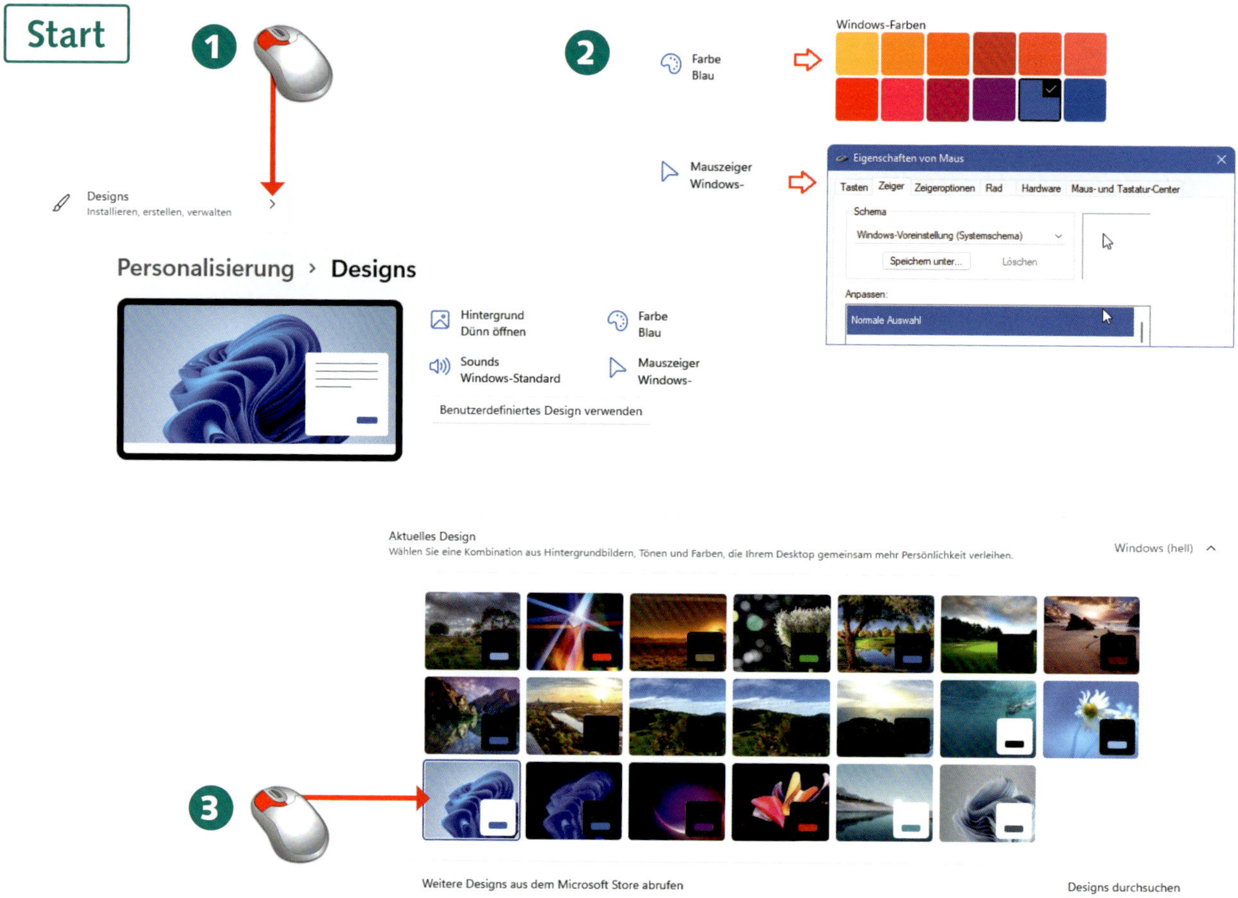

1. Wählen Sie *Designs*. Das aktuelle Design wird angezeigt, Hintergrund, Farbe, Sounds und Mauszeiger können geändert werden.
2. Klicken Sie auf eine Option und ändern Sie die Einstellungen für das benutzerdefinierte Design.
3. Unter *Aktuelles Design* werden weitere Designs angeboten. Klicken Sie ein Design an, ändert es sofort alle Einstellungen.

WISSEN

Designs sind Pakete mit Desktop-Formatierungen für Hintergrund, Farben, Sounds und Bildschirmschoner. Speichern Sie Ihre Auswahl als Design ab oder nutzen Sie die vordefinierten Windows-Designs.
Designs sind als Dateien mit der Endung *theme* oder *deskthemepack* in diesem Ordner gespeichert: *C:\Users\Benutzername\AppData\Local\Microsoft\Windows\Themes*.

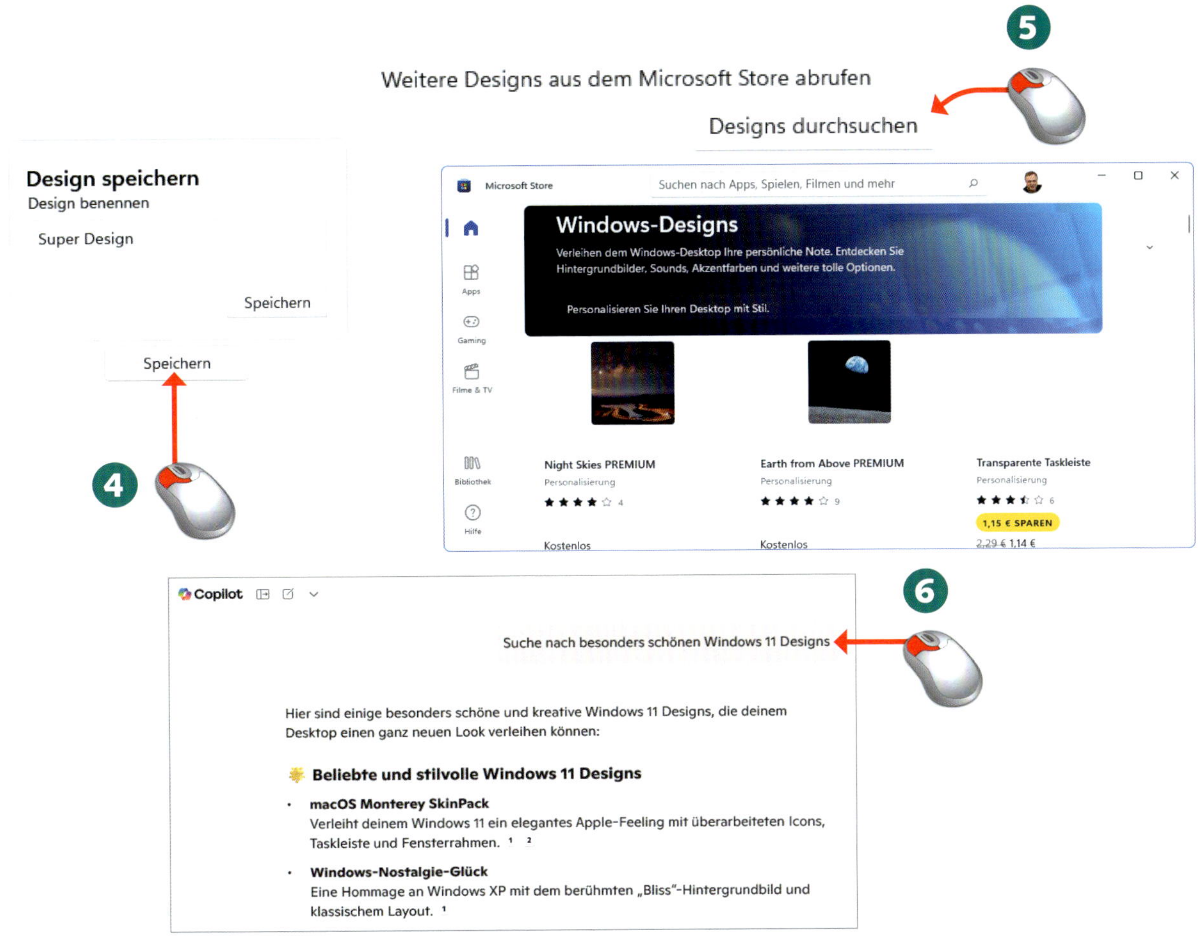

4. Mit *Design speichern* legen Sie ein Design als Datei ab. Geben Sie einen Dateinamen ein, die Dateiendung wird automatisch zugewiesen.

5. Viele weitere Designs finden Sie im Microsoft Store. Klicken Sie auf den Link und installieren Sie das Design.

6. Lassen Sie Ihren KI-Assistenten Copilot im Internet nach schönen Designs suchen.

Ende

HINWEIS

Verwenden Sie ein synchronisiertes Design, wenn Sie dieses auf allen Geräten sehen wollen, auf denen Sie mit Ihrem Konto angemeldet sind. Die Synchronisierung finden Sie unter *Konten*.

TIPP

Klicken Sie mit der rechten Maustaste in ein Design und wählen Sie *Design löschen*, wenn Sie es entfernen wollen.

Start

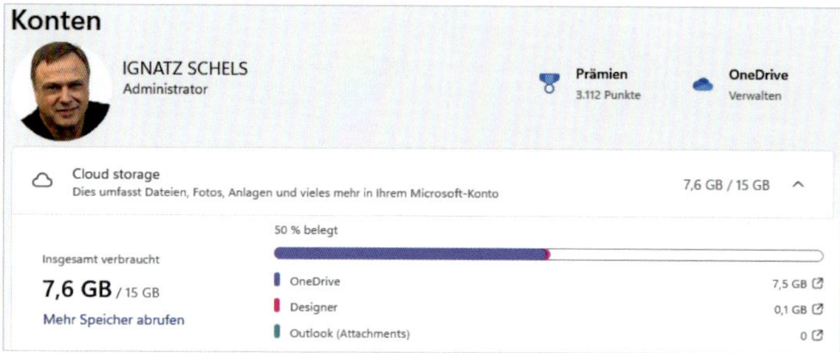

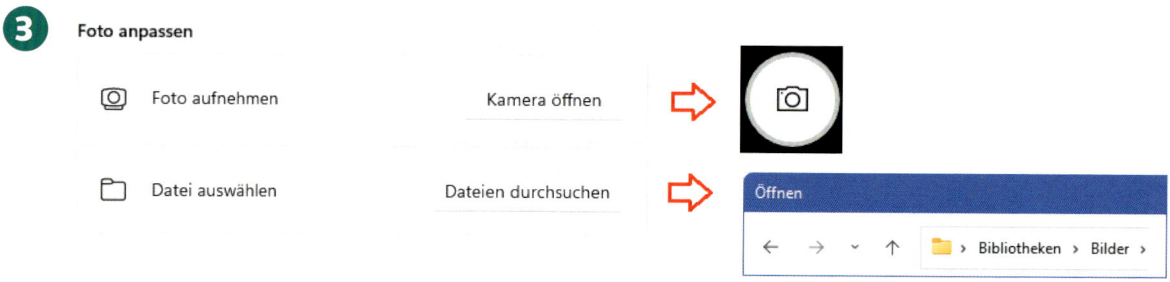

1. Klicken Sie auf *Einstellungen/Konten*, und sehen Sie sich unter *Cloud storage* an, wie viel Speicher Ihr Windows verbraucht.
2. Ihr Konto, Kontobild und der Kontotyp (Administrator oder Gast) werden angezeigt. Wählen Sie *Ihre Infos*, um das Konto zu verwalten.
3. Das Foto können Sie direkt mit der Kamera aufnehmen oder aus einer gespeicherten Bilddatei holen.

WISSEN

Das eigene Konto verwalten, Kennwort oder Kontobild ändern oder zu einem lokalen Konto wechseln, das bietet der Bereich *Konten* in den *Einstellungen* an.

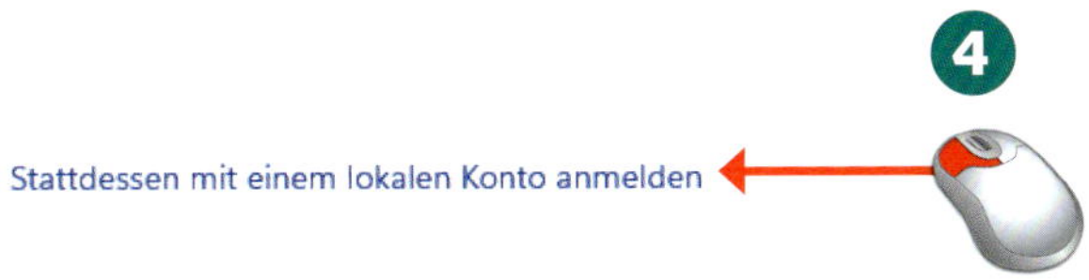

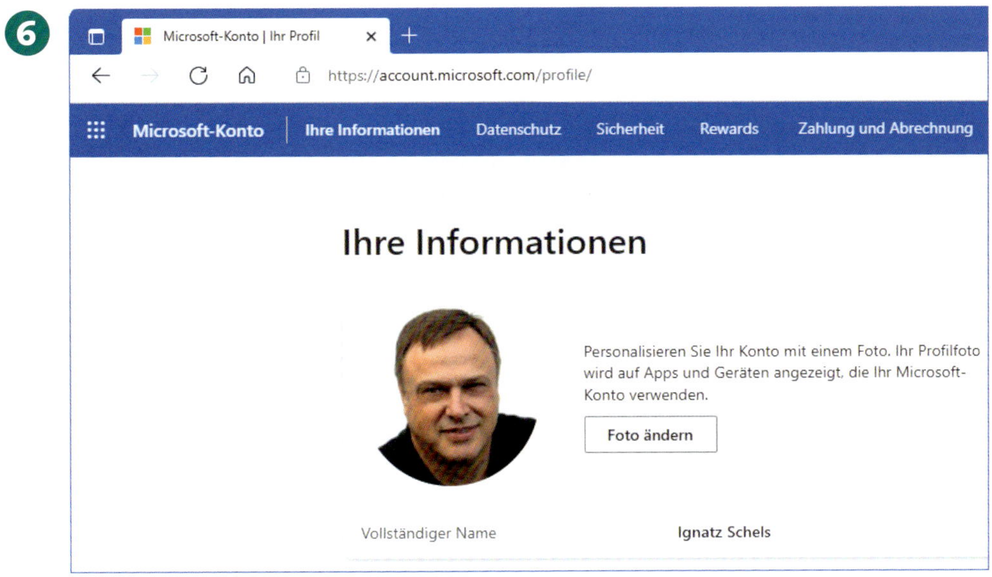

4 Alternativ zum Microsoft-Konto können Sie hier zu einem lokalen Konto wechseln oder ein solches erstellen.

5 Für die Einstellungen des Microsoft-Kontos müssen Sie zur Internetseite *account.microsoft.com* wechseln.

6 Hier finden Sie das Kontobild noch mal und alle weiteren Profil-Informationen, die bei der Installation von Windows abgefragt wurden.

Ende

HINWEIS

Ausführliche Anleitungen zu den Benutzerkonten finden Sie in Kapitel 10.

HINWEIS

Für ein Kamerabild müssen Sie Ihrer Kamera den Zugriff externer Apps erlauben.

Start

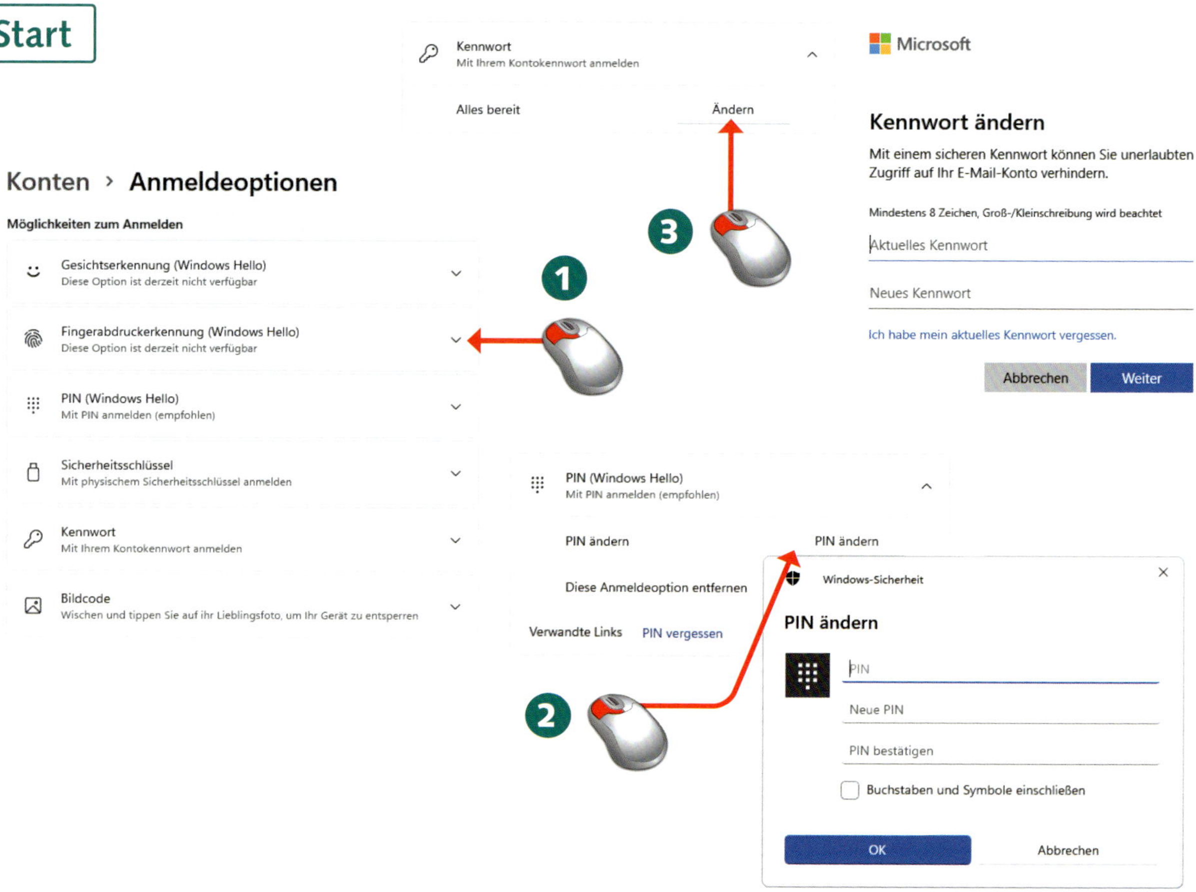

1. Wählen Sie in den Anmeldeoptionen eine passende Anmeldeform für Windows oder ändern Sie die aktive Anmeldung.
2. Wird Ihre Anmeldung über Hello gesteuert, können Sie hier zwischen Gesichtserkennung, Fingerabdruck oder PIN wählen.
3. Melden Sie sich mit einem Kennwort an, haben Sie hier die Möglichkeit, es zu ändern.

WISSEN

Sie haben mehrere Möglichkeiten, sich bei Windows anzumelden: mit einem Kennwort, mit einer vierstelligen PIN, mit Windows Hello oder mit einem Bildcode. Suchen Sie sich die für Sie komfortabelste und sicherste Anmeldeform aus.

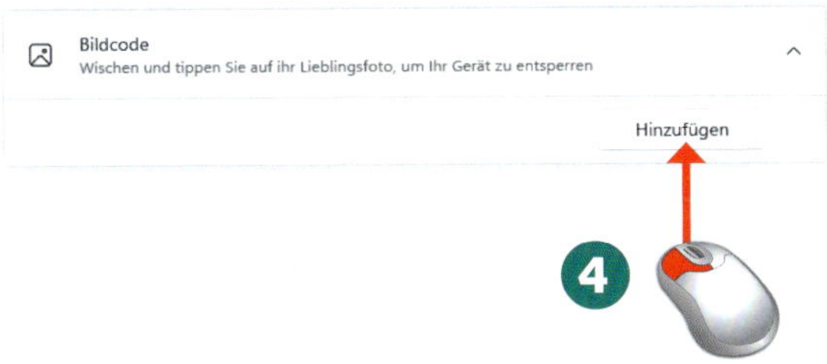

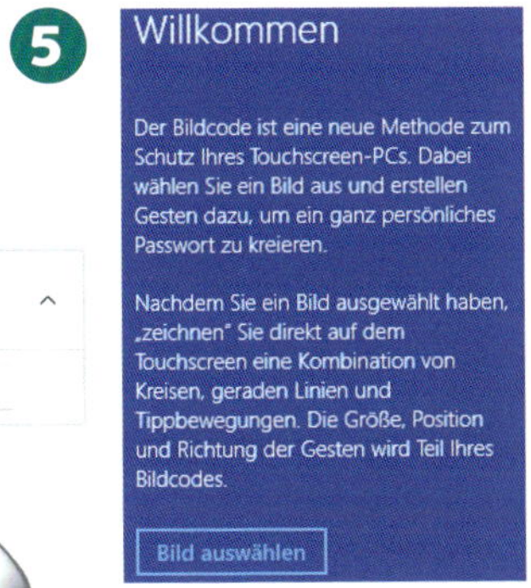

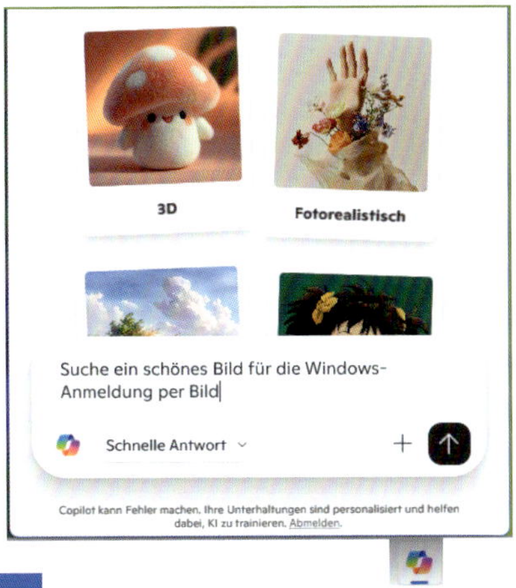

4 Mit der Option *Bildcode* können Sie einen Bildcode auf einem Foto erstellen und sich mit diesem anmelden.

5 Melden Sie sich zuerst am Microsoft-Konto an. Für die Suche nach einem schönen Bild liefert Copilot gute Bildquellen.

6 Zeichnen Sie Kreise oder Linien oder tippen Sie auf das Bild, um den Bildcode zu generieren.

HINWEIS

Speichern Sie das Bild für die Bildcode-Anmeldung in einem beliebigen Bildformat (BMP, JPEG, GIF u. a.).

HINWEIS

Windows Hello arbeitet mit Gesichtserkennung. Dazu ist aber eine hochauflösende Kamera nötig.

7

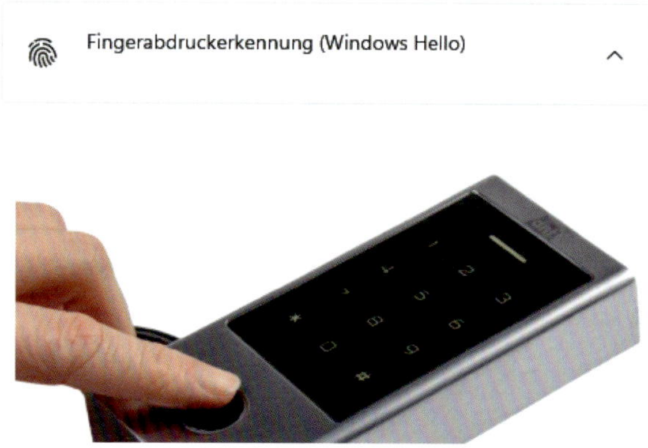

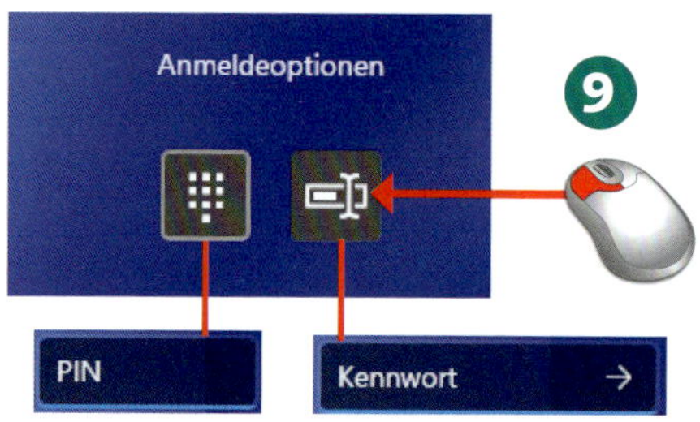

7 Fingerabdruckscanner sind im Notebook integriert oder können als Zusatzgeräte mit USB-Anschluss gekauft werden.

8 Auf dem Sperrbildschirm können Sie per Klick auf *Anmeldeoptionen* auf eine andere Anmeldung umschalten.

9 Klicken Sie auf das PIN-Symbol für die Anmeldung per PIN oder auf das Kennwortsymbol.

WISSEN

Für eine dynamische Sperre verbinden Sie Ihr Smartphone per Bluetooth mit dem PC oder Notebook. Damit wird der Rechner automatisch gesperrt, sobald das Smartphone außer Reichweite ist.
Die Anmeldeoptionen werden nicht angeboten, wenn die Anmeldung nur mit Windows Hello möglich ist. Schalten Sie die Option in den *Anmeldeoptionen* unter *Konten* ab.

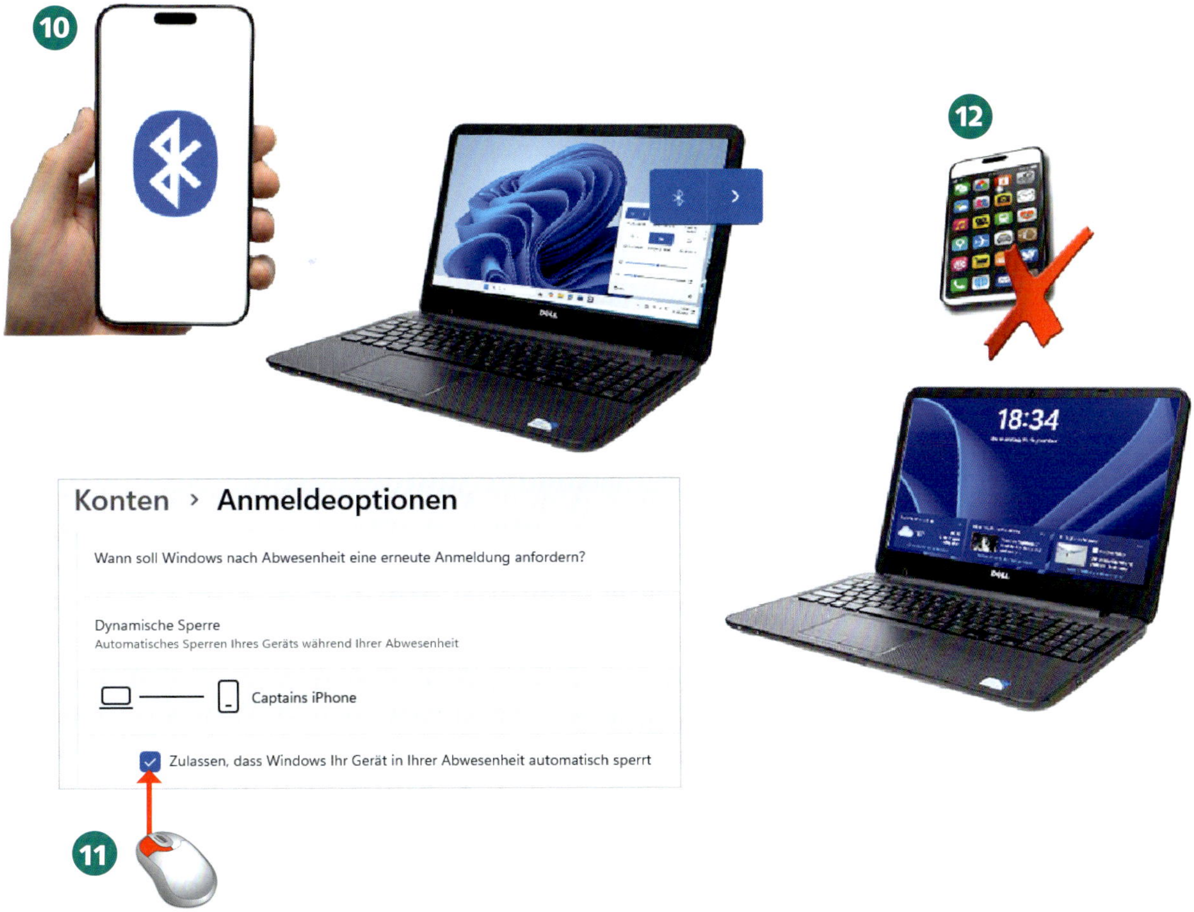

10 Für eine dynamische Sperre richten Sie eine Bluetooth-Verbindung zwischen Ihrem PC und dem Smartphone ein.

11 Wählen Sie *Konten/Anmeldeoptionen/Dynamische Sperre*. Kreuzen Sie die Option an.

12 Windows schaltet zum Sperrbildschirm, sobald das Smartphone außer Reichweite ist.

Ende

HINWEIS

Geben Sie ein falsches Kennwort ein, wird Windows Sie zum Microsoft-Konto umleiten. Hier können Sie das Kennwort ändern.

TIPP

Richten Sie über das Microsoft-Konto einen Wiederherstellungsschlüssel ein.

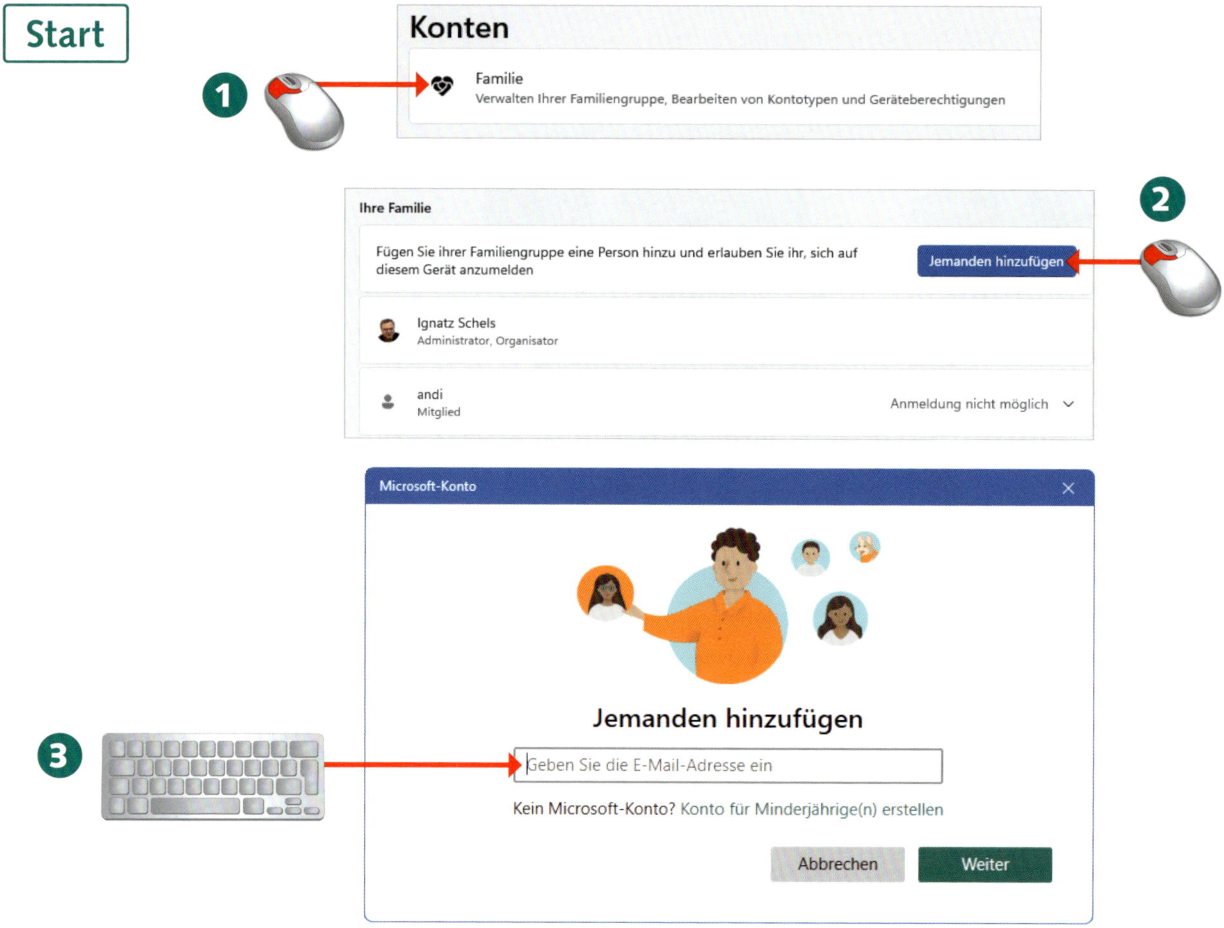

1. Schalten Sie unter *Konten* um auf *Familie*.
2. Bereits erfasste Familienkonten werden angezeigt, mit Klick auf *Jemanden hinzufügen* können Sie weitere anlegen.
3. Geben Sie die Mailadresse ein und richten Sie weitere Konten für Familienmitglieder oder Freunde ein.

WISSEN

Mit dem Arbeitsplatzzugriff bauen Sie eine Verbindung zu einem externen Server auf, dazu genügt Ihre Mailadresse, die diesen Server enthält. Richten Sie außerdem Verbindungen für Familienmitglieder oder andere Vertrauenspersonen ein.

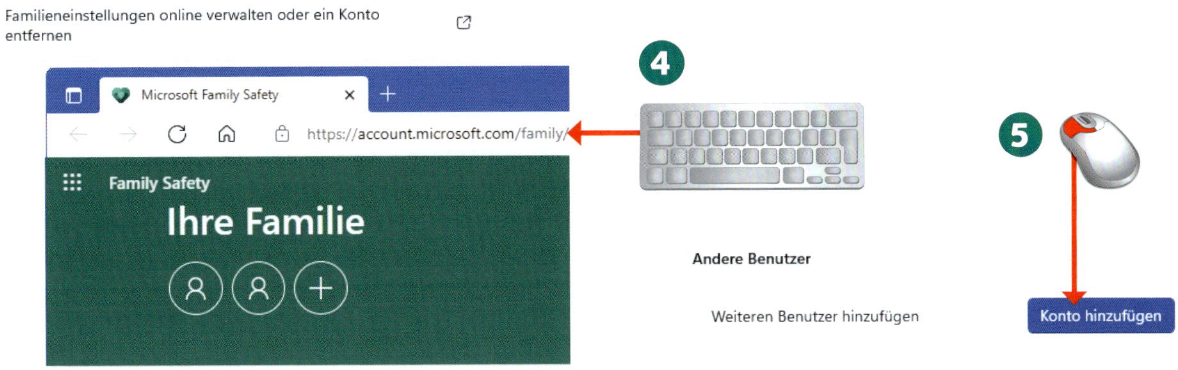

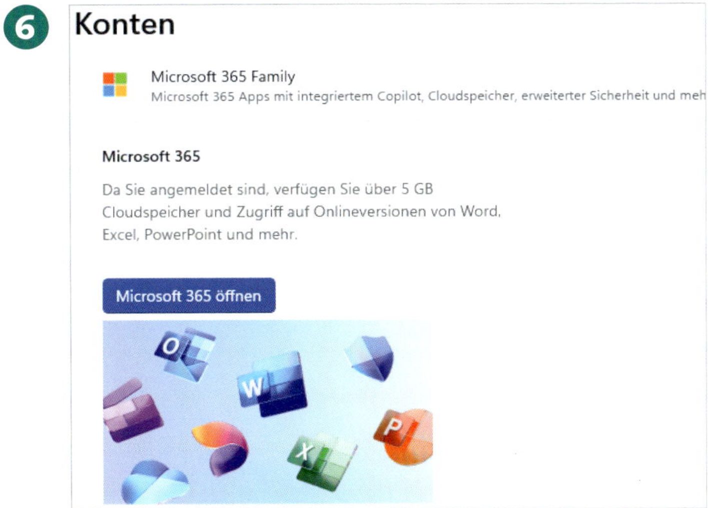

4. Für die Verwaltung der Familienkonten gehen Sie online auf *account.microsoft.com*.

5. Wollen Sie weitere Benutzer ohne familienspezifische Rechte hinzufügen, legen Sie hier ein neues Konto an.

6. *Microsoft 365 Familiy* bietet optimale Sicherheit, erweiterte Speicherkapazität und viele weitere Optionen für Familienkonten.

Ende

HINWEIS

Das Synchronisieren der Kontoeinstellungen funktioniert natürlich nur mit einem nicht lokalen Konto, da die Einstellungen online verwaltet werden müssen.

TIPP

Für Kinder als Familienmitglieder gibt es ganz spezielle Sicherheitseinstellungen (siehe Kapitel 10).

Start

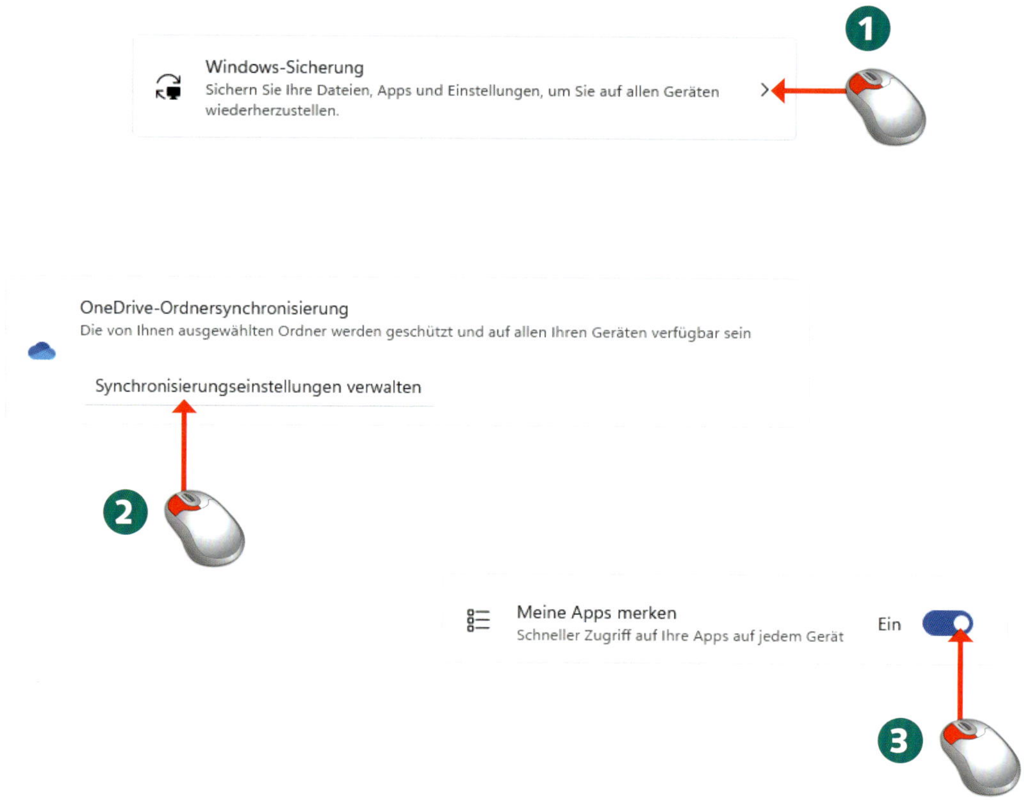

1. Schalten Sie unter *Konten* die *Windows-Sicherung* ein, um Dateien, Apps und Einstellungen zu sichern.
2. Synchronisieren Sie hier Ihre Ordner auf dem PC mit dem Cloud-Dienst OneDrive.
3. Schalten Sie diese Option ein, um aktivierte Apps für später sofort zur Verfügung zu stellen.

WISSEN

Windows ist auf jedem Gerät verfügbar, auf dem eine Anmeldung über ein Konto vorliegt. Sichern Sie Ihre Einstellungen für Windows und die Apps, damit sie auf allen diesen Geräten verfügbar sind. Und Ihre Daten sollten natürlich in der OneDrive-Cloud gesichert sein.

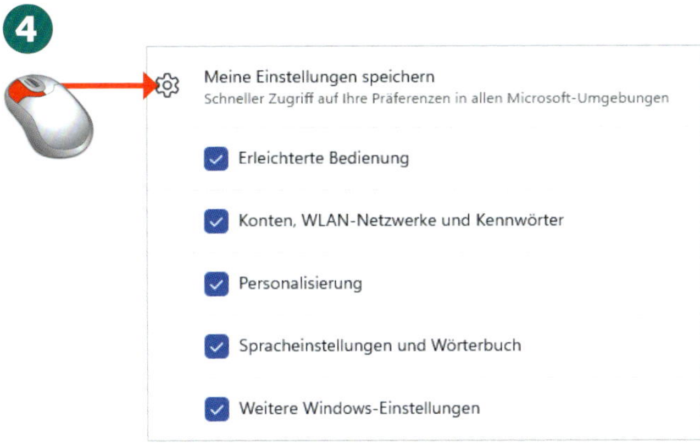

4 Mit dieser Option halten Sie die Speicherung der Einstellungen fest und stellen sicher, dass diese auf allen Geräten verfügbar sind.

5 Hiermit synchronisieren Sie Ihre Einstellungen mit dem Microsoft-Konto, damit diese auf allen Geräten unter diesem Konto verfügbar sind.

6 Alle Sicherungseinstellungen finden Sie auch im Kopfbereich von *Konten/ Windows-Sicherung*.

Ende

HINWEIS

Die OneDrive-Dateien finden Sie im Windows-Explorer, drücken Sie [Win]+[E].

HINWEIS

Die Sicherungseinstellungen finden Sie unter diesem Link: *https://account.microsoft.com/devices*

Start

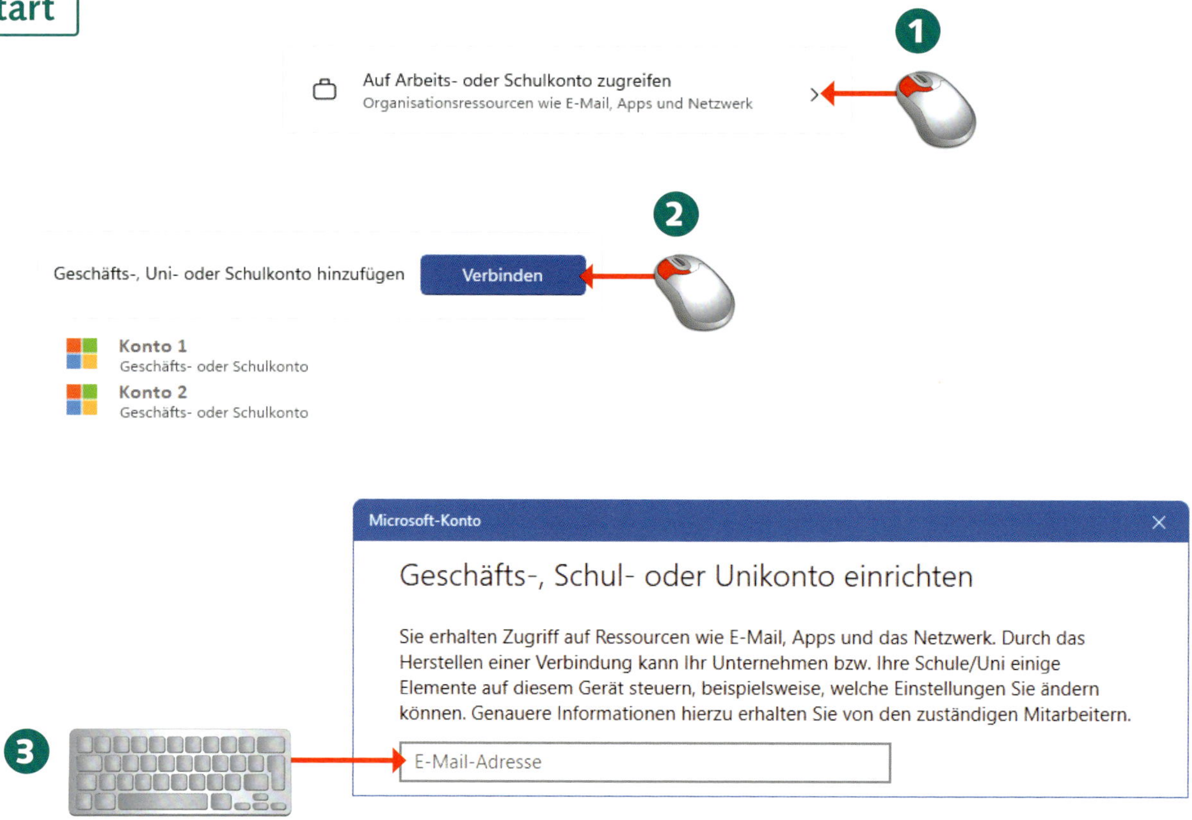

1. Klicken Sie unter *Konten* auf die Schaltfläche für ein Arbeits- oder Schulkonto.
2. Die bereits verbundenen Konten werden angezeigt. Wählen Sie *Verbinden*, um ein neues Konto einzurichten.
3. Geben Sie die Mailadresse ein, die Sie vom Arbeitgeber oder von der Schule erhalten haben, und folgen Sie den restlichen Anweisungen.

WISSEN

Wollen Sie mit Ihrem PC oder Laptop eine Verbindung zum Arbeitgeber oder zum Schulserver herstellen, verbinden Sie sich einfach mit einem Arbeits- oder Schulkonto.

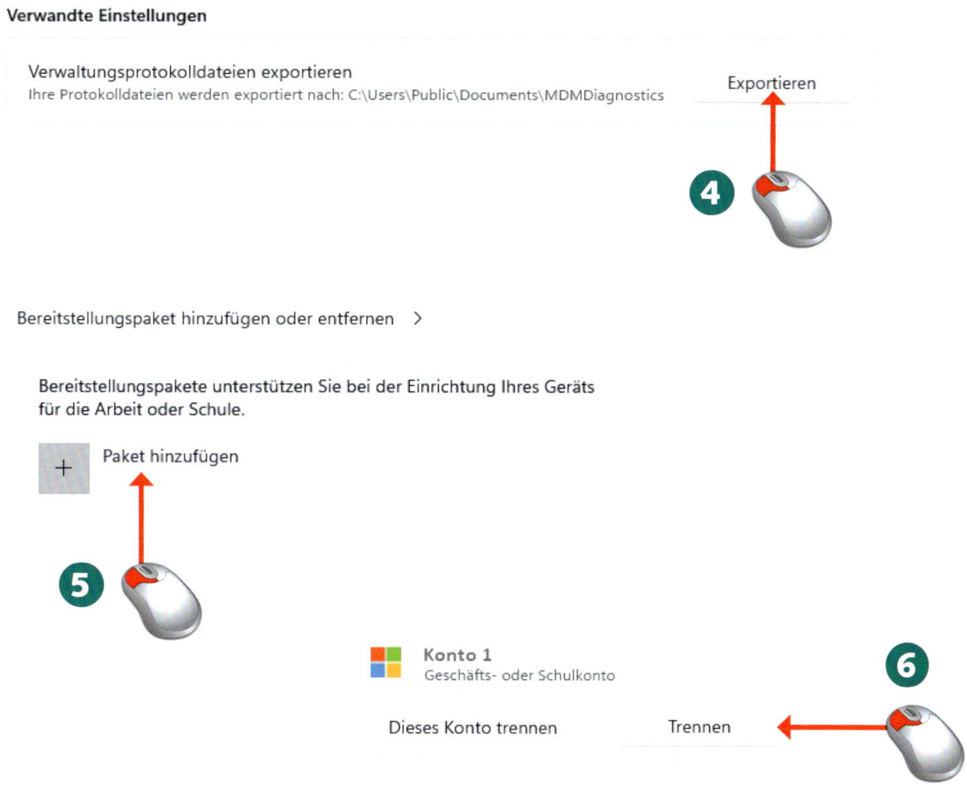

4. Exportieren Sie die Verwaltungsprotokolldateien und übermitteln Sie diese bei Fehlerbehebungen an Support-Mitarbeiter.

5. Falls Arbeitgeber oder Schule ein Bereitstellungspaket zur Verfügung stellen, nutzen Sie dieses zur Unterstützung der Kontoeinrichtung.

6. Ein Klick auf *Trennen* entfernt das Arbeits- oder Schulkonto wieder von Ihrem PC.

Ende

HINWEIS

Ihr Computer kann über das Arbeits- oder Schulkonto direkt mit einem Geräteverwaltungsserver oder über Azure AD auf einem Mobile Device Management Server registriert werden.

FACHWORT

AD ist die Abkürzung für **A**ctive **D**irectory.

Start

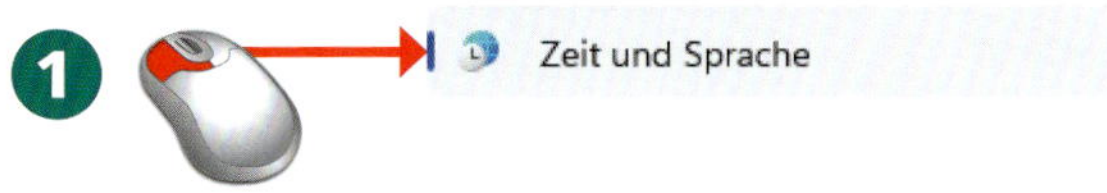

1. Datum und Uhrzeit, Anwendersprache und regionale Windows-Anpassungen finden Sie unter diesem Einstellungssymbol.
2. Lassen Sie Datum und Uhrzeit automatisch festlegen oder klicken Sie auf *Ändern*.
3. Stellen Sie die passende Zeitzone ein und sorgen Sie dafür, dass die Uhr automatisch an die Sommerzeit angepasst wird.

WISSEN

Datum und Uhrzeit zeigt Windows aktuell rechts unten in der Taskleiste an. Die Information holt sich das Betriebssystem aus der Firmware (BIOS, UEFI) des Computers.

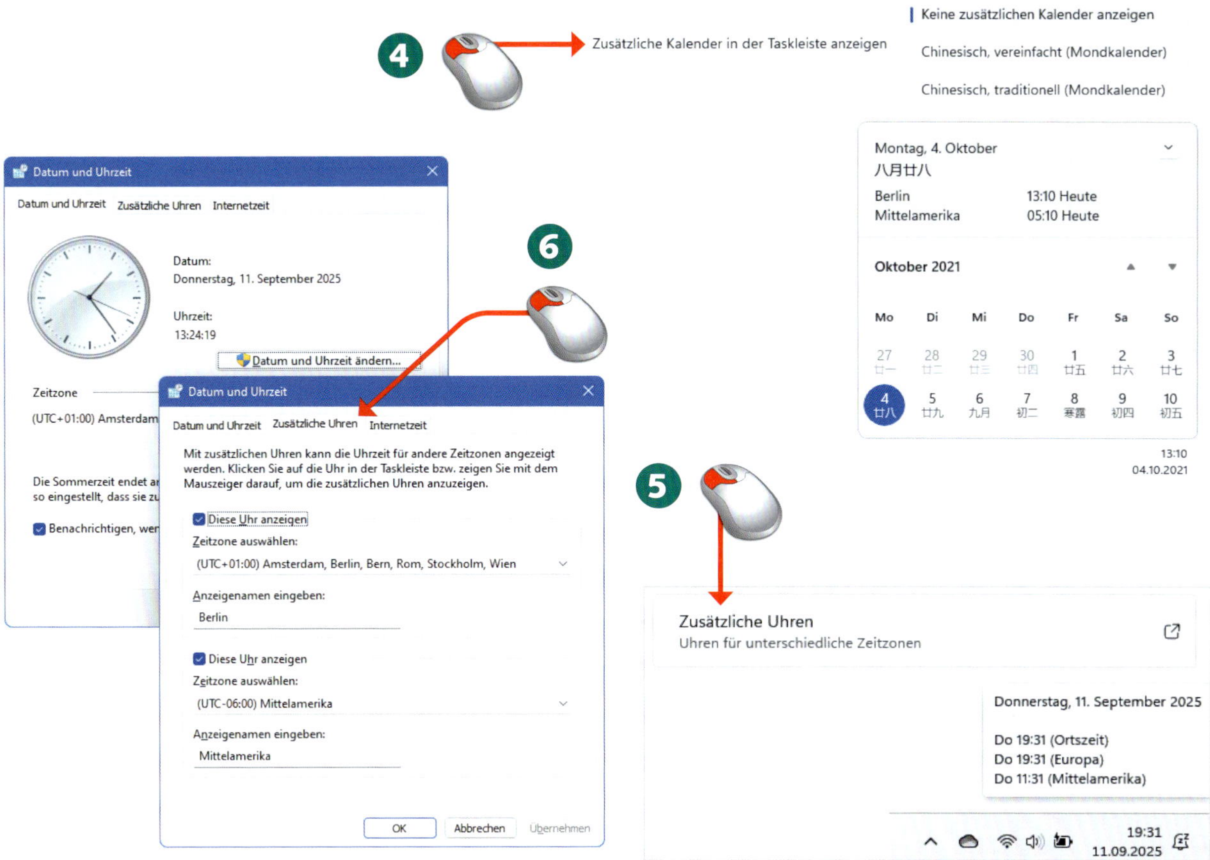

4 Die Datumsanzeige rechts unten in der Taskleiste kann neben der Standardanzeige einen weiteren Kalender enthalten.

5 Holen Sie zusätzlich zur Standardanzeige weitere Zeitanzeigen aus anderen Zeitzonen in die Taskleiste.

6 Ändern Sie hier die Uhrzeit, falls die Einstellung auf *Manuell* steht, und fügen Sie weitere Uhren hinzu.

HINWEIS

Damit die Zeit auch korrekt bleibt, wird sie permanent aus einem Internetzeitgeber abgerufen (Registerkarte *Internetzeit* in den erweiterten Einstellungen).

FACHWORT

UEFI (**U**nified **E**xtensible **F**irmware **I**nterface): Nachfolger des BIOS (**B**asic **I**nput/**O**utput **S**ystem). Firmware: auf der Hauptplatine installierte Software.

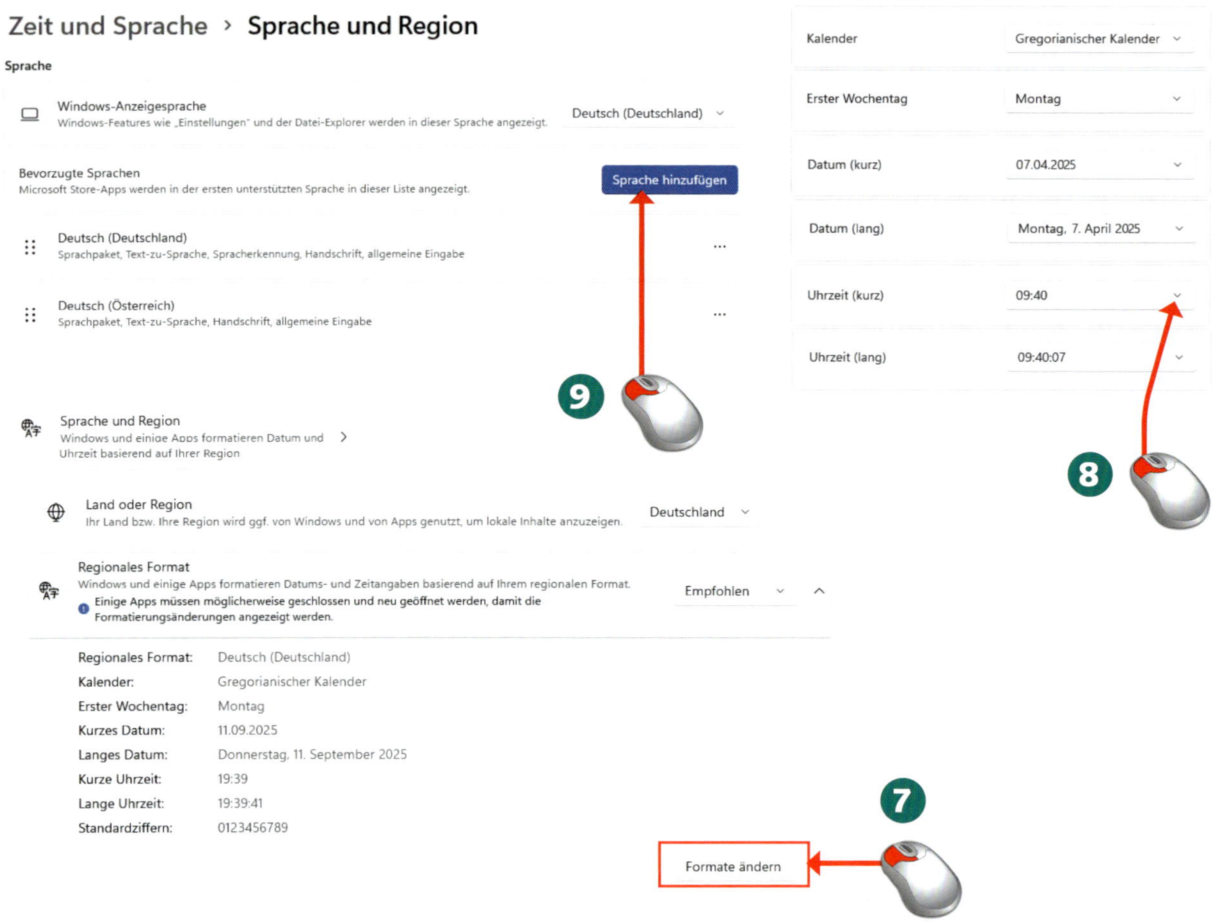

7 Wählen Sie das Land, dessen Regionaleinstellungen für Windows und für Apps maßgeblich sind, und klicken Sie auf *Formate ändern*.

8 Stellen Sie den Kalender und den ersten Wochentag ein und passen Sie die regionalen Formate für Datum und Uhrzeit an.

9 Stellen Sie hier die Windows-Anzeigesprache ein und fügen Sie weitere Sprachen hinzu.

WISSEN

Die regionalen Einstellungen (Land, Sprache) werden schon bei der Installation von Windows 11 aus dem System übernommen und abgefragt. Hier können Sie sie bei Bedarf ändern und weitere Sprachen hinzufügen.

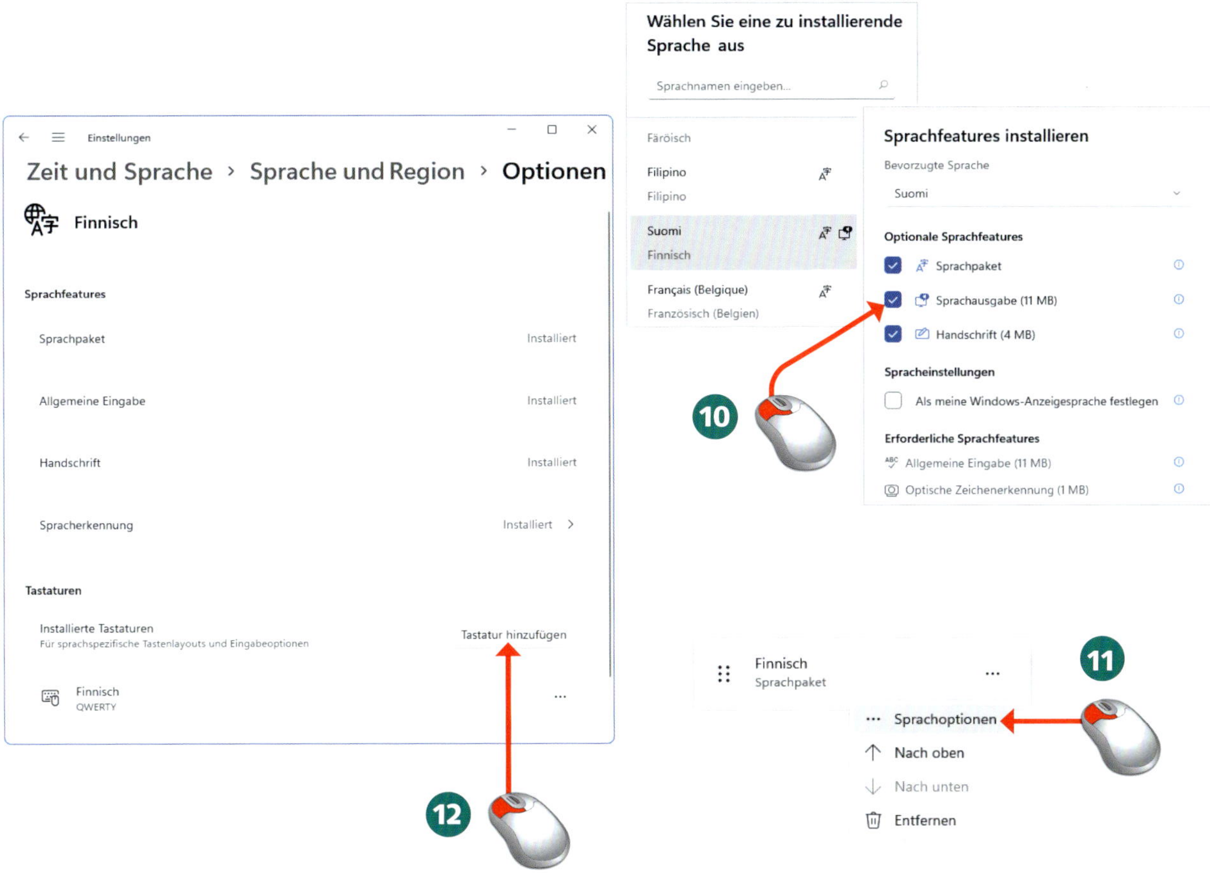

10 Markieren Sie die gewünschte Sprache, und installieren Sie das Sprachpaket, die Sprachausgabe und die Handschrift.

11 In diesen Sprachoptionen finden Sie weitere Einstellungen für die installierten Sprachen.

12 Richten Sie Mikrofon und Sprechgeschwindigkeit für die Spracherkennung ein und suchen Sie ein passendes Tastaturlayout.

Ende

HINWEIS

Passen Sie die Währungszeichen für das Land an, in dem Sie arbeiten. In der Schweiz wird z. B. ein Apostroph als Tausenderzeichen verwendet.

HINWEIS

Unter *Text-zu-Sprache* finden Sie in der Spracherkennung drei verschiedene Stimmen, die Texte vorlesen, eine männliche und zwei weibliche.

Start

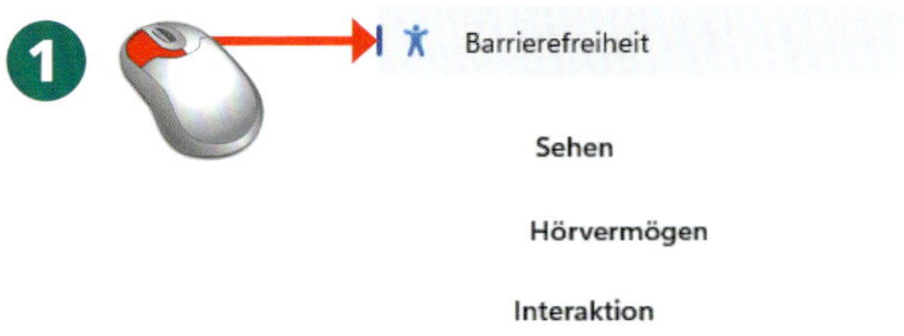

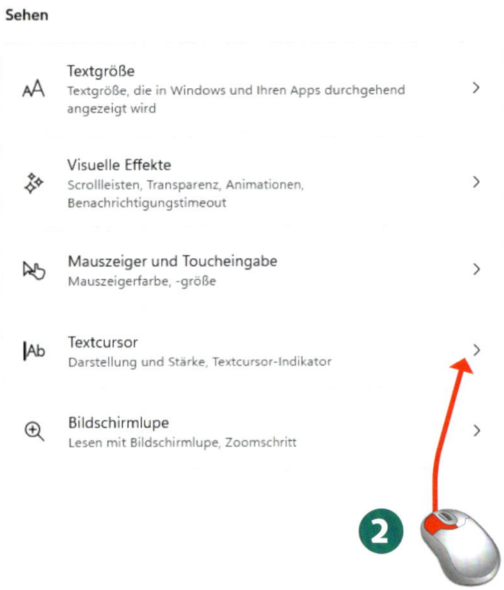

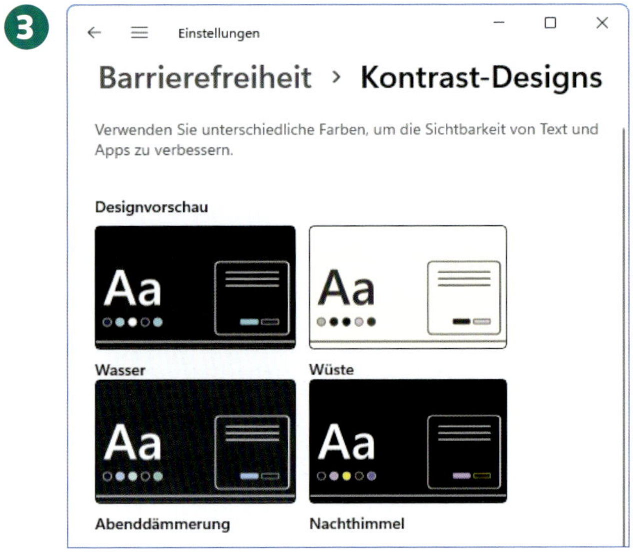

1. Klicken Sie in den *Einstellungen* auf *Barrierefreiheit*. Die Auswahl ist in drei Gruppen (*Sehen, Hörvermögen, Interaktion*) untergliedert.
2. Unter *Sehen* passen Sie die Textgröße an, ändern den Mauszeiger und den Textcursor und schalten eine Bildschirmlupe ein.
3. *Kontrast-Designs* bietet eine Auswahl an Designs für sehbehinderte Anwender mit klaren Konturen und kräftigen Kontrasten.

WISSEN

Die Einstellungen für Barrierefreiheit bieten Hilfsprogramme für Menschen mit eingeschränktem Seh- und Hörvermögen, eingeschränkter Beweglichkeit, Sprachstörungen oder kognitiven Behinderungen.

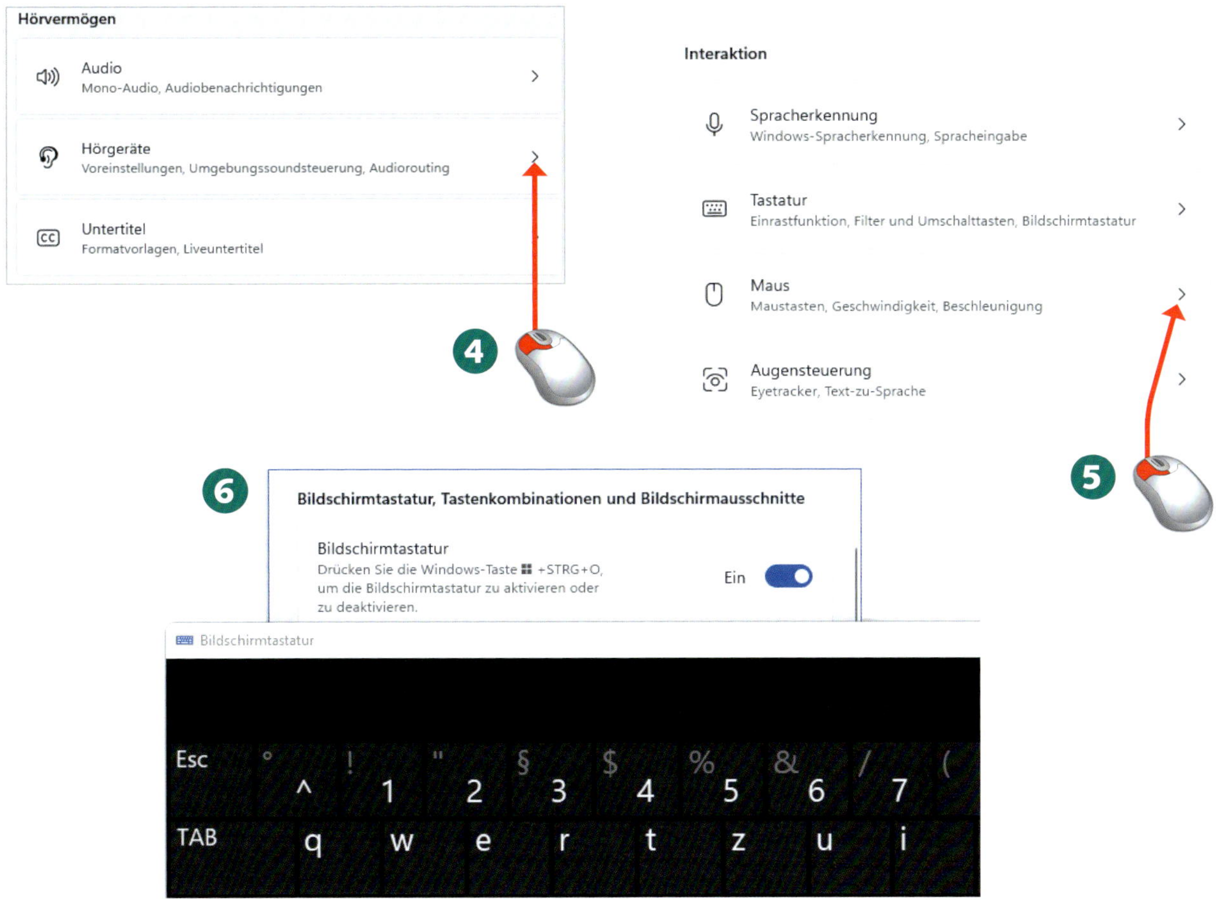

4 Passen Sie Ihre Soundgeräte an und lassen Sie Textinformationen als Untertitel anzeigen. Unter *Hörgeräte* verwalten Sie Geräte mit Bluetooth-Anschluss.

5 Schalten Sie unter *Interaktion* die *Spracherkennung* ein und passen Sie Tastatur, Maus oder ein Gerät für Augensteuerung an.

6 Die Bildschirmtastatur lässt sich auch mit ⊞+Strg+O ein- und ausschalten.

Ende

TIPP

Drücken Sie 5-mal die ⇧-Taste, erscheinen eine Meldung für die Einrastfunktion und Einstellungen für die Tastaturhilfen.
Die Einstellungen für die Barrierefreiheit können Sie auch mit der Tastenkombination ⊞+U aufrufen.

HINWEIS

Die Bildschirmtastatur können Sie in den *Einstellungen* auch fest in der Taskleiste verankern.

4

Windows-Apps und Spiele

Start

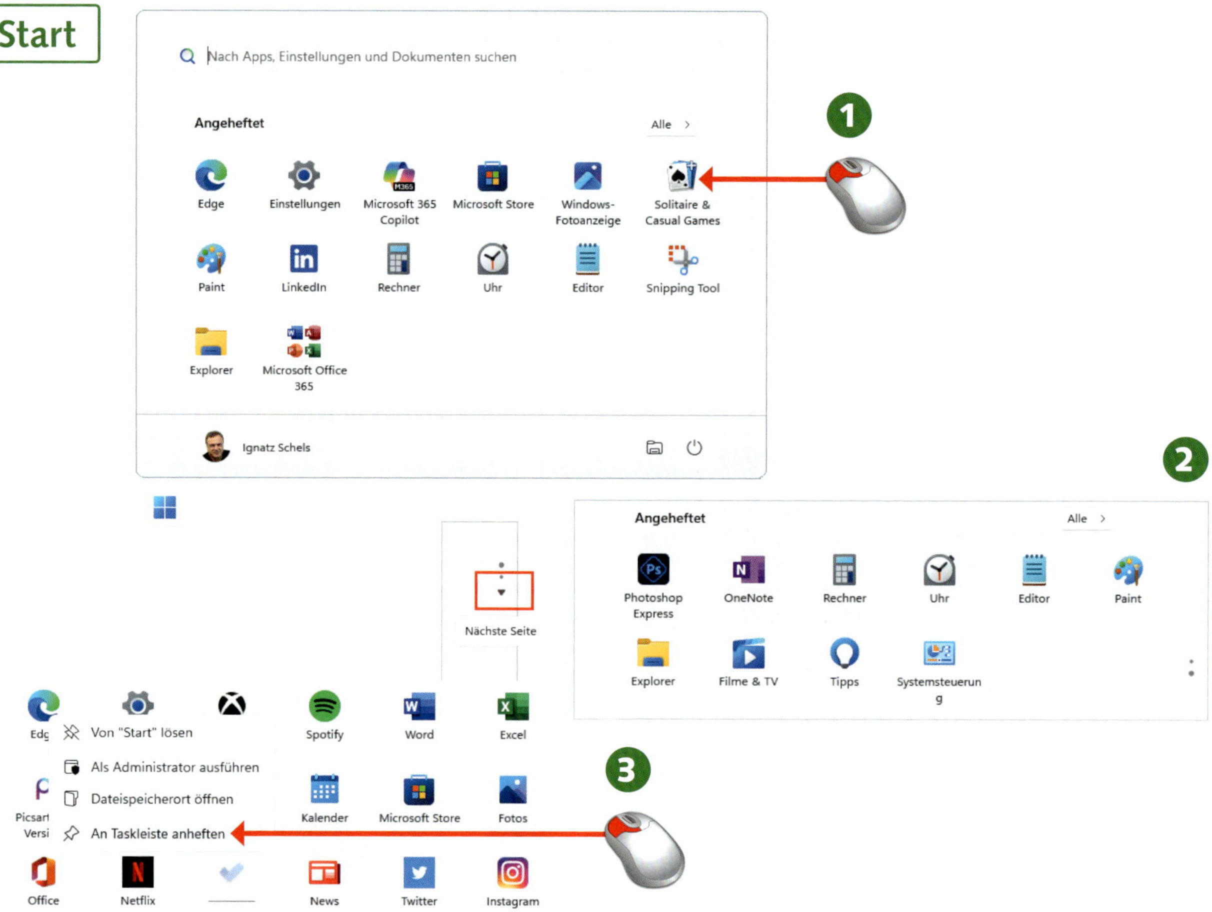

1. Das Startmenü bietet für die meisten Windows-Apps ein Symbol im Startmenü an. Klicken Sie es einfach an, um die App zu starten.
2. Für die nächste Seite der angehefteten Apps müssen Sie blättern, aber auch dann genügt ein Klick.
3. Am schnellsten starten Sie Apps über die Symbole in der Taskleiste. Holen Sie so viele wie möglich in die Taskleiste.

WISSEN

Unter Windows 11 heißen alle Programme Apps, sowohl die internen als auch zusätzlich installierte. Um Apps zu starten, bietet das Betriebssystem mehrere Varianten.

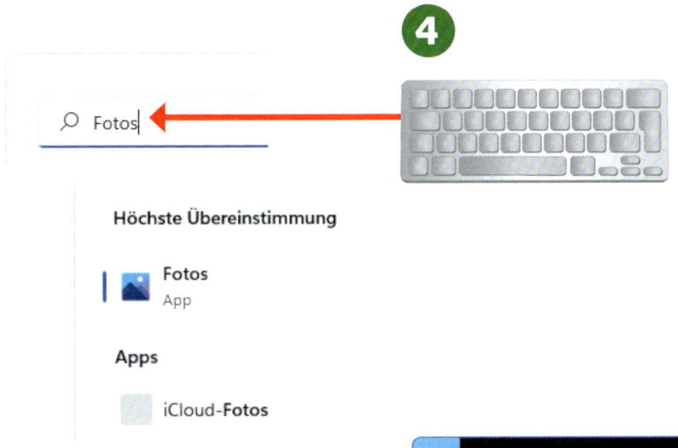

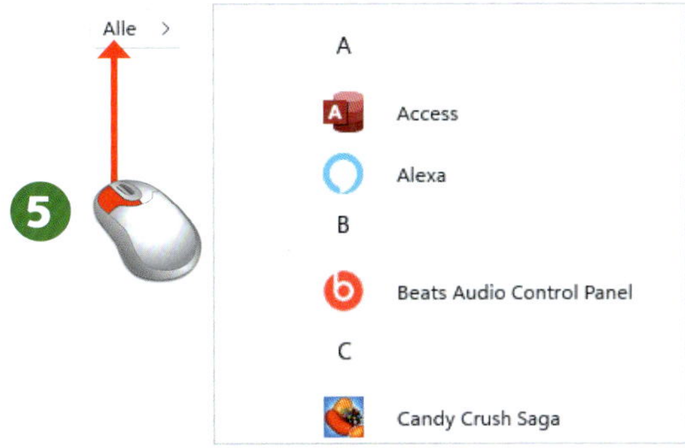

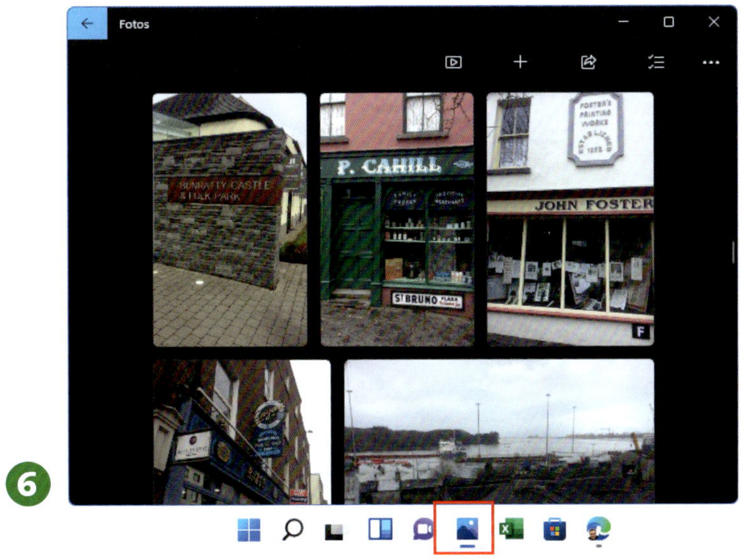

4 Nutzen Sie das Suchfeld, um nach Apps oder Weblinks zu suchen. Geben Sie einen Teil des Namens ein und starten Sie gleich mit dem Suchergebnis.

5 Mit *Alle* wird die vollständige Liste installierter Apps angezeigt.

6 Die App ist gestartet, die Taskleiste zeigt den Status (aktiv) über eine kleine Farbleiste am unteren Rand des App-Symbols an.

Ende

HINWEIS

Sollte eine App einmal »abstürzen«, drücken Sie Strg+Alt+Entf und aktivieren den Task-Manager. Hier können Sie nicht mehr aktive Prozesse beenden. Aber Achtung – die in der App benutzten und nicht gespeicherten Daten sind verloren!

TIPP

Mit Alt+↹ sehen Sie, was alles offen ist. Schließen Sie Apps, die Sie nicht brauchen, das entlastet das System.

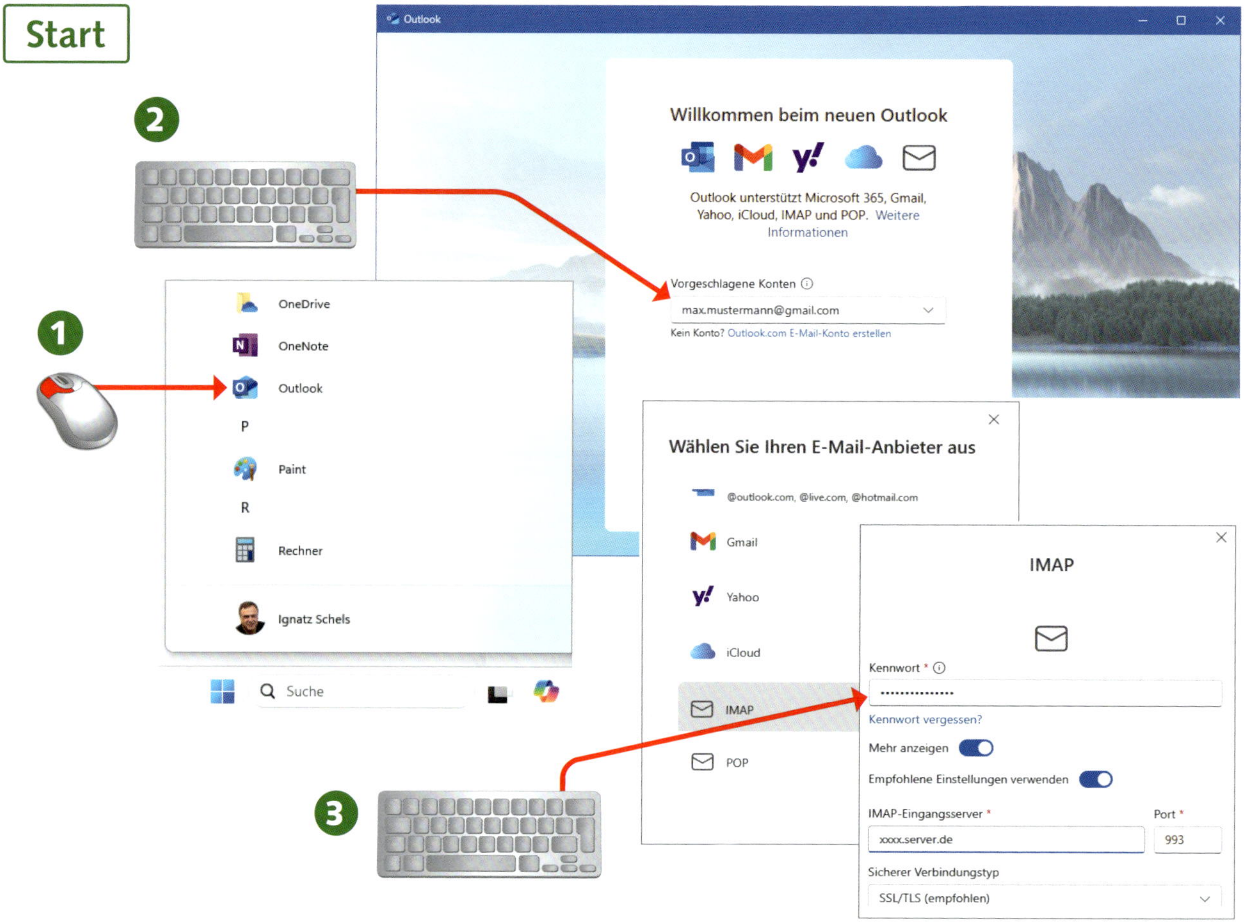

1. Starten Sie die Outlook-App aus dem Startbildschirm.

2. Outlook startet und präsentiert den Anmeldebildschirm. Wählen Sie einen Anbieter und geben Sie das Konto an, das Outlook verwalten soll.

3. IMAP-Mailkonten können Sie selbst konfigurieren. Geben Sie die Mailadresse, das Kennwort, den Mailserver und den Port ein.

WISSEN

Die Mail-App aus früheren Windows-Versionen wurde durch Outlook ersetzt. Mit Outlook können Sie neben dem Microsoft-Konto beliebige andere Mailkonten verknüpfen, zum Beispiel von Web.de, Exchange oder Google Mail.

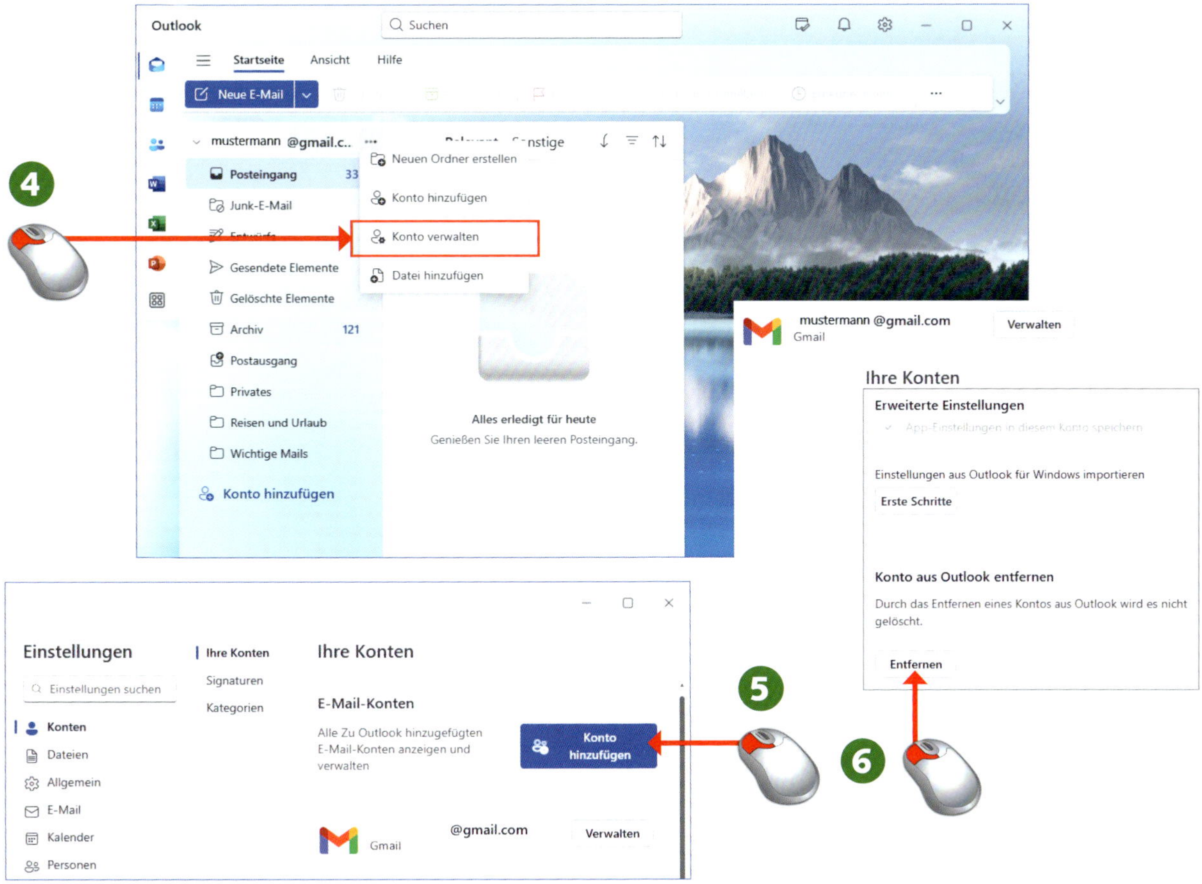

4 Outlook präsentiert nach dem Start den Posteingang. Öffnen Sie das Einstellungen-Menü neben der Mailadresse und wählen Sie *Konto verwalten*.

5 Hier werden alle aktiven Konten angezeigt und verwaltet. Fügen Sie bei Bedarf zusätzliche Konten hinzu.

6 In der Kontoverwaltung finden Sie weitere Einstellungen. Hier können Sie ein Konto auch wieder aus Outlook entfernen.

HINWEIS

Verwenden Sie die Option *Erweitertes Setup*, um ein Exchange-ActiveSync- oder ein Internet-Mailkonto hinzuzufügen. Die Namen der Posteingangs- und Postausgangsserver finden Sie im Internet.

TIPP

Aus dem Google-Konto überträgt die Mail-App auch benutzerdefinierte Ordner und Kontakte.

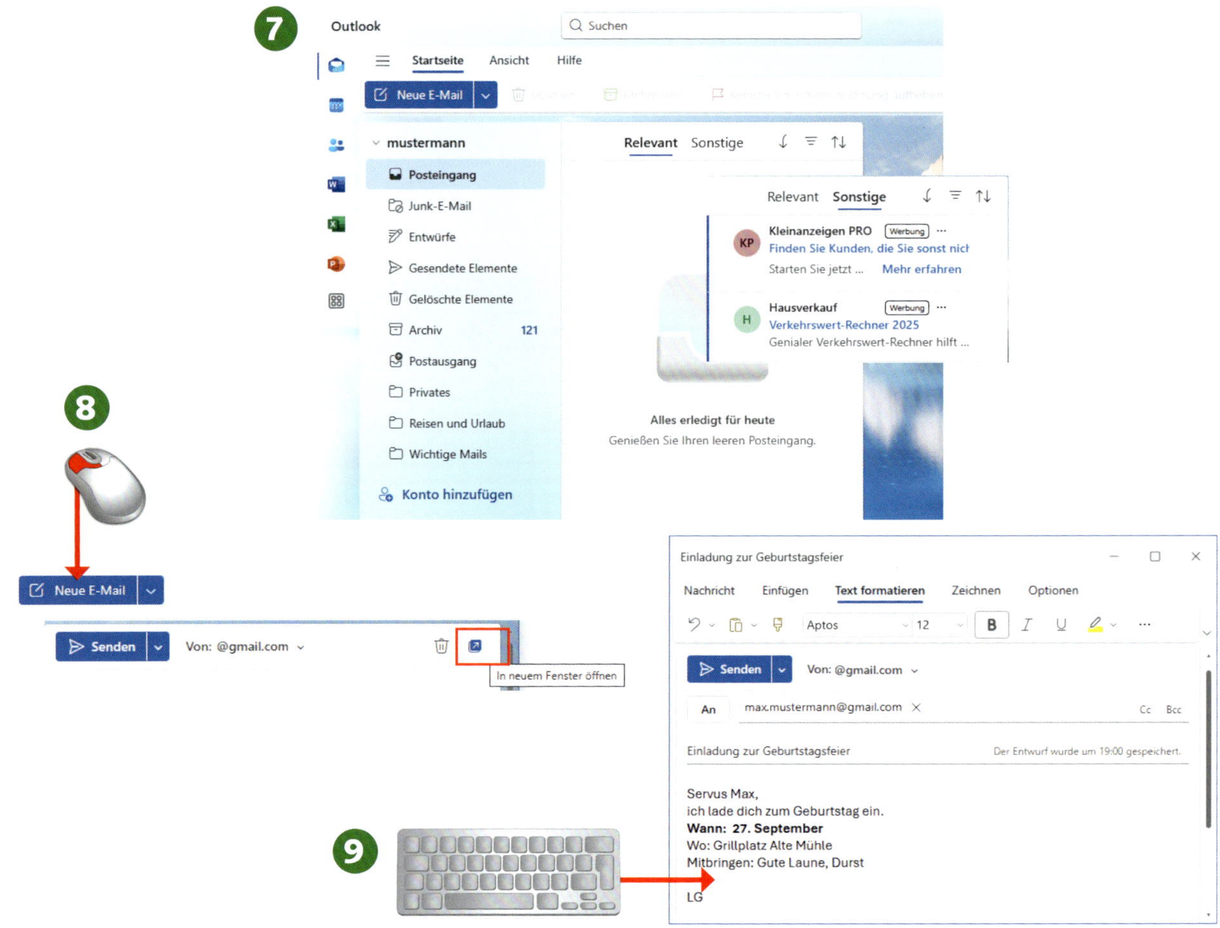

7 Outlook präsentiert die Mails der einzelnen Konten, sortiert nach *Relevant* und *Sonstige*.

8 Klicken Sie auf *Neue E-Mail*. Mit dem Symbol am rechten Rand öffnen Sie ein neues Fenster für die neue Nachricht.

9 Geben Sie eine Mailadresse ein. In der Zeile *Betreff* tragen Sie den Betreff ein, dann schreiben und formatieren Sie den Mailtext.

WISSEN

Die elektronische Post erledigen Sie mit der App *Outlook*. Schreiben Sie E-Mails, beantworten Sie eingehende Mails oder speichern Sie Mails als Entwürfe ab.

HINWEIS

Neue Nachrichten bleiben so lange im Postausgang, bis sie vom Server gesendet wurden.

10

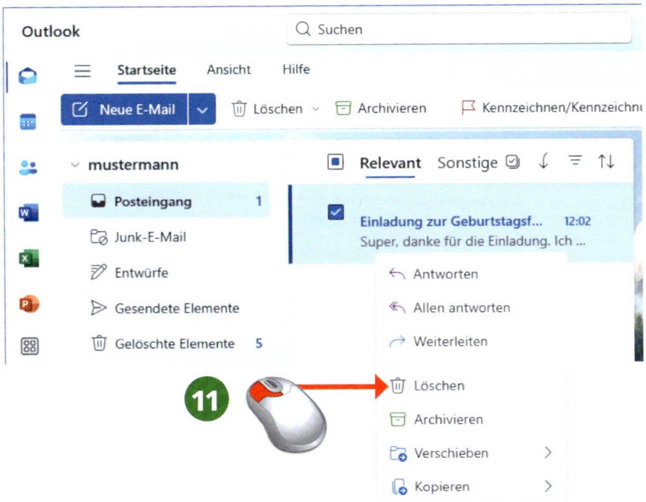

11

12

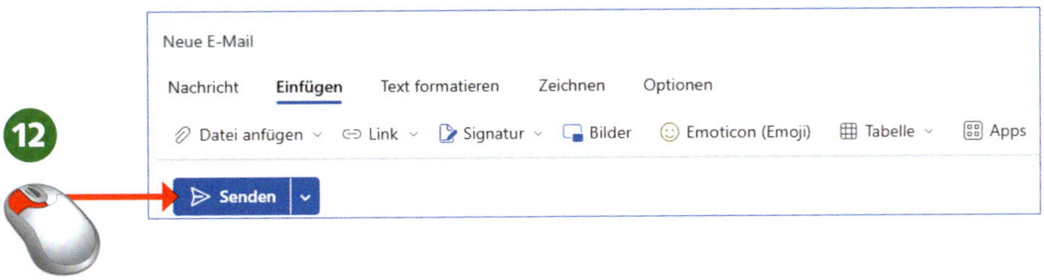

10 Für jedes E-Mail-Element gibt es einen Ordner. Der Posteingang zeigt die ungelesenen Mails, im Postausgang liegen nicht gesendete Mails.

11 Eingehende Mails landen im Posteingang. Im Kontextmenü finden Sie alle Aktionen von *Antworten* bis *Löschen*.

12 Unter *Einfügen* können Sie Dateien, Bilder, Tabellen oder Links in Mails einfügen. Klicken Sie zum Abschluss auf *Senden*.

Ende

HINWEIS

Klicken Sie im Mailfenster auf *An*, können Sie den Empfänger aus den Kontakten abholen. Mehrere Empfänger trennen Sie mit einem Semikolon (;).

FACHWORT

Cc ist die Abkürzung für **C**arbon **C**opy (zusätzlicher Empfänger).
Bcc: **B**lind **C**arbon **C**opy (Empfänger nicht sichtbar für andere).

Start

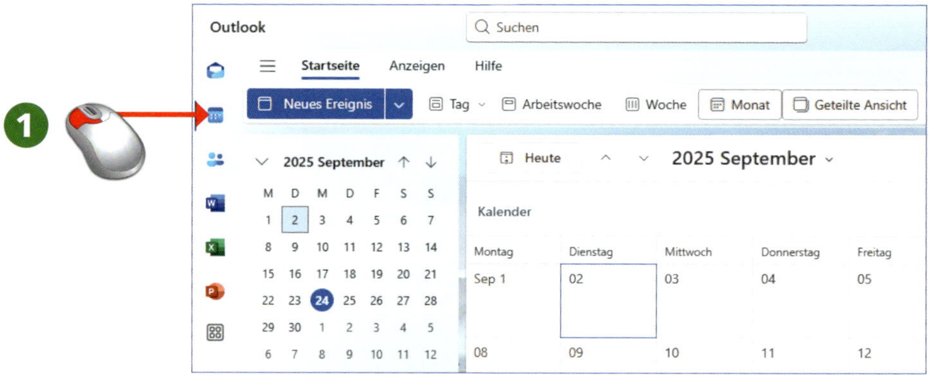

1. Klicken Sie in Outlook auf *Kalender*. Wechseln Sie zur passenden Ansicht.

2. Legen Sie mit *Neues Ereignis* einen Termin an. Tragen Sie die Zeiten ein und laden Sie Teilnehmer ein.

3. Fügen Sie weitere Kalender hinzu und aktivieren Sie die Feiertagsliste sowie die Kalenderwochen.

WISSEN

Der Outlook-Kalender speichert Termine, verschickt Einladungen und Erinnerungen und lässt sich einfach mit Onlinekalendern verknüpfen. Nutzen Sie auch die Kontakte in Outlook, speichern Sie Adressen und Telefonnummern und organisieren Sie Ihr Team über Kontaktlisten und Gruppen.

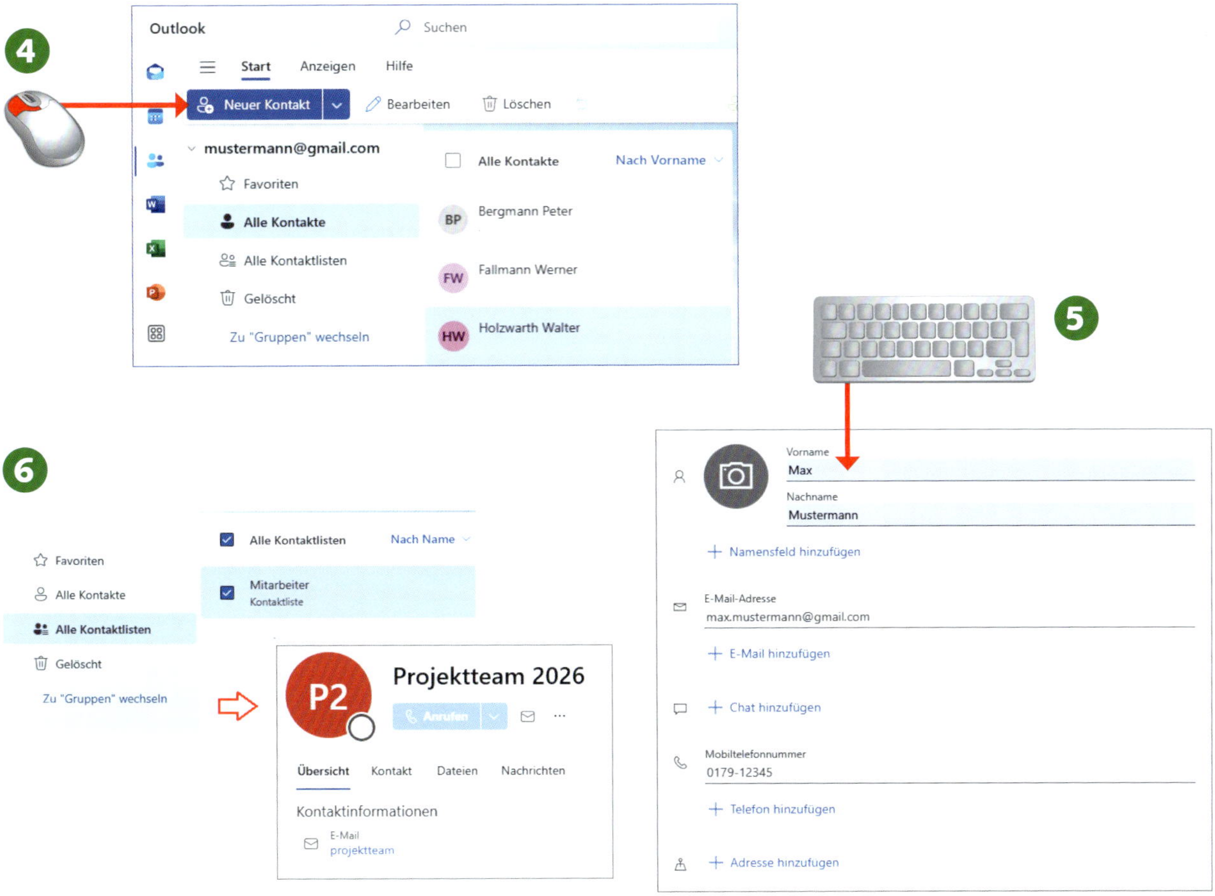

4 Unter *Kontakte* verwalten Sie Adressen und Telefonnummern. Klicken Sie auf *Neuer Kontakt*.

5 Geben Sie Name und Vorname ein, tragen Sie die Mailadresse, die Telefonnummer sowie die Adresse ein. Klicken Sie auf *Speichern*.

6 Mit Kontaktlisten lassen sich mehrere Mailadressen verwalten. Legen Sie Gruppen an, um Nachrichten und Dateien mit Ihrem Team zu teilen.

Ende

TIPP

Wenn Sie in der Wochenansicht einen Termin eintragen, können Sie diesen durch Ziehen der weißen Punkte tageweise erweitern.

TIPP

Nützliche Tastenkombinationen:
Mail suchen: Strg+1
Neuer Termin: Strg+N

HINWEIS

Lassen Sie sich zu einem Termin (Ereignis) erinnern, tragen Sie Intervalle von fünf Minuten bis eine Woche vorher ein.

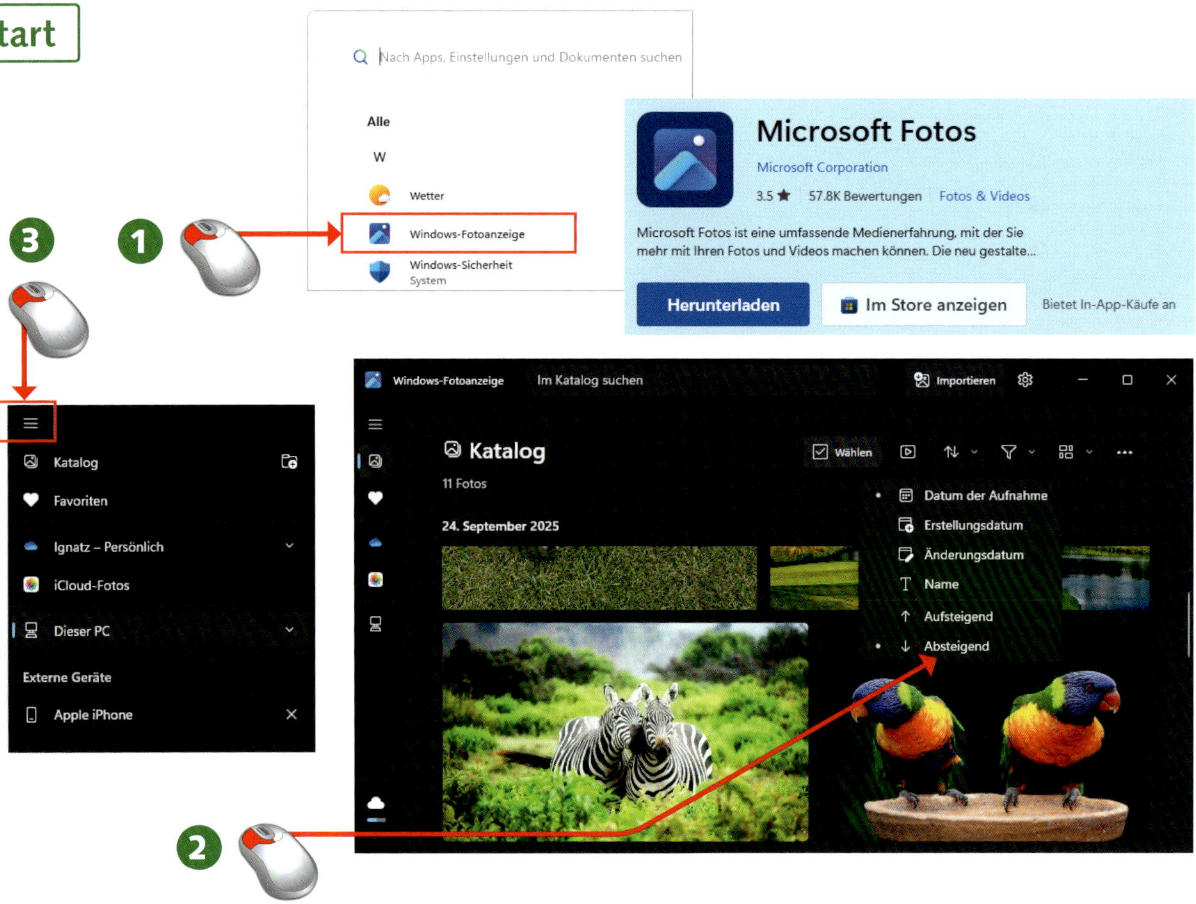

1. Installieren Sie die Fotos-App über den Microsoft Store, falls sie nicht im Apps-Menü zu finden ist. Starten Sie die Windows-Fotoanzeige.
2. Der Katalog zeigt alle Fotos aus dem Bilder-Ordner an. Sortieren Sie die Sammlung, etwa nach dem Erstelldatum.
3. Aktivieren Sie die Navigation. Hier können Sie weitere Kataloge erstellen und Bilder als Favoriten ablegen.

WISSEN

Verwalten Sie Ihre schönsten Aufnahmen mit der App *Fotos*. Sehen Sie sich die Bilder aus dem Bilder-Ordner an und importieren Sie Fotos von Ihrem Smartphone. Android und iOS werden natürlich unterstützt.

HINWEIS

Um einen Kontakt mit der Gesichtserkennung zu verknüpfen, muss die Einwilligung der Person vorliegen.

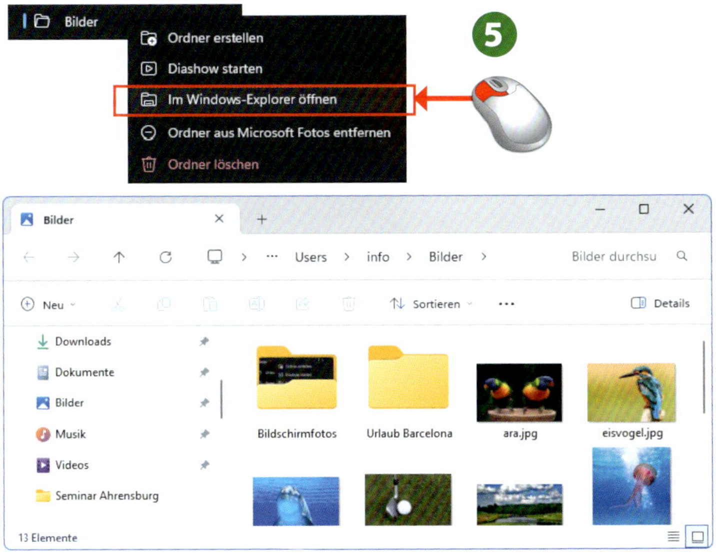

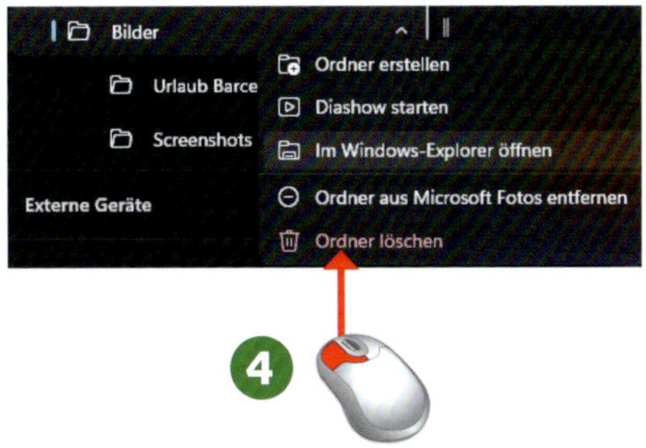

4 Legen Sie weitere Ordner als Bildquellen fest oder schließen Sie einzelne Ordner von der Bildersuche aus.

5 Klicken Sie auf einen Bilder-Ordner und wählen Sie *Im Windows-Explorer öffnen*, sehen Sie den Ordner mit allen Bilddateien.

6 Richten Sie über die App den Zugriff auf die Fotos in der iCloud ein und melden Sie sich bei Ihrem Apple-Account an.

HINWEIS

Um die Fotos zu betrachten, öffnen Sie ein Foto, drehen am Mausrad zum Zoomen und blättern durch die Sammlung. Für eine Diashow müssen mehrere Fotos markiert sein.

TIPP

Die Bildersammlungen sind nach dem Monat des Erstelldatums zusammengestellt. Klicken Sie auf einen Monat, sehen Sie alle in diesem Zeitraum erstellten Fotos und Videos.

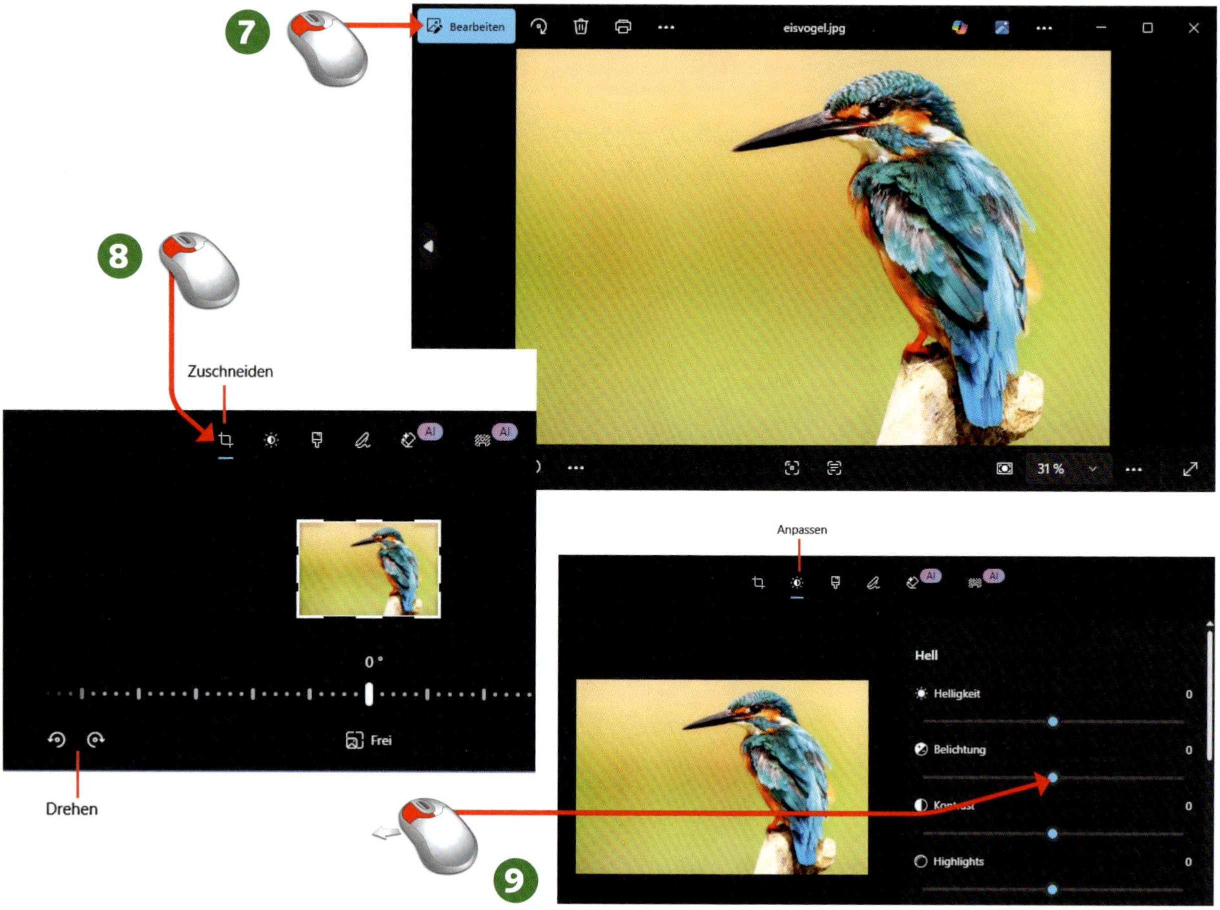

❼ Öffnen Sie ein Foto per Doppelklick und wählen Sie *Bearbeiten*.

❽ Klicken Sie auf *Zuschneiden* oder *Drehen* und drehen Sie das Bild gradweise über das Lineal.

❾ Unter *Anpassen* ändern Sie Licht, Farbe, Schärfe und Kontrast des Bildes.

WISSEN

Die Fotos-App bietet professionelle Werkzeuge für die Bearbeitung Ihrer Fotos. Drehen Sie das Bild in die passende Richtung, korrigieren Sie Farben und Kontrast und fügen Sie effektvolle Filter hinzu.

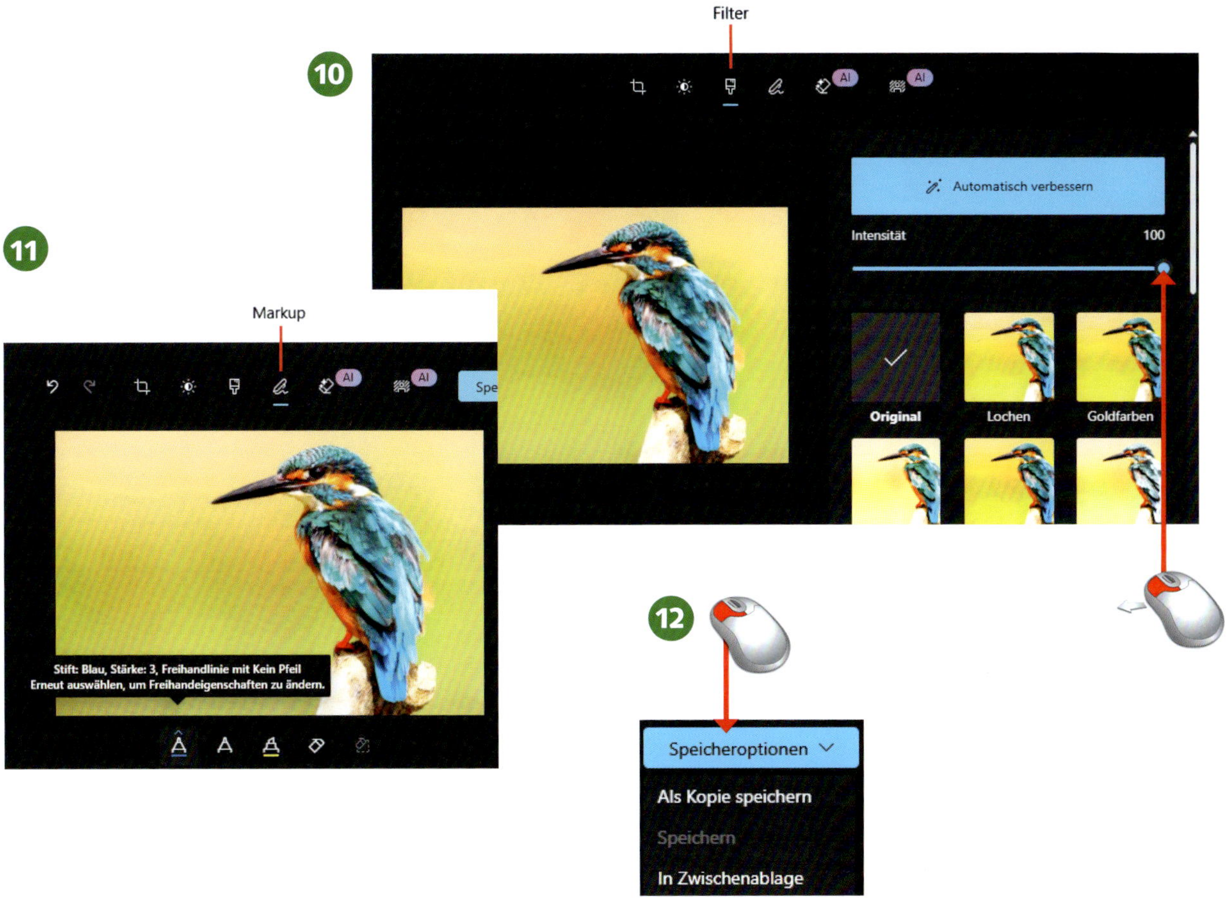

10 Verändern Sie Ihr Bild mit einem Filtereffekt und bestimmen Sie dessen *Intensität* über den Regler, oder klicken Sie auf *Automatisch verbessern*.

11 Mit der Markup-Funktion können Bilder noch mit Stiften und Textmarkern bearbeitet werden.

12 Das bearbeitete Bild speichern Sie im Original oder als Kopie oder legen es in der Zwischenablage ab.

Ende

HINWEIS

Automatisch verbessern, generatives Löschen und Hintergrund sind KI-Funktionen für die Bildkorrektur.

HINWEIS

Für die Rote-Augen-Korrektur finden Sie im Windows Store eigene Apps.

Start

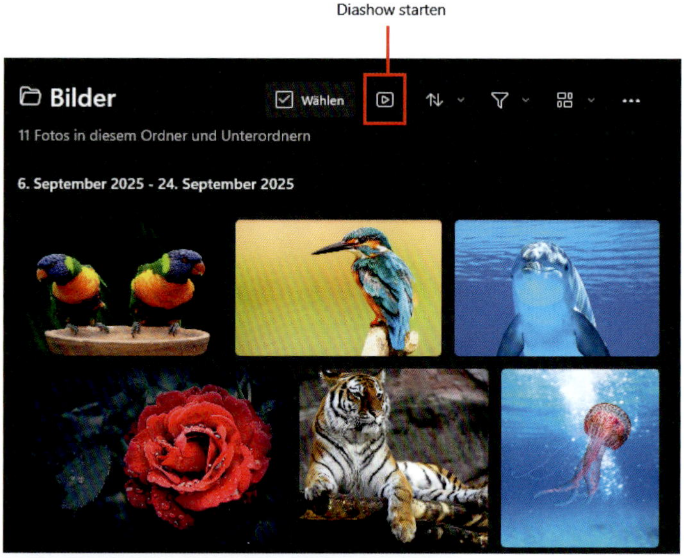

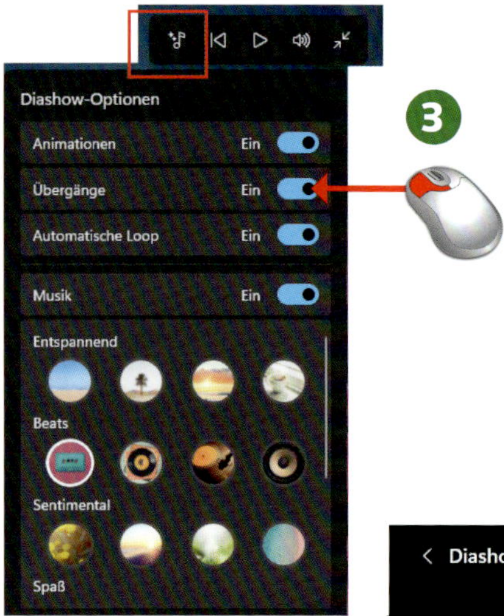

1. Markieren Sie einen Bilder-Ordner, und klicken Sie auf das Symbol *Diashow*.

2. Die Diashow startet und präsentiert laufend alle Bilder aus dem Bilder-Ordner.

3. Steuern Sie Ihre Diashow über die *Diashow-Optionen*. Schalten Sie Animationen und Übergänge ein und wählen Sie eine passende Musik.

WISSEN

Alle Bilder in einem Bilder-Ordner können mit einem Klick in einer laufenden Diashow präsentiert werden. Wählen Sie die passenden Optionen und die Hintergrundmusik. Dem Video-Editor *Clipchamp* können Sie ein erstes Bild für den Start eines neuen Videos übergeben.

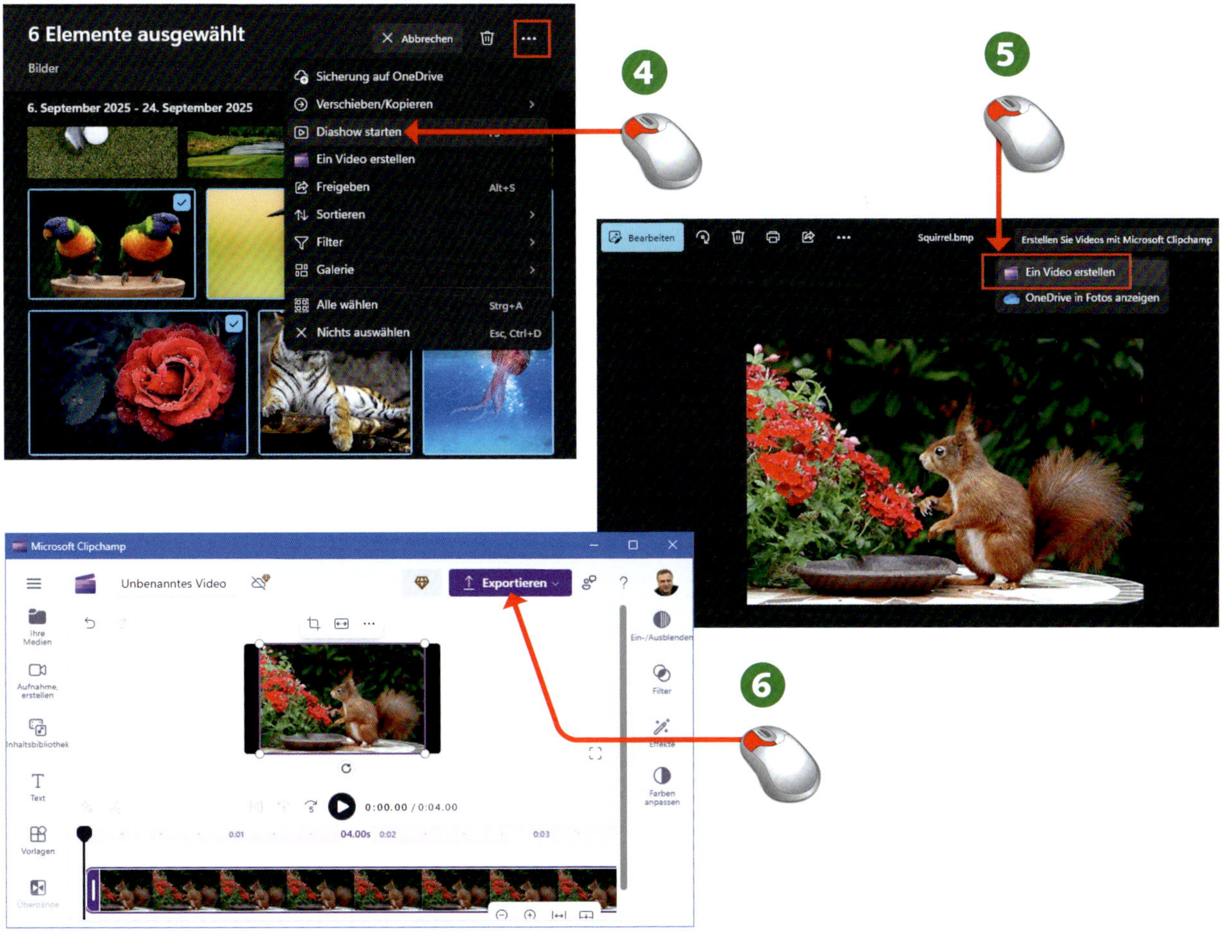

4 Sie können auch einzelne Bildelemente auswählen und die Diashow mit dieser Auswahl starten.

5 Markieren Sie ein Bild, wählen Sie *Bearbeiten* und *Ein Video erstellen*.

6 Der Video-Editor *Clipchamp* startet und präsentiert ein neues Video mit dem Bild in einer 4-Sekunden-Sequenz. Holen Sie weitere Bilder in die Medienbibliothek.

Ende

HINWEIS

Eine Diashow für den Hintergrund von Windows 11 finden Sie auch unter *Einstellungen/Personalisierung/Hintergrund*.

TIPP

Tastenkombinationen für die Diashow:
Starten: F5
Beenden: Esc

Start

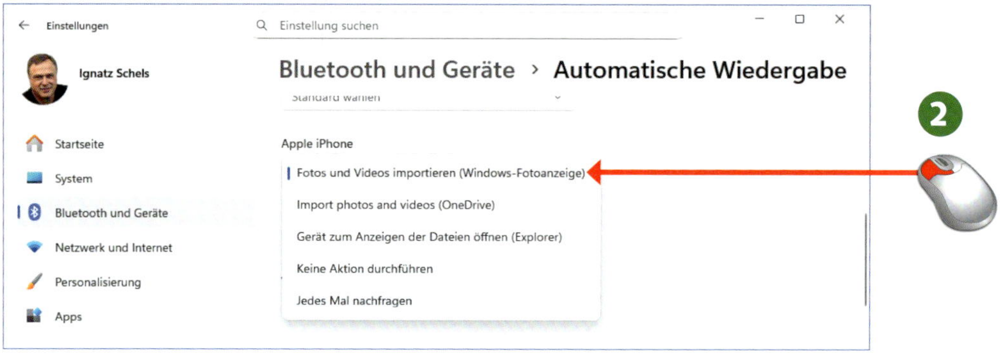

1. Schließen Sie die Kamera oder das Smartphone über USB an Ihren Computer oder das Tablet an.
2. Für das *Apple iPhone* können Sie in den *Einstellungen* den automatischen Import von Fotos festlegen.
3. Alternativ dazu starten Sie die Fotos-App aus dem Startbildschirm und klicken auf *Import öffnen*.

WISSEN

Fotos importieren Sie einfach über die USB-Schnittstelle: Schließen Sie Ihre Kamera oder das Smartphone an, Windows 11 importiert die neuen Fotos und Videos automatisch. Einmal importierte Fotos werden kein zweites Mal importiert.

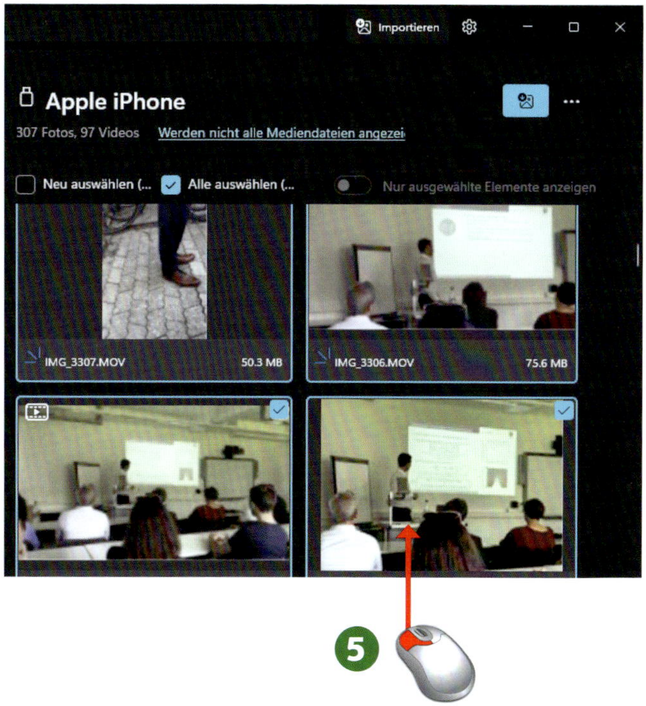

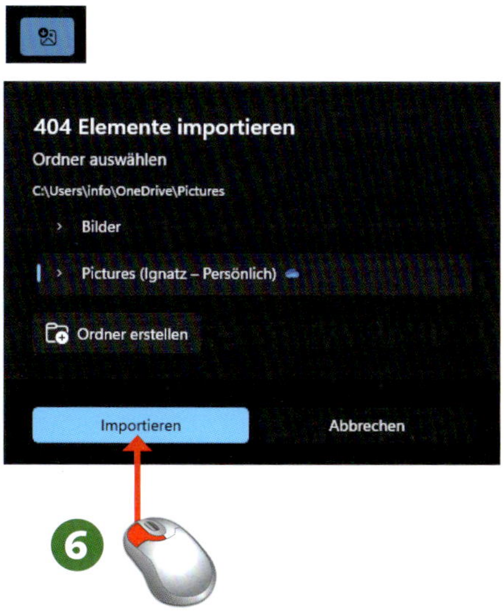

4. Wenn der automatische Import nicht startet, öffnen Sie die Fotos-App und aktivieren den manuellen Import.
5. Wählen Sie *Alle auswählen* oder markieren Sie einzelne Fotos aus dem Fotospeicher des Smartphones.
6. Klicken Sie auf *Importieren*, wählen oder erstellen Sie einen Bilder-Ordner und starten Sie den Import der Fotos vom jeweiligen Gerät.

Ende

HINWEIS

Sind mehrere importfähige Geräte angeschlossen, schlägt Windows vor dem Import vor, ein Gerät auszuwählen.

TIPP

Mit dem Windows-Explorer organisieren Sie Ihre Fotos. Legen Sie neue Ordner in der Bibliothek *Bilder* an, findet die Fotos-App sie automatisch.

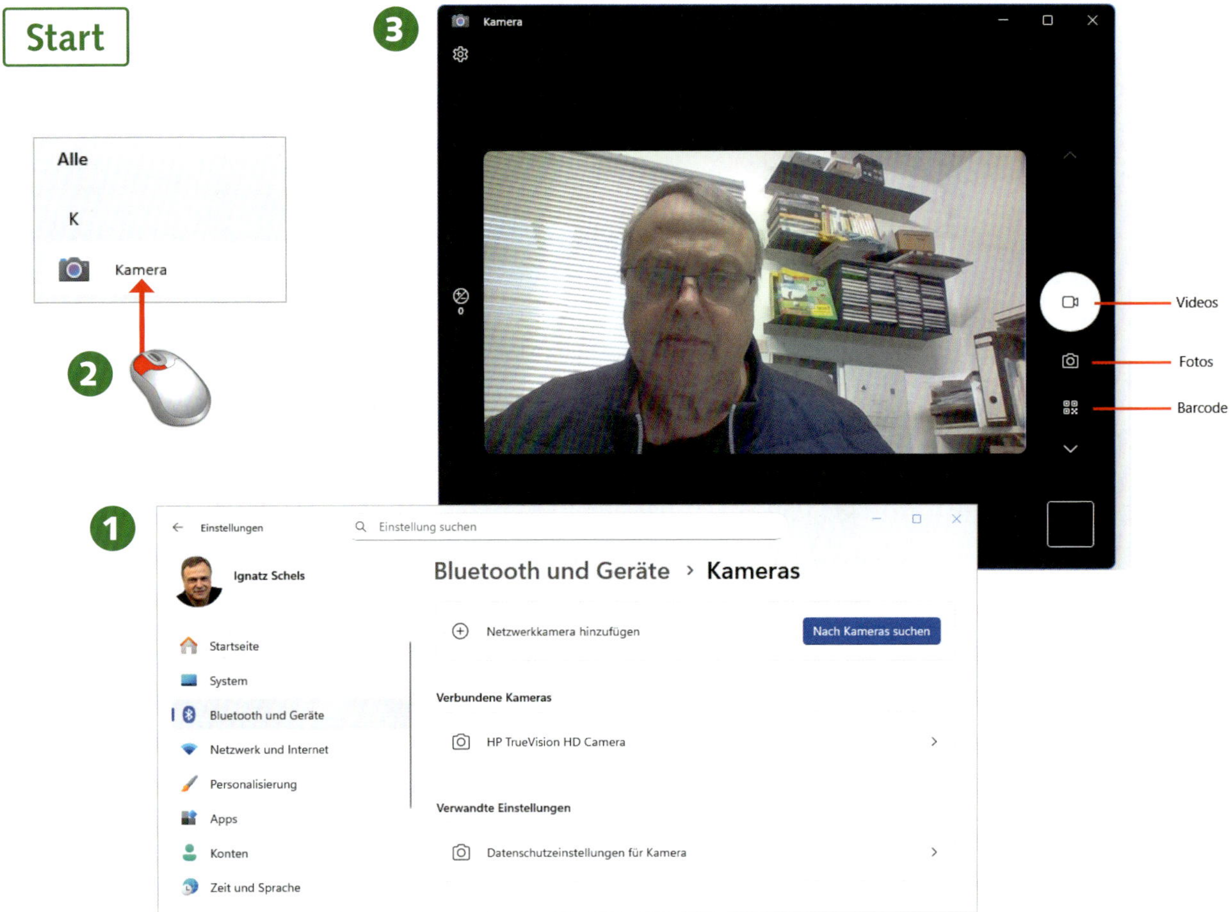

1. In den *Einstellungen* finden Sie unter *Bluetooth und Geräte* Voreinstellungen für die Kamera.
2. Starten Sie die Kamera über das Apps-Menü.
3. Die Randleiste bietet drei Schalter an. Wählen Sie zwischen Videos, Fotos und Barcode.

WISSEN

Für Kameras in PCs, Notebooks oder Tablets stellt Windows die Kamera-App zur Verfügung. Starten Sie die App und nehmen Sie per Mausklick oder Fingertipp Fotos oder Videos auf oder fotografieren Sie Dokumente oder Whiteboards.

TIPP

Tippen Sie auf dem Tablet auf *Kamera ändern*, um das Objektiv auf die andere Seite zu drehen.

4

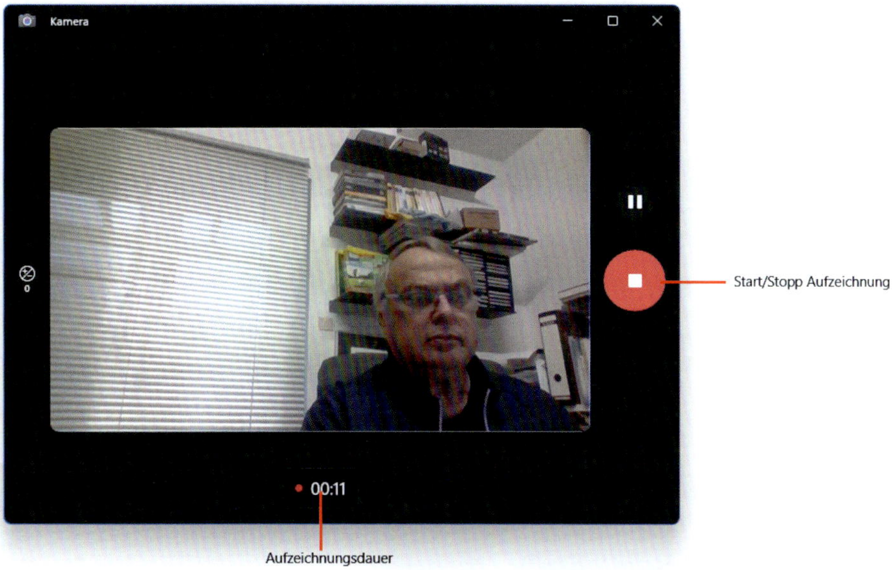

5

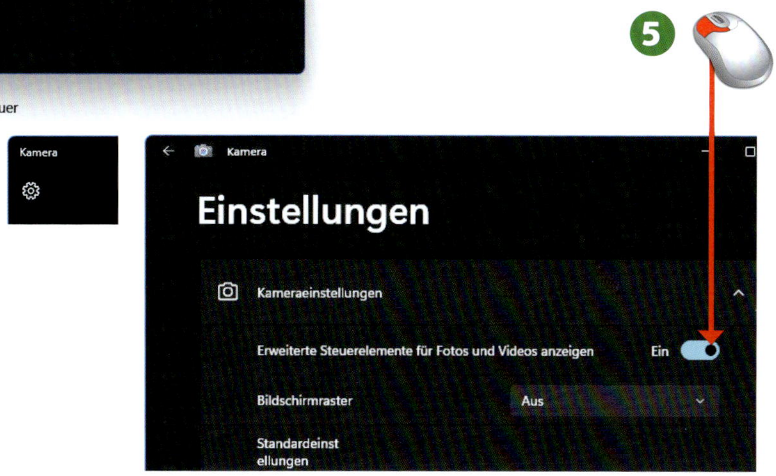

6

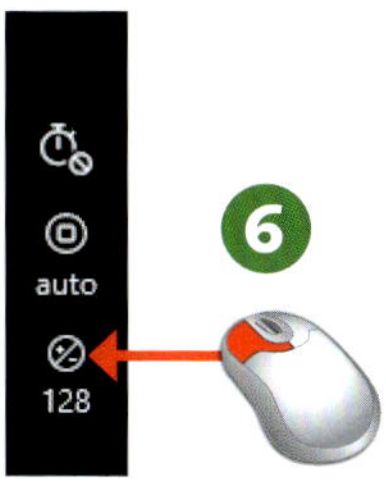

4 Starten Sie die Videoaufzeichnung oder schießen Sie ein Foto über das Start-/Stopp-Symbol.

5 Unter *Einstellungen* finden Sie Optionen für die Kamera und die Fotoqualität.

6 Im Fotomodus finden Sie am linken Rand Einstellungen für den Autofokus sowie die Helligkeit und einen Selbstauslöser.

Ende

HINWEIS

Aufnahmen mit der Kamera werden sofort als Dateien unter *Bilder/Eigene Aufnahmen* gespeichert. Bilder bekommen das JPEG-Format, Videos werden im MP4-Format gespeichert.

HINWEIS

Um einen Barcode einzuscannen, halten Sie diesen direkt vor die Kamera und klicken auf *Barcode/Start*.

Start

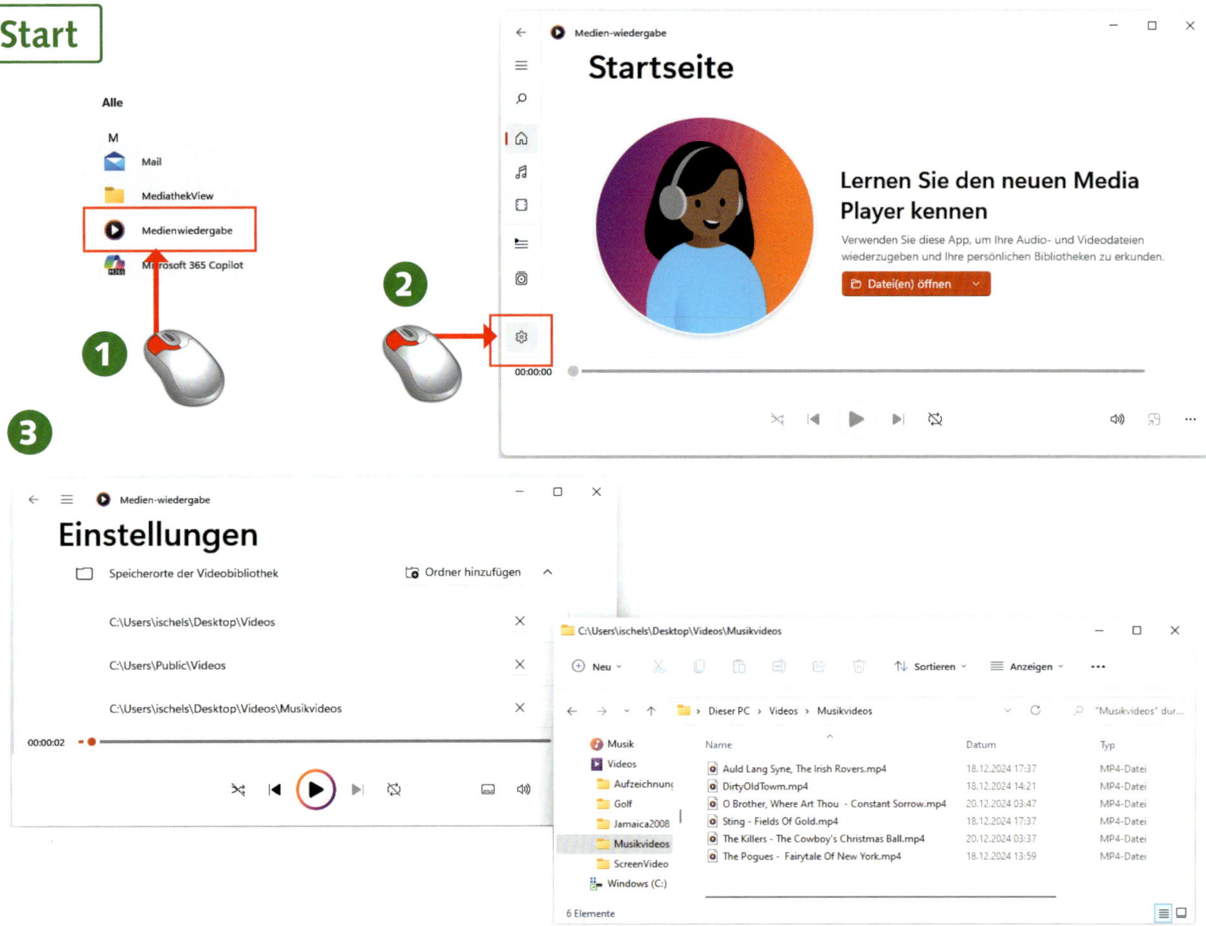

1. Suchen Sie die App *Medienwiedergabe* im Apps-Menü.

2. Die App startet, aktivieren Sie die Einstellungen, …

3. … und stellen Sie alle Ordner mit Videodateien in die Videobibliothek. Fügen Sie neue Ordner hinzu.

WISSEN

Videodateien in beliebigen Formaten werden mit der App *Medienwiedergabe* verwaltet und abgespielt. Richten Sie Ihre persönliche Videobibliothek ein und genießen Sie Videos in bester Qualität.

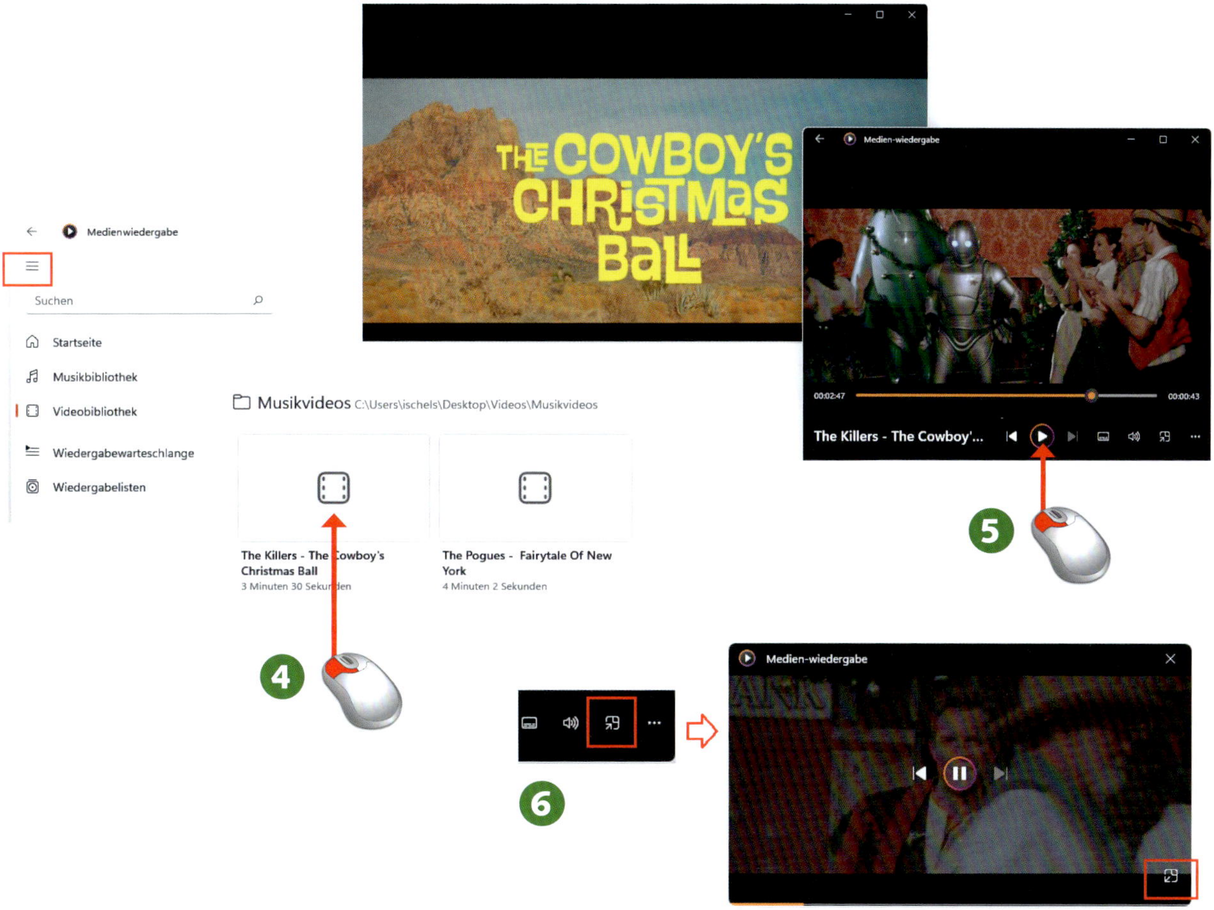

4 Schalten Sie in der Navigation auf die Videobibliothek um, und starten Sie ein Video per Klick auf das Dateisymbol.

5 Steuern Sie die Wiedergabe mit den Navigationssymbolen am unteren Rand. Ein Klick auf *Wiedergabe* schaltet auf Pause.

6 Der Miniplayer präsentiert das Video im Kleinformat. Schalten Sie mit dem Symbol rechts unten wieder zurück.

HINWEIS

Mit der *Medienwiedergabe* lassen sich Videos auch mit einer angeschlossenen Xbox abspielen.

HINWEIS

Um diese App standardmäßig zum Abspielen von Videos zu verwenden, öffnen Sie *Einstellungen/Apps* und wählen *Standard-Apps*.

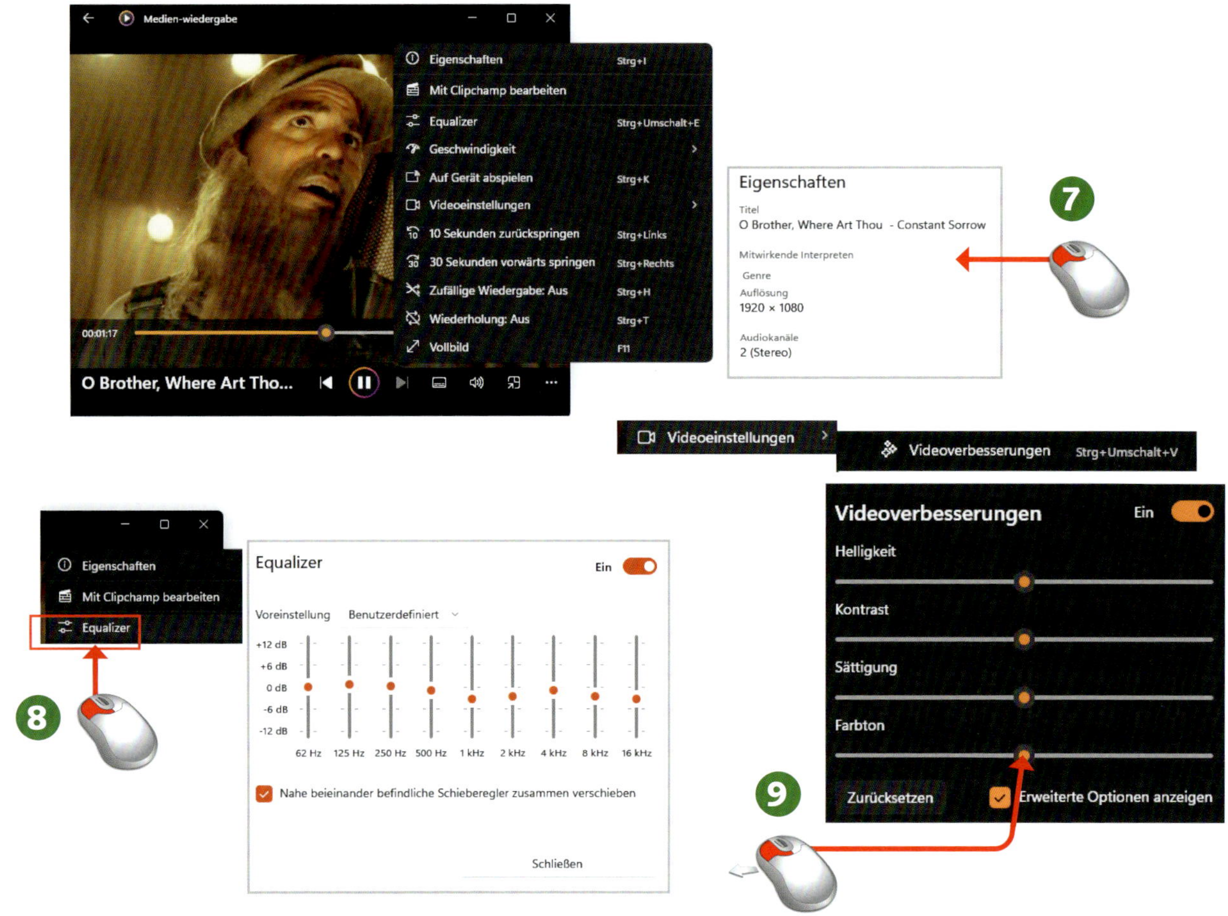

7 Im Optionen-Menü finden Sie Eigenschaften mit technischen Informationen zum Video.

8 Schalten Sie den *Equalizer* ein, um die Tonqualität zu optimieren.

9 Helligkeit, Kontrast und Farbe passen Sie über *Videoverbesserungen* an.

WISSEN

Um die Qualität, die Abspielrate oder die Anzeige des Videos auf dem Bildschirm zu verbessern, aktivieren Sie das Optionen-Menü. Hier finden Sie auch einen Equalizer für den Sound.

10 Unter *Geschwindigkeit* stehen mehrere Abspielgeschwindigkeiten zur Auswahl.

11 Videos werden mit der Option *Video drehen* um jeweils 90 Grad gedreht.

12 Schalten Sie das Video in den Vollbildmodus, füllt es den ganzen Bildschirm aus.

Ende

TIPP

Zu jeder Option wird eine Tastenkombination angeboten, z. B. Strg+⇧+R, um das Video zu drehen. Nutzen Sie diese Shortcuts, um die Qualität während der Wiedergabe anzupassen.

HINWEIS

Um ein Video zu bearbeiten, klicken Sie in den Videooptionen auf *Mit Clipchamp bearbeiten*.

Start

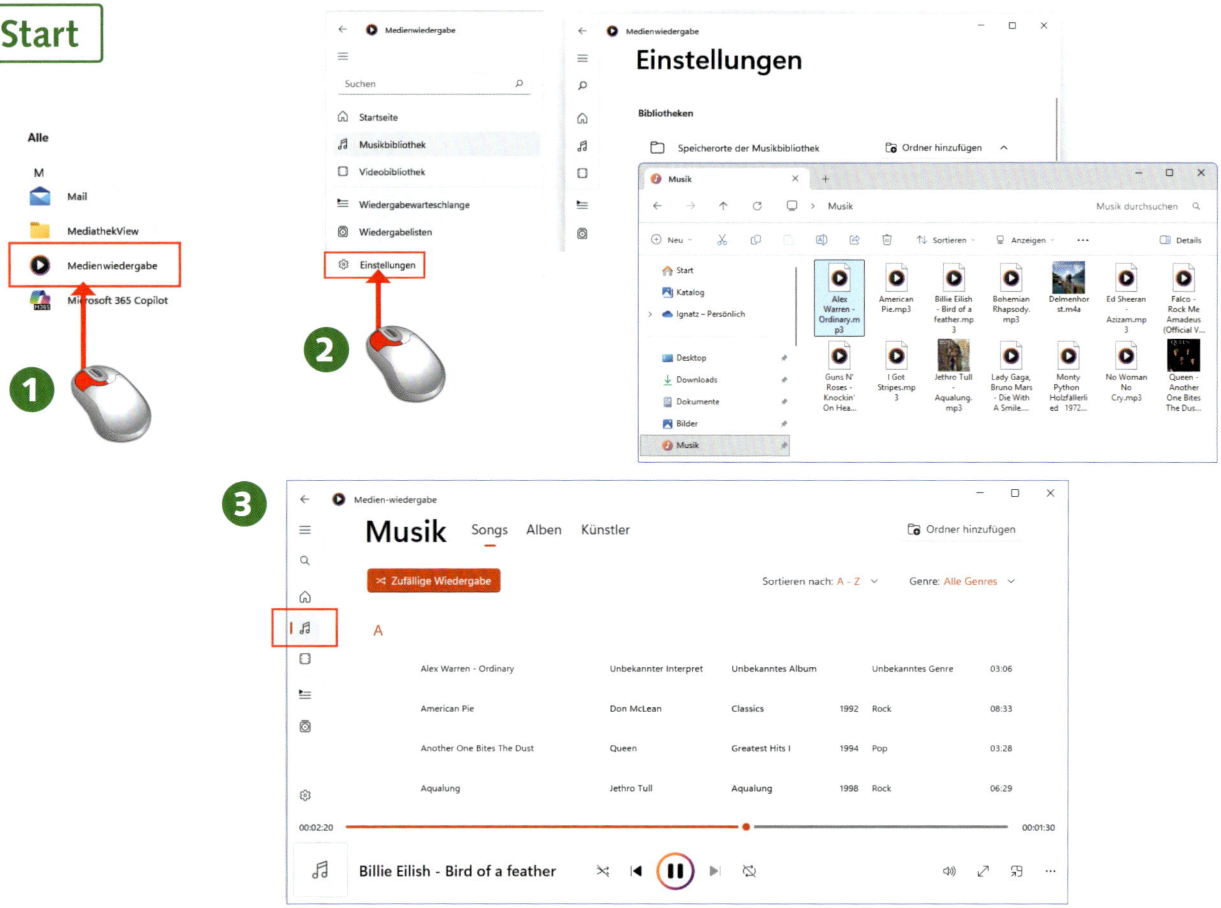

1. Klicken Sie auf dem Startbildschirm auf *Alle* und suchen Sie die App *Medienwiedergabe*.

2. Aktivieren Sie die *Einstellungen*, und definieren Sie die Speicherorte für die Musikbibliothek. Kopieren Sie Ihre Musikdateien in diese Ordner.

3. Die Medienwiedergabe ordnet Ihre Musiksammlungen nach Titel, Album oder Künstler an.

WISSEN

Die App *Medienwiedergabe* verwaltet neben Videos auch gespeicherte Musikdateien. Geben Sie die Ordner an, in denen Ihre MP3- oder MP4-Sammlung abgelegt ist, und spielen Sie Ihre Lieblingssongs, Interpreten oder Alben direkt über die App ab.

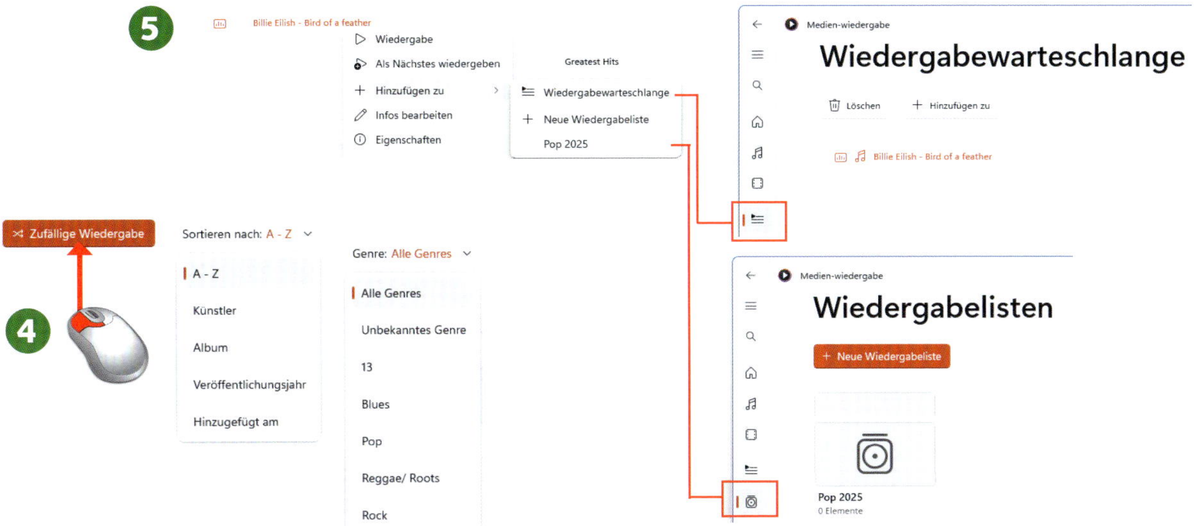

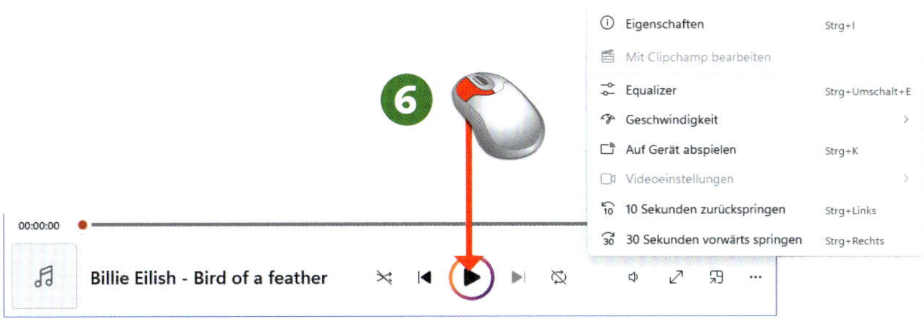

4 Sortieren Sie die Liste, filtern Sie nach Genre. *Zufällige Wiedergabe* startet eine Schleife mit zufällig ausgewählten Songs.

5 Fügen Sie einzelne Songs in die Wiedergabewarteschlange ein oder in selbst erstellte Wiedergabelisten.

6 Über die Navigationsleiste wird die aktuelle Wiedergabe mit Vor-/Rücklauf und Lautstärke gesteuert. Aktivieren Sie die Optionen für weitere Einstellungen.

HINWEIS

In den *Einstellungen* finden Sie einen Equalizer zur Verbesserung der Klangwiedergabe.

TIPP

Starten Sie Songs per Doppelklick direkt aus dem Explorer-Fenster. Wenn die Medienwiedergabe nicht zugeordnet ist, wählen Sie *Öffnen mit* aus dem Kontextmenü.

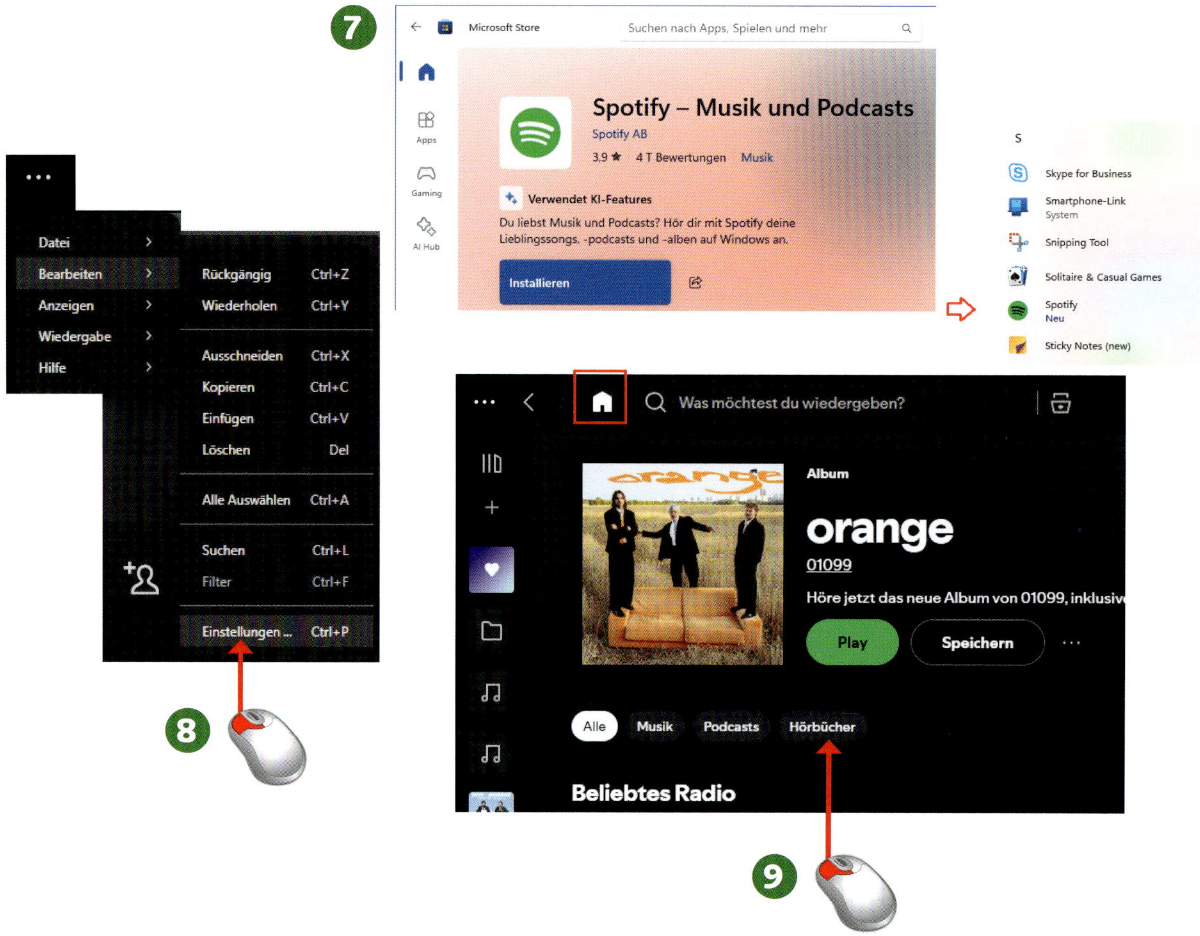

7. Den Streaming-Dienst *Spotify* installieren Sie aus dem Microsoft Store. Starten Sie die App über das Startmenü.
8. Öffnen Sie das Optionen-Menü und wählen Sie *Bearbeiten/Einstellungen*. Ändern Sie hier Anmelde-, Anzeige- und Wiedergabeoptionen.
9. Im Startmenü wählen Sie zwischen Radiosendern, Musik, Podcasts oder Hörbüchern.

WISSEN

Spotify ist der bekannteste Musik-Streaming-Dienst, und Windows stellt dafür auch eine App zur Verfügung. Installieren Sie die kostenlose Grundversion, wählen Sie aus Millionen von Songs oder hören Sie Internetradio.
Spotify kann auch als Widget installiert werden. Drücken Sie dazu [Win]+[W].

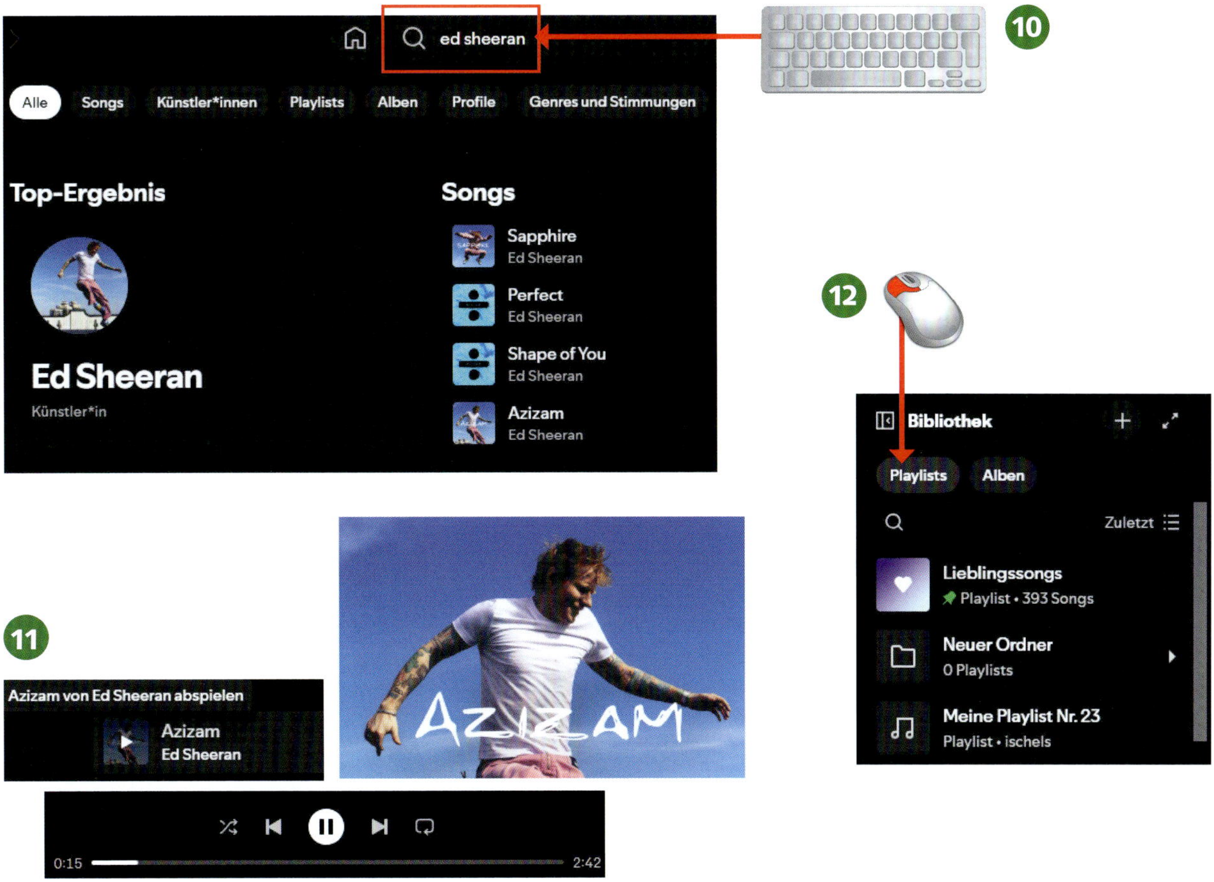

10 Geben Sie einen Musiktitel oder einen Interpreten ein, um nach der Musik zu suchen.

11 Klicken Sie einen angebotenen Titel an, um ihn abzuspielen. Mit der Navigationsleiste können Sie die Wiedergabe kontrollieren.

12 Erstellen Sie Ihre persönlichen Playlists, fügen Sie Titel aus den unterschiedlichen Rubriken hinzu.

Ende

HINWEIS

Installieren Sie die Spotify-App auf dem Smartphone oder Tablet, können Sie mit *Spotify Connect* Musik vom Windows-Desktop auf dem Gerät abspielen.

HINWEIS

Herunterladen können Sie Musikdateien nur mit der Premium-Version. Die ist kostenpflichtig, dafür bringt Spotify aber keine Werbung mehr.

Start

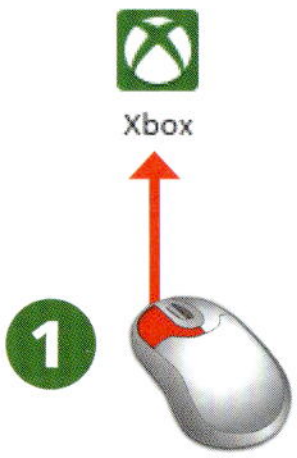

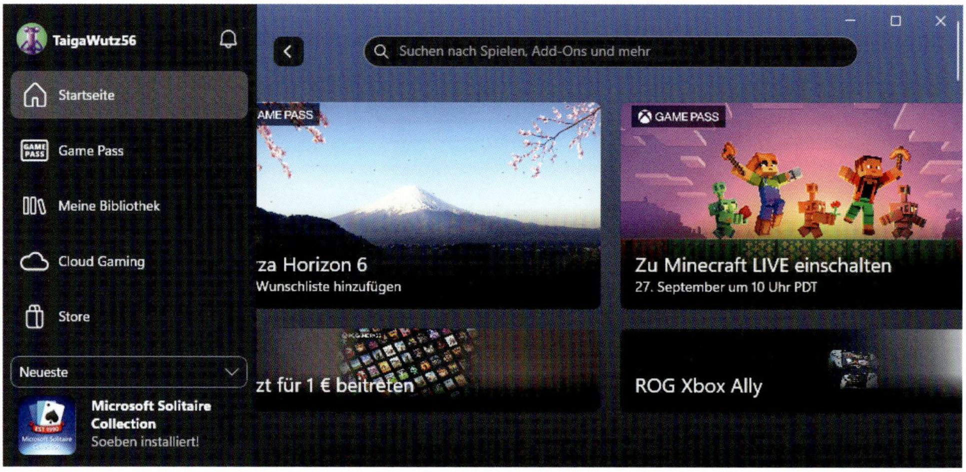

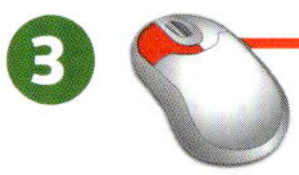

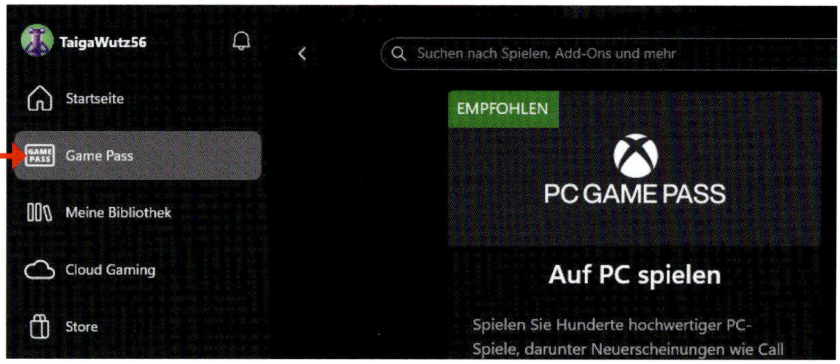

1. Klicken Sie auf dem Startbildschirm auf die App *Xbox*.

2. Auf der Startseite finden Sie Angebote für Ihre Konsole.

3. Mit dem *Game Pass* steht Ihnen die gesamte Spielewelt offen. Melden Sie sich an oder erstellen Sie ein neues Konto.

WISSEN

Spielen unter Windows macht jetzt noch mehr Spaß. Mit DirectX 12, hohen Bildraten und der Auto Dynamic Range liefert Windows brillante Bilder, die das Spielen zum Erlebnis machen.

TIPP

Screenshots machen:
Bildschirm in Zwischenablage: Druck
Bildschirm als Datei speichern: Win+Druck
Fenster in Zwischenablage: Alt+Druck
Fenster als Datei speichern: Win+Alt+Druck.

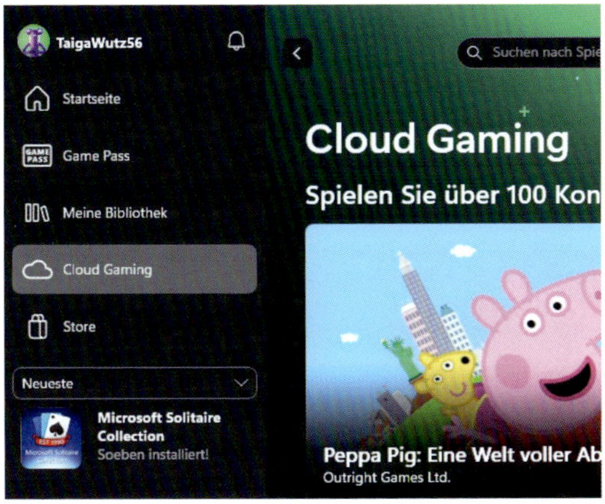

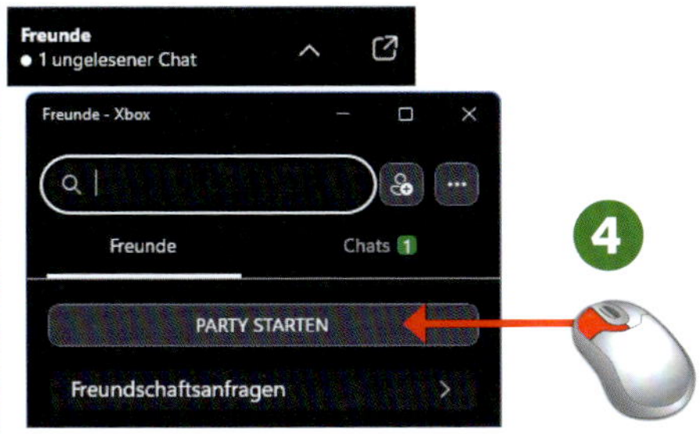

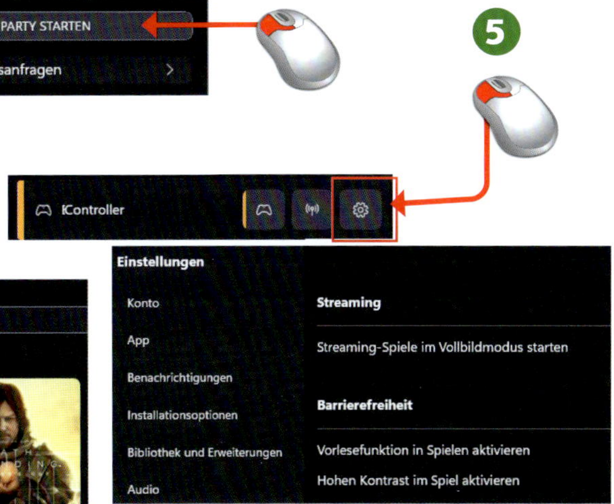

6

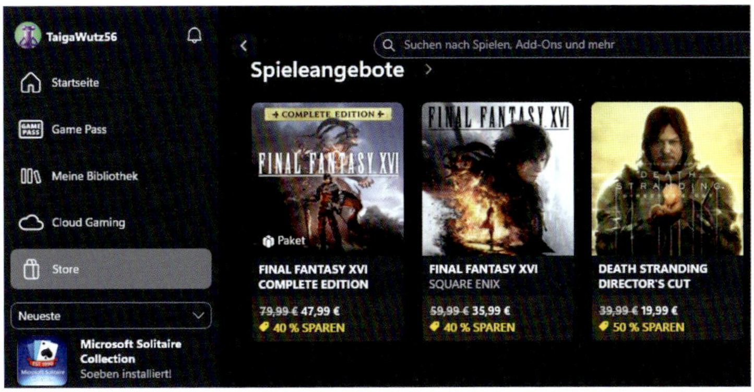

4 Im *Cloud Gaming* streamen Sie die Spiele. Laden Sie gleich Ihre Freunde ein und aktivieren Sie den Chat.

5 In den *Einstellungen* finden Sie die Cloud-Gaming-Einrichtung und die Verbindung zu Windows und dem Netzwerk.

6 Der Store bietet kostenpflichtige und kostenlose Spiele und zeigt die neusten Spieltrends.

Ende

HINWEIS

Der Game Pass steht hier auch zum Download bereit: *https://www.xbox.com/pcgamesplan*

HINWEIS

Wenn der *Spielmodus* eingeschaltet ist, hat Spielen oberste Priorität, der PC liefert die maximale Leistung und Qualität.

Start

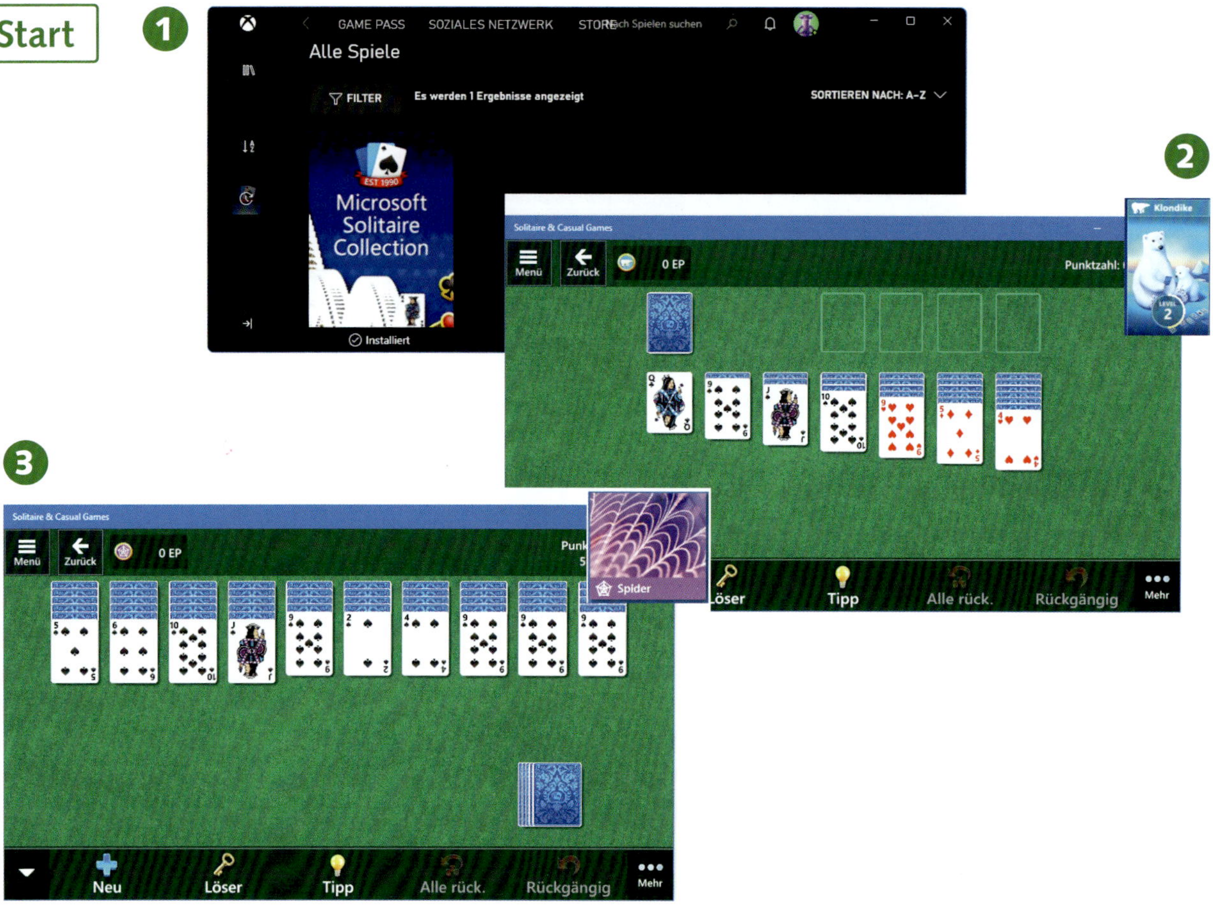

1. Starten Sie die Xbox-App und aktivieren Sie unter *Alle Spiele* die *Microsoft Solitaire Collection*.
2. Klondike: Ziehen Sie Karten von unten auf den Stapel, vom Ass bis zum König. Neue Karten ziehen Sie per Klick, abwechselnd Rot und Schwarz.
3. Spider: Alle Karten entfernen, Kartenfolge von König bis Ass. Karten auch zwischen den Stapeln verschieben.

WISSEN

Mit der Solitaire Collection stellt Windows fünf Spielklassiker aus der Reihe der Kartenspiele zur Verfügung. Das klassische Klondike, Spider, FreeCell, Pyramid und TriPeaks.

4 FreeCell: Wie Klondike, Stapel nur von einer Farbe. Links oben Karten vorübergehend ablegen.

5 Pyramid: Spielfeld abräumen, immer zwei Karten nehmen, die 13 in Summe ergeben. Buben: 11, Damen: 12, Könige: 13.

6 TriPeaks: Spielfelder abräumen, die angetippte Karte muss einen Wert höher oder tiefer als auf dem Stapel sein. So viele Karten wie möglich antippen.

Ende

TIPP

F5 blendet die Spieloptionen ein. Setzen Sie hier Klangeffekte und passen Sie Text- sowie Bildgröße an.

TIPP

Drücken Sie F1 für eine ausführliche Spielanleitung. Mit F2 rufen Sie die Kurzhilfe noch einmal auf.

Start

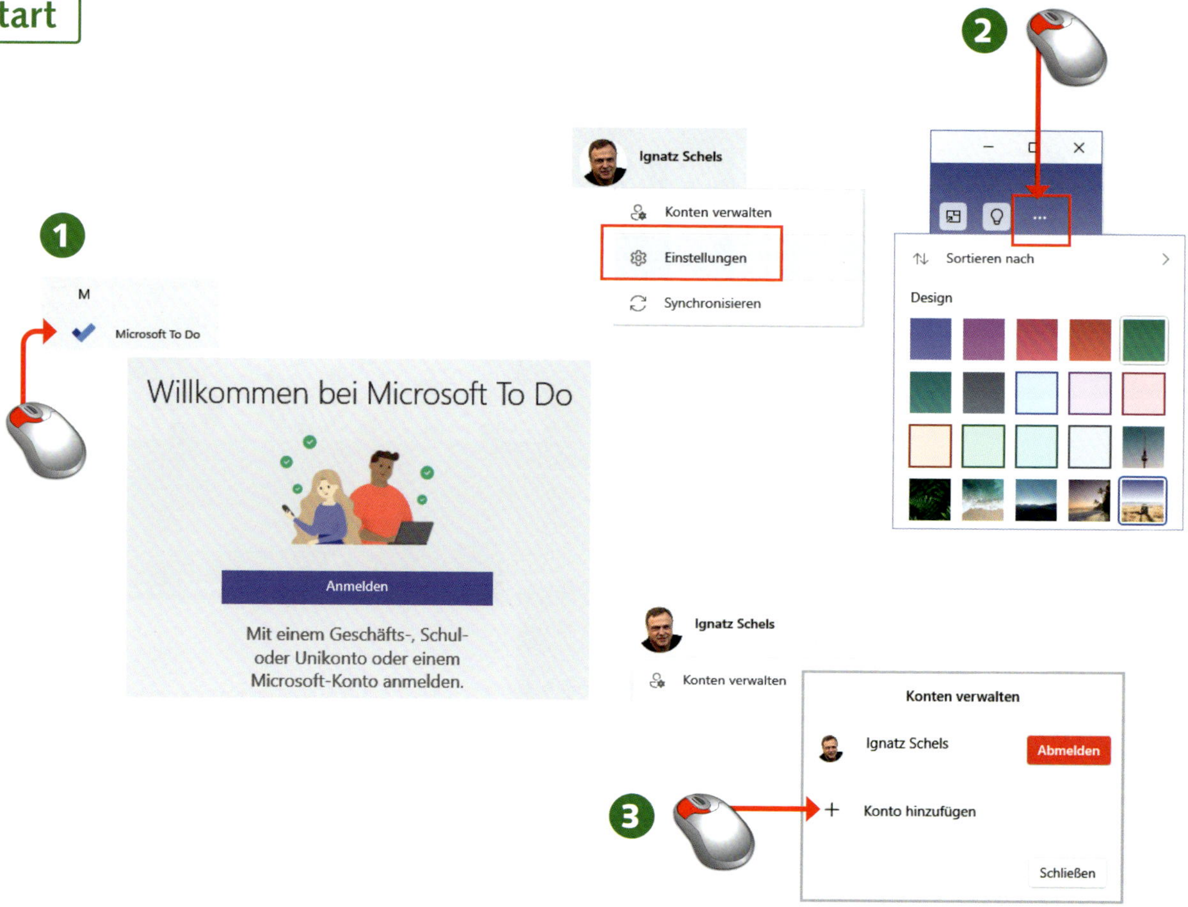

1. Starten Sie *Microsoft To Do* über das Symbol im Startmenü.

2. Klicken Sie auf Ihr Konto und wählen Sie *Einstellungen*. Im Optionen-Menü finden Sie alternative Designs für den Hintergrund.

3. Verwalten Sie Ihr Konto und fügen Sie weitere Konten hinzu.

WISSEN

Eine einfache, aber intelligente Aufgabenliste hilft Ihnen, Aufgaben aller Art zu kategorisieren, mit Terminen und Erinnerungen zu versehen und Dateien anzuhängen. Ob privat oder beruflich – mit der App *To Do* bringen Sie mehr Struktur in Ihr Leben.

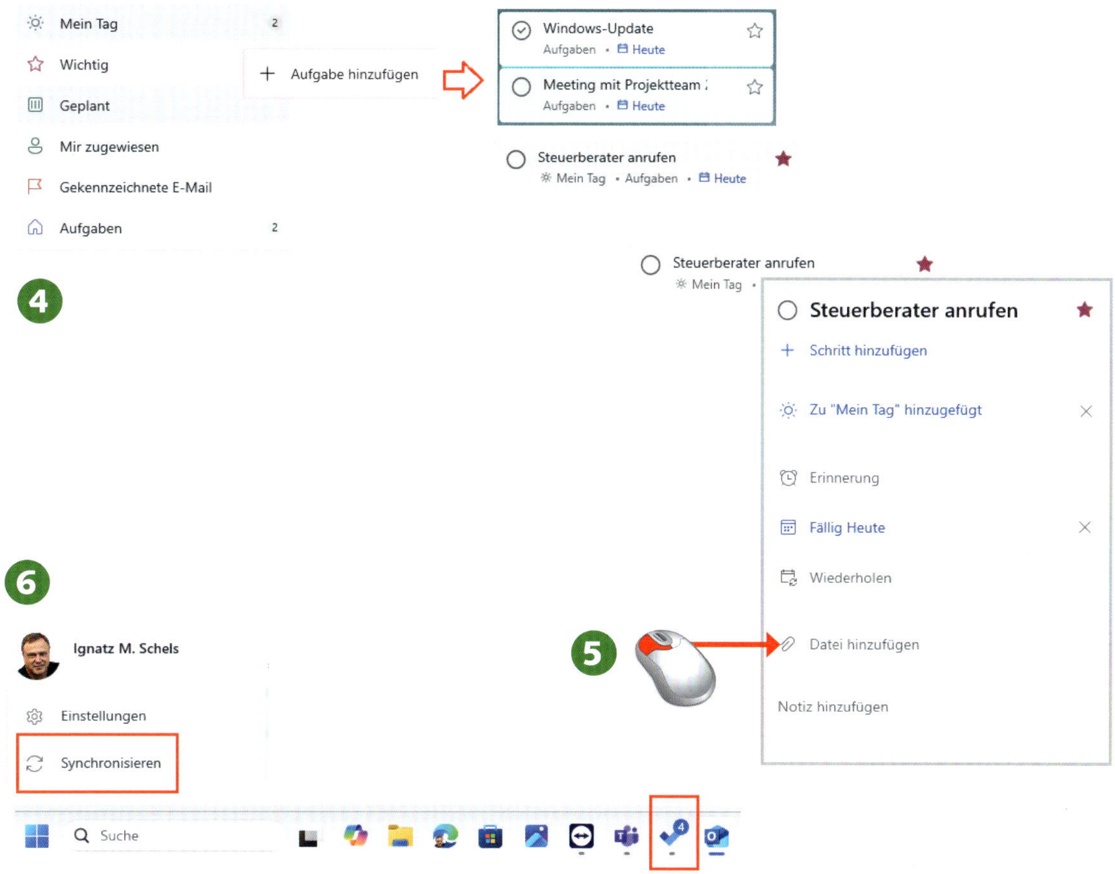

4 Fügen Sie Aufgaben hinzu, verteilen Sie diese nach Wichtigkeit auf die einzelnen Listen. Mit *Neue Liste* legen Sie eine weitere Liste an.

5 Ein Klick auf die Aufgabe und Sie können eine Erinnerung, das Fälligkeitsdatum und Dateien aller Art hinzufügen.

6 Synchronisieren Sie Ihre Aufgaben über das Konto-Menü. In der Taskleiste zeigt das App-Symbol, wie viele Aufgaben anstehen.

Ende

HINWEIS

Kennzeichnen Sie Mails in Outlook, werden diese in der Aufgabenliste unter dem Menüpunkt *Gekennzeichnete Mails* aufgelistet.

HINWEIS

Schalten Sie in den *Einstellungen* die Benachrichtigungen ein, damit Sie an anstehende Aufgaben erinnert werden.

Start

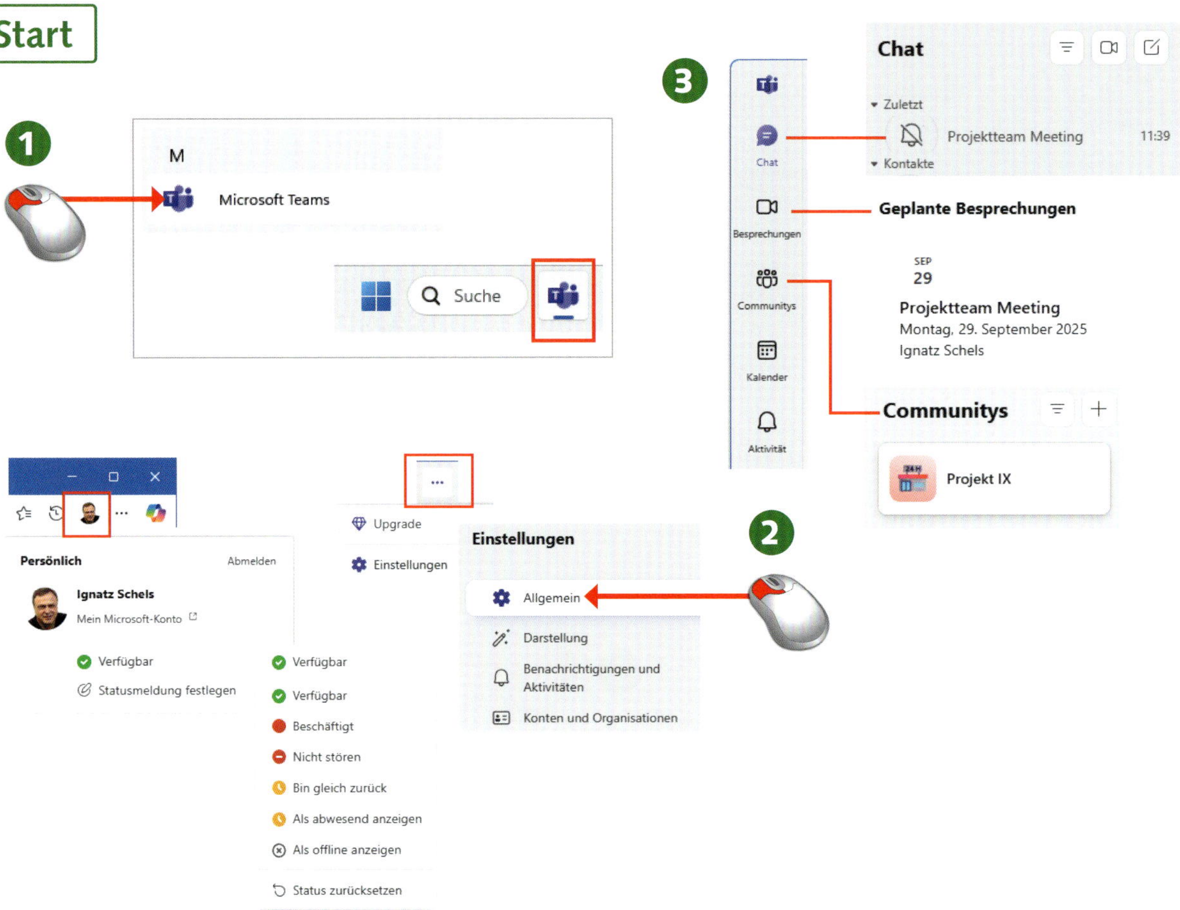

1. Starten Sie Teams über das Symbol in der Taskleiste oder über das Startmenü.
2. Verwalten Sie Ihr Konto über das Konto-Symbol, schalten Sie Status und Verfügbarkeit ein. In den *Einstellungen* finden Sie Designs und Geräteoptionen.
3. Verwalten Sie über die Symbolleiste Chats und Besprechungen, und legen Sie eigene Communitys für die Teams-Mitglieder an.

WISSEN

Microsoft Teams ist das Kommunikationstool für Videokonferenzen und Chats. Teilnehmer werden per Link eingeladen und in Communitys verwaltet. Teams-Sitzungen können auch auf das Mobiltelefon umgeleitet werden.

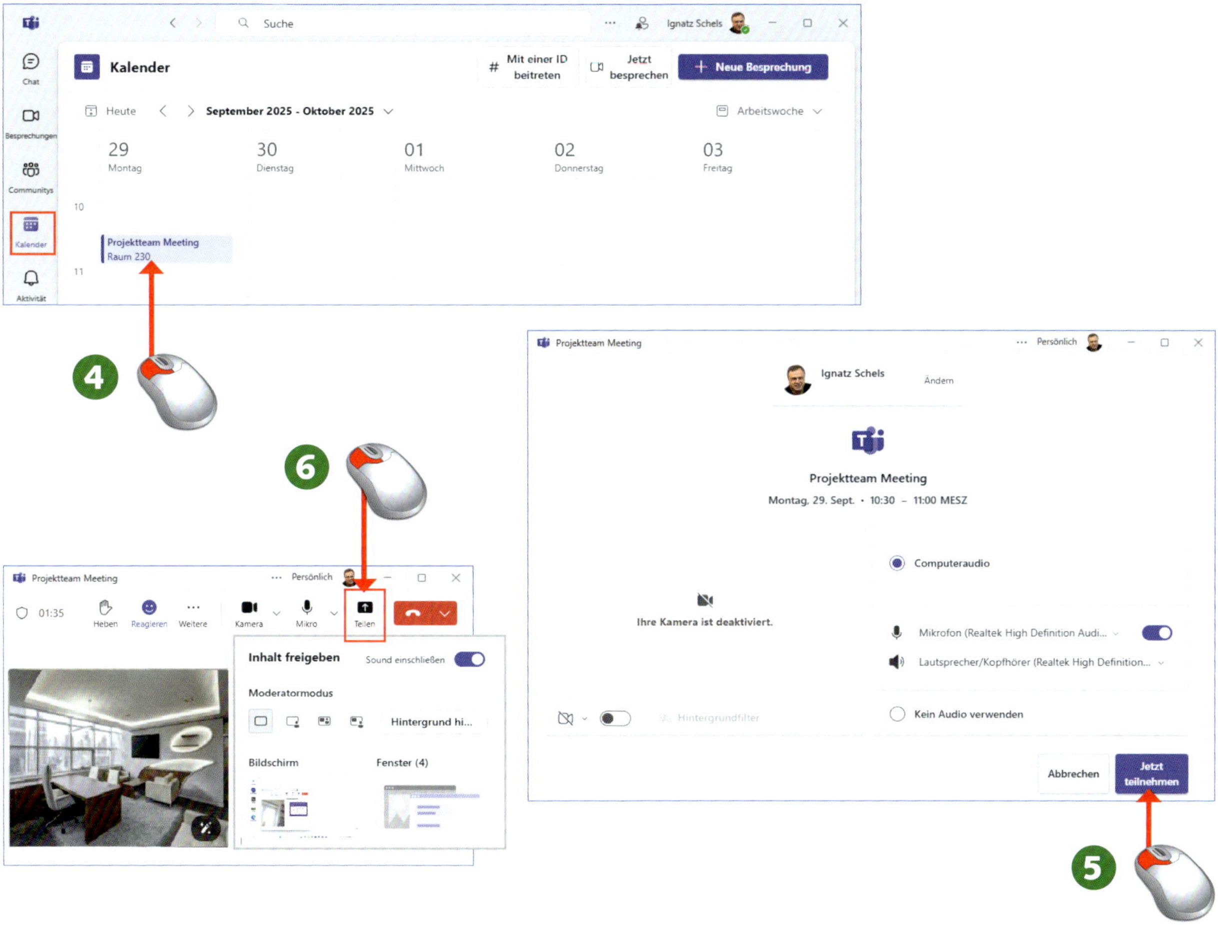

4 Im Kalender tragen Sie Teams-Meetings ein oder treten einer Besprechung einfach per Klick auf den Termin bei.

5 Stellen Sie Kamera und Mikrofon ein und klicken Sie auf *Jetzt teilnehmen*, um die Besprechung zu starten.

6 Schalten Sie den Chat ein, und klicken Sie auf *Teilen*, um Ihren Bildschirm für andere Meeting-Teilnehmer sichtbar zu machen.

Ende

HINWEIS

Die Windows-Version Teams Free ist der Nachfolger von Skype und eine eingeschränkte Version mit der Option auf Upgrades. Das Vollpaket wird mit Microsoft 365 geliefert.

TIPP

Nützliche Tastenkombinationen:
Kamera: Strg+⇧+O
Mikrofon: Strg+⇧+M
Bildschirm freigeben: Strg+⇧+E

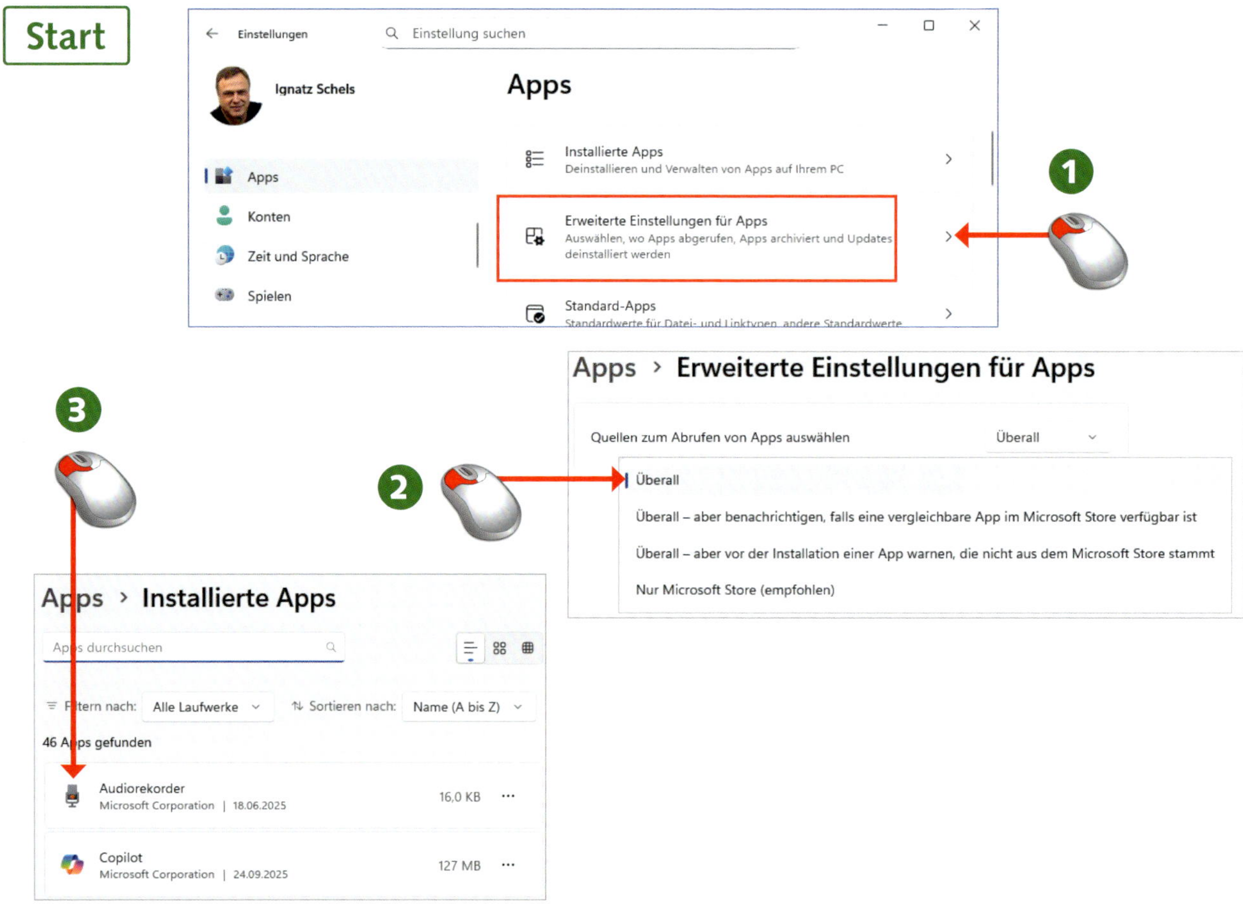

1. Starten Sie die *Einstellungen* und suchen Sie die erweiterten Einstellungen für Apps.

2. Bestimmen Sie, aus welchen Quellen Apps stammen dürfen, *Nur Microsoft Store* wird empfohlen.

3. Die App-Liste enthält alle installierten Apps. Suchen Sie über das Suchfenster nach einer bestimmten App und klicken Sie den Eintrag an.

WISSEN

Eine Liste mit allen unter Windows installierten Apps finden Sie unter *Apps* in den *Einstellungen*. Hier können Sie Apps installieren, reparieren oder löschen und die Zuordnung zwischen Apps und Dateien verwalten.

HINWEIS

Unter *Apps für Websites* bestimmen Sie, ob eine App automatisch Webseiten öffnen darf.

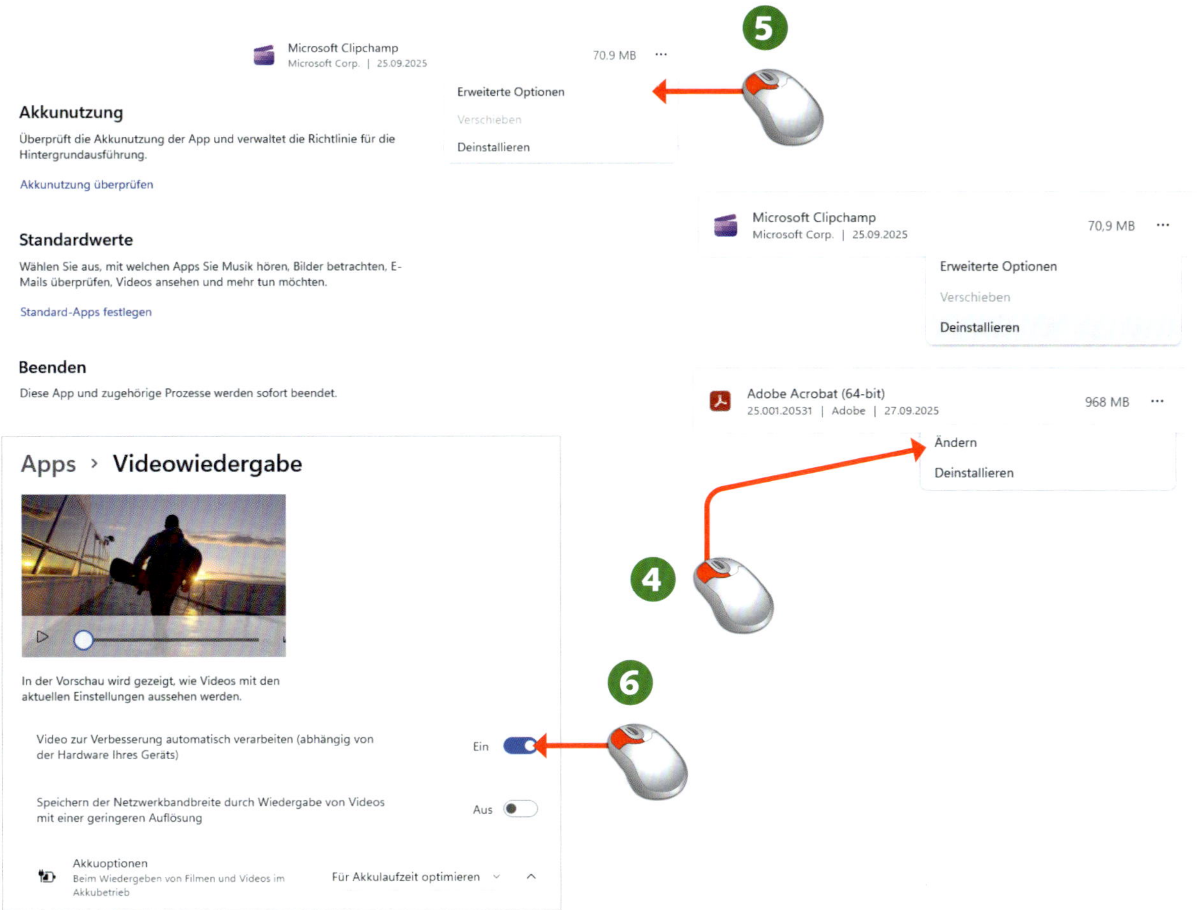

4 Mit *Ändern* ändern oder reparieren Sie installierte Store-Apps, mit *Deinstallieren* wird die App aus Ihrem Windows-System gelöscht.

5 Unter *Erweiterte Optionen* können auch Windows-Apps geändert und beispielsweise auf die Standardwerte zurückgesetzt oder deinstalliert werden.

6 Die *Videowiedergabe* bietet die Möglichkeit, die Videoeinstellungen für Apps zu konfigurieren, die Videos wiedergeben (z. B. Browser).

TIPP

Sehen Sie auch im Task-Manager nach, welche Apps installiert bzw. aktiv sind. Im Register *Start* finden Sie die Apps, die automatisch mit Windows starten.

HINWEIS

Unter *Optionale Features* finden Sie weitere Features, u. a. zusätzliche Schriftarten. In Kapitel 12 finden Sie die Beschreibung der Windows-Features.

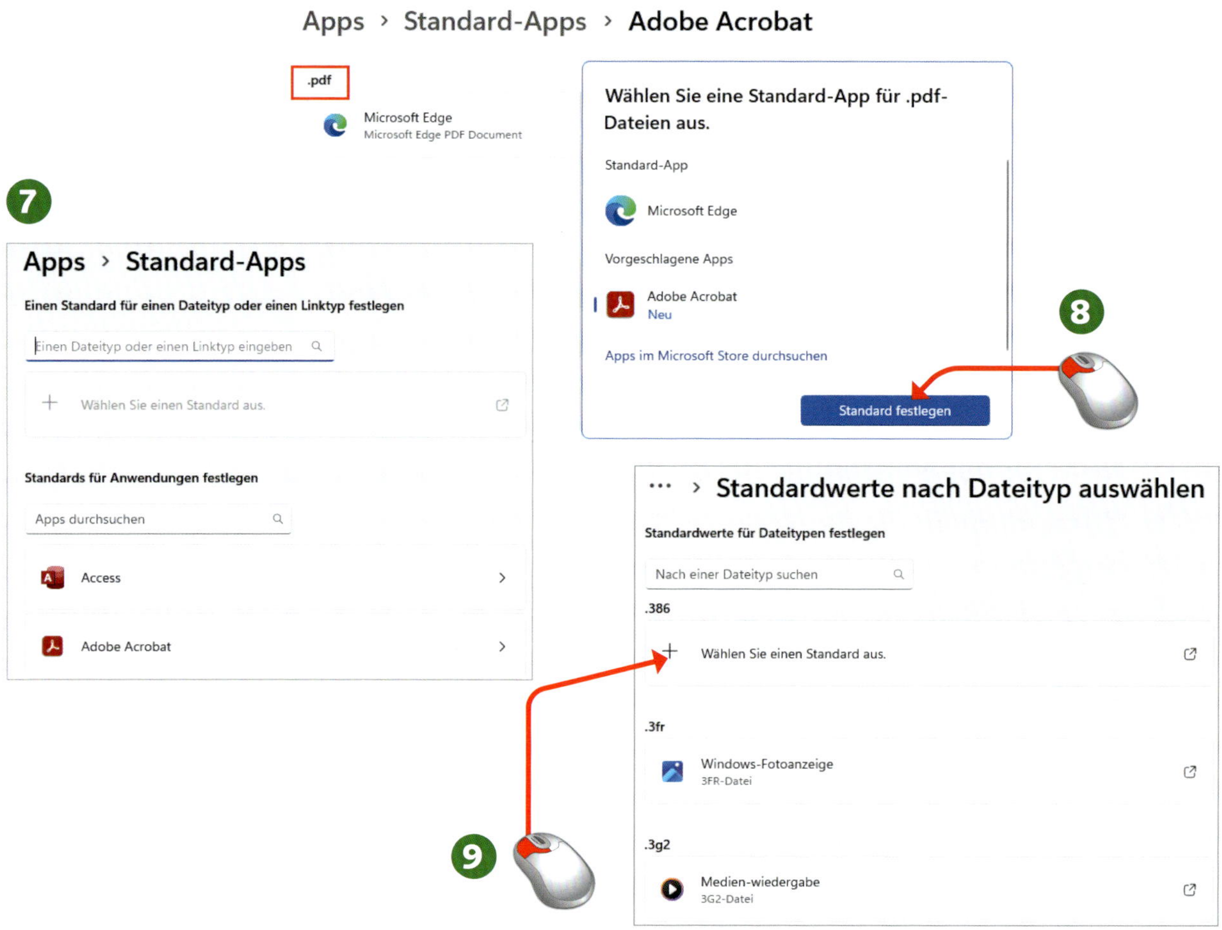

7 Klicken Sie auf *Standard-Apps*, um zu überprüfen, welche Apps den Windows-Standardfunktionen zugeordnet sind.

8 Markieren Sie eine App-Gruppe, sehen Sie, welche App für die einzelnen Dateien zuständig ist. Wählen Sie eine andere App, um diese zuzuordnen.

9 Um Apps nach Dateitypen zuzuordnen, wählen Sie *Standardwerte nach Dateityp auswählen*.

WISSEN

Welche Dateien mit welchen Apps geöffnet und bearbeitet werden, legt Windows bei der Installation fest. In der Regel werden Sie daran nichts ändern müssen, aber falls doch, sehen Sie in den Standard-Apps nach und reparieren die Zuordnung.

HINWEIS

Offline-Karten gibt es noch, die App müssen Sie aber aus dem Store holen.

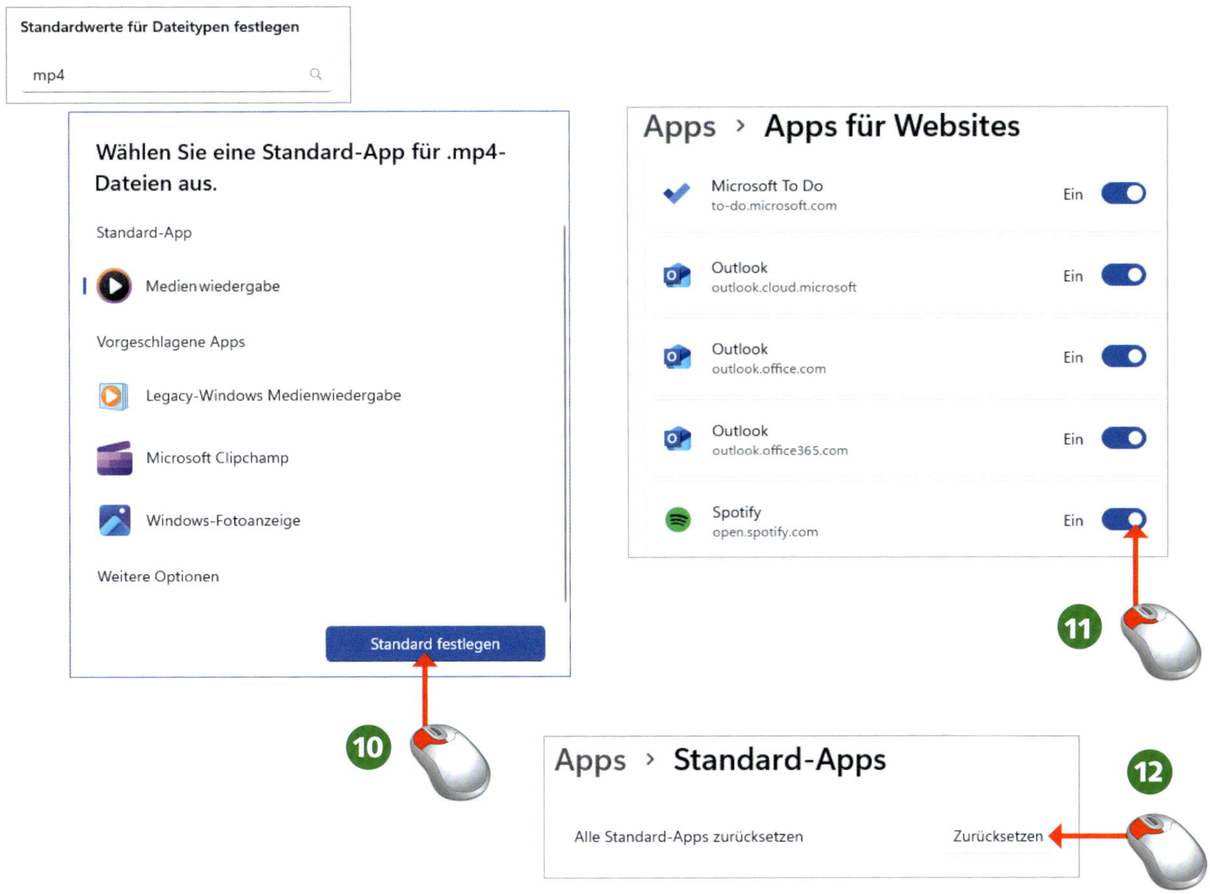

10 Markieren Sie die App zum angezeigten Dateityp oder holen Sie eine neue App aus dem Microsoft Store.

11 Unter *Apps/Apps für Websites* werden Apps für einzelne Webseiten definiert, die sonst mit dem Browser geöffnet würden.

12 Mit *Alle Standard-Apps zurücksetzen* setzen Sie alle Änderungen auf die Standardinstallation zurück.

Ende

HINWEIS

Alles über Dateien und Dateitypen finden Sie in Kapitel 7 zum Windows-Explorer.

HINWEIS

Wenn Sie für einen Dateityp keine passende App finden, suchen Sie im Windows Store oder installieren zusätzliche Programme per Download von (vertrauenswürdigen!) Webseiten.

Start

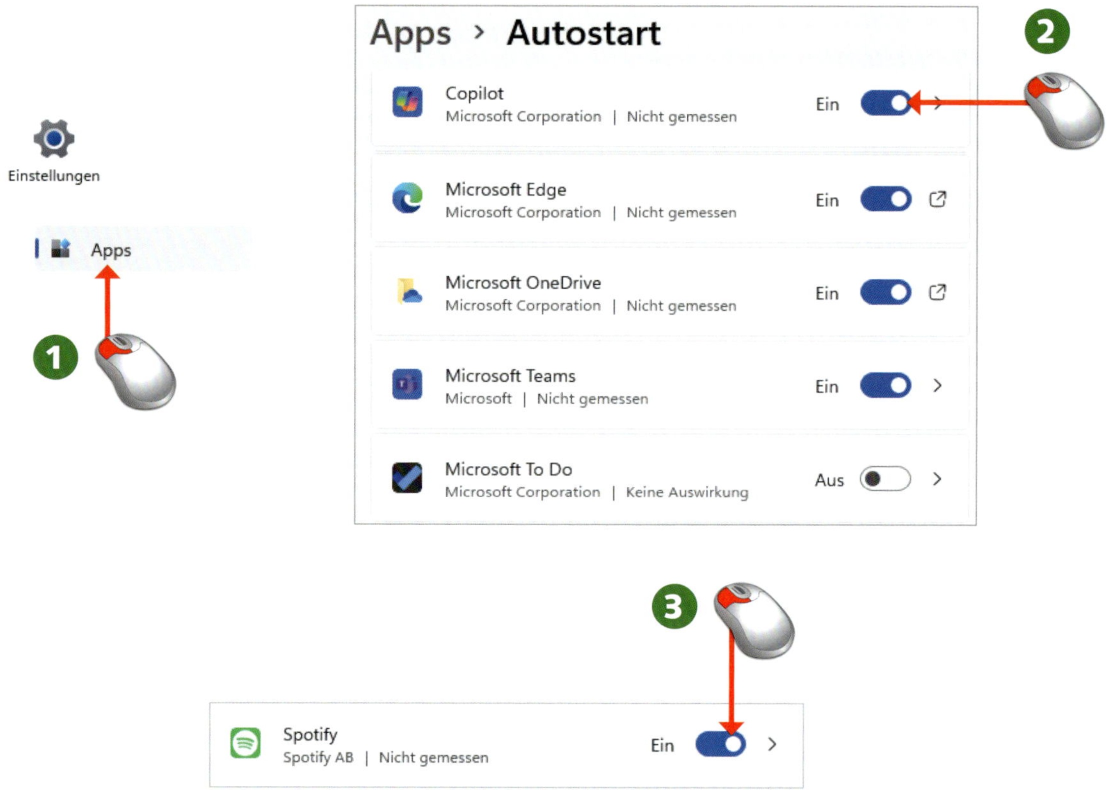

1. Starten Sie die *Einstellungen* und klicken Sie auf *Apps*.

2. Unter *Autostart* finden Sie eine Liste mit allen Apps, die automatisch mit Windows gestartet werden.

3. Klicken Sie auf den Schalter rechts, um eine App ein- oder auszuschalten.

WISSEN

Wichtige Apps, die Windows für den Betrieb benötigt, werden gleich beim Start des Betriebssystems aktiviert. Das geht auch mit jeder beliebigen App, packen Sie sie einfach in die Autostart-Liste.

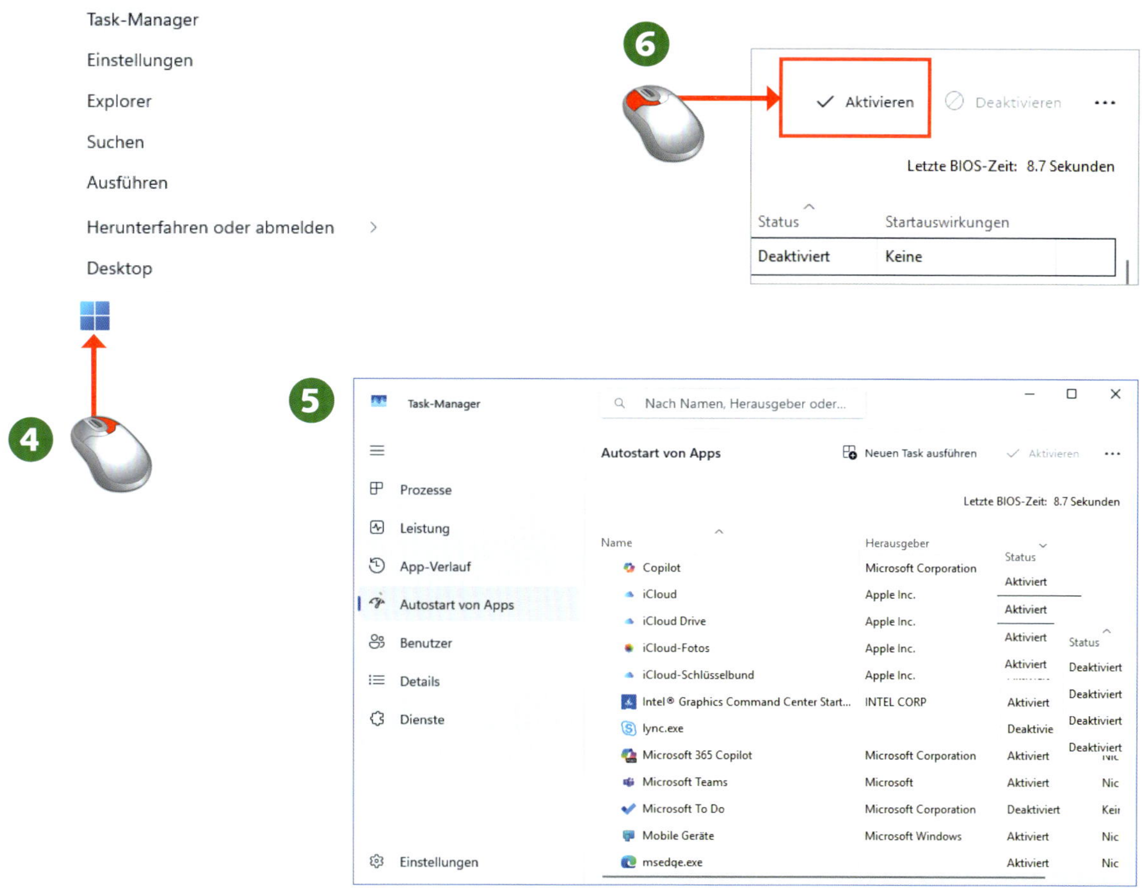

4 Den Task-Manager starten Sie aus dem Kontextmenü des Startmenüs (rechte Maustaste).

5 Im Register *Autostart von Apps* sehen Sie alle Apps, die mit Windows gestartet werden. Sortieren Sie die *Status*-Spalte auf- oder absteigend.

6 Markieren Sie einen Task und klicken Sie auf *Aktivieren* oder *Deaktivieren*.

Ende

TIPP

Wo ein Autostart-Task gespeichert ist, sehen Sie, wenn Sie im Kontextmenü die Eigenschaften abrufen.

HINWEIS

Mit der Befehlszeile oder über die Eigenschaften der App im Task-Manager sehen Sie, wo die Datei gespeichert ist und wie viel Speicher sie belegt.

5

Info-Apps und App-Store

Start

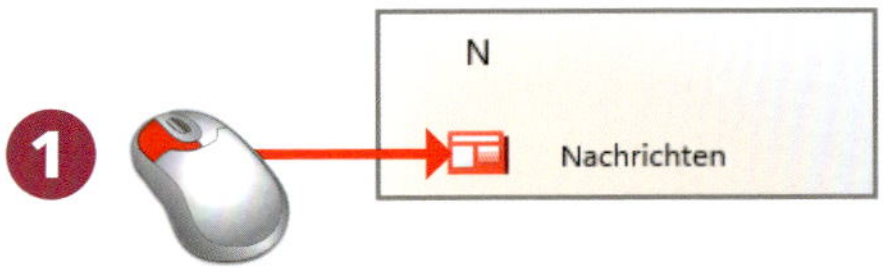

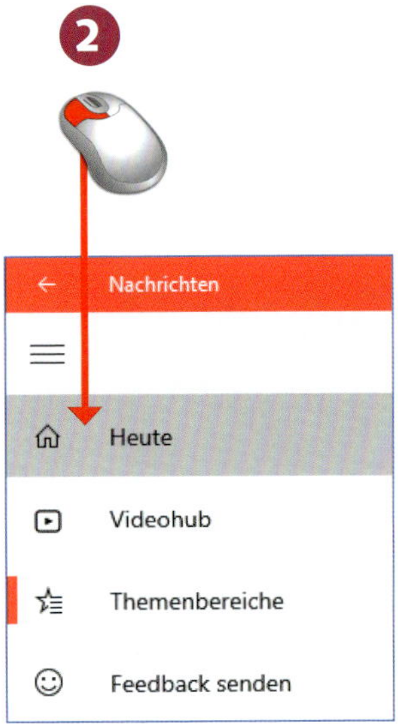

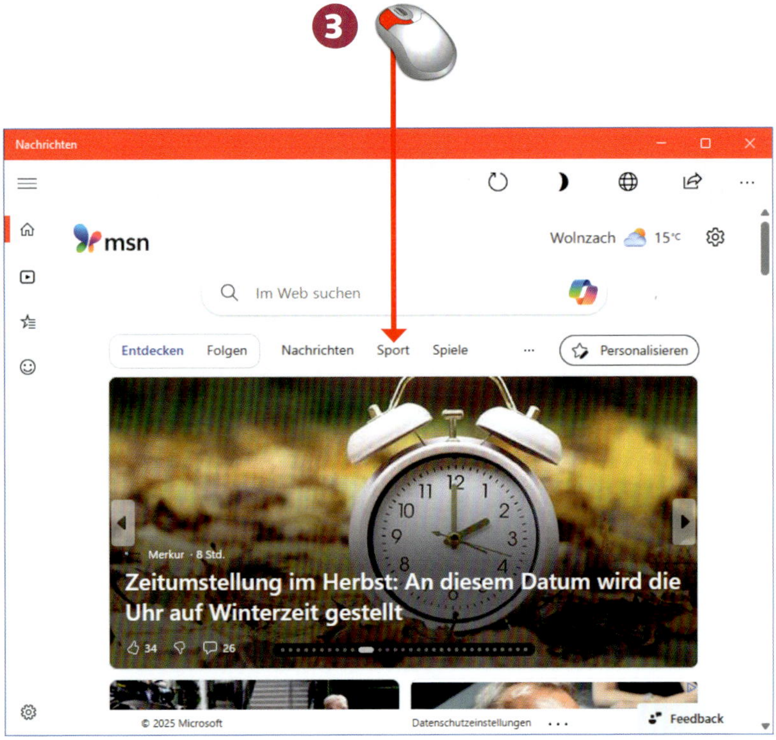

1. Suchen Sie die Nachrichten-App im Startmenü.

2. Das Optionen-Menü bietet aktuelle Nachrichten, Videos und Themenbereiche.

3. Sehen Sie sich unter *Heute* die aktuellen Nachrichten an, schalten Sie auf unterschiedliche Themen wie *Nachrichten* und *Sport* um.

WISSEN

Die Nachrichten-App lässt sich individuell auf Themen- und Interessengebiete zuschneiden und bietet lokale Nachrichten auf den Standort bezogen. Und wer lieber Videos ansieht als Schlagzeilen liest, schaltet einfach in den Videohub um.

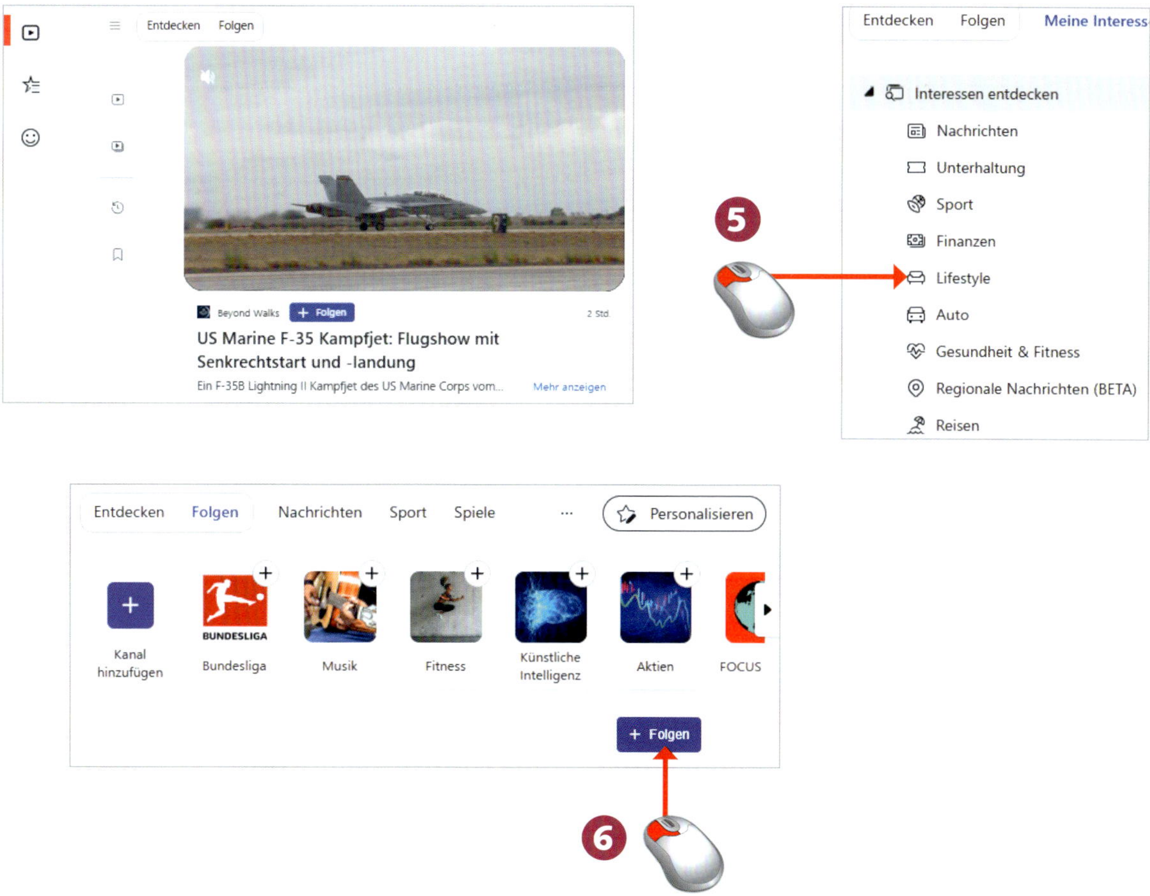

4 Videos aus zahlreichen Themenbereichen finden Sie im *Videohub*.

5 Schalten Sie um auf die Themenbereiche und markieren Sie Themen, die Sie besonders interessieren.

6 Markieren Sie einen Kanal und klicken Sie auf *Folgen*. Damit erhalten Sie bevorzugt Nachrichten aus diesem Themenkreis.

Ende

HINWEIS

Suchen Sie über das Suchfeld ein Thema, können Sie diesem anschließend als Interessengebiet folgen.

HINWEIS

In den *Einstellungen* finden Sie Optionen für automatische Benachrichtigungen.

Start

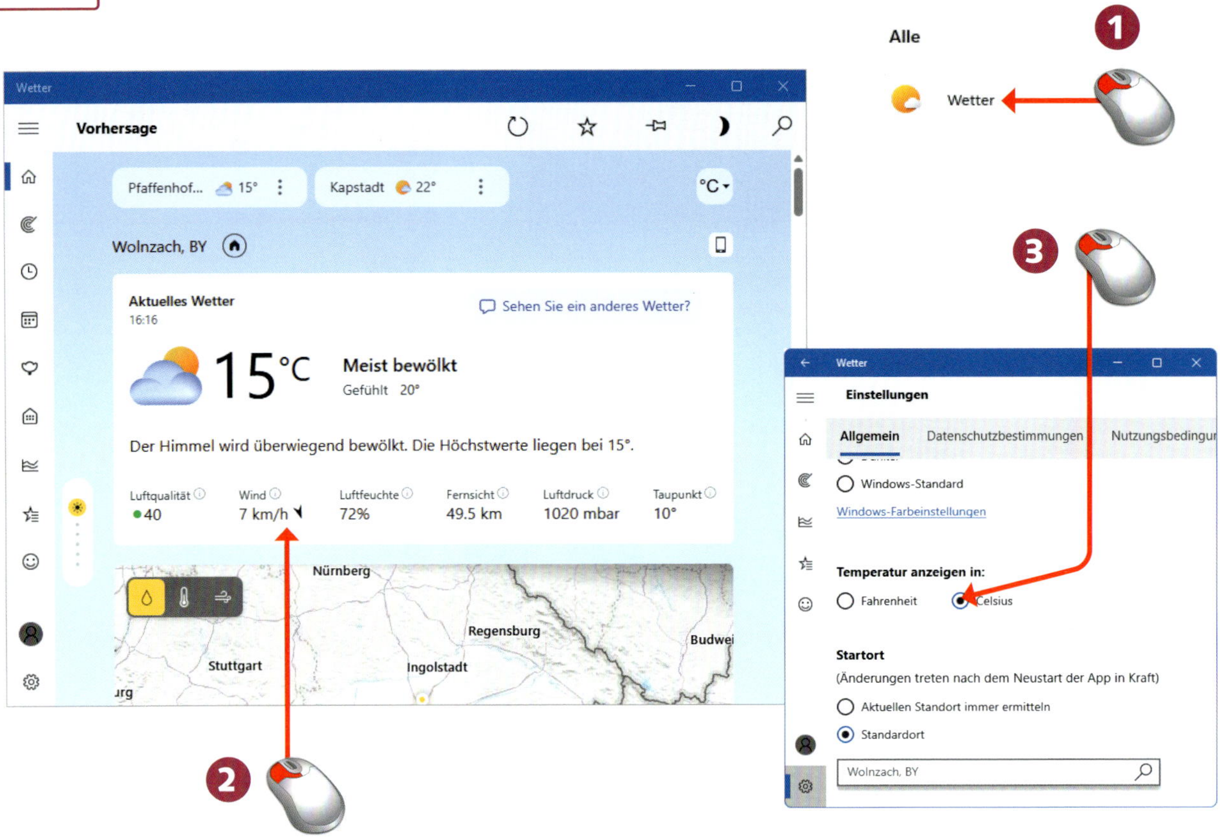

1. Klicken Sie im Startmenü auf die App *Wetter*.
2. Eine 10-Tage-Übersicht für das Wetter wird angezeigt, die Stundenvorhersage zeigt es im 4-Stunden-Takt. Markieren Sie einen Tag.
3. In den *Einstellungen* überprüfen oder korrigieren Sie Ihren Standort und stellen die passende Temperatureinheit ein.

WISSEN

Wie das Wetter in den nächsten Tagen wird, zeigt Ihnen die App *Wetter*. Und das nicht nur an Ihrem Standort, sondern weltweit für jedes Land und jede größere Stadt. Auf Wunsch sogar mit stündlicher Vorhersage und Satellitenbild. Wetterkarten lassen sich in der Favoritenleiste speichern und an das Startmenü anheften.

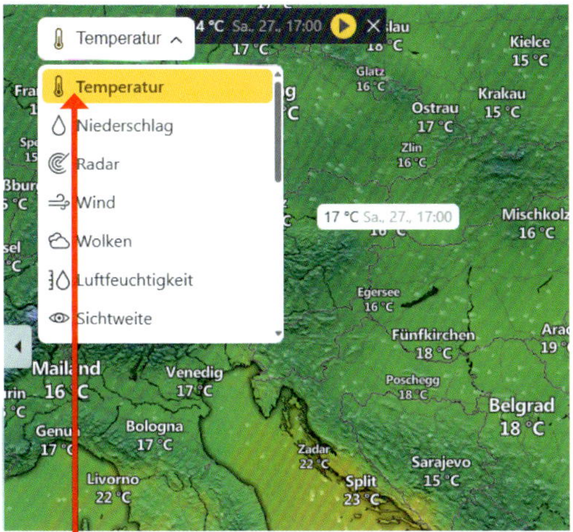

5

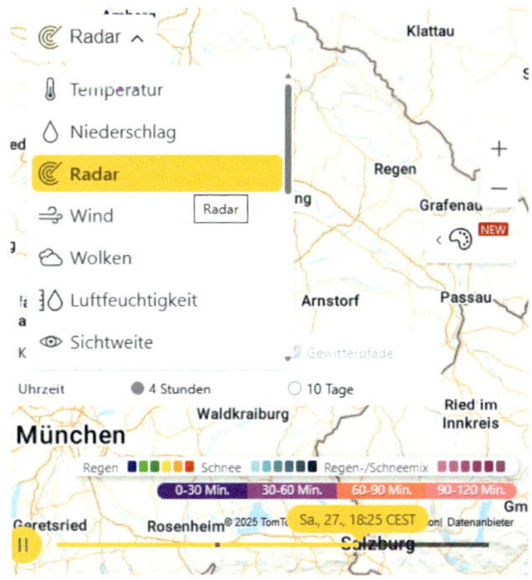

4

6

4 Schalten Sie um auf *Karten*. Hier finden Sie mehrere Infobereiche, beispielsweise *Temperatur* …

5 … oder das Regenradar oder die Satellitenansicht. Zoomen Sie mit den Plus- und Minussymbolen oder mit Strg-Taste und Mausrad.

6 Unter *Historisches Wetter* finden Sie eine Jahresstatistik über Regen oder Temperatur.

Ende

TIPP

Halten Sie die Maustaste gedrückt und ziehen Sie auf der Karte den gewünschten Ausschnitt heran.

HINWEIS

Unter dem Menüpunkt *Pollen* überprüfen Allergiker, welche Pollen derzeit aktiv sind.

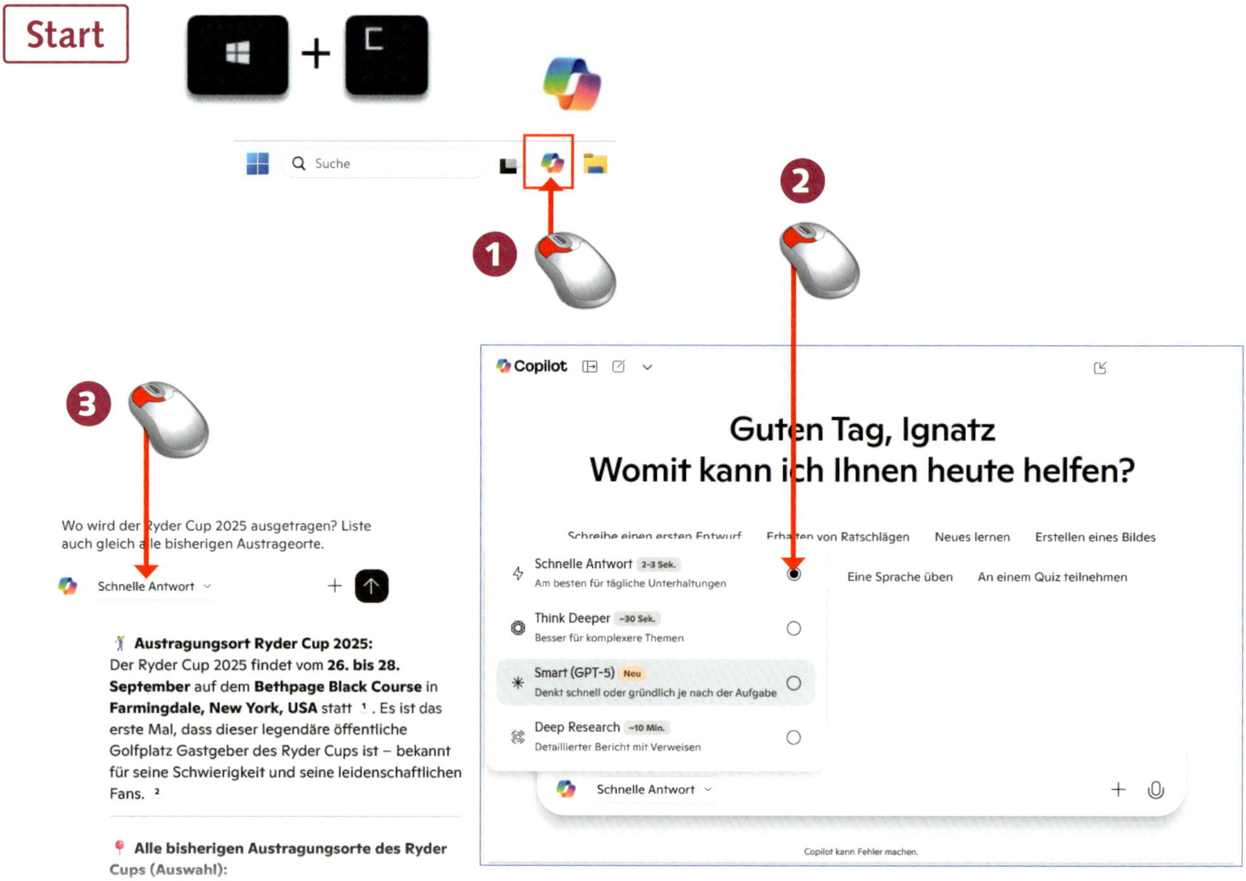

1. Starten Sie Copilot aus dem Startmenü, über das Symbol in der Taskleiste oder mit dem Tastenkürzel [Win]+[C].
2. Wählen Sie eine Kategorie und zwischen vier Antwortoptionen, bevor Sie die erste Frage stellen.
3. Stellen Sie Copilot eine Frage. Formulieren Sie diese so genau wie möglich, um eine optimale Antwort zu erhalten.

WISSEN

Mit Copilot hat das KI-Zeitalter für Windows begonnen. Der KI-Assistent steht als eigene App und als Teil des Browsers Edge zur Verfügung. Testen Sie Copilot, stellen Sie Fragen, geben Sie Auflistungen und Prognosen in Auftrag oder lassen Sie ihn fotorealistische Zeichnungen – auf Wunsch mit Dateivorlage – erstellen.

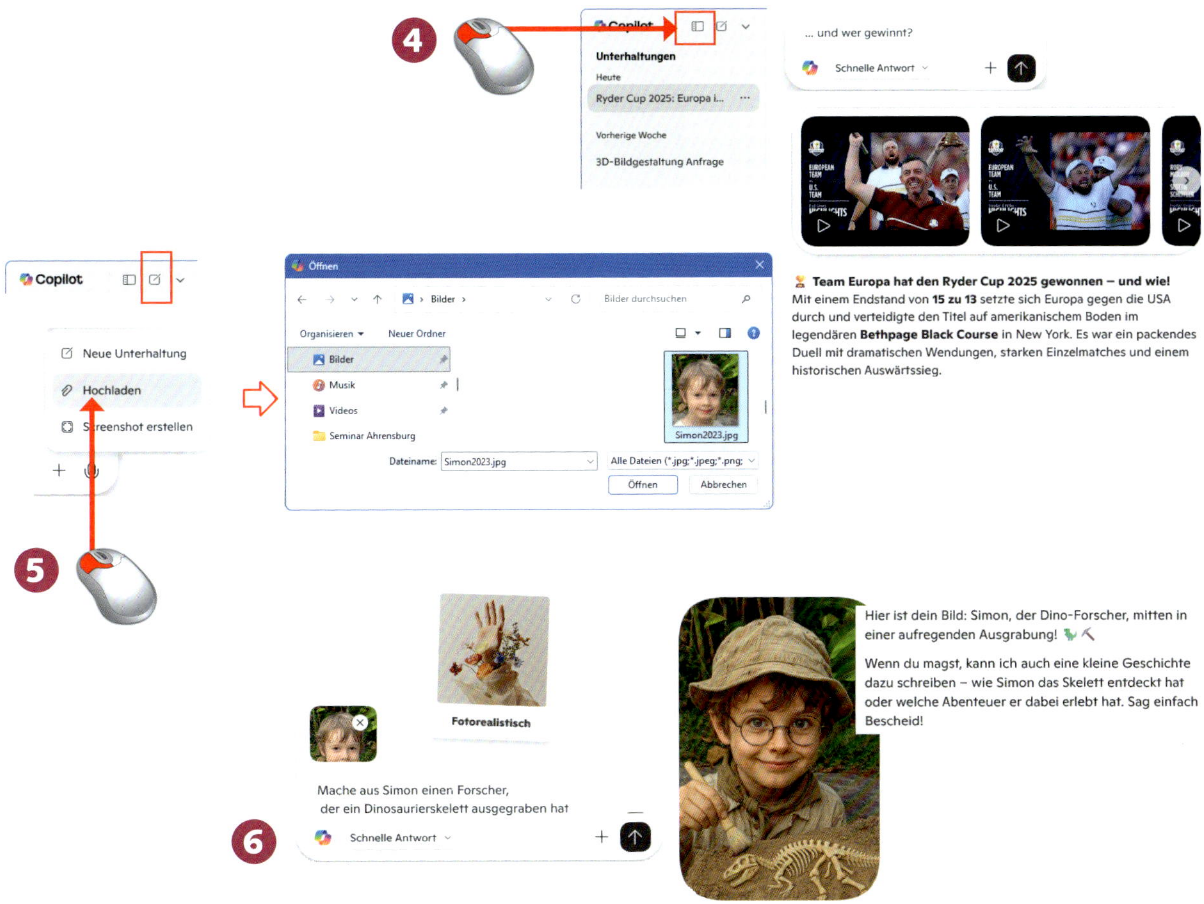

4 Blenden Sie die Randleiste ein mit allen Unterhaltungen, steigen Sie per Klick wieder ein. Copilot beantwortet auch Folgefragen.

5 Beginnen Sie eine neue Unterhaltung, Für ein KI-generiertes Bild können Sie zum Beispiel eine Bildvorlage hochladen.

6 Klicken Sie auf eine der angebotenen Kategorien und geben Sie eine Anweisung ein. Copilot erstellt nicht nur ein Bild, sondern macht noch weitere Vorschläge.

Ende

HINWEIS

Klicken Sie auf das Mikrofon-Symbol, um mit Copilot zu sprechen.

FACHWORT

Tastenkombination: Copilot starten: Alt + Leer

HINWEIS

Vergessen Sie nicht, die Antworten von Copilot zu bewerten, nur so kann der KI-Assistent ständig verbessert werden.

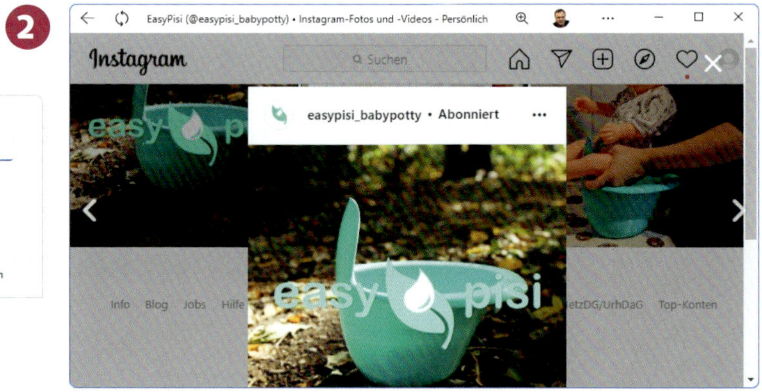

1. Suchen Sie die Social-Media-App im Startmenü oder installieren Sie sie aus dem Microsoft Store.
2. Instagram ist eine mobile Fotoplattform. Die Desktop-App kann auf Fotos zugreifen, Nachrichten müssen per Smartphone oder Tablet verschickt werden.
3. Für Facebook gibt es keine Windows-App mehr, starten Sie diesen Dienst über den Edge-Browser.

WISSEN

Social Media heißt das Zauberwort, es steht für weltweite Onlinekommunikation, Nachrichten, Foto- und Videosharing sowie Kurzmeldungen. Windows bietet über den Microsoft Store oder über Edge für alle Dienste die passende App.

4

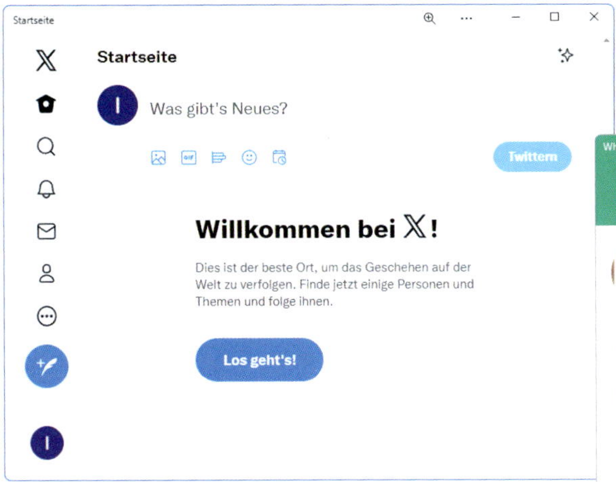

5

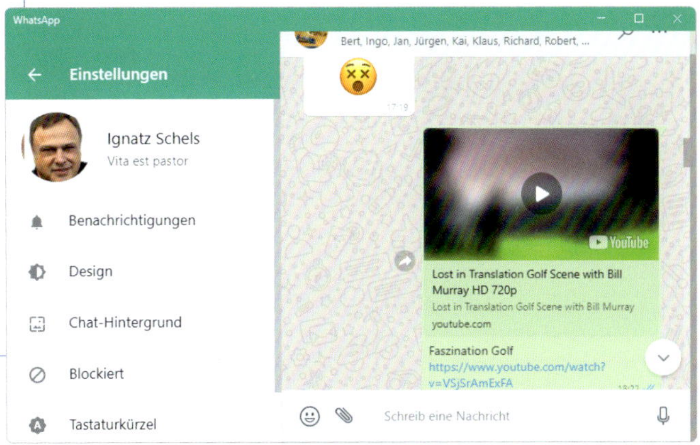

6

4 Wenn etwas auf der Welt passiert, lesen Sie es zuerst auf X (ehemals Twitter). Setzen Sie Kurznachrichten ab und folgen Sie interessanten Personen.

5 Mit WhatsApp haben Sie die Nachrichten Ihrer Kontakte stets im Zugriff. Installieren Sie die App aus dem Microsoft Store, ...

6 ... und scannen Sie den angezeigten QR-Code, um die Desktop-App mit dem Smartphone zu verbinden.

Ende

HINWEIS

Mit der WhatsApp-Desktop-App können Sie Fotos, Videos und Dateien versenden, die auf dem PC gespeichert sind.

TIPP

Für Nutzer von Android-Smartphones bietet das Internet Emulatoren (z. B. BlueStacks oder Andy) an.

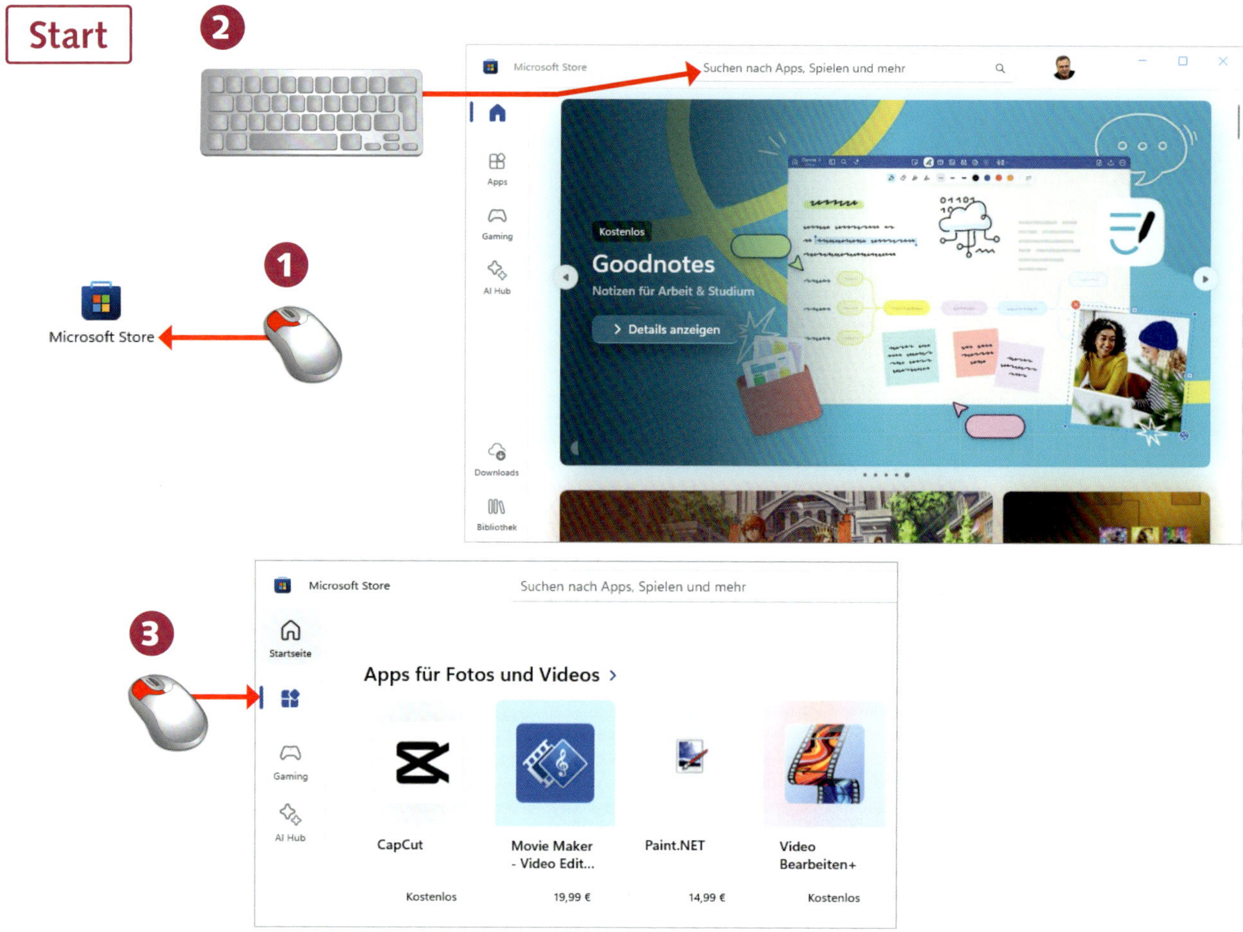

1. Klicken Sie in der Taskleiste oder im Startmenü auf die App *Microsoft Store*.

2. Auf der Startseite des App-Store sehen Sie die neusten Angebote aus den unterschiedlichen Kategorien. Geben Sie Ihre Suchanfrage in das Suchfenster ein.

3. Schalten Sie um auf eine App-Kategorie und blättern Sie nach unten, um kostenlose und kostenpflichtige Apps zu sehen.

WISSEN

Der App-Store von Windows verfügt über ein reichhaltiges Angebot an Apps für viele Kategorien. Sehen Sie sich im Store um, testen Sie Apps und installieren Sie, was Ihnen gefällt. Mit dem Suchfenster suchen Sie gezielt nach Apps.

HINWEIS

Die Bewertungen berechnen sich aus den positiven oder negativen Rückmeldungen der Anwender.

4

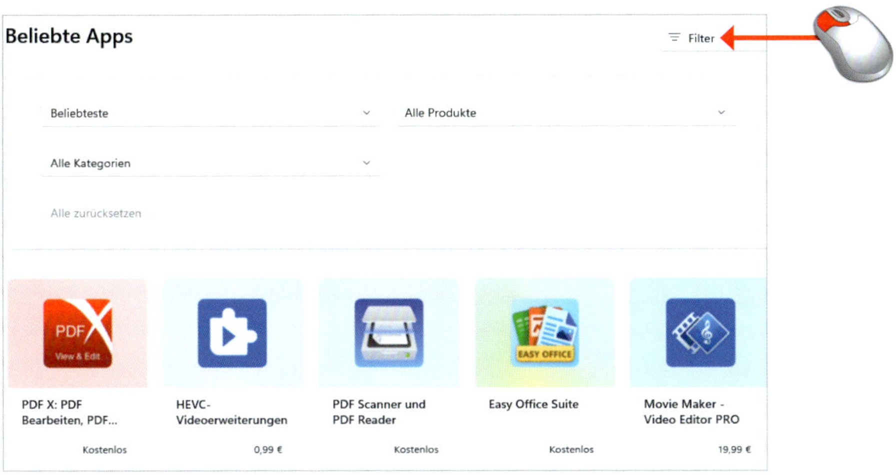

5

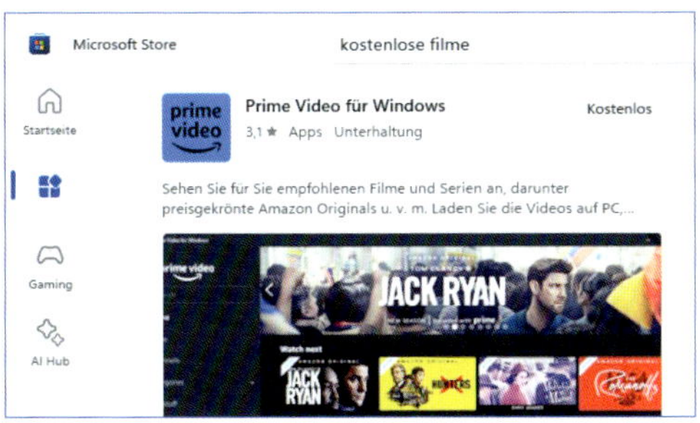

6

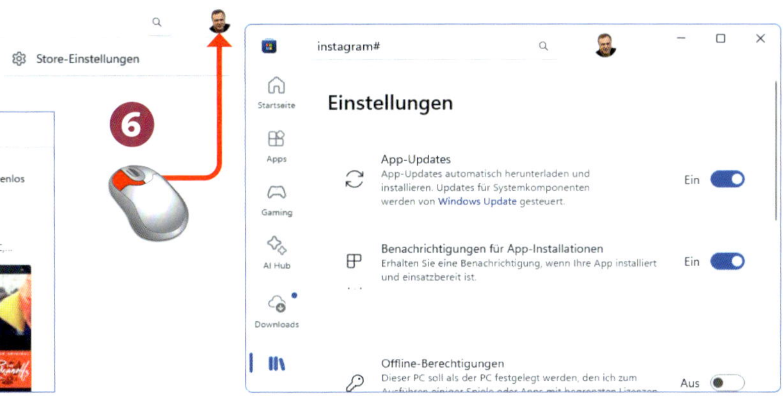

4 Klicken Sie auf *Beliebte Apps*, schalten Sie den *Filter* ein, und filtern Sie nach Kategorie oder Suchbegriff.

5 Ein großes Angebot an Filmen und Serien finden Sie in der Prime-Video-App von Amazon.

6 Alle Einstellungen zum Store finden Sie unter dem Profilbild. Klicken Sie es einfach an.

Ende

TIPP

Apps können Sie auch über das Suchfenster suchen lassen. Geben Sie den Suchbegriff ein, und die App wird vorgeschlagen, falls sie im Store angeboten wird.

HINWEIS

Ihre Apps werden automatisch aktualisiert, wenn ein Update ansteht. Die Store-Kachel zeigt die Nummer aller Apps an, für die ein Update ansteht.

Start

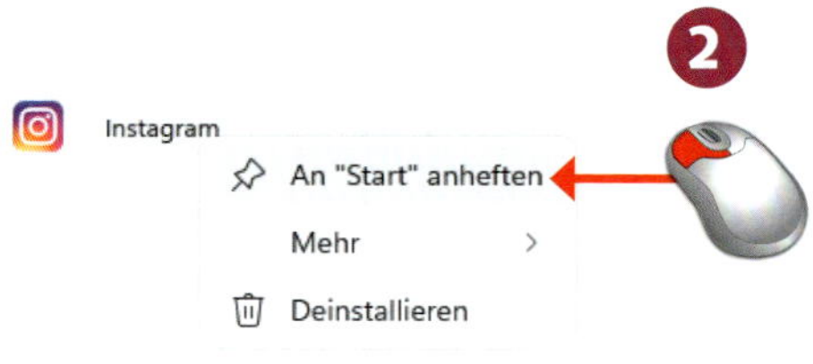

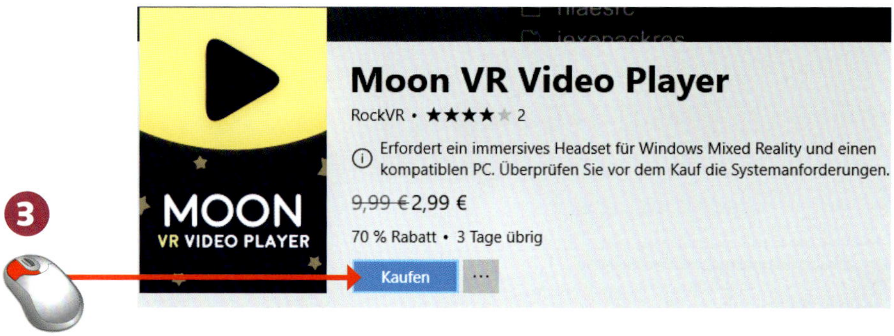

1. Suchen Sie eine App im Store, und wenn Sie sie gefunden haben, klicken Sie unter ihrem Logo auf *Installieren*.
2. Die neue App steht im Startmenü bereit, Sie können sie an das Startmenü oder die Taskleiste anheften.
3. Ist die App kostenpflichtig, wird der Preis angezeigt. Klicken Sie auf *Kaufen*, um die App zu installieren.

WISSEN

Neben vielen kostenlosen Apps bietet der App-Store auch kostenpflichtige Apps an. Die Preise halten sich in Grenzen, Apps kosten selten über 5 Euro. Halten Sie Ihre Microsoft-Kontodaten und Ihre Kreditkarte bereit.

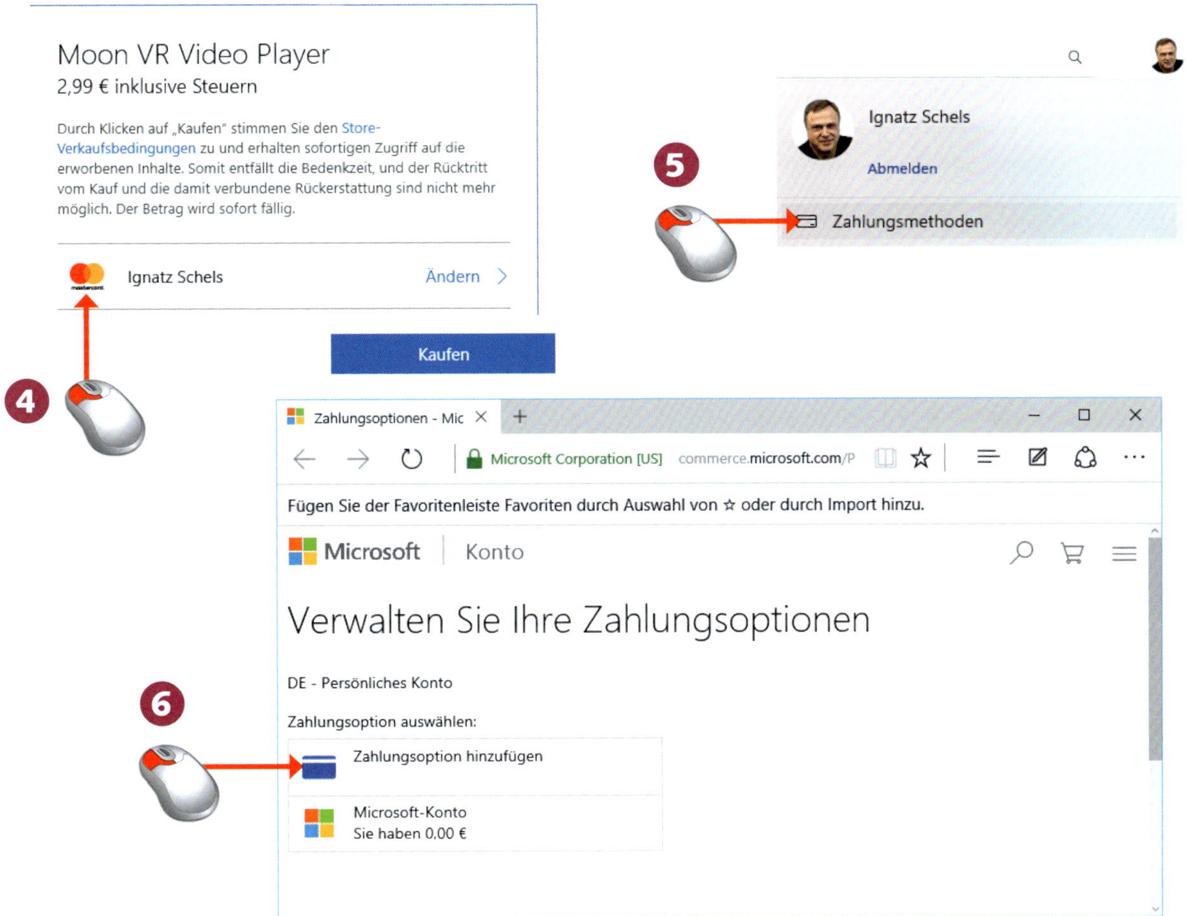

4 Für den Kauf brauchen Sie ein Microsoft-Konto. Geben Sie Ihre Kontodaten sowie die Zahlungsmethode an.

5 Öffnen Sie Ihr Profil und überprüfen Sie das Konto sowie die hinterlegten Zahlungsoptionen.

6 Geben Sie eine Bankverbindung oder Ihre Kreditkarteninformationen an, damit Sie Apps kaufen können.

Ende

HINWEIS

Mit Ihrem Microsoft-Konto können Sie Apps auf mehreren Rechnern, zum Beispiel auf dem Laptop und dem Tablet, gleichzeitig verwenden. Die Apps müssen aber auf jedem Gerät einzeln installiert werden.

HINWEIS

Die Liste der PCs, auf denen Sie Apps verwenden, ist in Ihrem Microsoft-Konto gespeichert.

Start

1

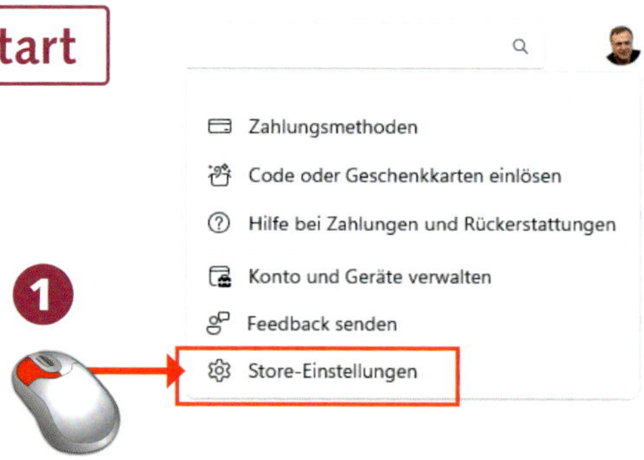

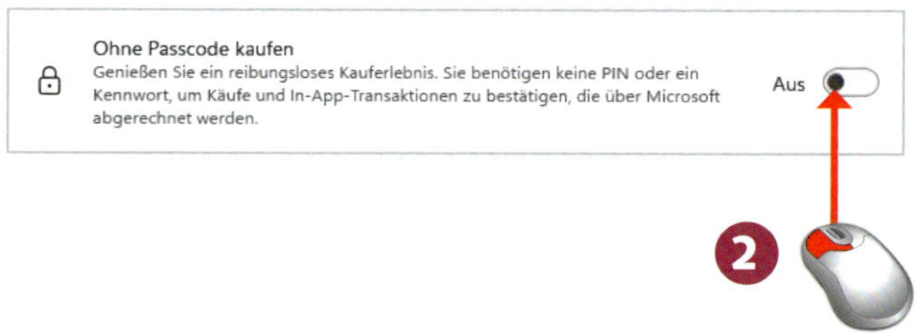

2

3

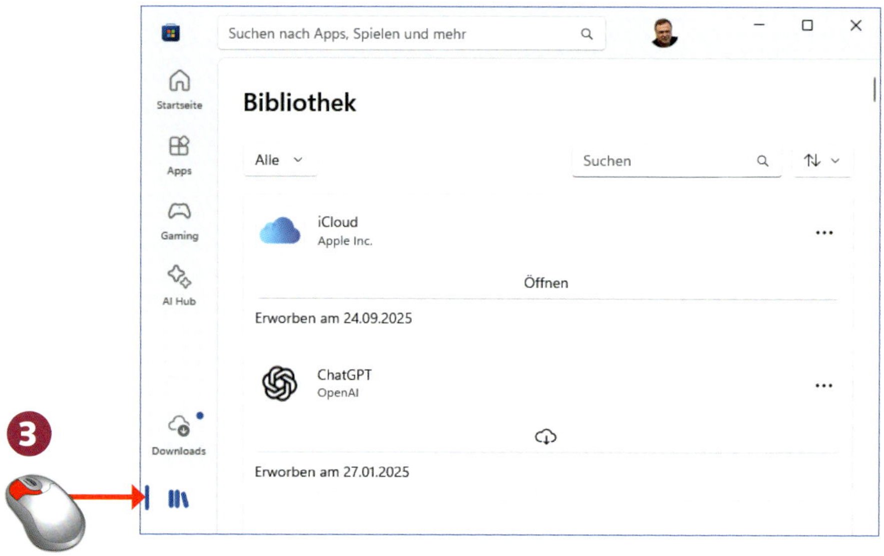

1. In den *Store-Einstellungen* schalten Sie die automatischen Updates für Apps ein.
2. Die Option, ohne Passcode einzukaufen, sollten Sie deaktivieren. Die App-Käufe überprüfen Sie im Microsoft-Konto.
3. Unter *Bibliothek* sehen Sie die Liste aller Apps, die Sie gekauft oder erworben haben.

WISSEN

Damit Ihre Apps immer auf dem neusten Stand sind, sollten Sie das automatische Update einstellen und Ihren Store regelmäßig auf Updates überprüfen.

HINWEIS

Die Option *Ohne Passcode einkaufen* ist gefährlich, damit werden Sie beim Einkaufen nicht nach dem Kontokennwort gefragt.

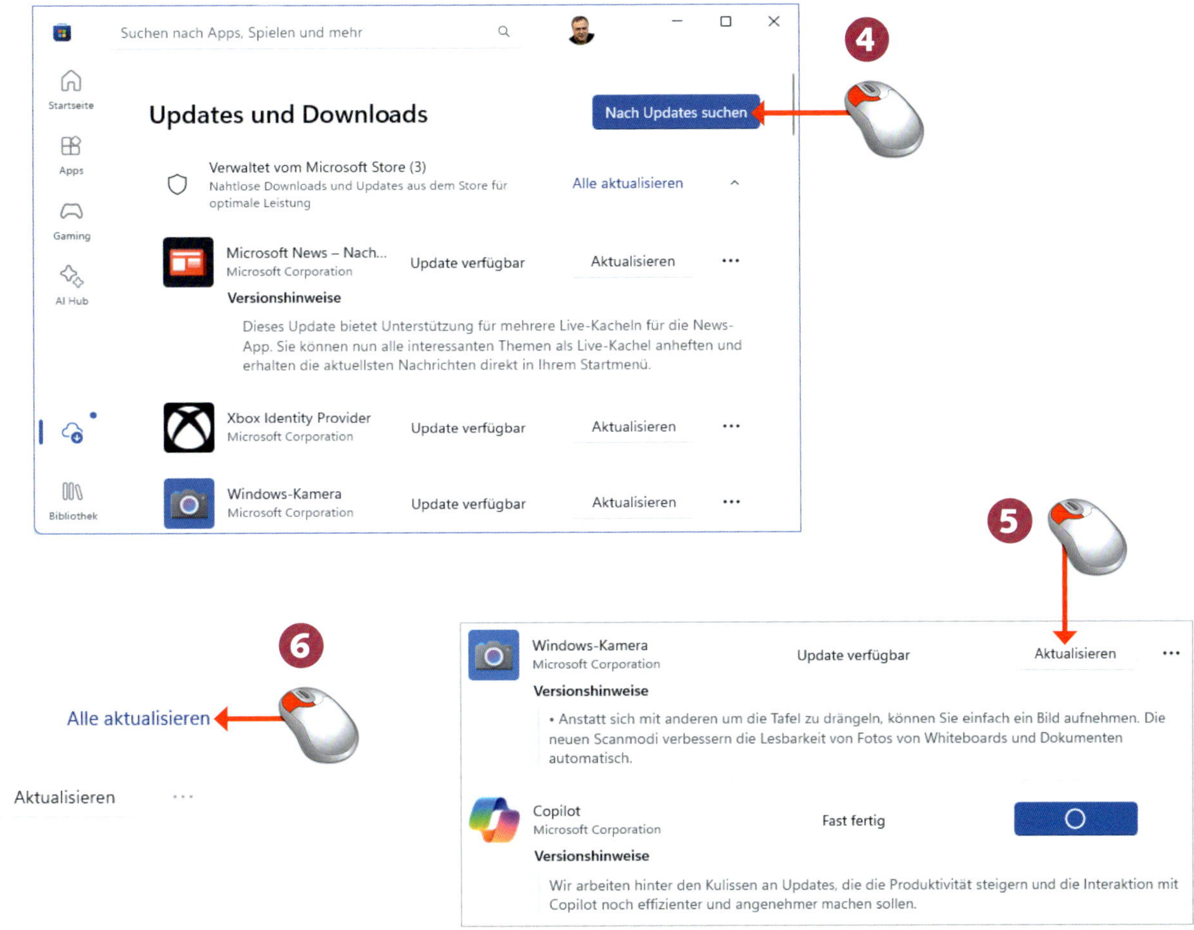

4 Holen Sie alle anstehenden Updates über die Schaltfläche *Nach Updates suchen*.

5 Um das jeweilige Update zu installieren, klicken Sie auf *Aktualisieren*.

6 Aktualisieren Sie alle Apps, die nicht automatisch aktualisiert werden, über diese Schaltflächen.

Ende

HINWEIS

Updates für kostenpflichtige Apps können natürlich weitere Kosten verursachen, zum Beispiel, wenn die App für einen bestimmten Zeitraum gemietet wurde.

HINWEIS

Das Store-Symbol im Startmenü zeigt die Anzahl anstehender Updates an.

6

Das Computersystem

Start

1. Computermäuse gibt es mit Bluetooth-Funkanschluss, kabellos mit USB-Stick oder mit USB-Kabel.
2. Aktivieren Sie *Einstellungen* im Startmenü und schalten Sie um auf *Bluetooth und Geräte*.
3. Markieren Sie *Maus* oder *Touchpad*.

WISSEN

Für PCs und Laptops ist die Maus immer noch unverzichtbar zum Markieren von Elementen und zum Ausführen von Symbolbefehlen per Klick. Richten Sie Ihre Maus über die *Einstellungen* ein und passen Sie Tasten und Rollverhalten an.

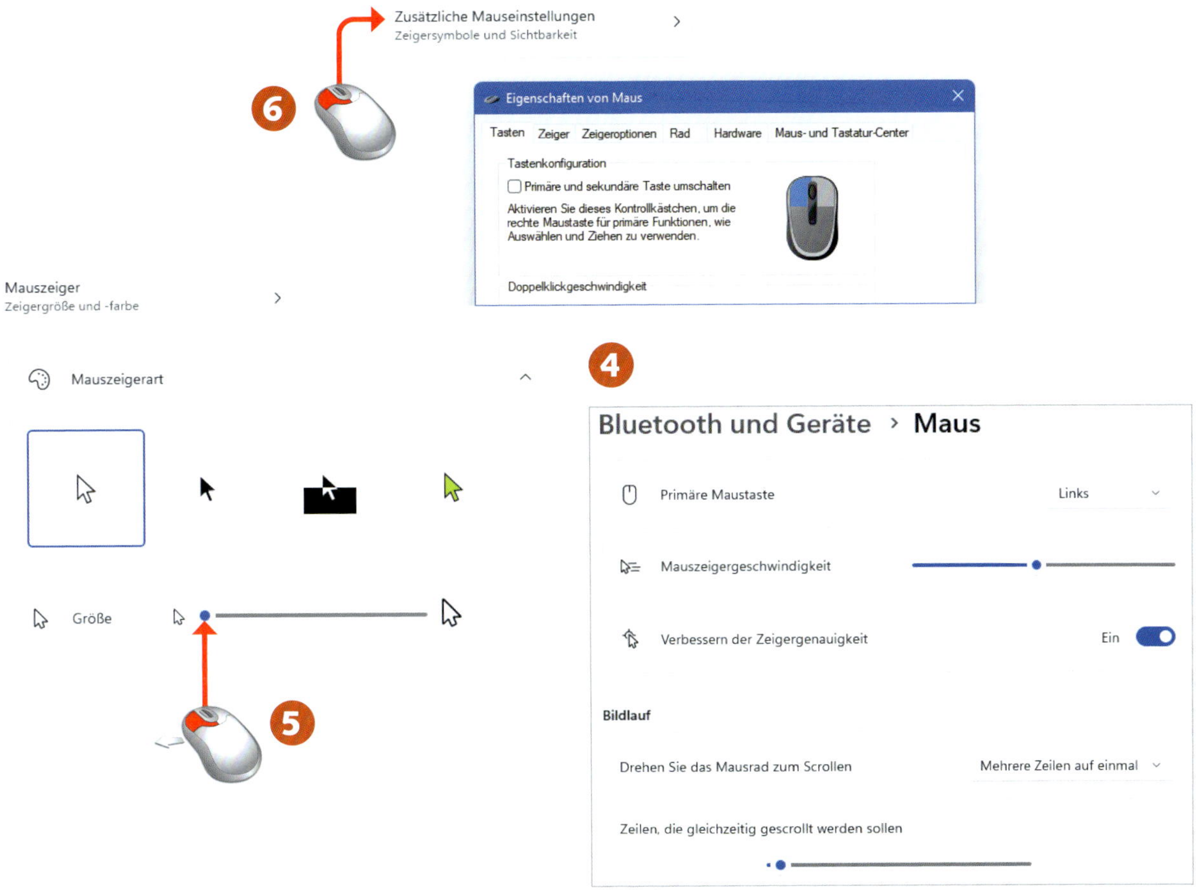

4 Stellen Sie die primäre und sekundäre Maustaste und das Rollverhalten ein. Auch das Touchpad wird hier eingerichtet.

5 Passen Sie die Größe des Mauszeigers an und ändern Sie die Farbe.

6 Unter *Zusätzliche Mausoptionen* finden Sie alle weiteren Einstellungen für die aktive Maus.

Ende

TIPP

Um eine Bluetooth-Maus einzurichten, halten Sie diese vor den Bildschirm und drücken die Bluetooth-Verbindungstaste. Windows erkennt das Signal und schaltet automatisch auf die Geräteinstallation um.

HINWEIS

Wenn zu Ihrer Maus ein Treiber mitgeliefert wird oder ein Treiberdownload bereitsteht, sollten Sie diesen installieren. Aktuelle Treiber finden Sie auch immer auf den Internetseiten der Hersteller.

Start

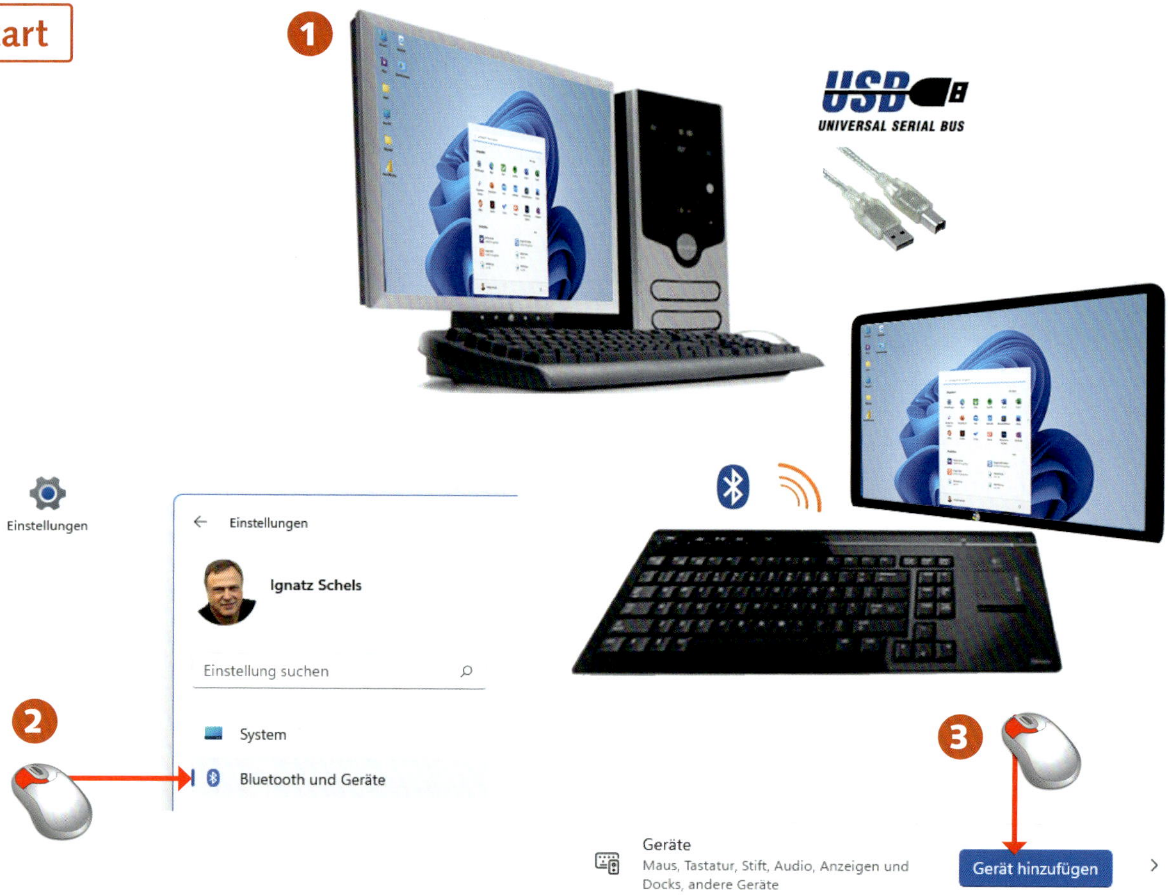

1. Tastaturen für Desktop-PCs werden meist über USB angeschlossen, speziell für Tablets gibt es Bluetooth-Funktastaturen.
2. Aktivieren Sie *Einstellungen* im Startmenü und schalten Sie um auf *Bluetooth und Geräte*.
3. Fügen Sie die Tastatur als neues Gerät hinzu oder aktivieren Sie sie als Bluetooth-Gerät. Sie wird automatisch erkannt und installiert.

WISSEN

Das Standardeingabewerkzeug ist die Tastatur, Windows 11 erkennt sie schon bei der Installation und richtet den passenden Treiber ein.

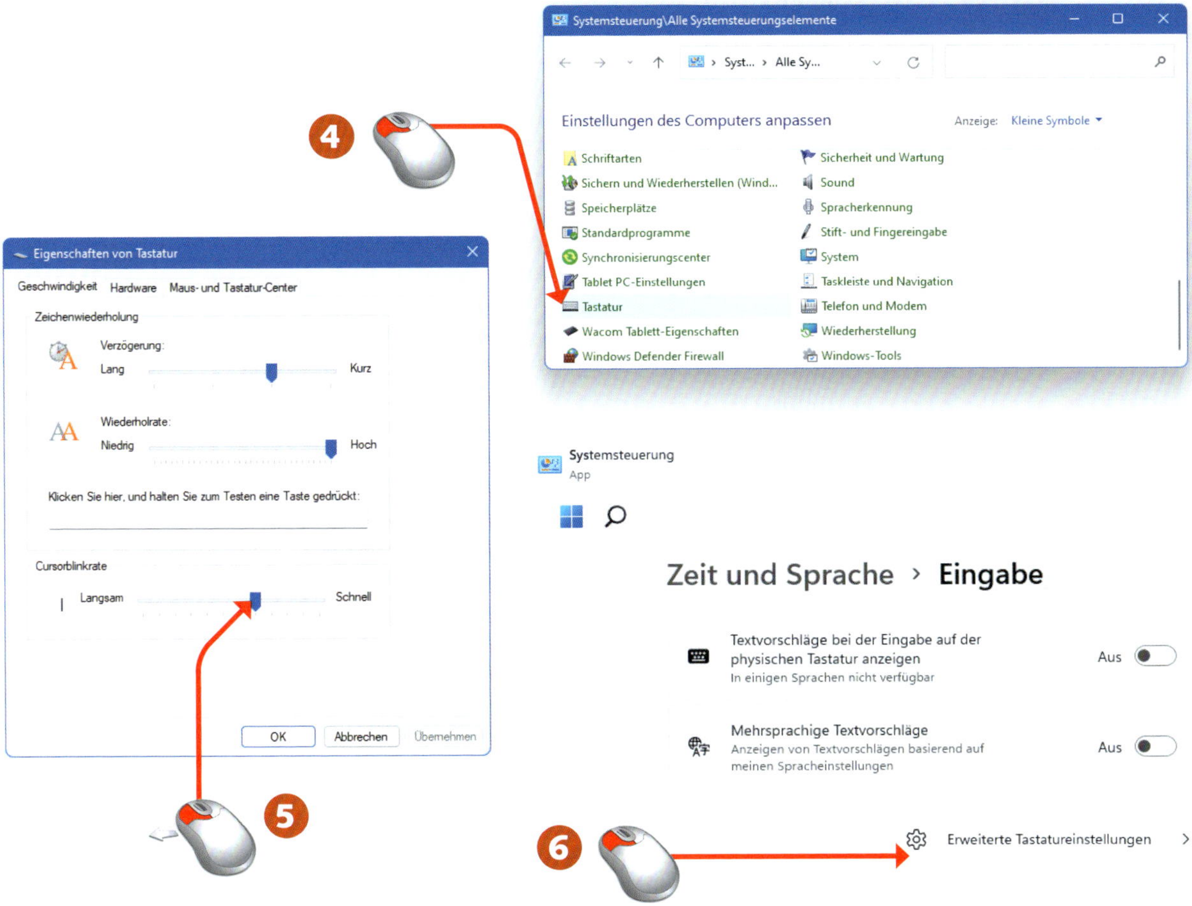

4. Starten Sie über das Suchfeld die *Systemsteuerung*. Schalten Sie um auf *Alle Systemsteuerungselemente* und wählen Sie *Tastatur*.

5. Stellen Sie die *Zeichenwiederholung*, die *Wiederholrate* und die *Cursorblinkrate* ein und überprüfen Sie den Tastaturtreiber.

6. In den *Einstellungen* finden Sie unter *Zeit und Sprache/Eingabe* Optionen für die Tastatur.

Ende

TIPP

Zur Einrichtung der Bluetooth-Tastatur müssen Sie auf dieser eine Funktaste drücken und – nach Erkennung – eine Tastenkombination eingeben.

HINWEIS

Die Zeichenwiederholung regelt das Tastaturverhalten, wenn eine Taste gedrückt und gehalten wird.

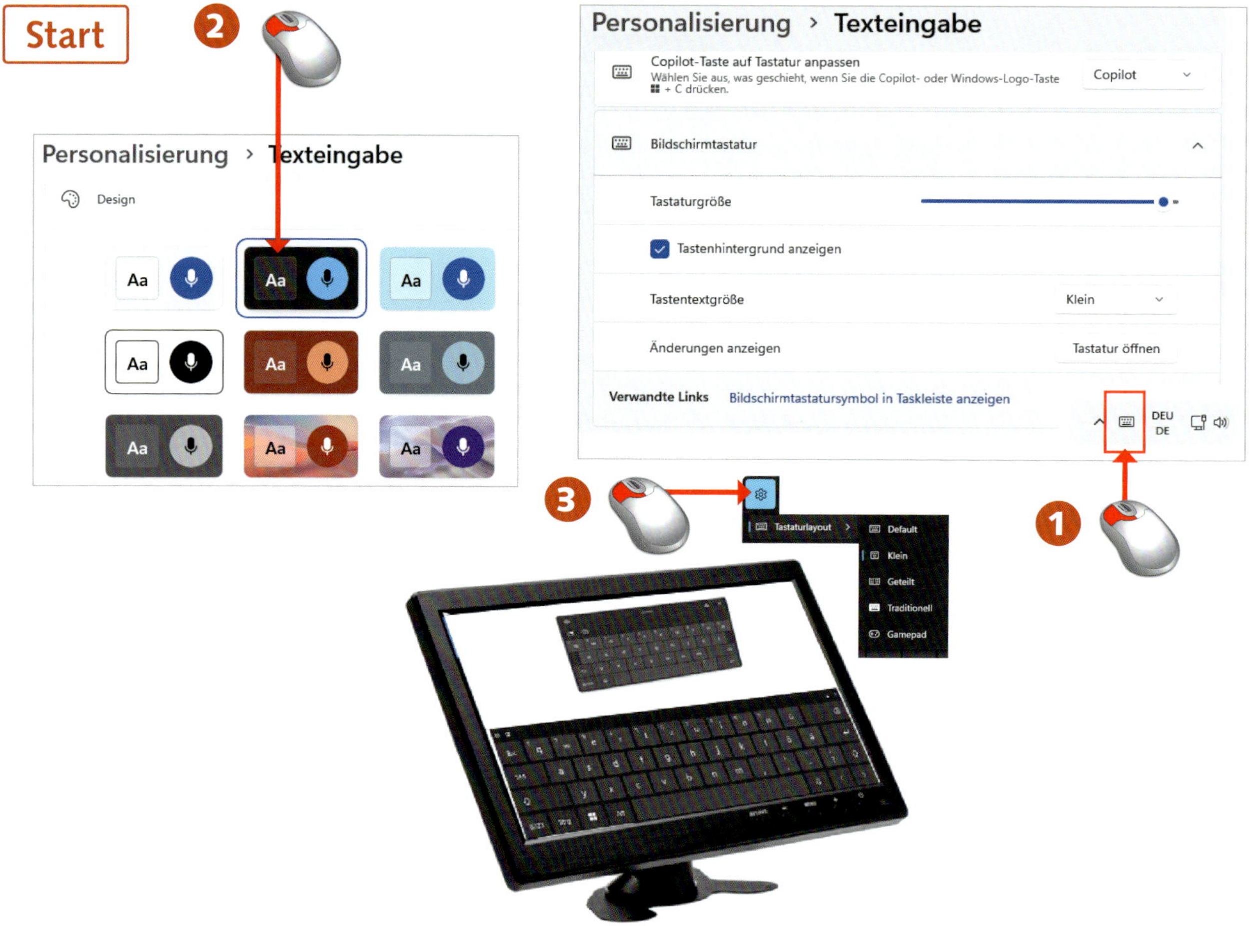

1. Das Symbol für die Bildschirmtastatur stellen Sie unter *Einstellungen/Personalisierung/Texteingabe* in die Taskleiste
2. Das Design ändern Sie ebenfalls in der *Personalisierung*.
3. Schalten Sie die Bildschirmtastatur ein und richten Sie in den *Einstellungen* die passende Bildschirmgröße ein.

WISSEN

Auf dem Tablet unentbehrlich ist die Bildschirmtastatur, sie wird über die Taskleiste aktiviert oder schaltet sich automatisch dazu, wenn getippt wird.

TIPP

Unter *Einstellungen/Barrierefreiheit* finden Sie weitere Optionen für die Bildschirmtastatur.

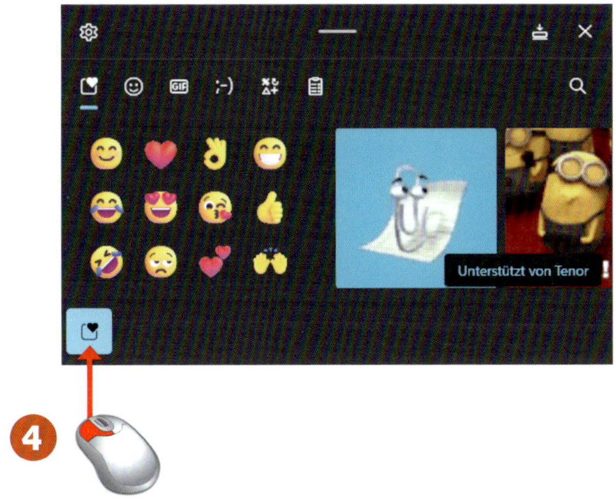

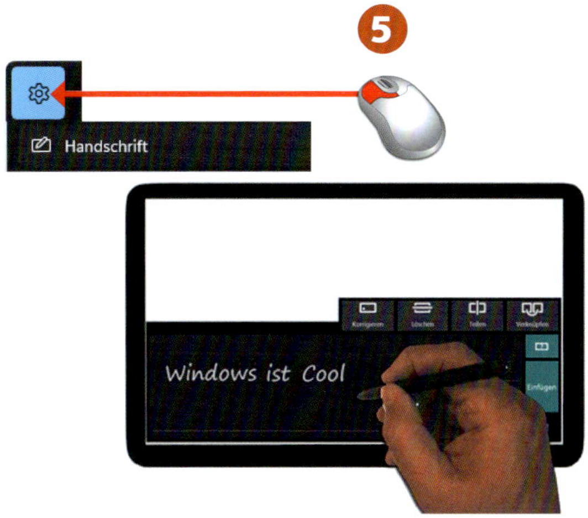

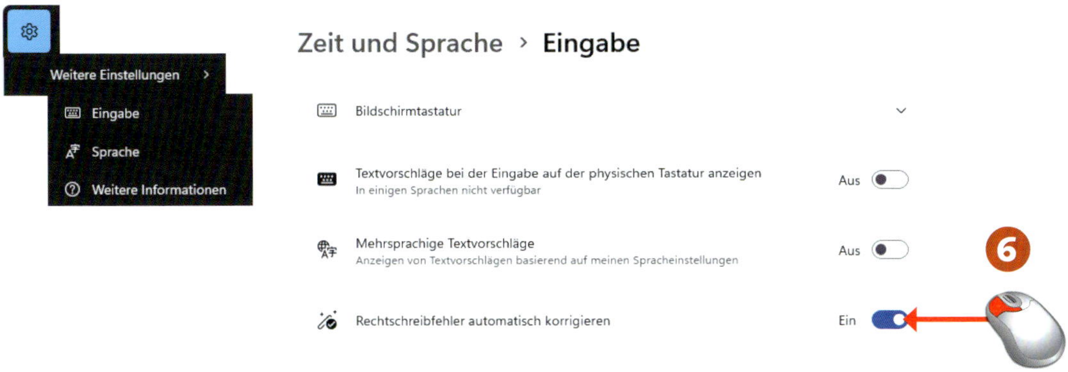

4 Schalten Sie mit der Emoji-Taste eine Auswahl von Emoticons ein.

5 Schalten Sie um auf die Stifteingabe und schreiben Sie mit dem Eingabestift. Die Handschrifteingabe wird automatisch umgesetzt.

6 Unter *Weitere Einstellungen* finden Sie Eingabe- und Spracheinstellungen für die Bildschirmtastatur.

Ende

TIPP

Wenn Sie über die *Einstellungen* die Spracherkennung eingestellt haben, aktivieren Sie die Funktion über das Symbol oben in der Bildschirmtastatur.

HINWEIS

Auf dem Anmeldebildschirm finden Sie die Bildschirmtastatur unter dem Symbol *Barrierefreiheit*.

Start

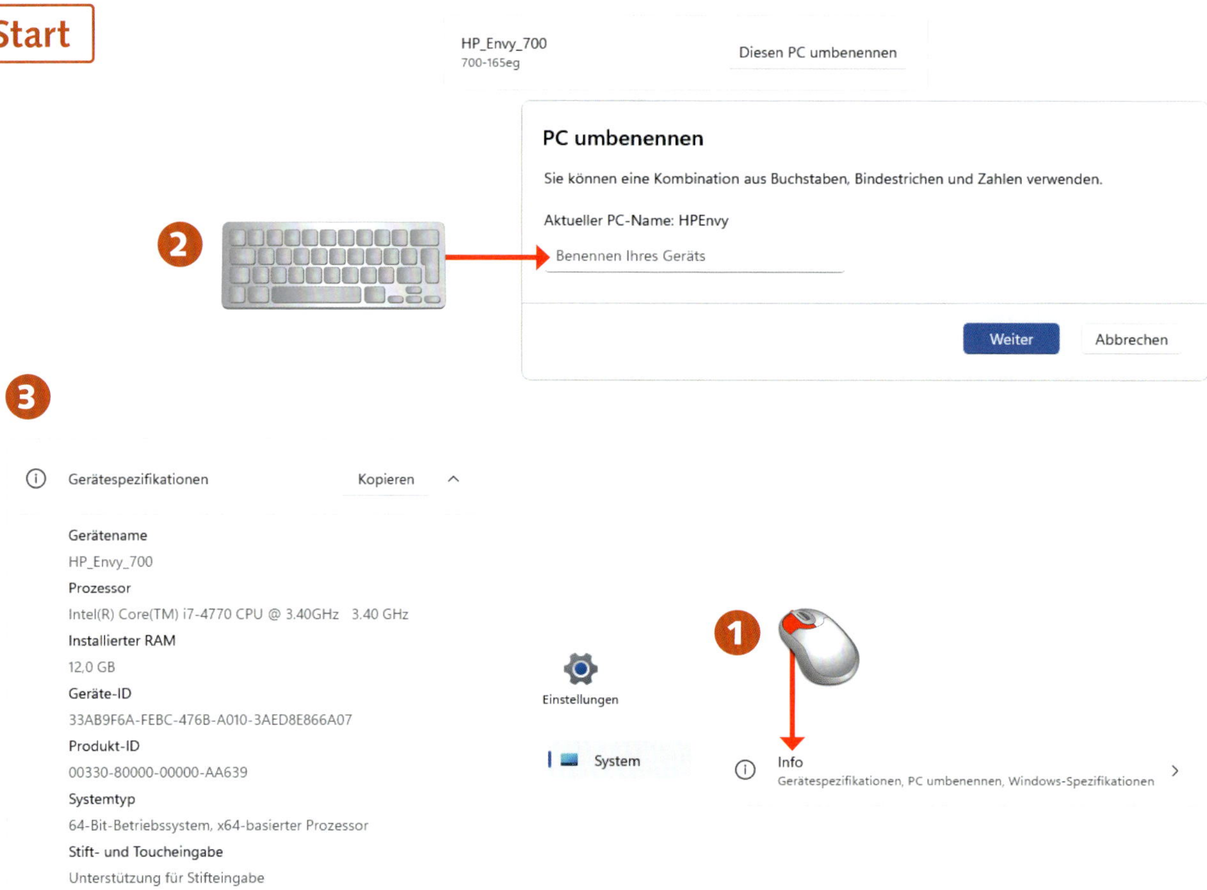

1. Öffnen Sie im Startmenü die *Einstellungen* und wählen Sie *System/Info*.

2. Hier können Sie den PC umbenennen. Geben Sie Buchstaben, Bindestriche und Zahlen ein.

3. In den *Gerätespezifikationen* sehen Sie den Prozessortyp, die Hauptspeicherkapazität (RAM) und den Typ des Betriebssystems (32 Bit/64 Bit).

WISSEN

Informationen über das System finden Sie in den *Einstellungen*. Überprüfen Sie Hauptspeicher, Prozessortyp und System und sehen Sie nach, welche Versionsnummer Ihr Windows hat.

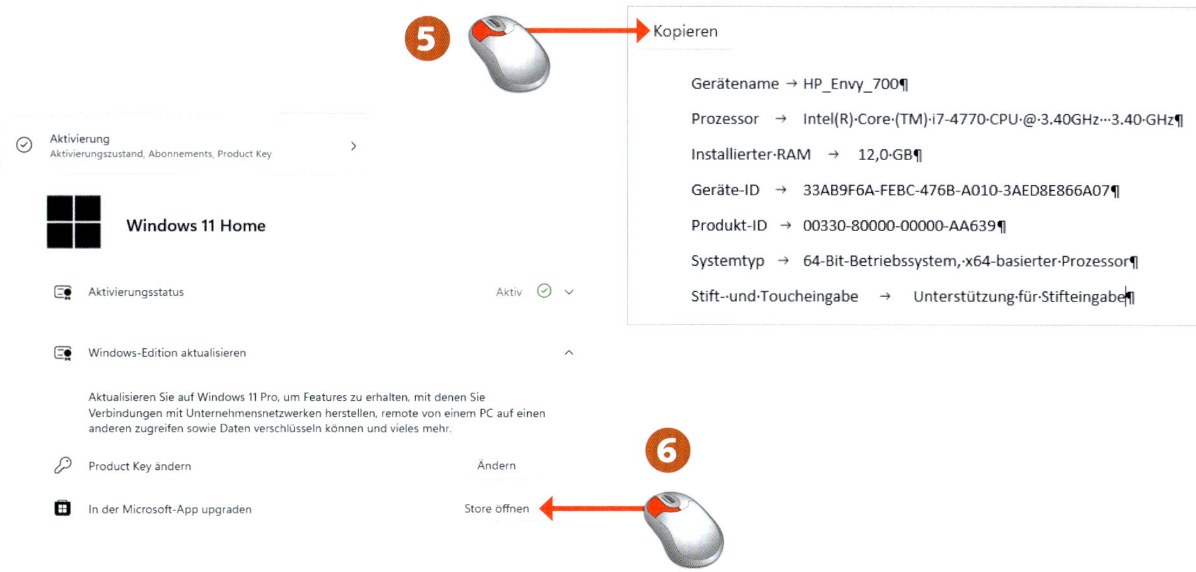

4 In den *Windows-Spezifikationen* finden Sie die Versionsnummer, die Build-Nummer des letzten Updates und den Product Key.

5 Kopieren Sie die Infos über die *Kopieren*-Schaltfläche in die Zwischenablage und holen Sie sie mit Strg+V als Text in eine Text-App.

6 Unter *Aktivierung* finden Sie die Produktversion, hier können Sie auch über den Microsoft Store auf eine andere Windows-Version (etwa Pro) upgraden.

Ende

HINWEIS

Vorsicht beim Umbenennen des PCs: Häufig wird der Computername bei der Identifikation angeschlossener Geräte (Smartphones, Xbox) abgefragt.

HINWEIS

Windows Pro ist die bessere Version mit Funktionen für Netzwerke und Remotezugriff. Sie wird kostenpflichtig im Microsofft Store angeboten.

Start

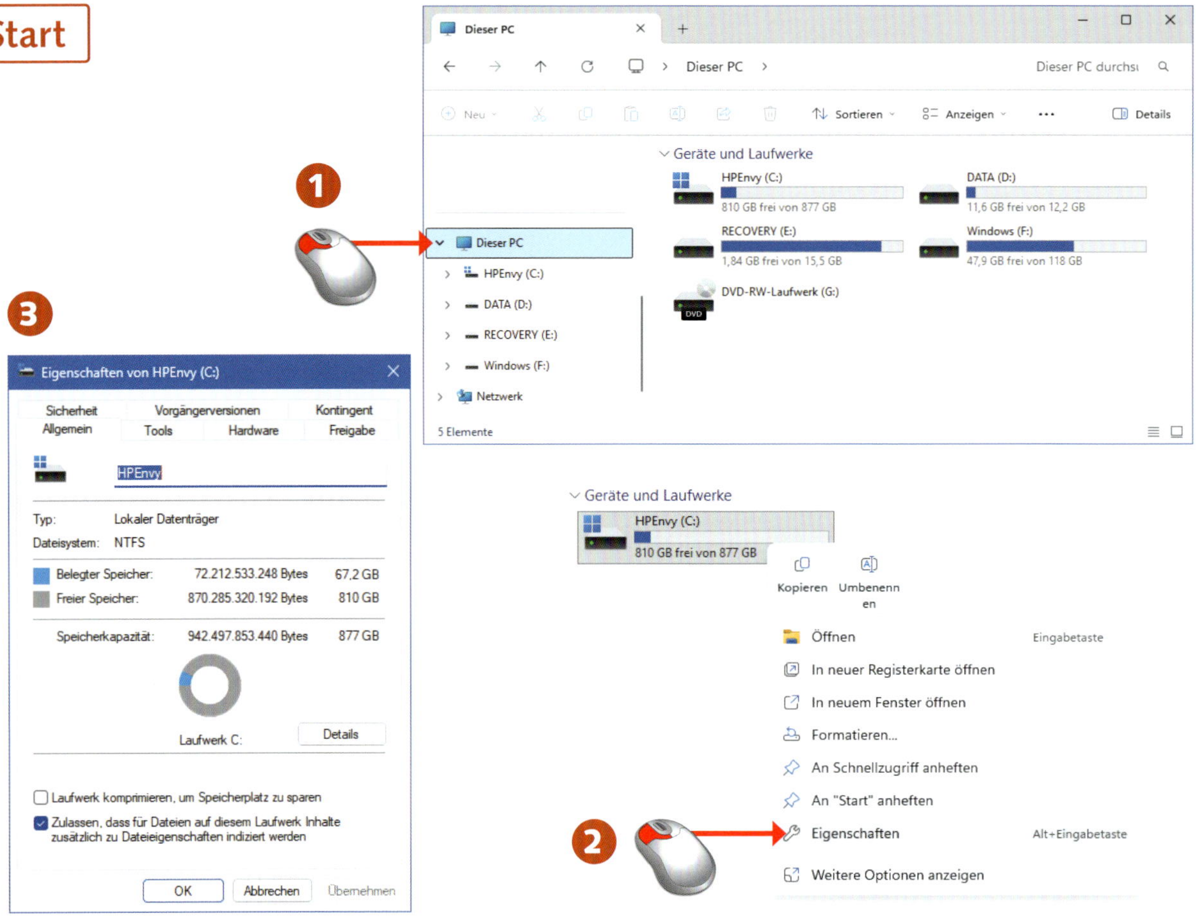

1. Aktivieren Sie den Windows-Explorer mit [Win]+[E] und schalten Sie auf die Kategorie *Dieser PC* um.
2. Die *Geräte und Laufwerke* auf Ihrem Computer werden angezeigt. Markieren Sie die Windows-Festplatte und klicken Sie auf *Eigenschaften*.
3. Hier sehen Sie die Auslastung mit belegtem und freiem Speicher und das Dateisystem der Festplatte.

WISSEN

Die Festplatte ist der fest installierte Datenträger Ihres Computers, der Laufwerkbuchstabe ist in der Regel *C*. Prüfen Sie über den Explorer, wie viel Speicherplatz frei ist, und löschen Sie überflüssige Daten über die Datenträgerbereinigung.

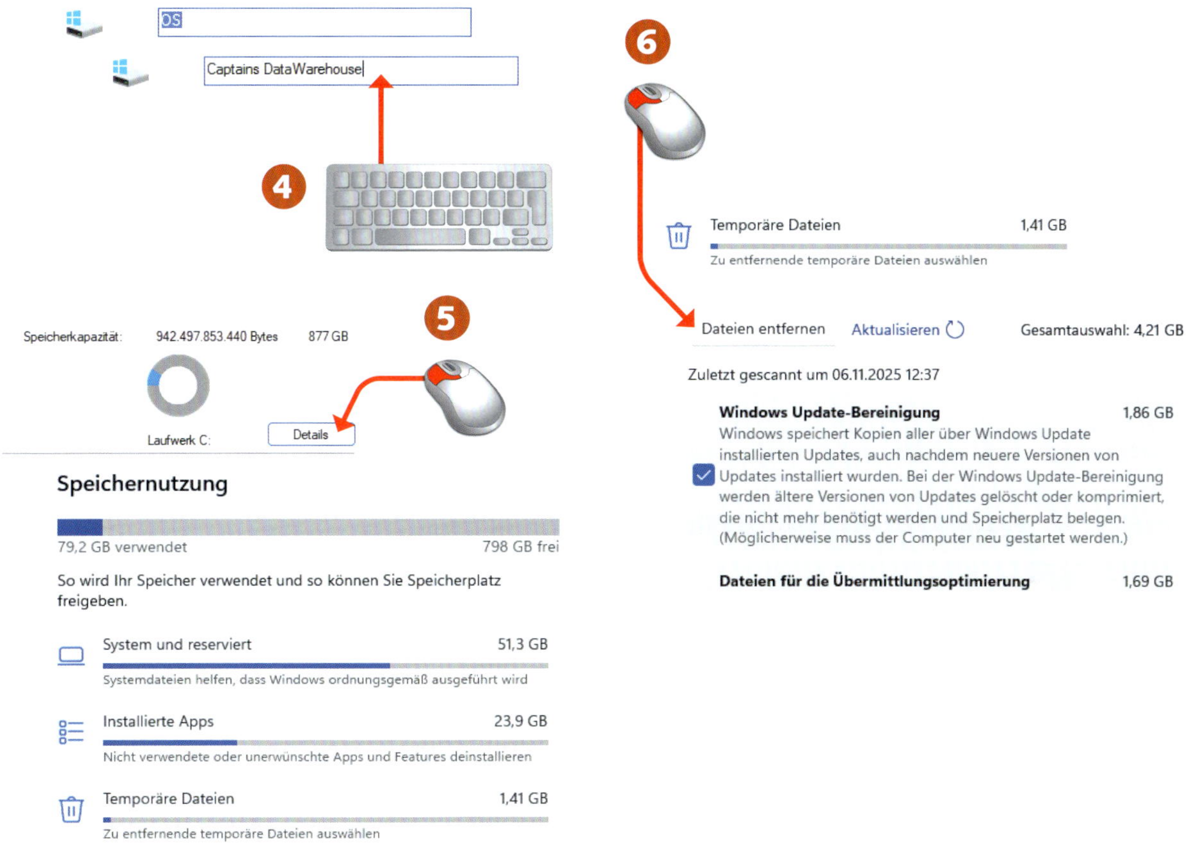

4. Wenn Sie die Festplatte umbenennen wollen, tragen Sie hier einen neuen Namen für das Gerät ein.
5. Klicken Sie auf *Details*, und sehen Sie sich die Einzelheiten über die Speichernutzung an.
6. Löschen Sie *Temporäre Dateien*, um Speicherplatz auf dem Datenträger frei zu machen.

TIPP

Den Papierkorb können Sie auch über das Symbol auf dem Desktop leeren.

TIPP

Entfernen Sie unter *Installierte Apps* auch Apps, die nicht mehr im Einsatz sind.

HINWEIS

Wenn nicht unbedingt nötig, sollten Sie die Festplatte nicht umbenennen.

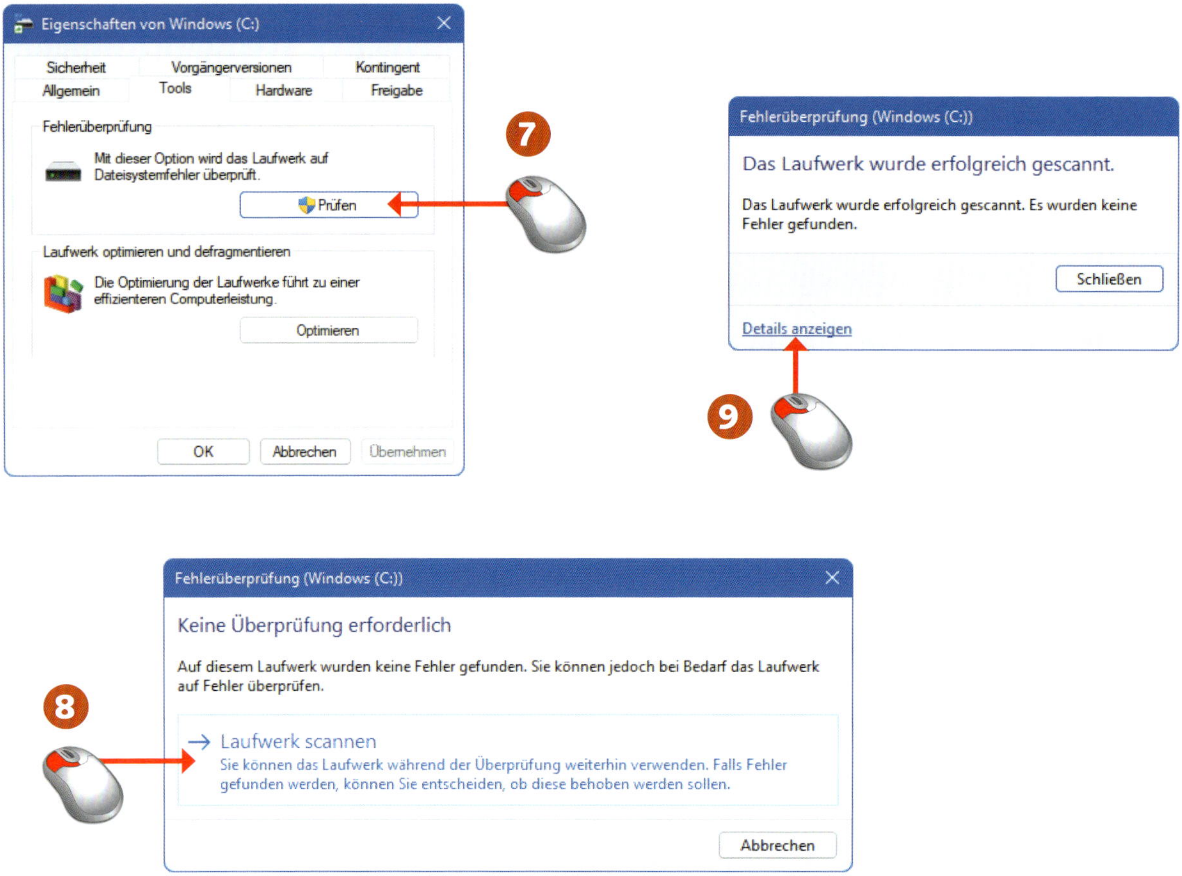

7 Auf der Registerkarte *Tools* werden weitere Dienstprogramme für Datenträger angeboten. Starten Sie die Fehlerprüfung.

8 Das Dienstprogramm zeigt Fehler auf dem Laufwerk an oder meldet, dass alles korrekt ist. Sie können zur Überprüfung das Laufwerk scannen.

9 Mit *Details anzeigen* erhalten Sie das Ereignisprotokoll für den Datenträger.

WISSEN

Pflegen Sie Ihre Festplatte gut, prüfen Sie sie regelmäßig auf Fehler und scannen Sie sie nach längerem Einsatz. Windows 11 hilft Ihnen, Festplattenfehler aufzuspüren und zu beseitigen.

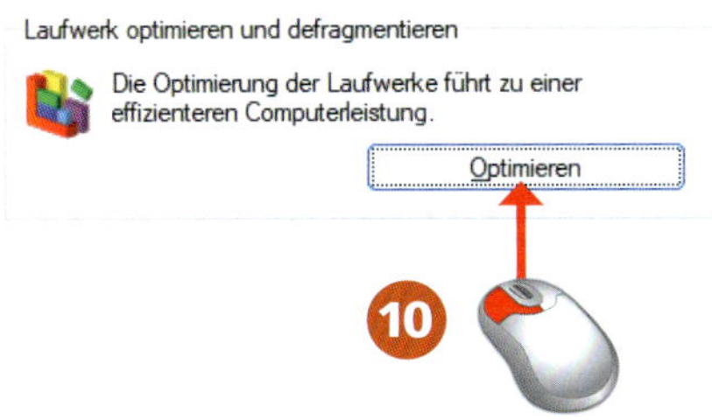

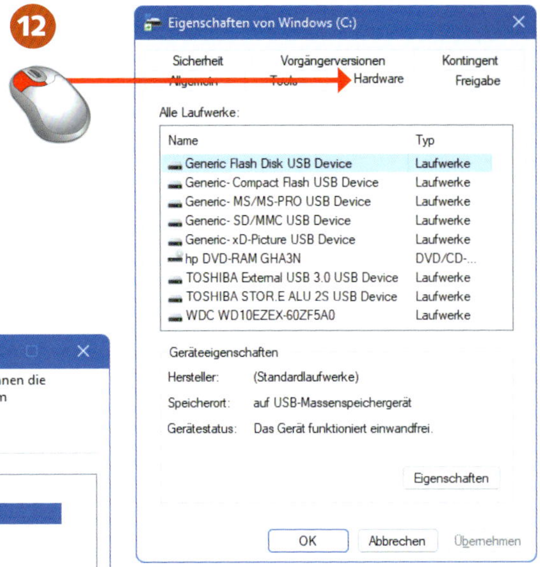

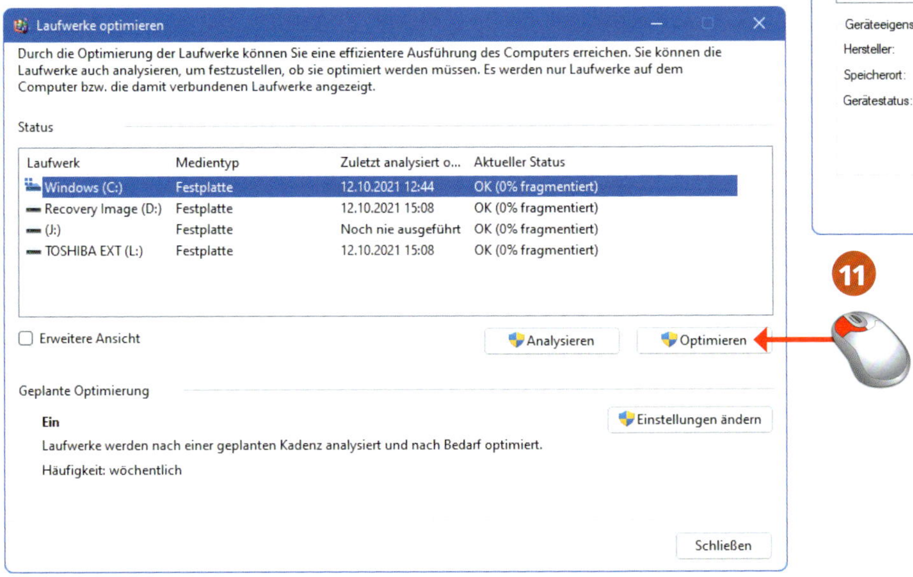

10 Wählen Sie *Optimieren*, um die Festplatte zu defragmentieren und damit die Geschwindigkeit zu verbessern.

11 Analysieren Sie die Laufwerke einzeln und wählen Sie *Optimieren*, wenn der Status nicht auf *OK* steht.

12 Auf der Registerkarte *Hardware* überprüfen Sie die Treibersoftware für die Datenträger.

Ende

TIPP

Windows hat eine automatische Optimierung eingerichtet, sehen Sie unter *Geplante Optimierung* nach und ändern Sie ggf. den Zeitplan.

HINWEIS

Mit der Defragmentierung werden die einzelnen Datenblöcke auf dem Datenträger wieder zusammengefasst. Das erhöht die Geschwindigkeit der Schreib-/Lesezugriffe und macht die Festplatte sicherer.

Start

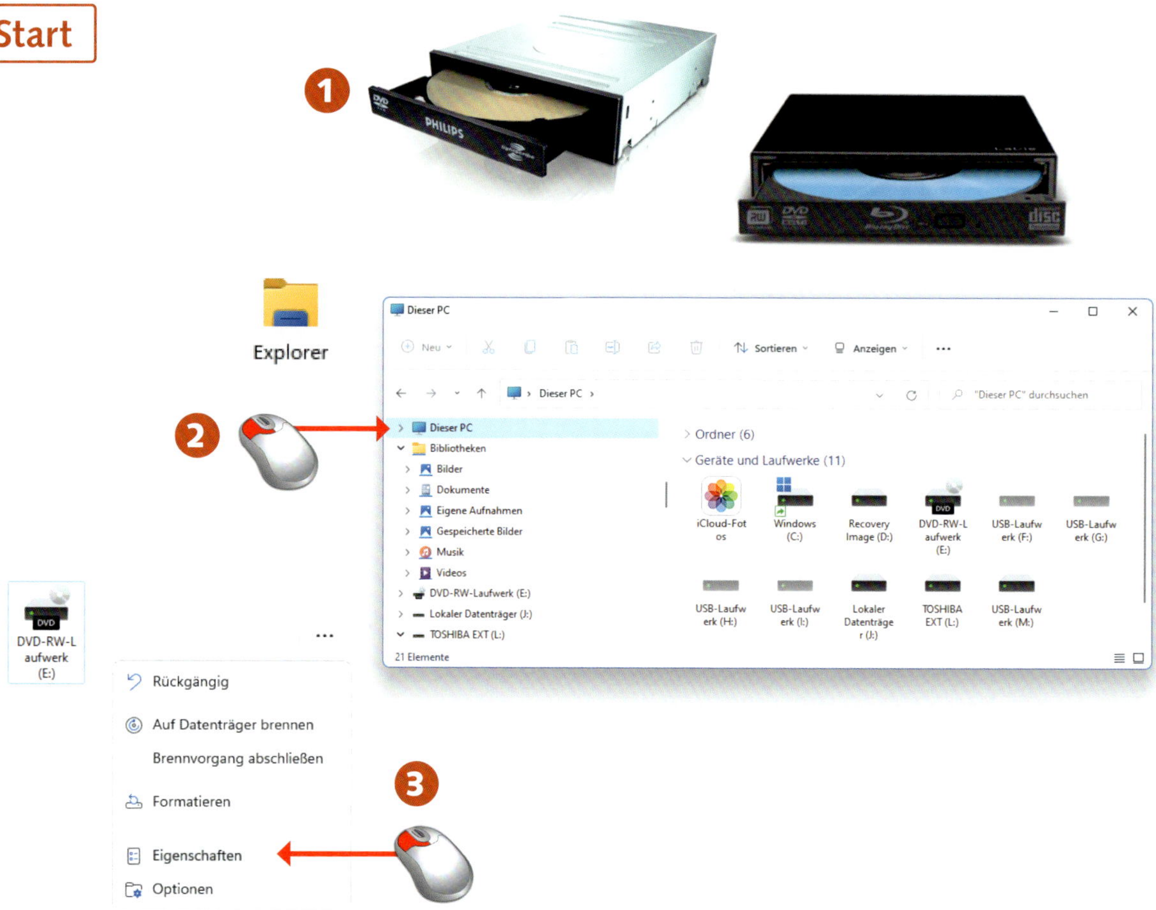

1. DVD- und Blu-ray-Player werden als interne Geräte oder extern mit USB-Anschluss angeboten.
2. Aktivieren Sie auf dem Desktop den Windows-Explorer und schalten Sie um auf *Dieser PC*.
3. Markieren Sie das DVD-Laufwerk und wählen Sie *Eigenschaften*, um den Namen des Datenträgers sowie die Kapazität anzuzeigen.

WISSEN

CD-, DVD- oder Blu-ray-Player werden unter Windows 11 als Geräte mit Wechselmedien bezeichnet. Über die Symboleigenschaften im Explorer überprüfen Sie die Laufwerktreiber, die Regionszuordnung sowie die Speicherzuordnung für temporäre Dateien.

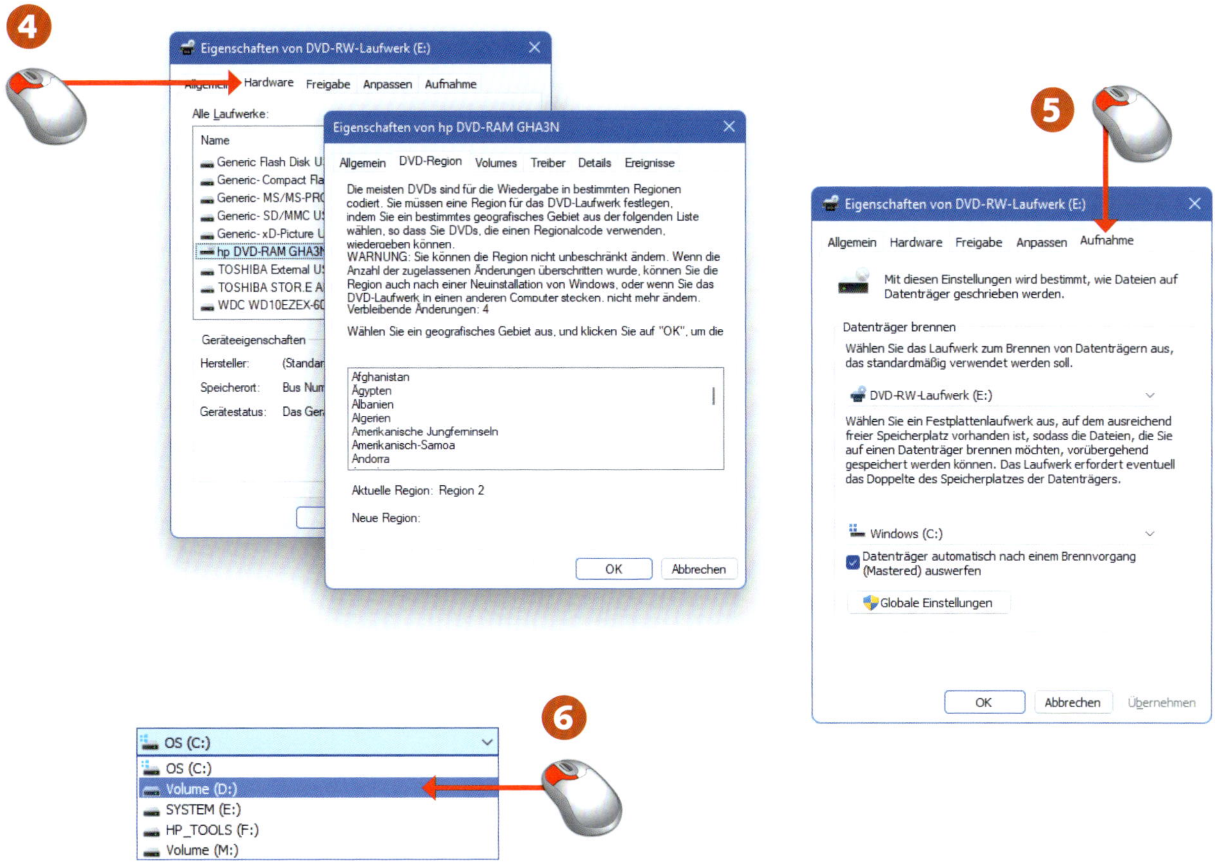

4. Auf der Registerkarte *Hardware* überprüfen Sie die Laufwerktreiber und stellen die passende Region für Regionalcodes ein.

5. Wechseln Sie zum Register *Aufnahme*, hier bestimmen Sie das Laufwerk als Standardlaufwerk zum Brennen von CDs, DVDs und Blu-rays.

6. Schalten Sie hier auf ein anderes Laufwerk um, wenn das Standardlaufwerk nicht genügend Platz für temporäre Dateien bietet.

Ende

TIPP

Zum Brennen von CDs, DVDs oder Blu-ray benötigt Windows doppelt so viel Speicherplatz wie der Datenträger für temporäre Dateien.

HINWEIS

DVD und Laufwerk müssen denselben Ländercode haben, ändern Sie ihn, um importierte Datenträger abspielen zu können. Achten Sie aber darauf, dass die Anzahl der Änderungen für den Regionalcode auf 4 beschränkt ist.

Start

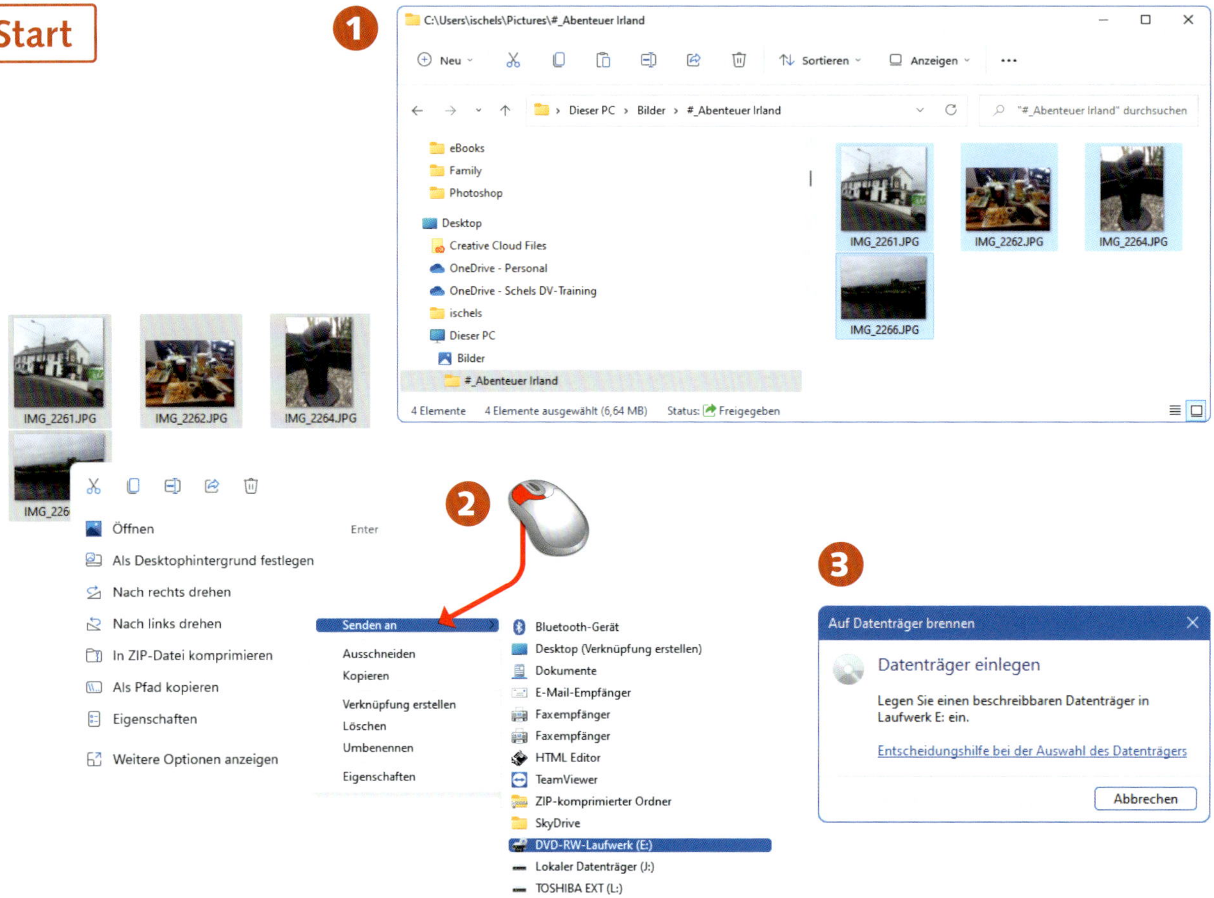

1. Markieren Sie die Dateien, die Sie auf eine CD oder DVD brennen möchten.

2. Schicken Sie die Dateien mit *Senden an* an das Laufwerk.

3. Legen Sie eine leere CD/DVD ein. Der Brennvorgang startet automatisch.

WISSEN

CDs und DVDs mit Windows 11 zu brennen ist einfach. Schicken Sie die Daten einfach an das Laufwerk, legen Sie eine Scheibe ein und Windows startet sofort den Brennvorgang.

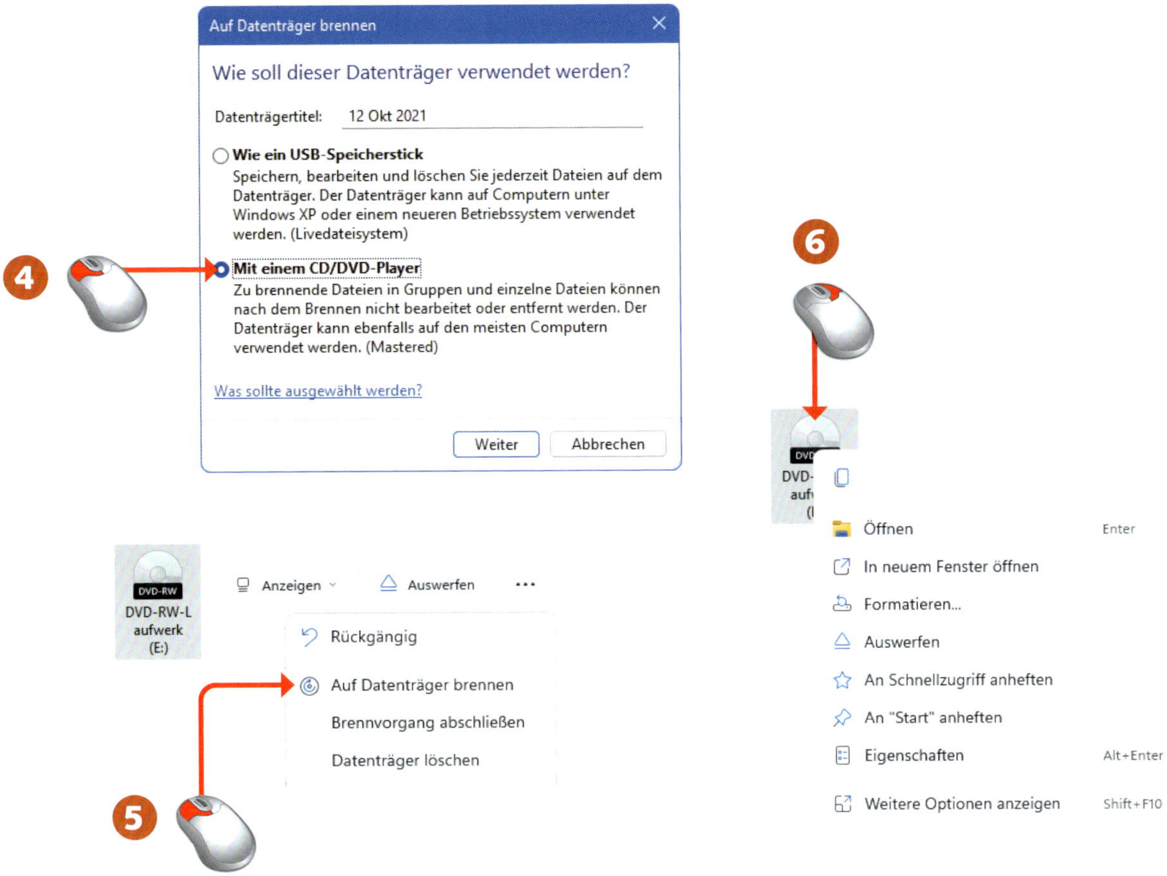

4. Geben Sie einen Datenträgertitel an und definieren Sie den Typ des Datenträgers.

5. Alternativ dazu können Sie auch das Info-Menü im Datei-Explorer nutzen.

6. Alle Befehle zur Verwaltung des Datenträgers finden Sie auch im Kontextmenü des CD-/DVD-Symbols (über die rechte Maustaste).

Ende

HINWEIS

Mehrere Dateien markieren Sie im Windows-Explorer mit gedrückter Strg- oder ⇧-Taste.

HINWEIS

Die Dateien bleiben so lange im CD-/DVD-Ordner, bis Sie den Brennvorgang abschließen. Löschen Sie Einträge in diesem Ordner, werden nur die Verknüpfungen, aber nicht die Dateien gelöscht.

Start

1. Tintenstrahl- oder Laserdrucker werden per USB-Kabel an den Computer angeschlossen oder über das Netzwerk angesteuert.

2. Aktivieren Sie im Startmenü die *Einstellungen* und wählen Sie *Bluetooth und Geräte/ Drucker und Scanner*.

3. Wählen Sie *Drucker oder Scanner hinzufügen*, wenn das Gerät nicht in der Liste steht. Markieren Sie das Gerät, und es wird installiert.

WISSEN

Drucker und Scanner schließen Sie einfach über die USB-Schnittstelle an, Windows 11 holt sich die passende Treibersoftware und richtet die Geräte ein. Über die Systemeinstellungen kontrollieren Sie Ihren Gerätepark.

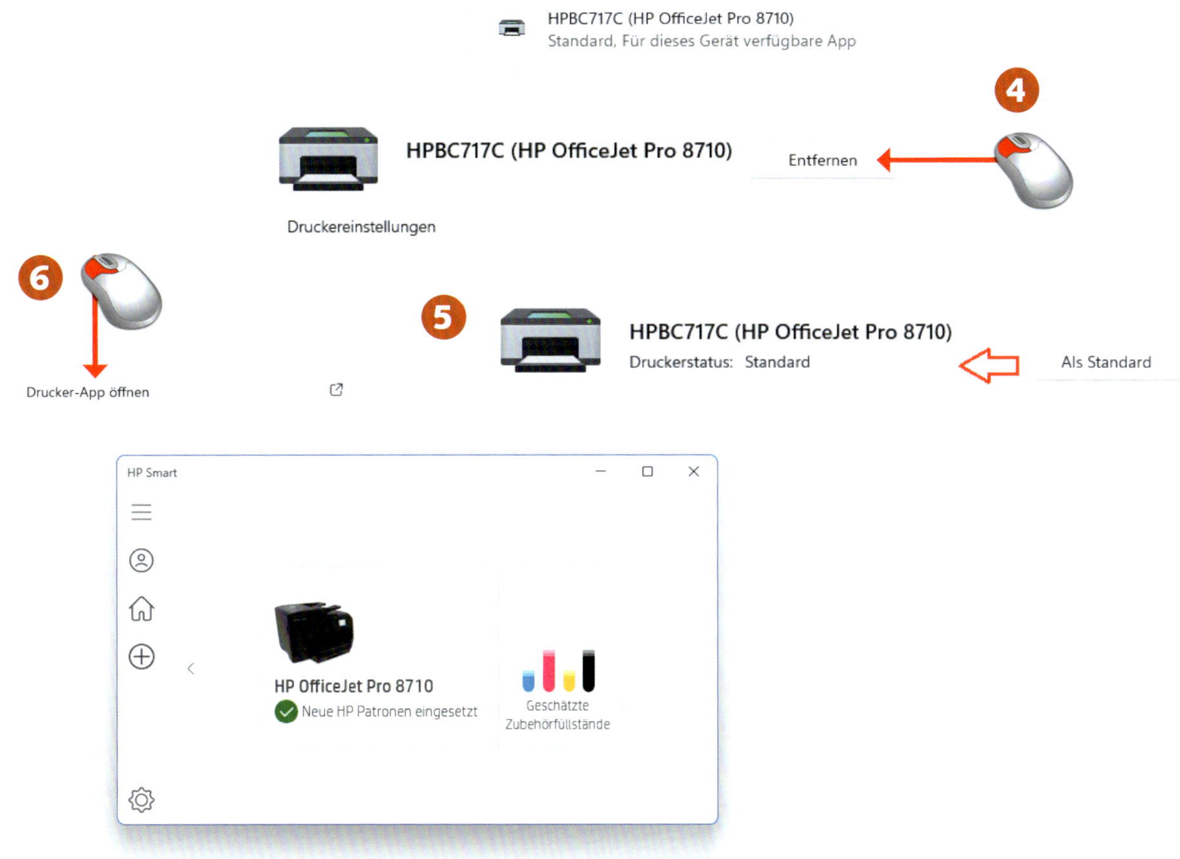

4 Bereits installierte Geräte können Sie verwalten oder entfernen.

5 Schalten Sie die Option *Windows verwaltet Standarddrucker* aus und legen Sie einen Drucker als Standarddrucker fest.

6 Ändern Sie die Geräteeinstellungen über die Drucker-App, falls eine solche installiert ist.

Ende

TIPP

Die Druckereinstellungen finden Sie auch in der Systemsteuerung. Geben Sie den Begriff einfach in das Suchfeld ein.

HINWEIS

Der Standarddrucker wird automatisch aktiv, wenn ein Windows-Programm den Auftrag bekommt, etwas zu drucken.

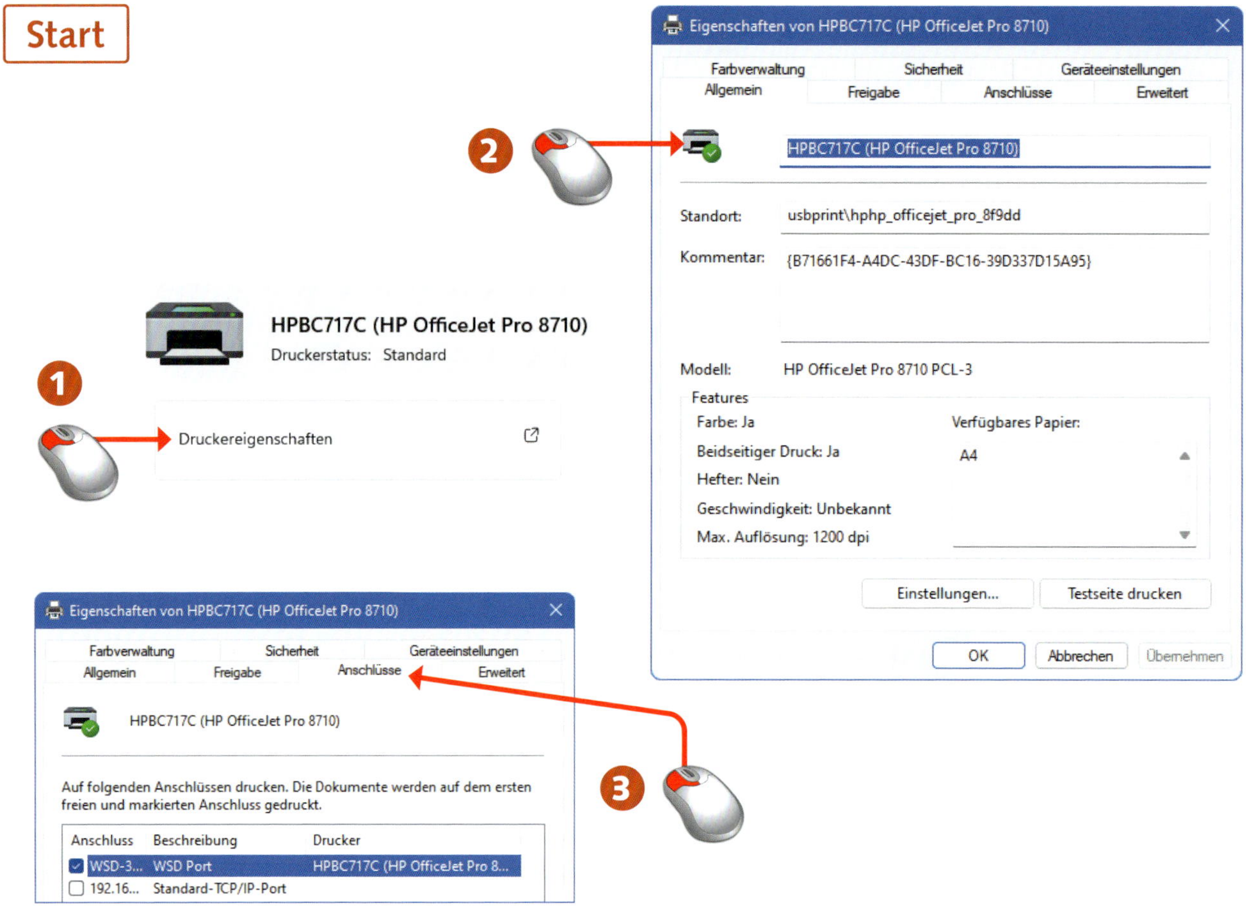

1. Markieren Sie in der Geräteverwaltung den Drucker (*Einstellungen/Bluetooth und Geräte/Drucker und Scanner/Drucker aussuchen*) und schalten Sie um auf *Druckereigenschaften*.
2. Geben Sie auf der ersten Registerkarte den Namen des Druckers und den Standort an.
3. Überprüfen Sie den Anschluss (USB bei lokalen Druckern oder die IP-Adresse bei Netzwerkdruckern).

WISSEN

Richten Sie Ihren Drucker ein, passen Sie Ausrichtung, Farbe, Druckauflösung und Anschlüsse an, damit das Gerät ordentlich funktioniert. Kontrollieren Sie auch die Spooler-Liste, damit keine Druckaufträge »hängen bleiben«.

TIPP

Drucken Sie unter *Allgemein* eine Testseite, um die Einstellungen für den Drucker zu überprüfen.

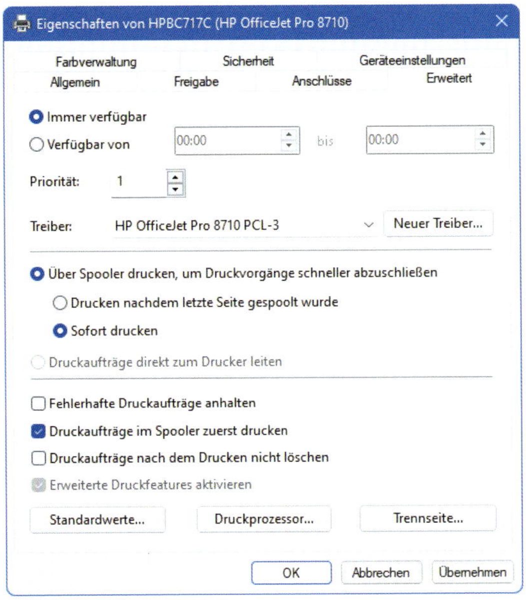

4

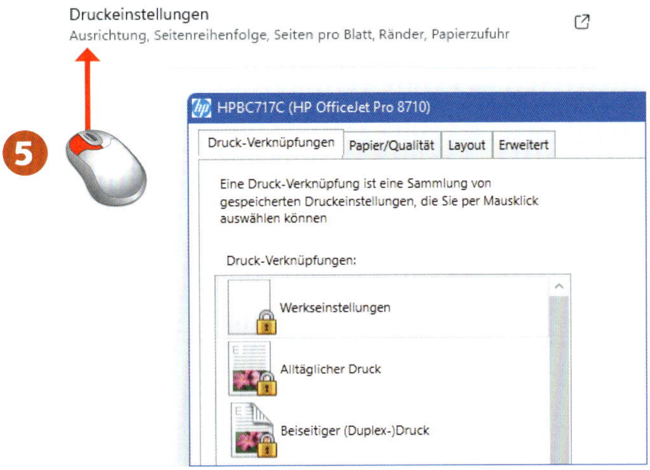

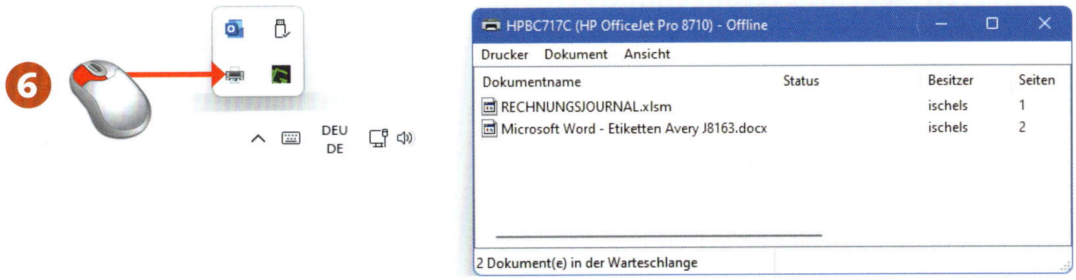

4 In den erweiterten Einstellungen können Sie die Verfügbarkeit definieren, den Druckertreiber überprüfen und den Spooler einrichten.

5 Die Ausrichtung und die Qualität des Ausdrucks bestimmen Sie unter *Druckeinstellungen*.

6 Gespoolte Druckaufträge finden Sie unter dem Druckersymbol in der Taskleiste. Klicken Sie auf das Druckersymbol.

Ende

HINWEIS

Die Register in den Druckereigenschaften sind für jedes Gerät spezifisch. Wenn Sie eine App für Ihren Drucker haben, geben Sie dieser den Vorzug vor den Windows-Einstellungen.

FACHWORT

Spoolen: Druckaufträge in die Warteschlange einfügen. Gespoolte Aufträge werden automatisch gedruckt, wenn der Drucker wieder online ist.

7

Datenverwaltung mit dem Windows-Explorer

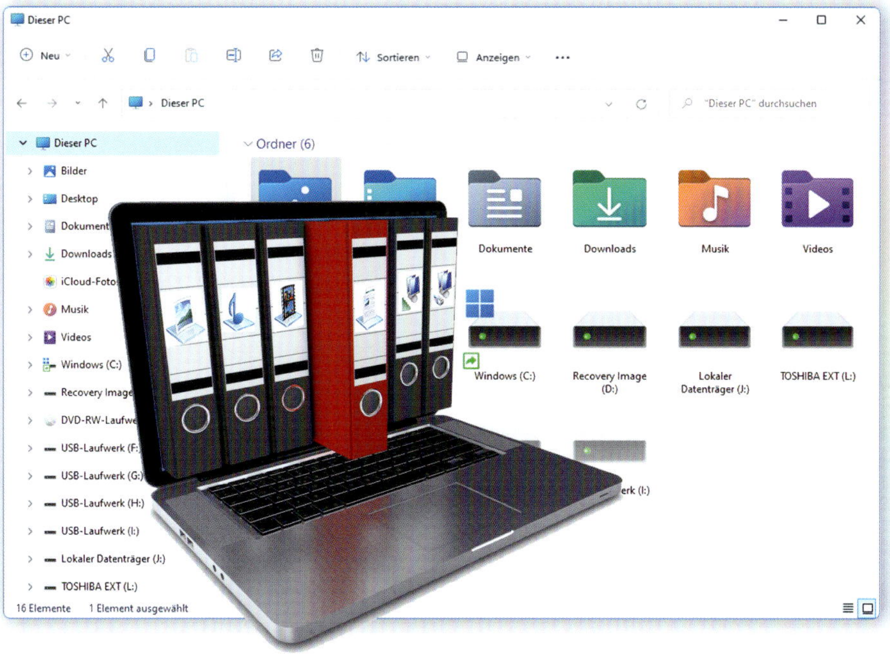

Start

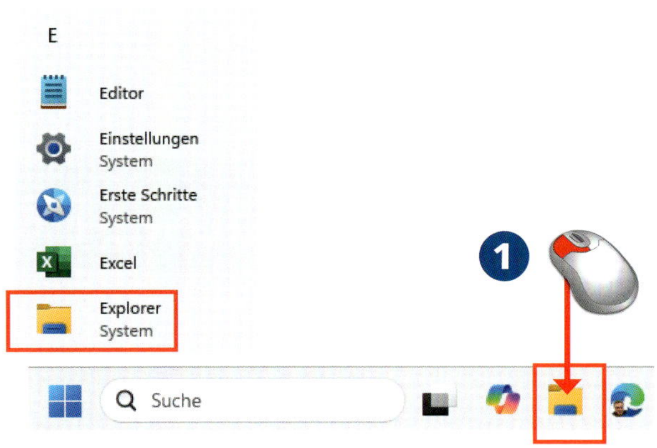

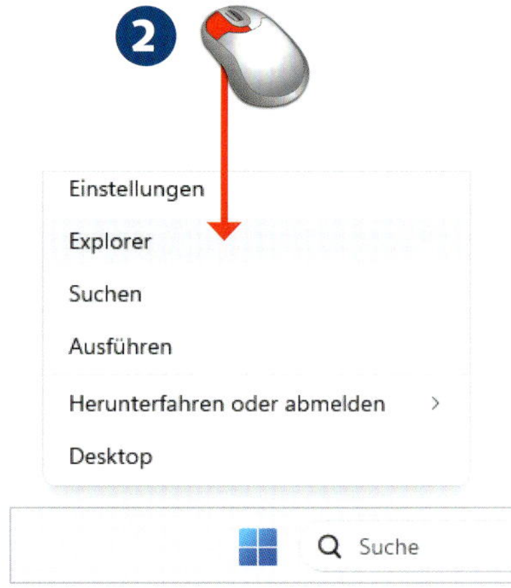

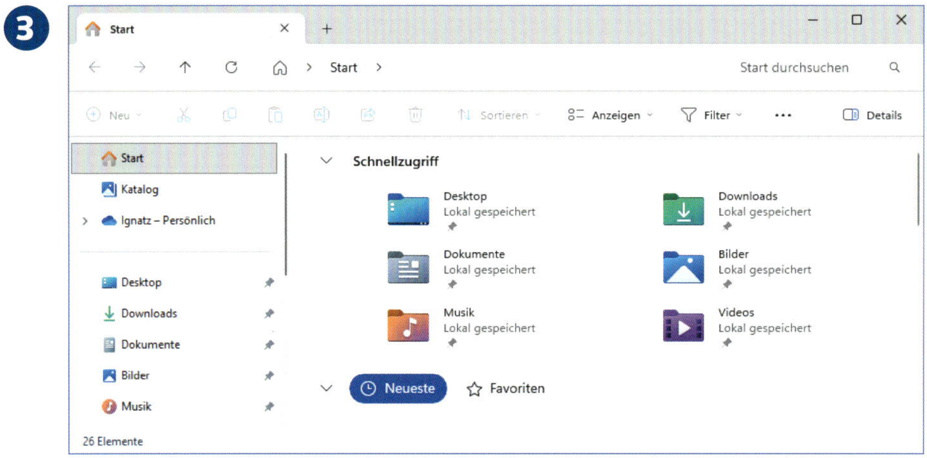

1. Im Startmenü und in der Taskleiste finden Sie das Aufrufsymbol für den Windows-Explorer – klicken Sie es an.
2. Auch das Kontextmenü (rechter Mausklick auf Windows-Icon) des Startmenüs hält einen Eintrag für das Datenverwaltungstool bereit.
3. Der Windows-Explorer startet und präsentiert den Bereich *Start* mit dem Schnellzugriff auf die wichtigsten Elemente des Desktops.

WISSEN

Der Windows-Explorer ist das Werkzeug für die Verwaltung der Datenträger, Dateien und Ordner. Lassen Sie sich Ihre Daten anzeigen, legen Sie Ordner und Bibliotheken an, um sie zu ordnen, und kopieren, verschieben oder löschen Sie Dateien auf oder zwischen den Datenträgern.

TIPP

Eine schnelle Tastenkombination zum Aufruf des Explorers: Drücken Sie [Windows]+[E].

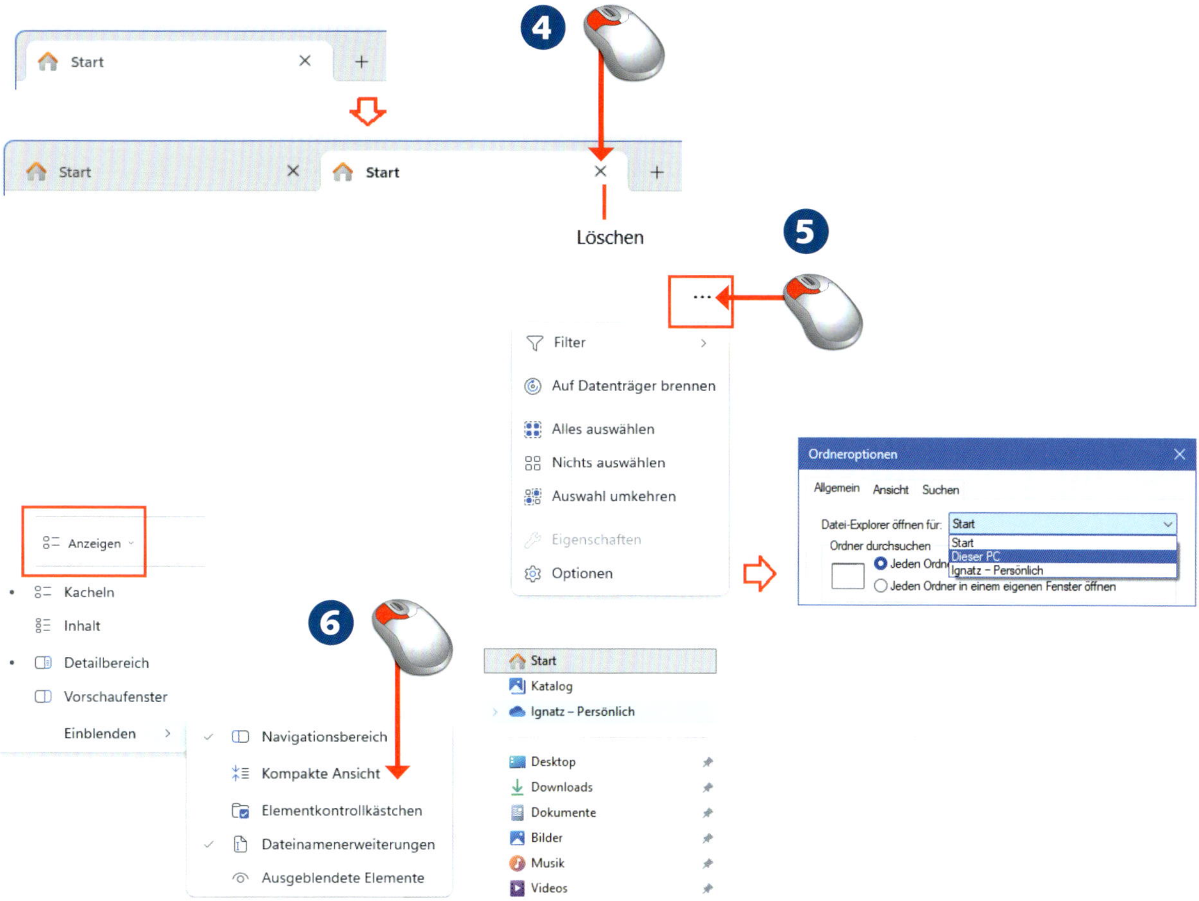

4 Klicken Sie auf das Pluszeichen am Registerrand für ein neues Register. Löschen Sie ein Register mit dem x-Symbol (Tastenkombinationen: Strg+T und Strg+W).

5 In den Ordneroptionen finden Sie ein Auswahlfeld, das für den Explorer-Start *Dieser PC* oder die OneDrive-Oberfläche anbietet.

6 Schalten Sie unter *Anzeigen* die *Kompakte Ansicht* ein, wird der Abstand zwischen den Dateien und Ordnern kleiner.

Ende

TIPP

Wenn Sie Daten zwischen Datenträgern austauschen, öffnen Sie den Windows-Explorer einfach mehrfach über Startmenü, Taskleiste oder mit Win+E.

HINWEIS

Zeigen Sie mit dem Mauszeiger auf das Explorer-Symbol in der Taskleiste, werden alle offenen Fenster in einer Miniaturansicht angeboten.

Start

1

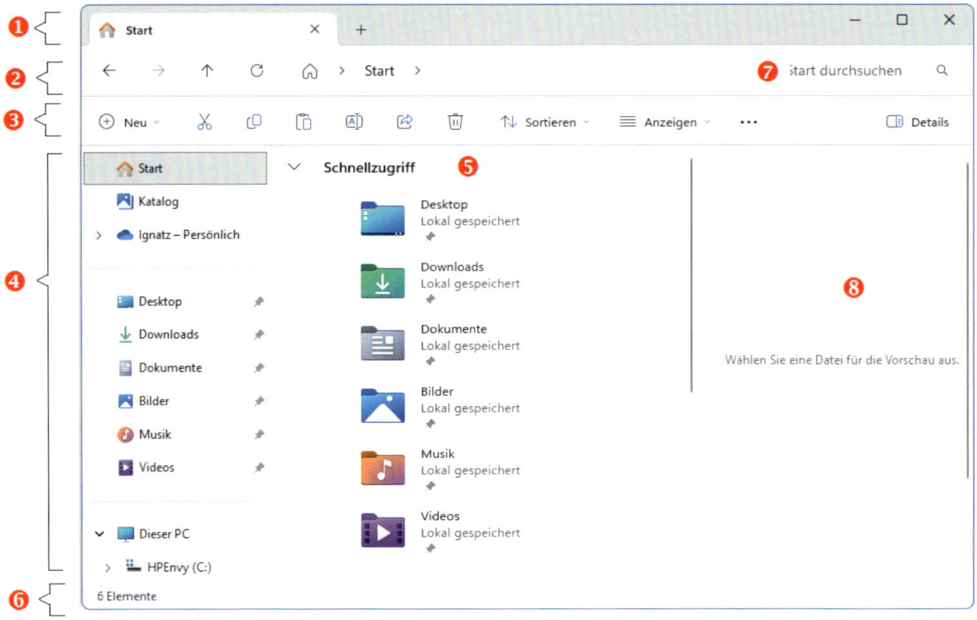

2

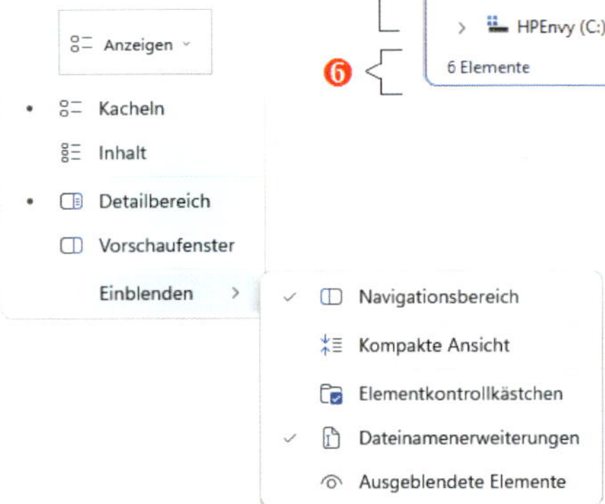

1. Registerkarten
2. Adresszeile
3. Symbolleiste
4. Navigationsbereich
5. Schnellzugriff
6. Statuszeile
7. Suchfenster
8. Vorschau oder Detailbereich

1 Hier die einzelnen Bereiche des Explorer-Fensters mit Symbolleiste, Navigationsbereich und Vorschaufenster.

2 Unter *Anzeigen/Einblenden* finden Sie die drei variablen Bereiche. *Detailbereich* und *Vorschaufenster* schalten sich gegenseitig aus.

3 Der Katalog listet alle Bilder auf, die Sie unter Windows aufgenommen, in Ordner kopiert oder verschoben haben. Die Zeitleiste am Rand sortiert nach dem Aufnahmedatum.

WISSEN

Das Explorer-Fenster ist unterteilt in einen Navigationsbereich und einen Anzeigebereich für Laufwerke, Ordner und Dateien. Für diesen finden Sie verschiedene Anzeigeformen, zum Beispiel Symbole oder Listen.

TIPP

Mit dem Mausrad und gedrückter Strg-Taste lässt sich die Ansicht schnell vergrößern oder verkleinern.

3

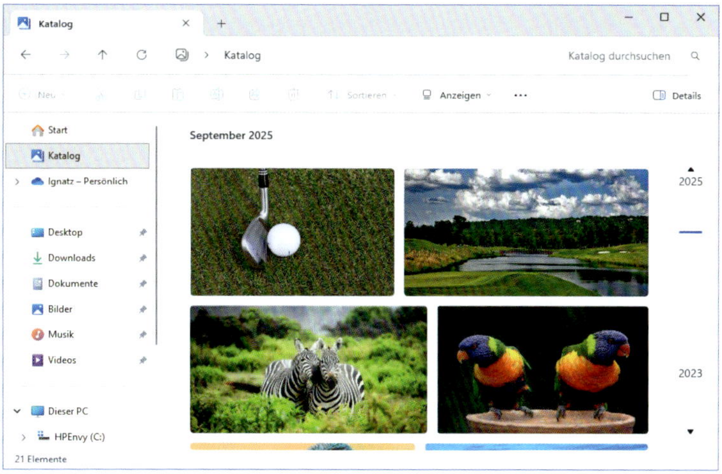

4

5

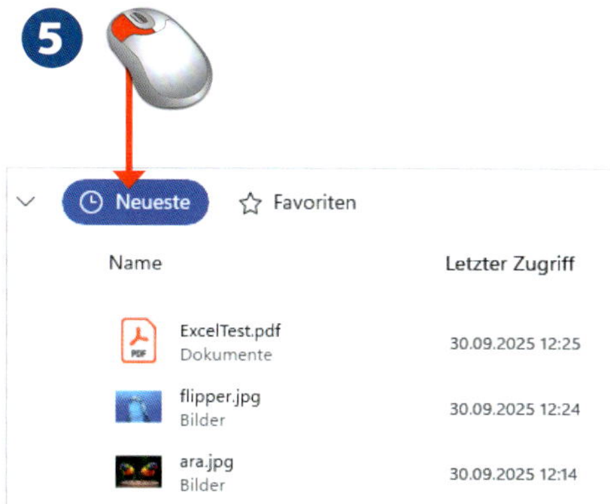

6

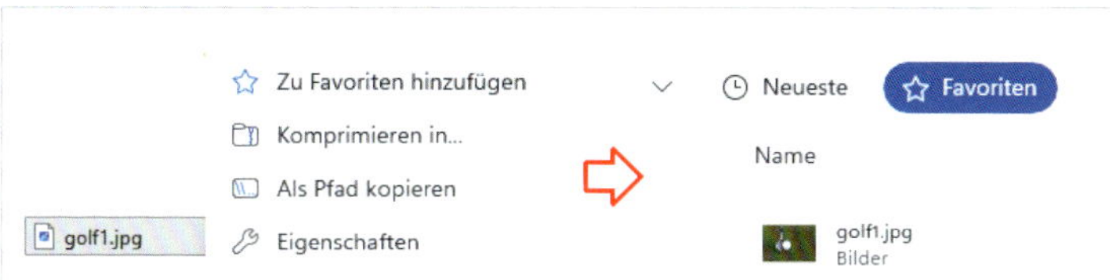

4 Sehen Sie in den *Einstellungen* unter *Personalisierung* nach, ob die zuletzt verwendeten Dateien im Explorer angezeigt werden.

5 Unter *Neueste* finden Sie im Startmenü eine Liste der zuletzt benutzten Dateien.

6 Erklären Sie einzelne Dateien zu Favoriten, finden Sie diese schnell im Startmenü wieder.

HINWEIS

Rechts unten in der Ecke finden Sie zwei schnelle Umschaltsymbole für große Symbole und den Detailbereich.

HINWEIS

Die Statusleiste zeigt in jeder Ansicht, wie viele Elemente ausgewählt wurden und wie viel Speicherplatz diese belegen.

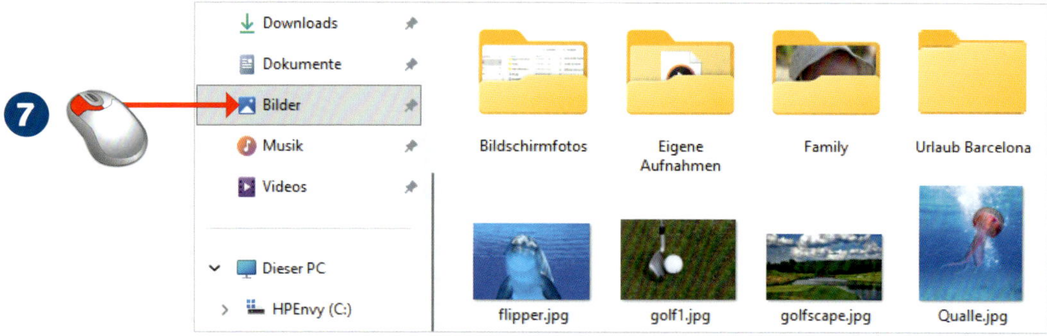

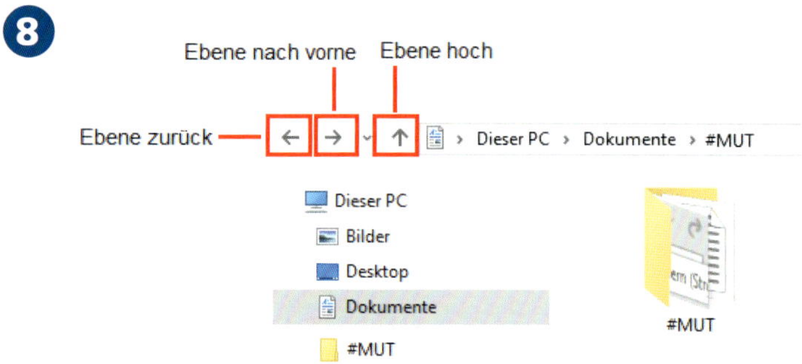

7 Markieren Sie einen Dateiordner im Navigationsbereich, zeigt der Explorer alle Dateien und alle Unterordner an.

8 Blättern Sie mit den Pfeilsymbolen in der Adresszeile im Navigationsbereich, um zwischen Ordnern und Unterordnern zu wechseln.

9 Klicken Sie in der Adresszeile auf den Pfeil neben einer Ebene, bekommen Sie die nachfolgenden Ebenen zur Auswahl angeboten.

WISSEN

Mit der Zeit wird es voll werden auf Ihren Datenträgern, und damit sich die Sucherei nach dem richtigen Ordner oder der passenden Datei in Grenzen hält, bietet Windows 11 nützliche Symbole für die Navigation an.

11

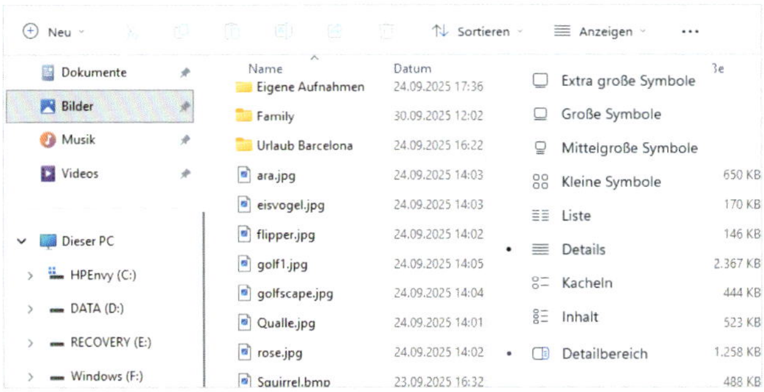

10

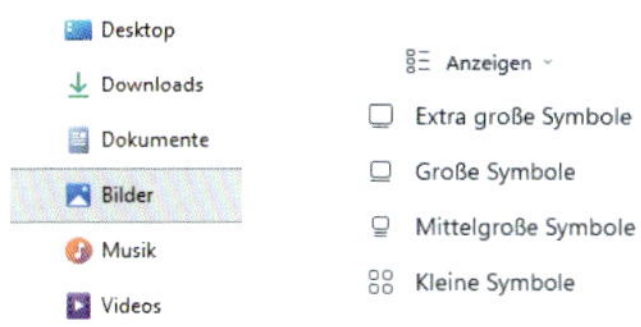

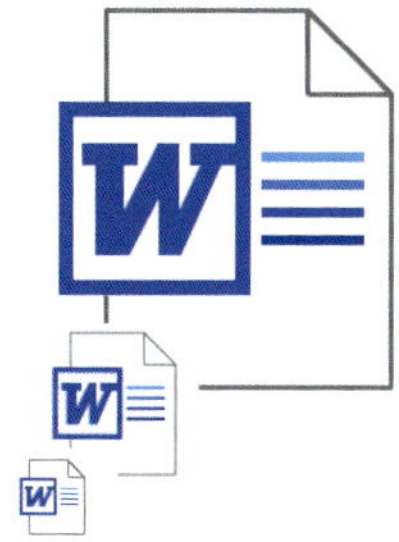

12

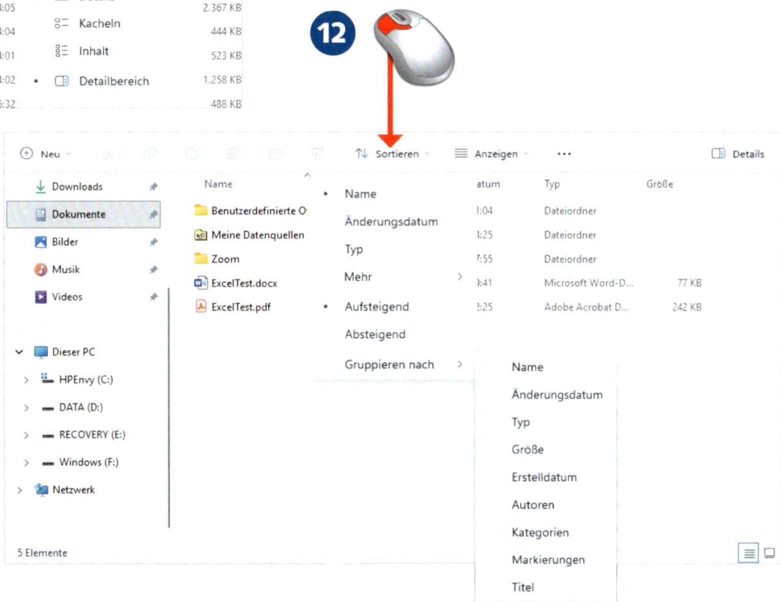

10 Unter *Anzeigen* stellen Sie die passende Anzeigegröße für Dateisymbole ein.

11 In der *Details*-Anzeige sehen Sie die meisten Informationen über die Dateien des markierten Ordners.

12 Sortieren Sie Ihre Dateiliste nach einer Spalte oder gruppieren Sie die Dateien, zum Beispiel nach Typ oder Kategorie. Mit *Keine* heben Sie Dateigruppen wieder auf.

Ende

HINWEIS

Auf dem Tablet sollten Sie in den Ordner- und Suchoptionen den einfachen Klick zur Auswahl von Elementen einstellen.

TIPP

Im Suchfenster können Sie mit »Wildcards« arbeiten: *Urlaub** findet alles, was mit *Urlaub* beginnt, **.jpg* zeigt alle Bilder im JPEG-Format an.

Start

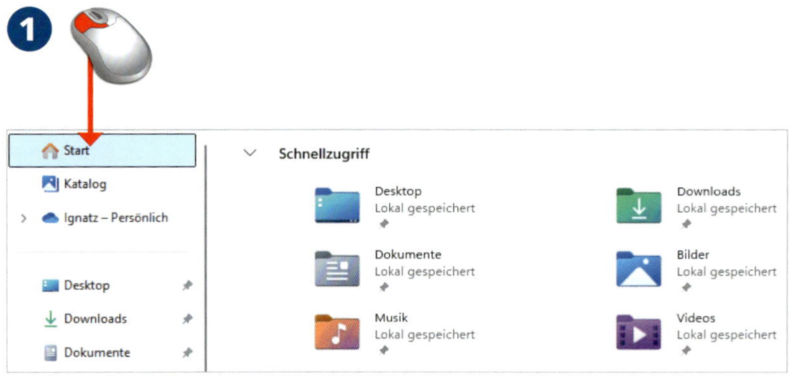

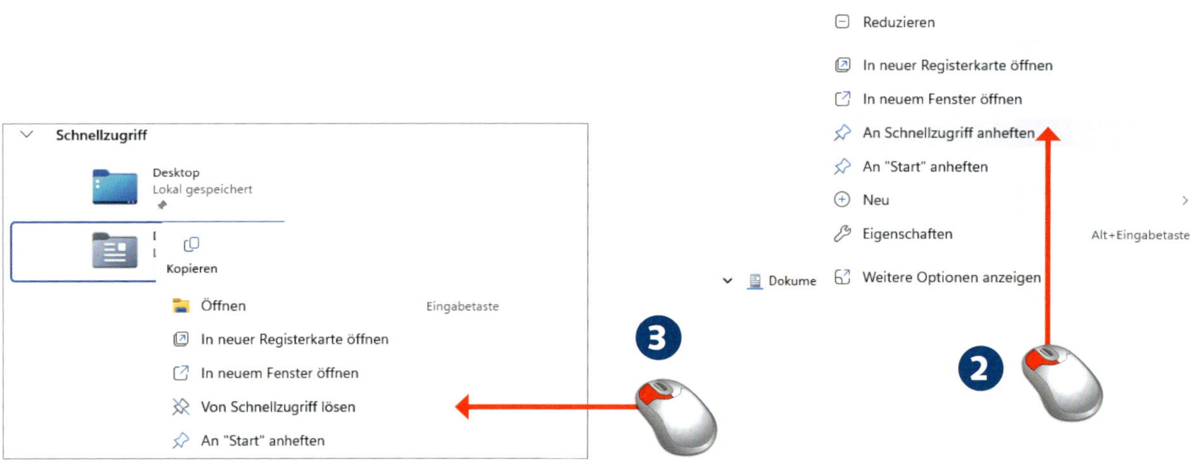

1. Klicken Sie auf das *Start*-Menü im Windows-Explorer, um die Ordner im Schnellzugriff anzuzeigen.
2. Klicken Sie einen Ordner mit der rechten Maustaste an und wählen Sie *An Schnellzugriff anheften*.
3. Der Ordner steht im Schnellzugriff, mit *Von Schnellzugriff lösen* lässt er sich wieder entfernen.

WISSEN

Ordner, Dateien oder Laufwerke, die Sie häufig brauchen, packen Sie am besten in den Schnellzugriff. Der steht ganz oben im Navigationsbereich und bietet damit den schnellsten Zugriff auf Ihre Daten.

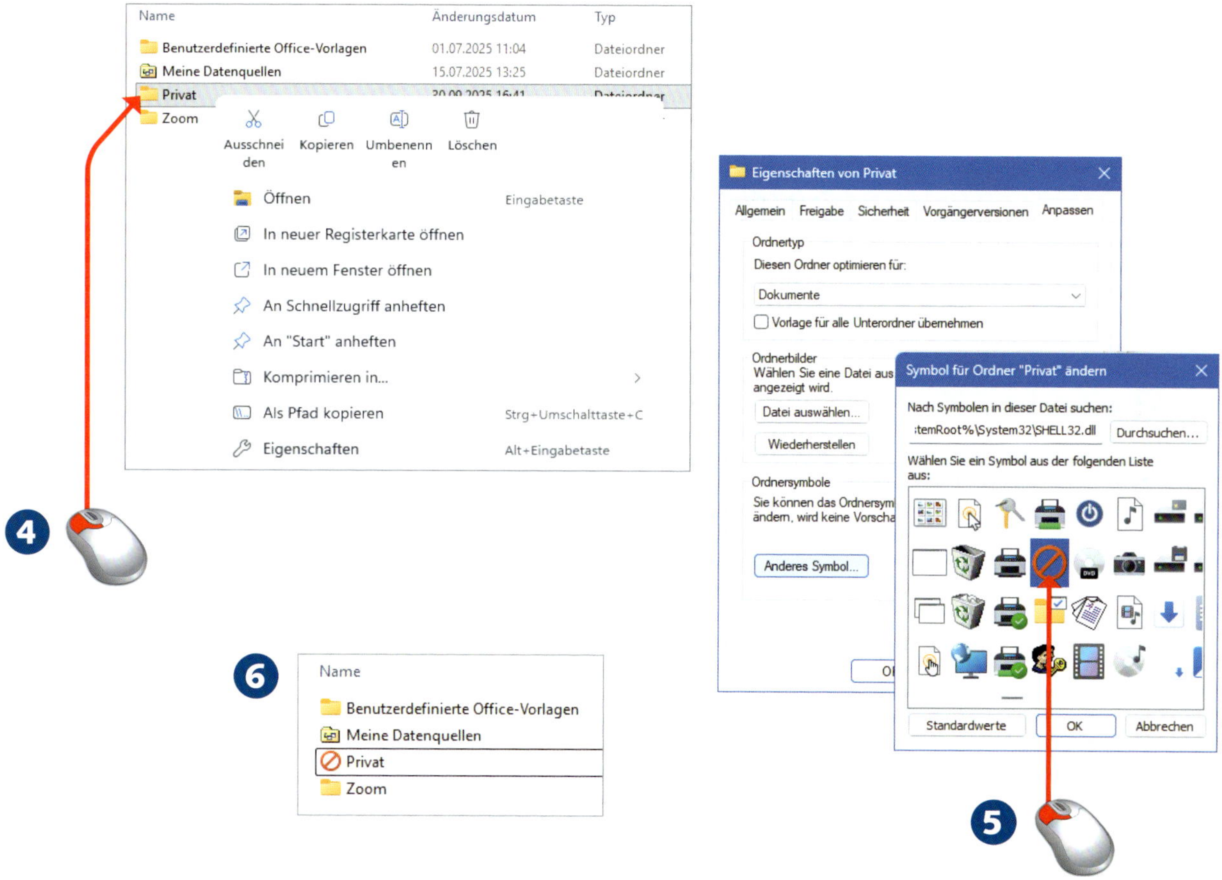

4 Um einem Ordner ein anderes Symbol zuzuweisen, markieren Sie ihn in der Dateiliste, ...

5 ... wählen *Eigenschaften/Anpassen* und suchen ein passendes Symbol. Klicken Sie abschließend auf *OK*.

6 Jetzt wird der Ordner unter dem neuen Symbol angezeigt.

Ende

HINWEIS

Mit der Aufnahme in den Schnellzugriff wird der Ordner oder die Datei nicht verschoben, es wird nur eine Verknüpfung erstellt.

TIPP

Zum Anheften eines Ordners können Sie diesen auch markieren und im Kontextmenü des Schnellzugriffs (rechte Maustaste) *Aktuellen Ordner an Schnellzugriff anheften* wählen.

Start

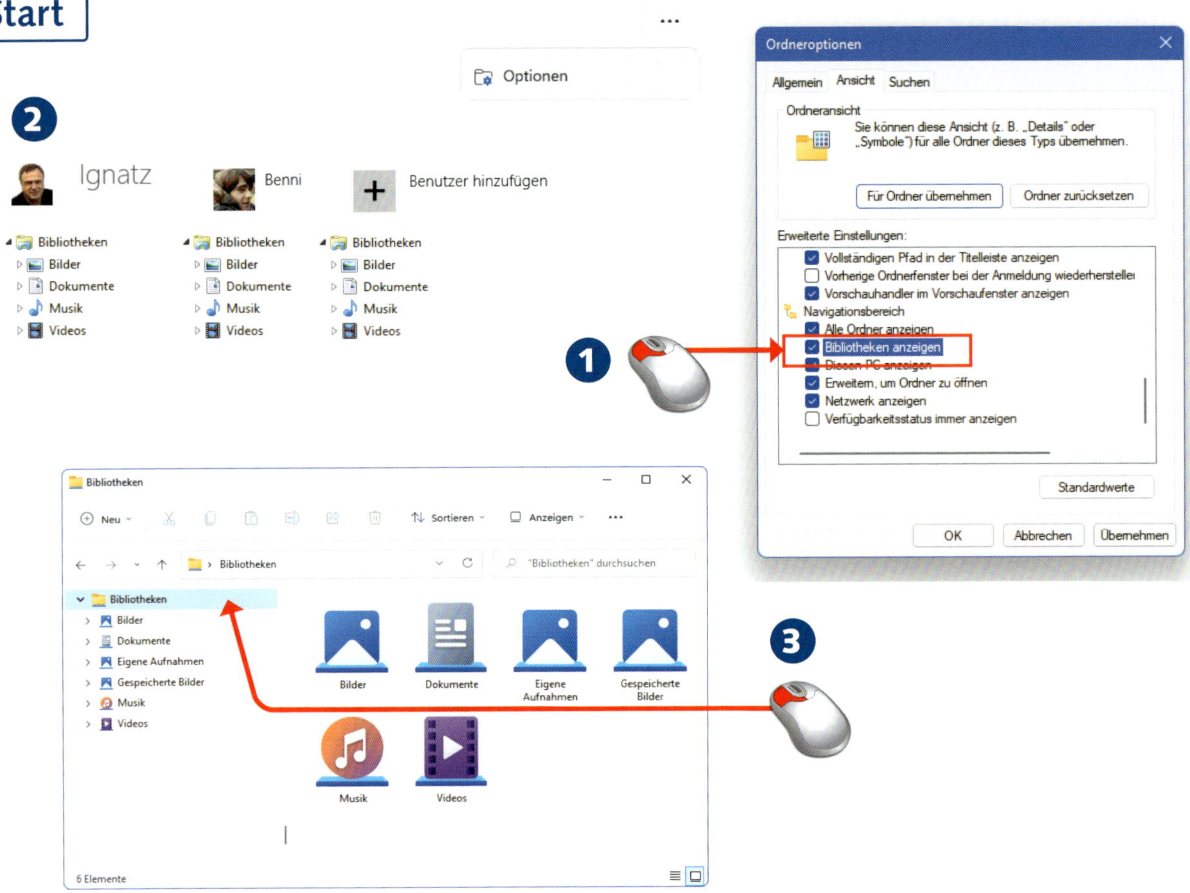

1. Schalten Sie unter *Optionen* in der Symbolleiste die Anzeige der Bibliotheken ein.

2. Jedem Benutzer, für den auf Ihrem PC ein Konto angelegt ist, sind die Standardbibliotheken zugeordnet.

3. Klicken Sie im Navigationsbereich unter dem Benutzernamen auf *Bibliotheken*, sehen Sie die einzelnen Bibliotheken.

WISSEN

Bibliotheken sind Ordnungseinheiten, in denen Dateien und Ordner abgelegt werden. Für jeden Benutzer werden Standardbibliotheken eingerichtet, in denen die wichtigsten Dateien zu finden sind.

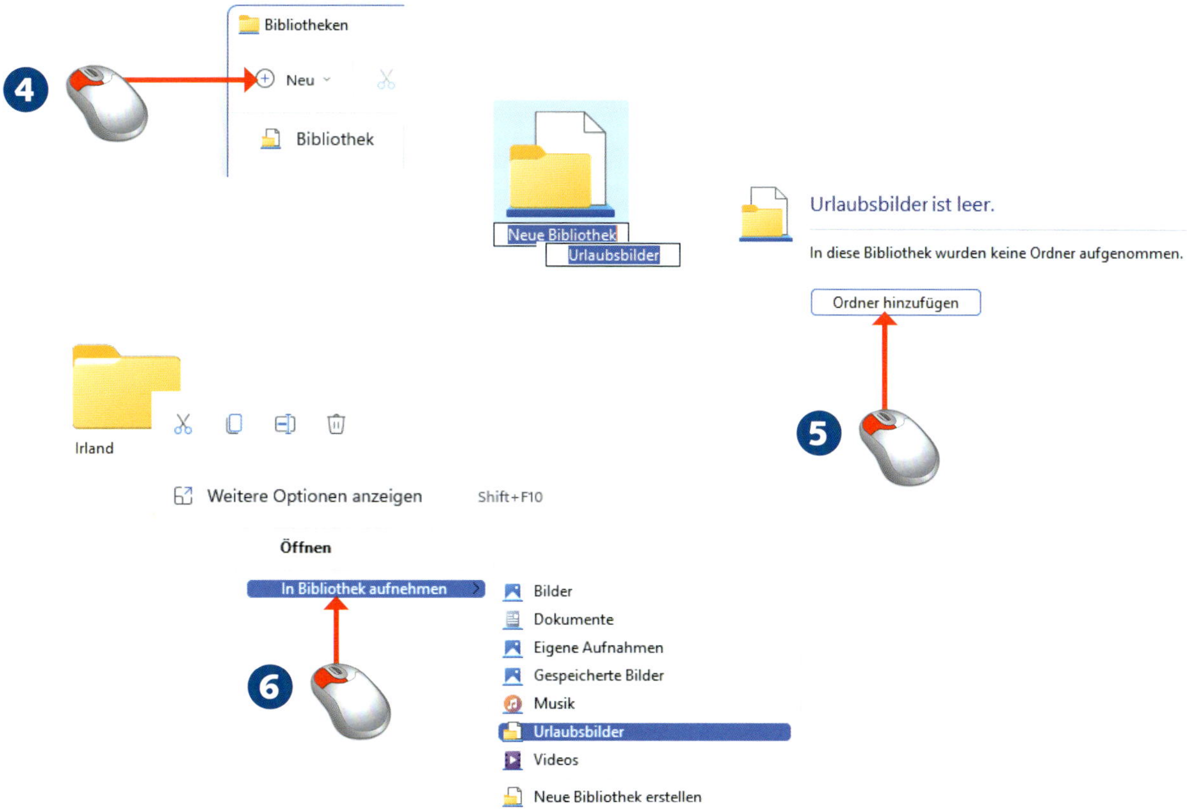

4 Mit *Neu* in der Symbolleiste erstellen Sie eine neue Bibliothek.

5 Geben Sie einen Namen ein und klicken Sie auf *Ordner hinzufügen*, um einen Ordner in die neue Bibliothek aufzunehmen.

6 Sie können einen Ordner auch markieren und über die Optionen im Kontextmenü in eine Bibliothek aufnehmen.

Ende

TIPP

Ordner schnell in eine Bibliothek aufnehmen: Ordner markieren, mit Strg+C kopieren, Bibliothek markieren und Ordner mit Strg+V einfügen.

HINWEIS

Elemente, die Sie aus Bibliotheken löschen, werden nicht vom Datenträger entfernt, Bibliothekselemente sind nur Verknüpfungen.

Start

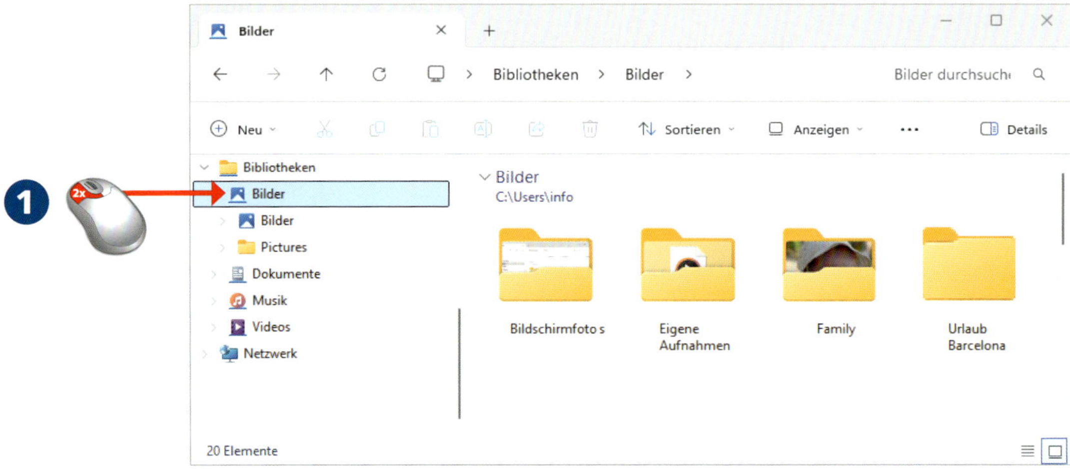

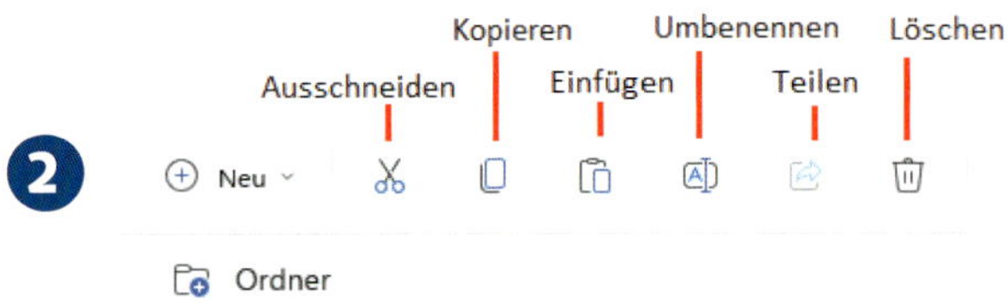

1. Ordner markieren Sie im Navigationsbereich oder in einer Bibliothek. Öffnen und schließen Sie den Ordner per Doppelklick.
2. In der Symbolleiste finden Sie Optionen zum Verschieben, Kopieren und Löschen von Ordnern. Wählen Sie dort *Neu/Ordner*.
3. Klicken Sie auf *Neuer Ordner* und geben Sie dem neuen Ordner einen Namen. Mit F2 oder *Start/Umbenennen* können Sie diesen wieder ändern.

WISSEN

Mit einer guten Ordnerstruktur schaffen Sie Ordnung und behalten die Übersicht über Ihre Daten. Legen Sie neue Bibliotheken und neue Ordner an, untergliedern Sie Ordner und schaffen Sie eine passende Struktur.

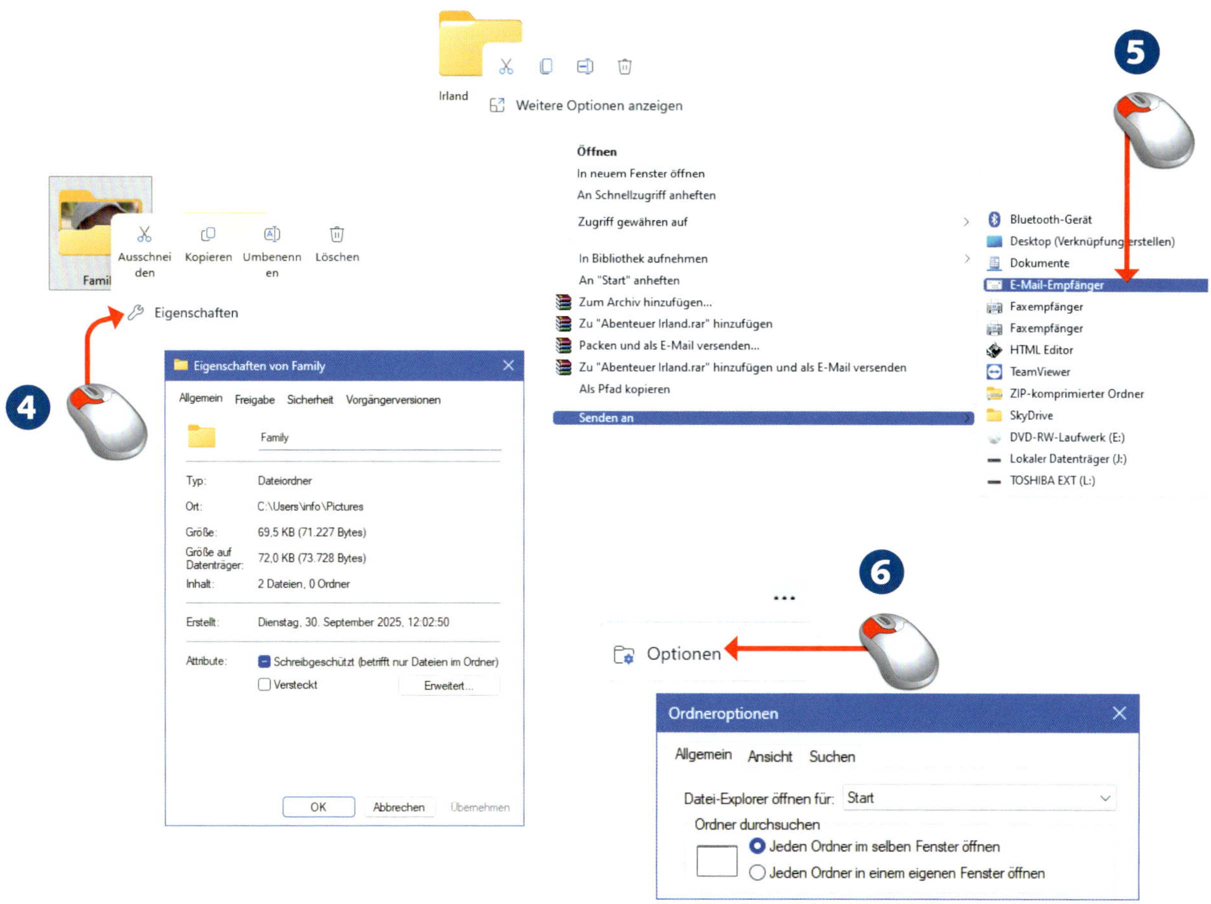

4 Klicken Sie auf *Eigenschaften*, und sehen Sie sich den Ordnerpfad, die Anzahl der Dateien sowie die Gesamtgröße in Megabyte an.

5 Unter *Weitere Optionen anzeigen* finden Sie Optionen zum Versenden des Ordners, zum Beispiel per Mail.

6 Aktivieren Sie unter *Optionen* die Ordner- und Suchoptionen, hier finden Sie erweiterte Einstellungen, die für alle Ordner gelten.

Ende

HINWEIS

Geschützte Systemdaten sollten Sie aus Sicherheitsgründen nicht bearbeiten.

HINWEIS

Neue Ordner werden immer unter der aktiv markierten Ebene angelegt, d. h. als Unterordner eines Ordners oder als neuer Ordner einer Bibliothek oder auf einem Laufwerk.

Start

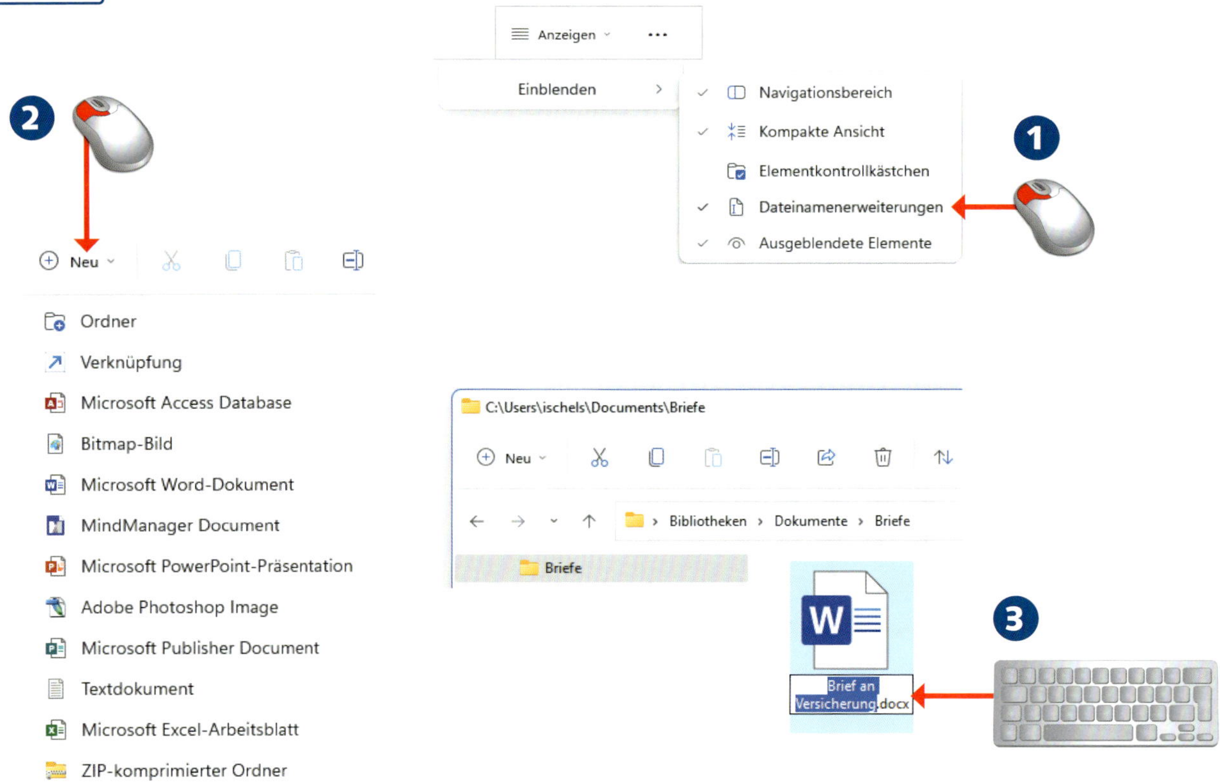

1. Blenden Sie die *Dateinamenerweiterungen* ein, um die Dateien an ihrem Typ zu erkennen.
2. Neue Dateien erzeugen Sie mit *Neu* aus der Symbolleiste.
3. Geben Sie der Datei einen Dateinamen. Den Punkt sowie die Dateiendung vergibt Windows 11 gemäß dem Dateityp automatisch.

WISSEN

Die Datei ist das Datenpaket für Daten aller Arten und Typen. Der Explorer liefert die Information über Dateigröße, Art und Inhalt und bietet die Apps zum Öffnen und Bearbeiten der Dateien an.

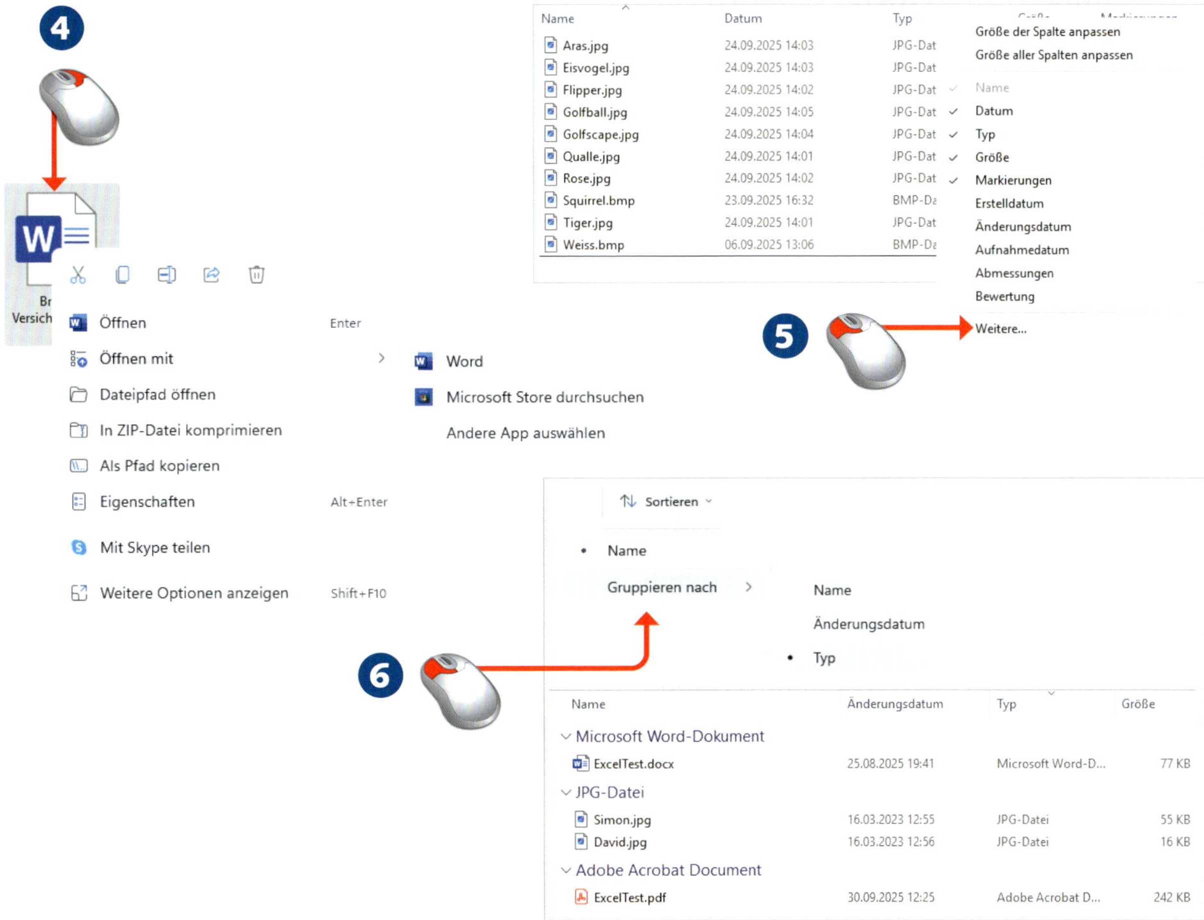

4 Öffnen Sie die Datei per Doppelklick oder per rechtem Mausklick über das Kontextmenü. Hier können Sie die ausführende App dafür bestimmen.

5 In der Detailansicht sehen Sie das Änderungsdatum, die Größe und den Dateityp. Schalten Sie weitere Spalten ein.

6 Sortieren und gruppieren Sie die Dateiliste nach einzelnen Spalten.

Ende

HINWEIS

Dateinamen dürfen maximal 256 Zeichen enthalten, nicht erlaubt sind diese Sonderzeichen:
\ ? : * " < > |

HINWEIS

Windows 11 erkennt den Dateityp an der Dateinamenerweiterung. Schalten Sie diese unter *Ansicht* ein. Achten Sie beim Umbenennen einer Datei darauf, dass die Buchstaben rechts vom Punkt zum Dateityp passen.

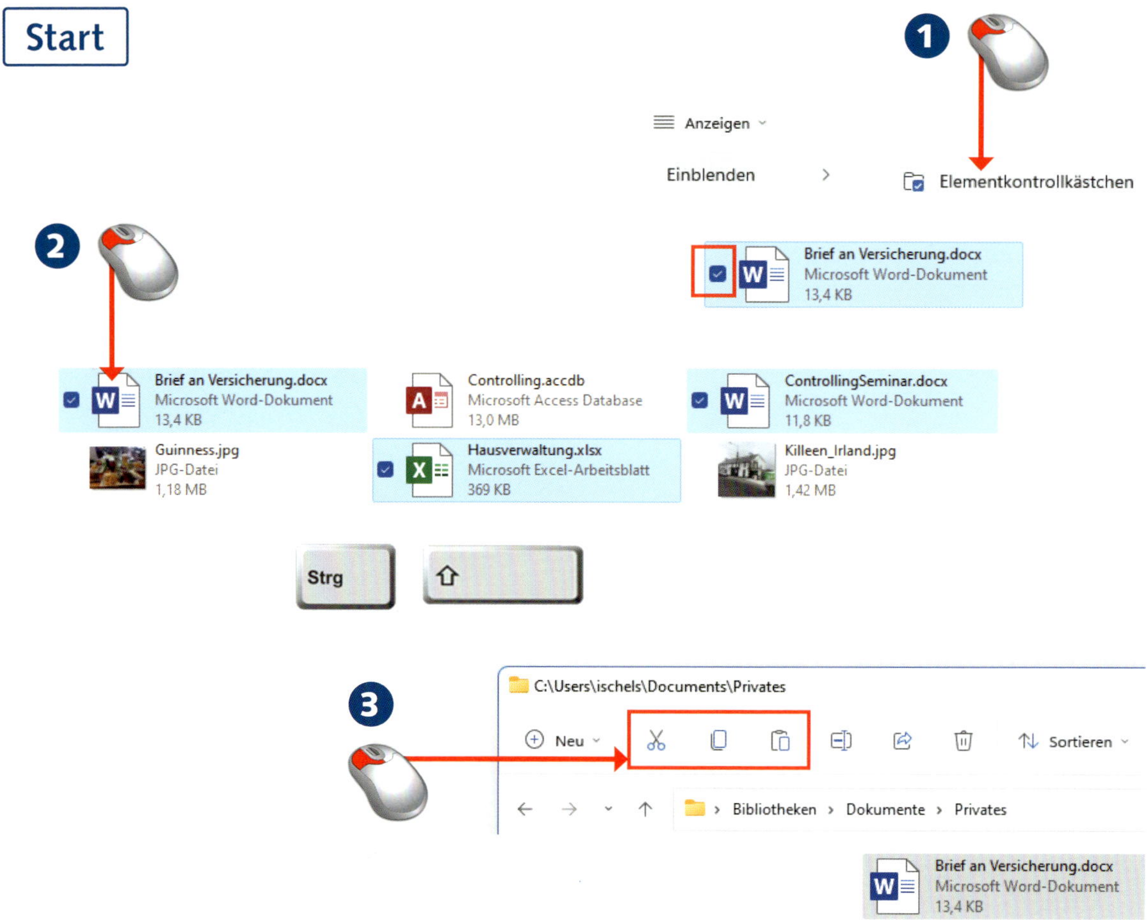

1. Mit den *Elementkontrollkästchen* lassen sich Dateien einfacher markieren.
2. Klicken Sie einzelne Dateien an, für mehrere Dateien halten Sie ⇧ oder Strg gedrückt.
3. In der Symbolleiste finden Sie die Symbole zum Ausschneiden oder Kopieren der markierten Dateien.

WISSEN

Dateien und Ordner markieren Sie einzeln oder als Dateiensammlung und kopieren oder verschieben sie einfach über ihre Symbole zwischen Ordnern oder Explorer-Fenstern.

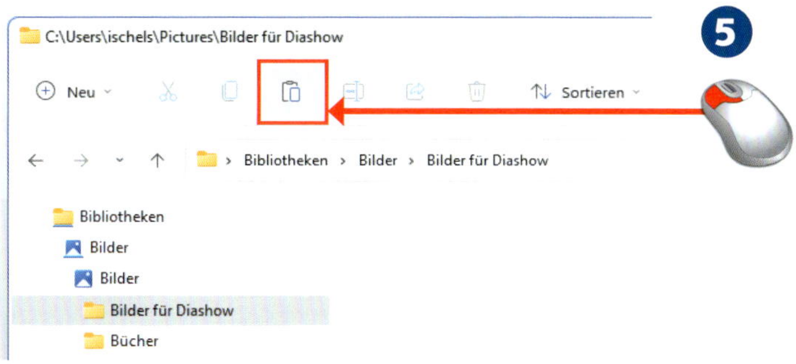

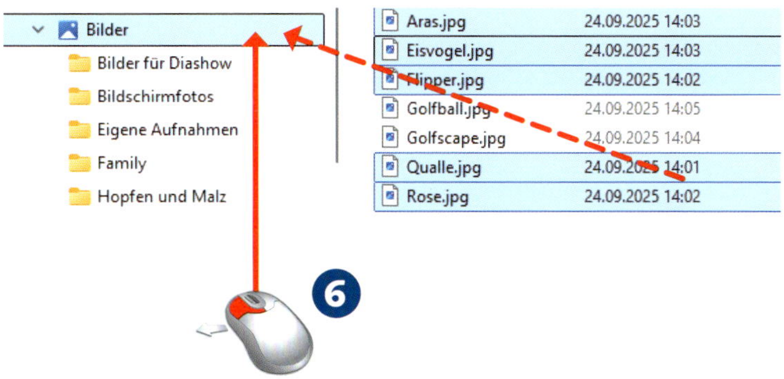

4. Wählen Sie *Alles auswählen*, um alle Dateien im aktiven Ordner zu markieren, und kopieren Sie die Markierung oder schneiden Sie sie aus.

5. Wechseln Sie auf den Zielordner und fügen Sie die Dateien aus der Zwischenablage in den Ordner ein.

6. Sie können Dateien auch einfach mit gedrückter Maustaste auf einen Ordner oder in ein Fenster ziehen, halten Sie dabei Strg gedrückt, wird es eine Kopie.

Ende

TIPP

Zwischen Laufwerken werden Dateien beim Ziehen immer kopiert, zwischen Ordnern verschoben. Mit Strg geht es umgekehrt.

TIPP

Nützliche Tastentricks:
Datei(en) kopieren: Strg+C
Datei(en) ausschneiden: Strg+X
Datei(en) einfügen: Strg+V

Start

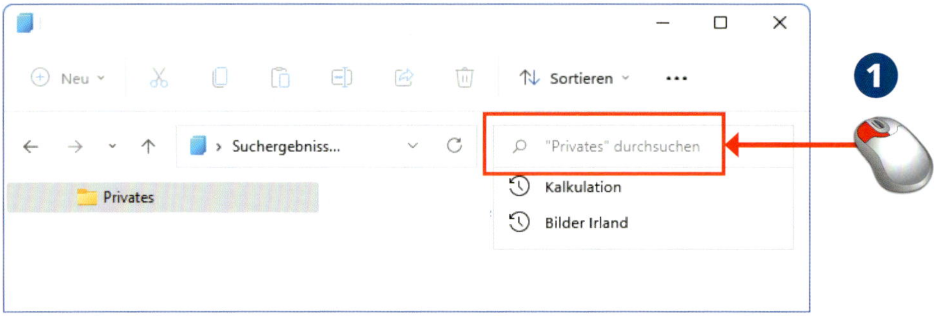

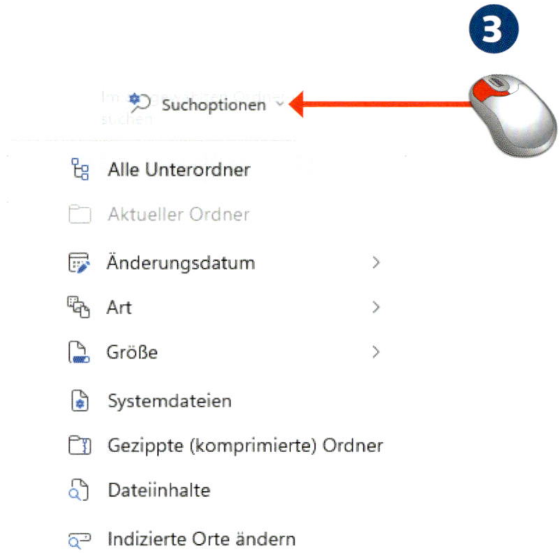

1. Klicken Sie in das Suchfenster, um die Suche nach Dateien und/oder Ordnern zu starten. Bereits eingetippte Suchbegriffe werden erneut angeboten.
2. Tragen Sie den Suchbegriff oder einen Teil davon ein. Windows 11 listet sofort alle Fundstellen auf.
3. In den *Suchoptionen* können Sie den Suchort wechseln oder eine andere Eigenschaft der Datei für die Suche angeben.

WISSEN

Die Suche nach Ordnern und Dateien kann zeitraubend sein. Windows unterstützt Sie mit einem passenden Werkzeug. Geben Sie einfach ein paar Buchstaben in das Suchfenster ein oder verfeinern Sie die Suche über die Suchoptionen.

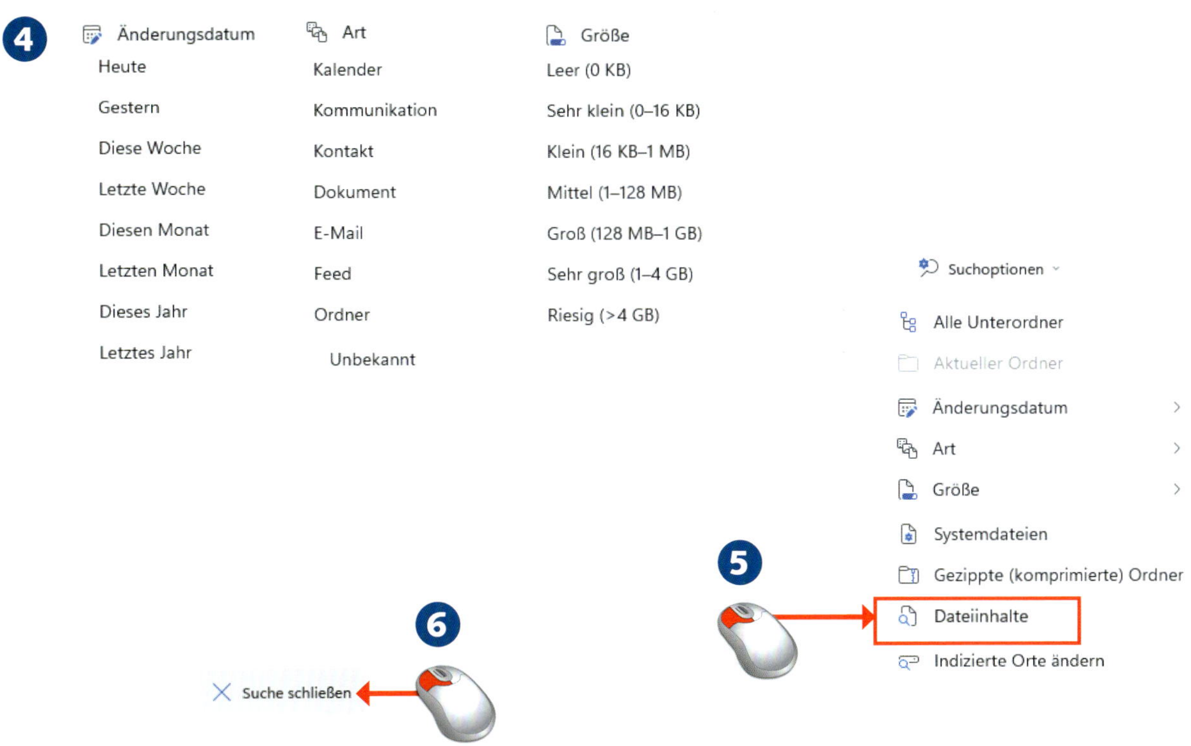

4 Öffnen Sie eine Liste und markieren Sie die passende Sucheigenschaft.

5 Über die Option *Dateiinhalte* lässt sich auch der Dateiinhalt in die Suche mit einbeziehen.

6 Ein Klick auf *Suche schließen* beendet die Suche, und Sie kehren zurück zur Ordner- und Dateiansicht.

Ende

TIPP

Verwenden Sie Platzhalter für die Suche nach Dateien und Ordnern: **.jpg* findet alle Bilder, **.mp** findet MP3- und MP4-Dateien und *M*er* findet Meier und Maier.

HINWEIS

Windows 11 indiziert die Orte, an denen gesucht wird. Das macht die Suche auf großen Datenträgern schneller. Unter *Suchoptionen/Indizierte Orte ändern* können Sie zusätzliche Orte indizieren.

Start

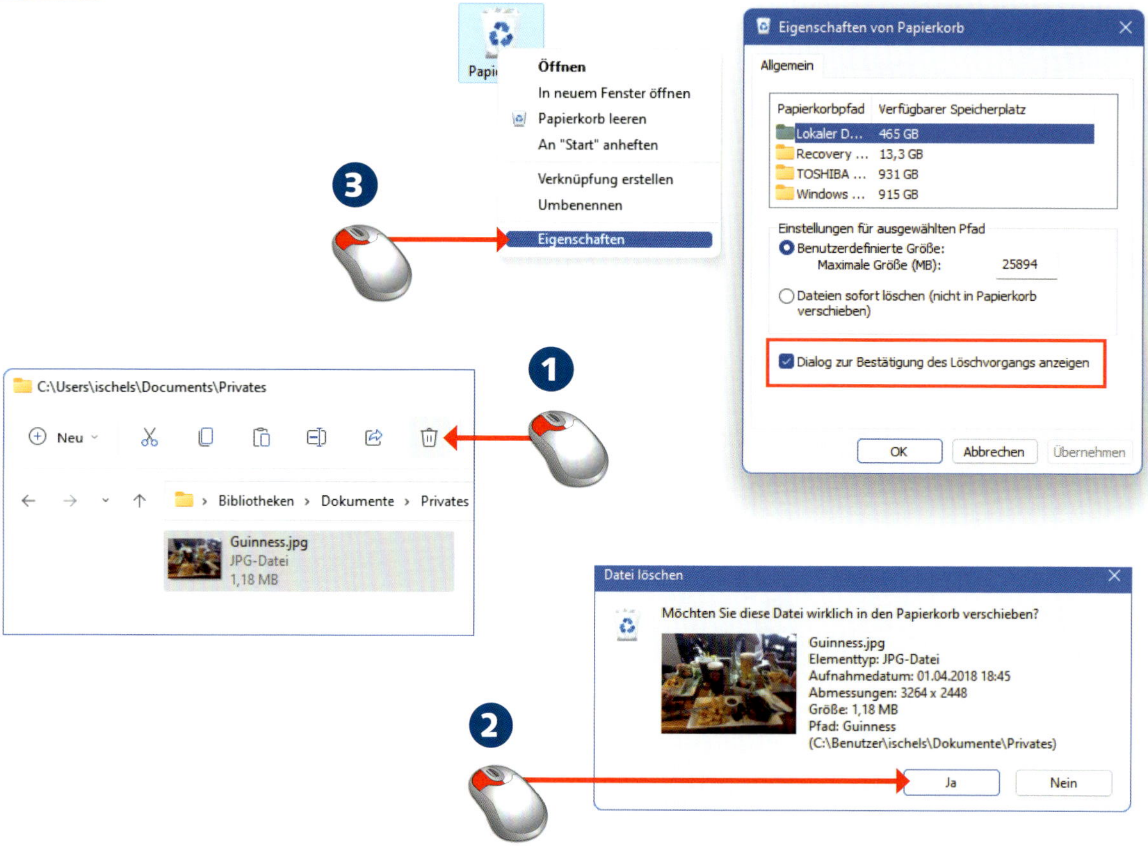

1. Um eine Datei oder einen Ordner zu löschen, markieren Sie das Element im Navigations- oder Dateibereich und klicken auf das Papierkorbsymbol.
2. Die Dateiinformationen werden noch einmal angezeigt, bestätigen Sie mit *Ja*, und die Datei wird in den Papierkorb befördert.
3. Suchen Sie im Desktop-Ordner das Papierkorbsymbol. In den *Eigenschaften* lässt sich die Löschbestätigung ausschalten.

WISSEN

Löschen Sie Dateien und Ordner mit Vorsicht. Windows hat zwar zur Sicherheit einen Papierkorb eingebaut, aus dem Sie Gelöschtes wieder zurückholen können, aber was aus dem Papierkorb gelöscht wird, ist unwiederbringlich verloren.

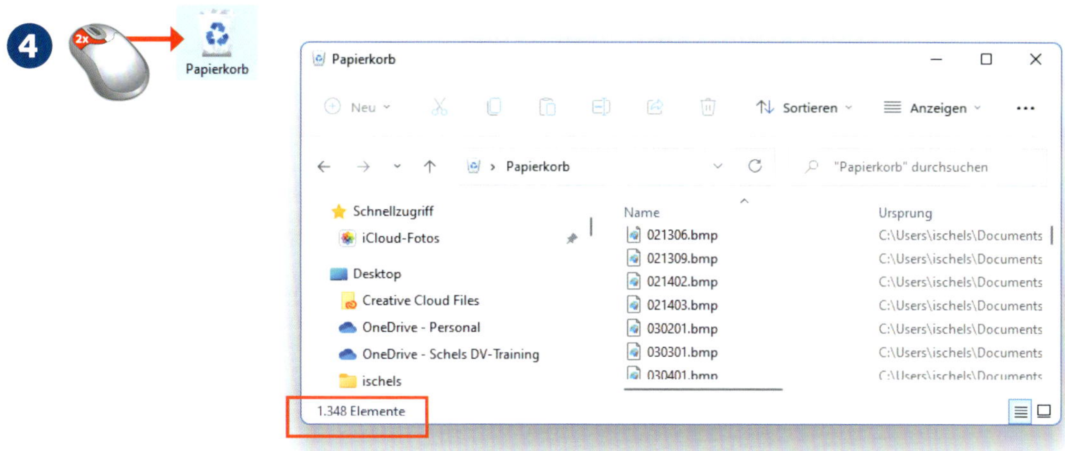

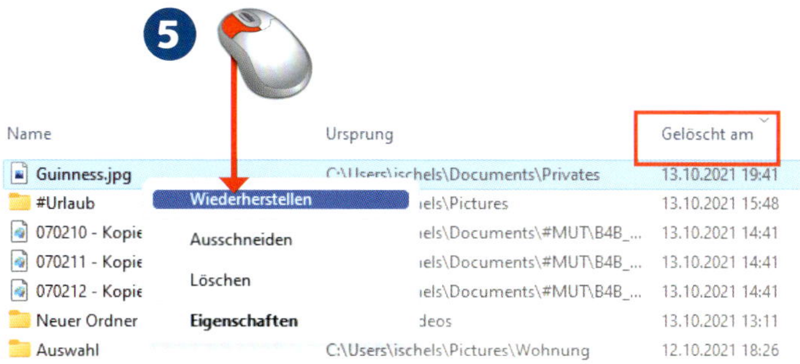

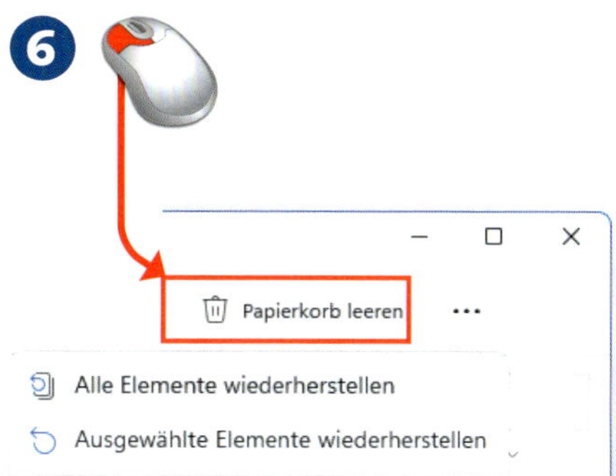

4 Ein Doppelklick auf das Papierkorbsymbol zeigt alle gelöschten Elemente an. Schalten Sie auf die Detailansicht um.

5 Sortieren Sie die Liste nach dem Löschdatum. Im Kontextmenü können Sie eine Datei wiederherstellen.

6 Mit *Papierkorb leeren* werden alle Dateien gelöscht.

Ende

TIPP

Nützliche Tastenkombinationen: Entf verschiebt die Datei in den Papierkorb, ⇧+Entf löscht die Datei sofort ohne Verschieben in den Papierkorb.

HINWEIS

In der Statuszeile des Papierkorb-Fensters sehen Sie, wie viele Elemente dieser enthält und wie viel Speicher sie belegen.

Start

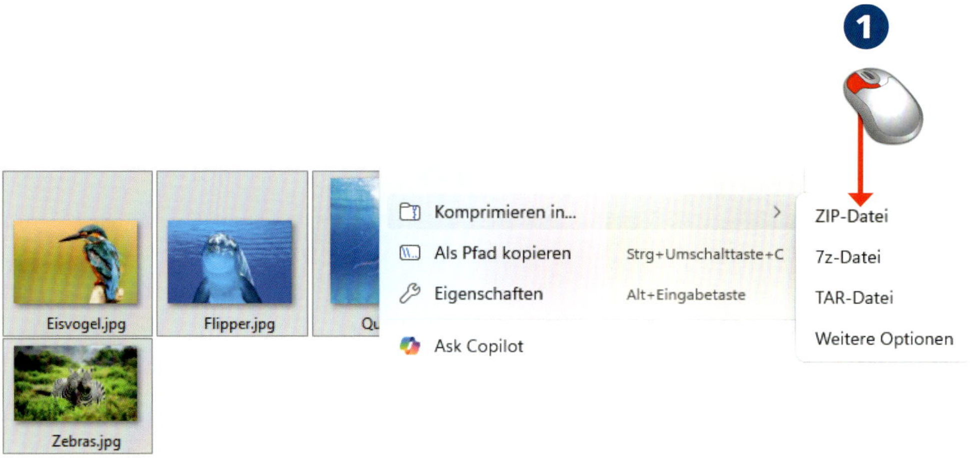

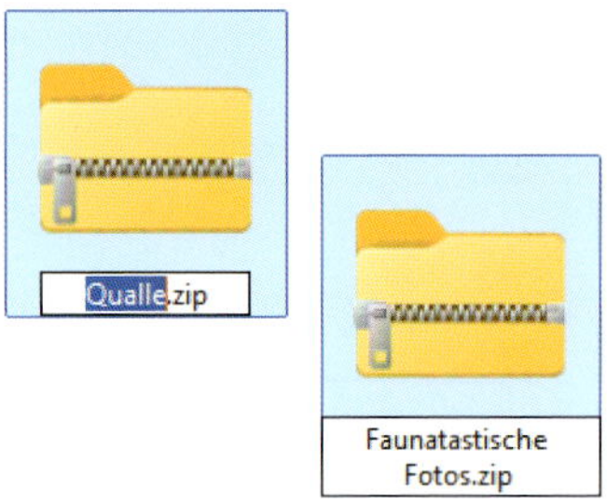

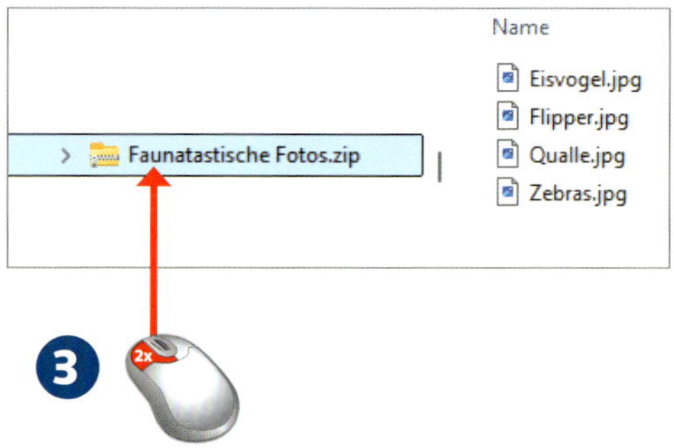

1. Markieren Sie alle Dateien, die Sie in ein ZIP-Archiv packen wollen, und wählen Sie im Kontextmenü *Komprimieren in*. Legen Sie eine ZIP-Datei an.
2. Die ZIP-Datei wird sofort erstellt. Ändern oder bestätigen Sie den Archivnamen, angeboten wird der Dateiname der zuletzt markierten Datei.
3. Öffnen Sie das ZIP-Archiv per Doppelklick auf das Symbol. Die Dateien werden im Vorschaufenster angezeigt.

WISSEN

ZIP-Archive sind Spezialordner, in denen Dateien komprimiert archiviert werden. Nutzen Sie sie, wenn Sie große Datenmengen kompakt in einem Paket brauchen, um sie beispielsweise per Mailanhang zu versenden.

HINWEIS

Gezippte Dateien werden nicht gelöscht. Dateien in einem ZIP-Archiv können aber nicht bearbeitet werden, sie müssen vorher entpackt werden.

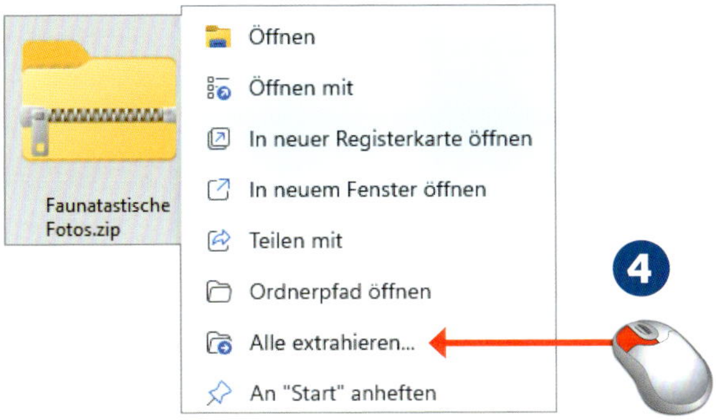

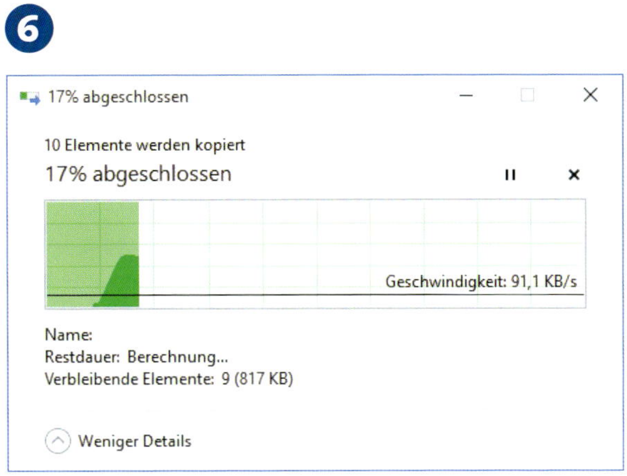

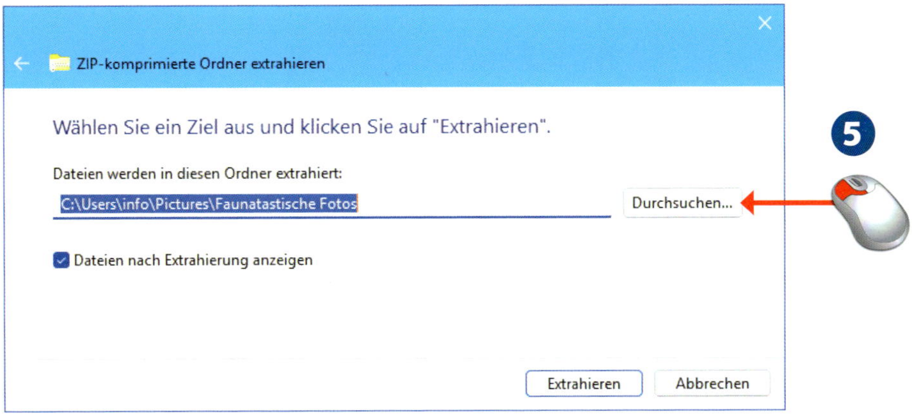

4 Um ein ZIP-Archiv zu entpacken, wählen Sie *Alle extrahieren* im Kontextmenü.

5 Wählen Sie *Durchsuchen* und markieren Sie den Zielordner oder legen Sie einen neuen Ordner an.

6 Mit *Extrahieren* werden die Dateien aus dem ZIP-Archiv in den Zielordner entpackt.

Ende

TIPP

Alternativ zum ZIP-Archiv können Sie auch andere Komprimierungsformen wie 7-Zip oder WinRAR wählen.

FACHWORT

Komprimieren: Mit der Komprimierung in ein ZIP-Archiv wird der Dateiumfang auf das optimierte Minimum verringert.

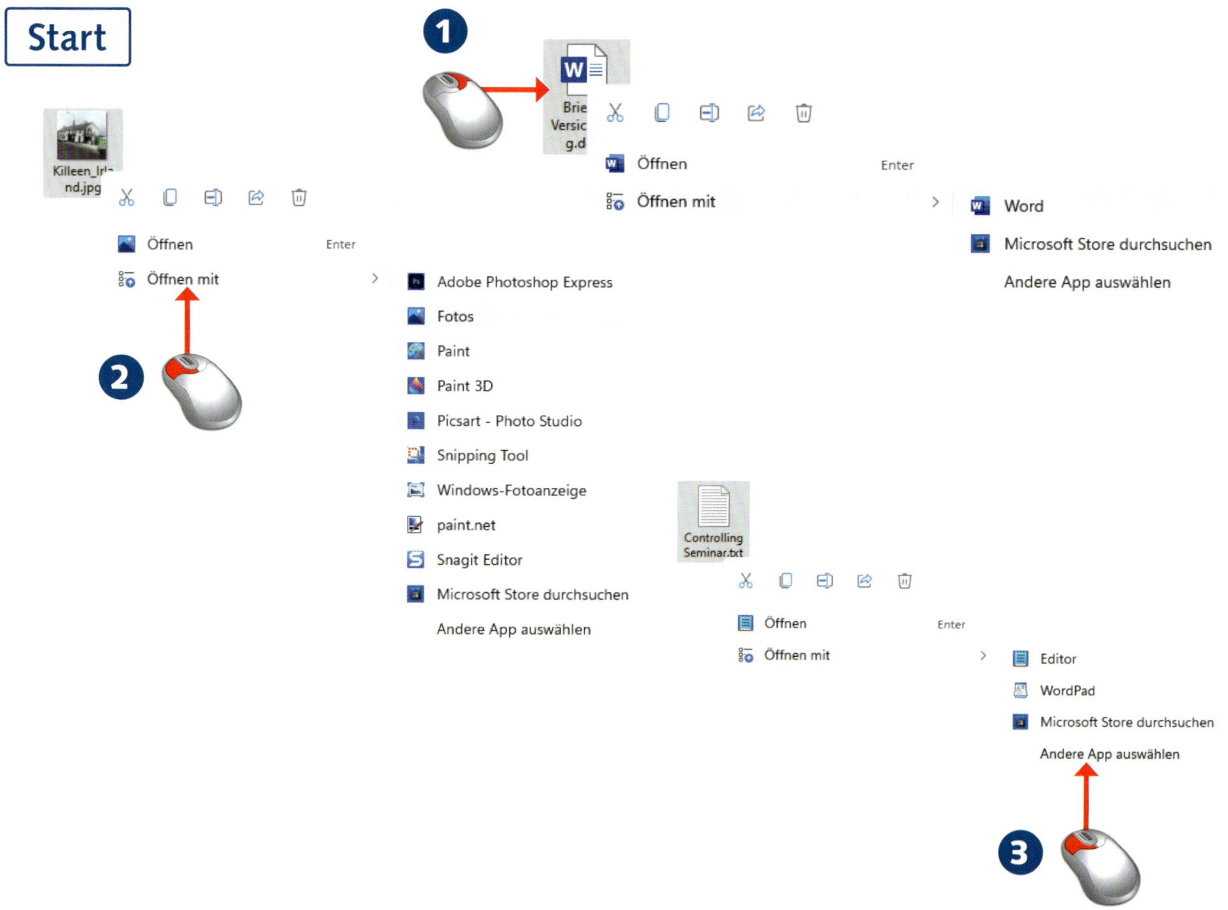

1. Um eine Datei mit einem bestimmten Programm zu öffnen, nutzen Sie das Kontextmenü der rechten Maustaste.
2. Das App-Angebot ist davon abhängig, welche Apps den jeweiligen Dateityp zugeordnet bekommen haben.
3. Wenn die passende App nicht angeboten wird, suchen Sie im Microsoft Store oder klicken Sie auf *Andere App auswählen*.

WISSEN

Die Fotos-App zeigt Fotos an, die Video-App spielt Videos ab. Welche Dateitypen den einzelnen Apps und Windows-Programmen zugeordnet sind, können Sie gezielt für einzelne Dateien oder ganze Dateilisten festlegen.

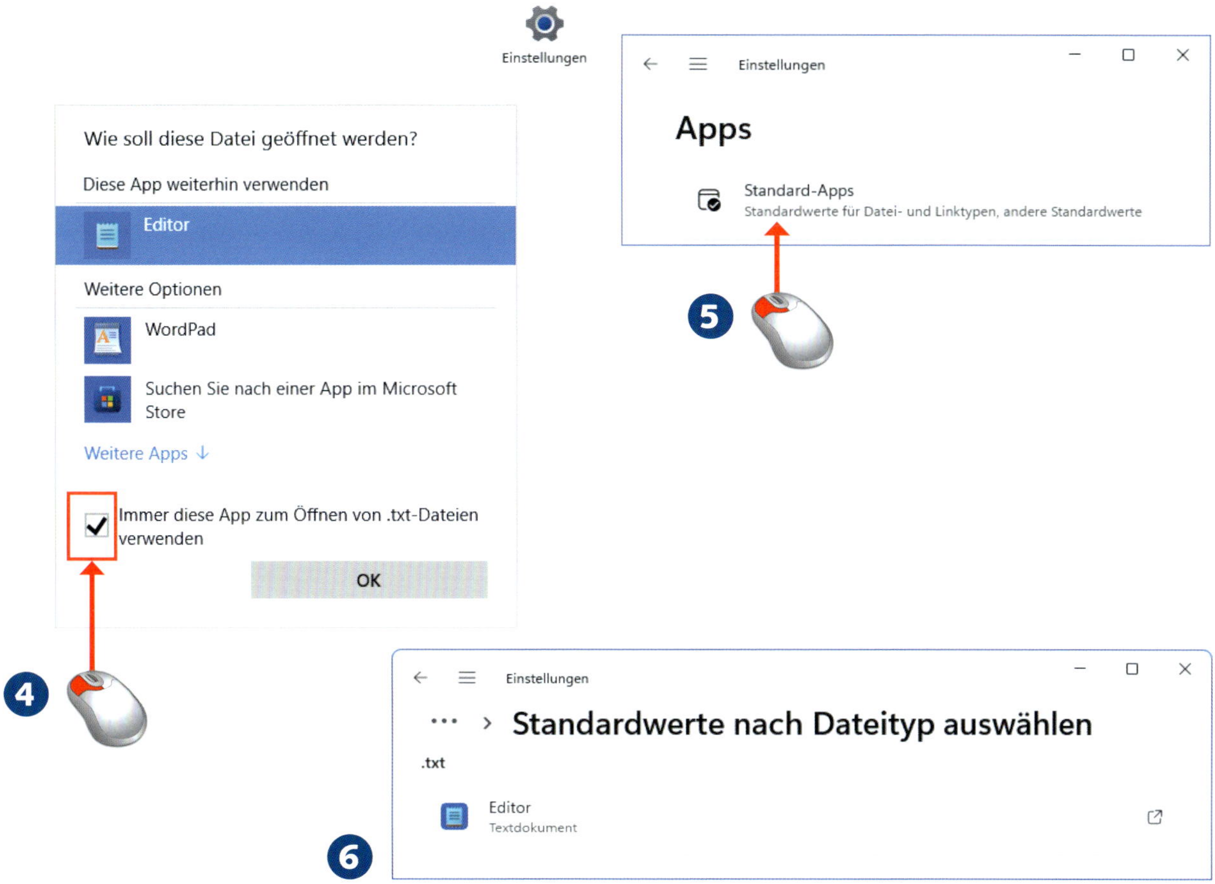

4 Markieren Sie die App und kreuzen Sie die Option *Immer diese App zum Öffnen von … verwenden* an, damit Windows sie dem Dateityp zuordnet.

5 In den *Einstellungen* finden Sie die Zuordnung der *Standard-Apps* zu den Dateitypen.

6 Hier finden Sie die zugeordneten Apps, hier können Sie auch die Zuordnung wechseln oder löschen.

Ende

TIPP

Hier finden Sie auch die Zuordnung des Standardbrowsers und des Standard-E-Mail-Programms.

HINWEIS

Ändern Sie mit diesen Einstellungen ungewollte Datei-App-Zuordnungen, die oft von zusätzlich installierter Software stammen.

8

Microsoft Edge – der Internetbrowser

Start

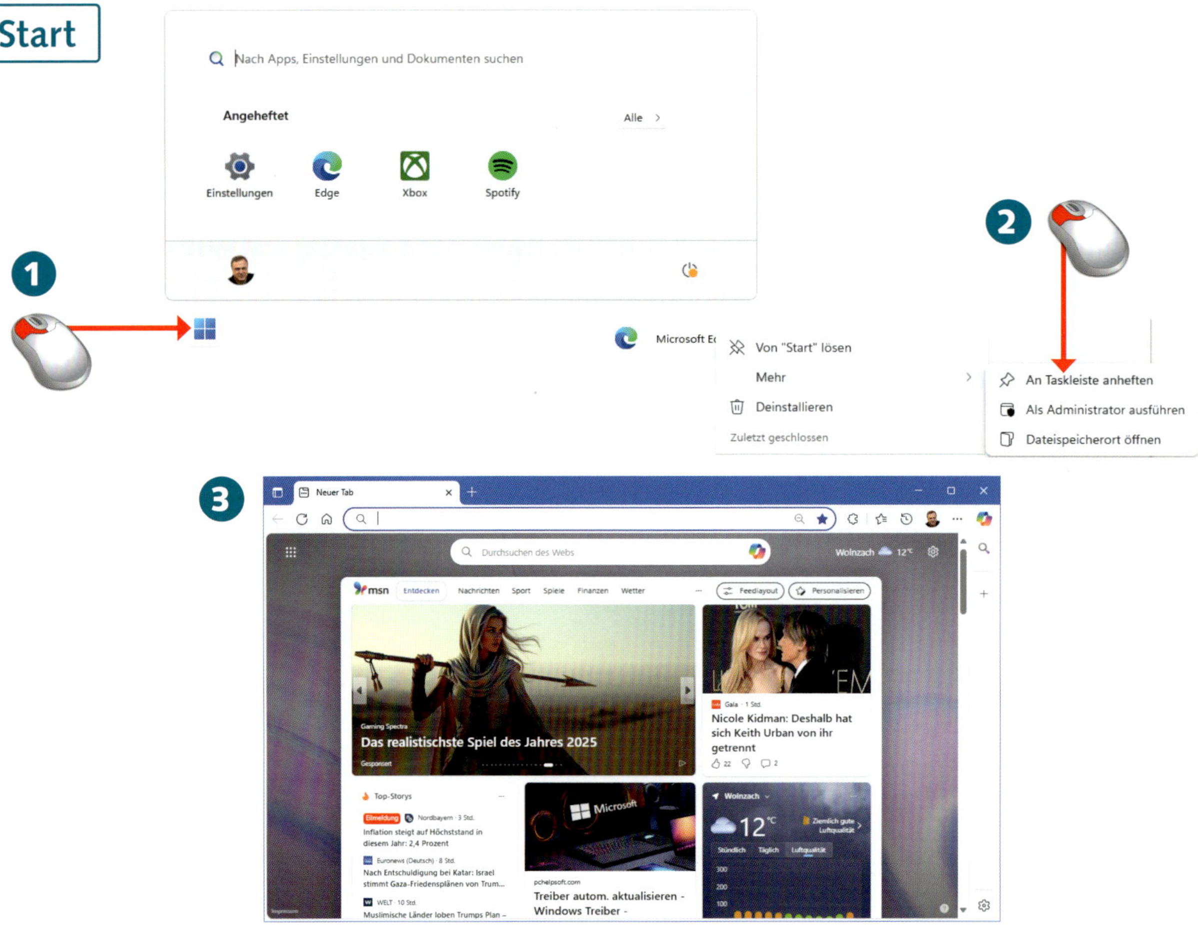

1. Das Startsymbol für Microsoft Edge finden Sie im Startmenü oder auf dem Desktop.
2. Klicken Sie es mit der rechten Maustaste an und schicken Sie eine Kopie in die Taskleiste.
3. Der Browser wird gestartet, er zeigt die eingestellte Startseite aus dem Internet an.

WISSEN

Microsoft Edge heißt der Browser unter Windows 11, der die bunte Welt des Internets auf den Bildschirm bringt. Surfen Sie mit Edge im globalen Netz und passen Sie Ihren Browser nach Ihren Wünschen an.

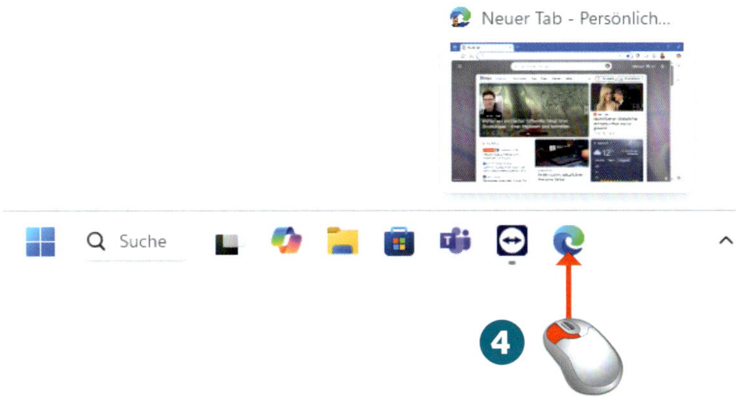

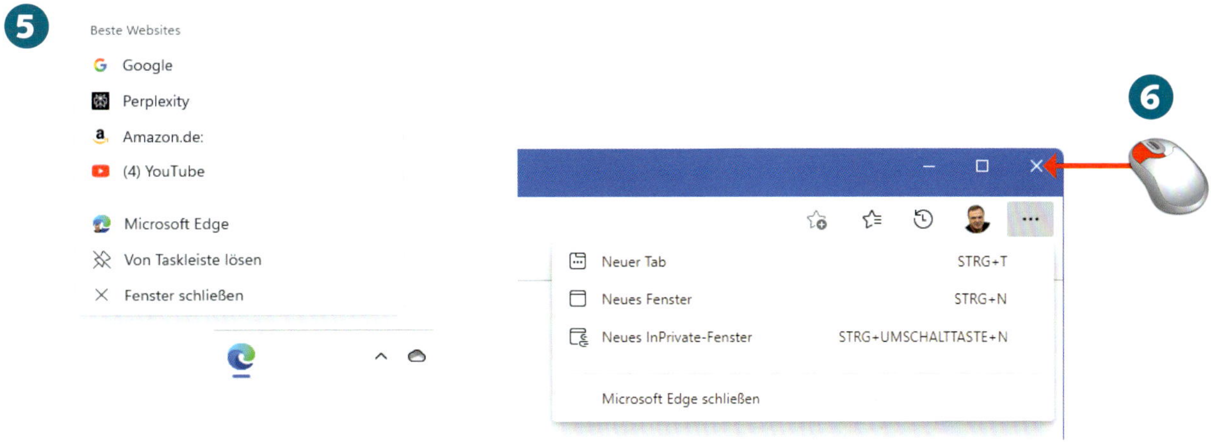

4 Die aktive Browserseite lässt sich auch über die Miniaturansicht des Taskleistensymbols aktivieren.

5 Im Kontextmenü des Taskleistensymbols finden Sie die zuletzt besuchten Seiten und Links für neue Fenster.

6 Unter *Einstellungen* oder mit dem *Schließen*-Symbol rechts oben beenden Sie den Browser. Auf dem Tablet ziehen Sie das Fenster einfach nach unten weg.

Ende

HINWEIS

Edge ist der Standardbrowser für Windows 11. Die neue Version auf Chromium-Basis gilt für alle Windows-Versionen.

HINWEIS

Die Startseite *www.msn.com* zeigt die neusten Nachrichten des Microsoft-Dienstes MSN.

Start

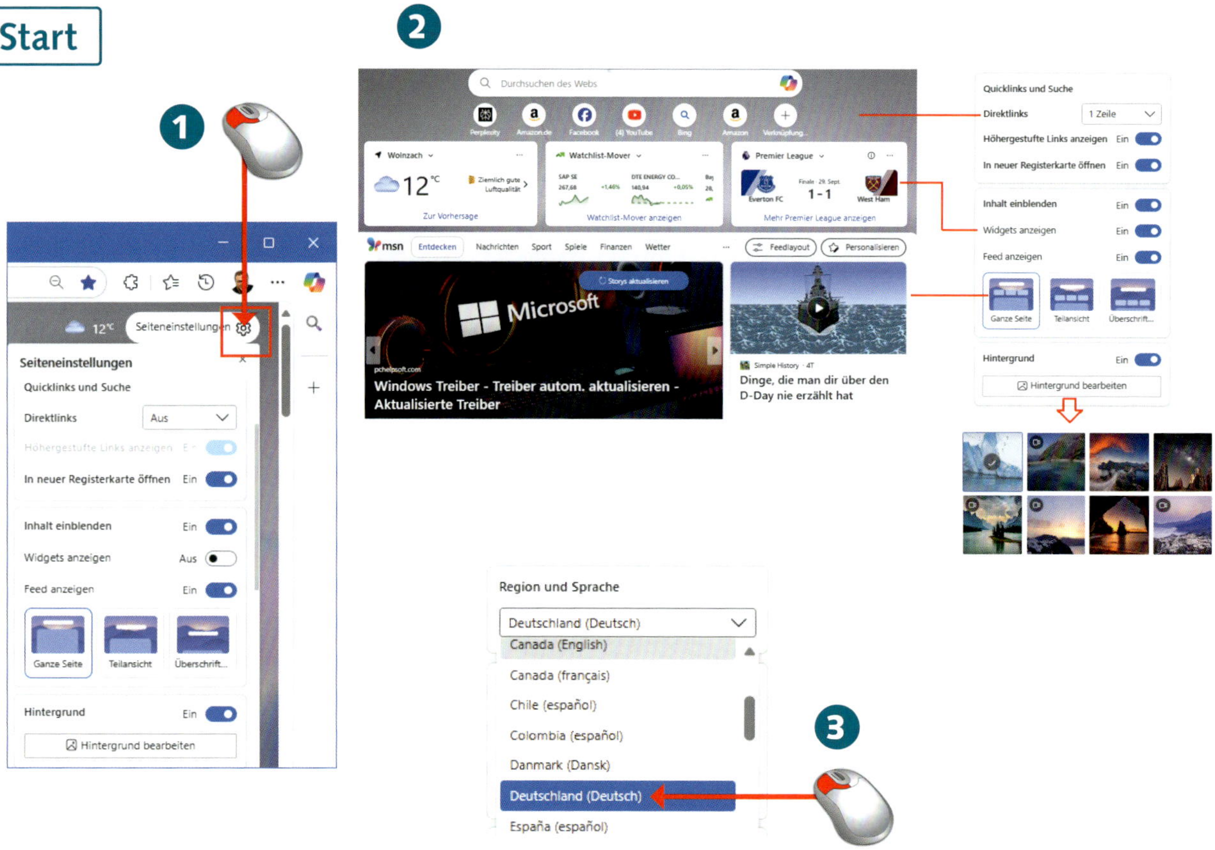

1. Klicken Sie auf das Symbol *Seiteneinstellungen*, um die Startseite des Browsers zu gestalten.
2. Blenden Sie Direktlinks, Widgets und Hintergründe ein und stellen Sie das Seitenlayout auf *Ganze Seite* ein.
3. Unter *Region und Sprache* stellen Sie die richtige Anzeigesprache ein.

WISSEN

Gestalten Sie das Seitenlayout Ihres Browsers: Wollen Sie schlicht mit einem Suchfeld begrüßt werden, mit einem schönen Hintergrundbild von Bing oder Ihre eigenen Bilder sehen? Passen Sie Ihren Browser auch auf die gewünschte Sprache an.

4

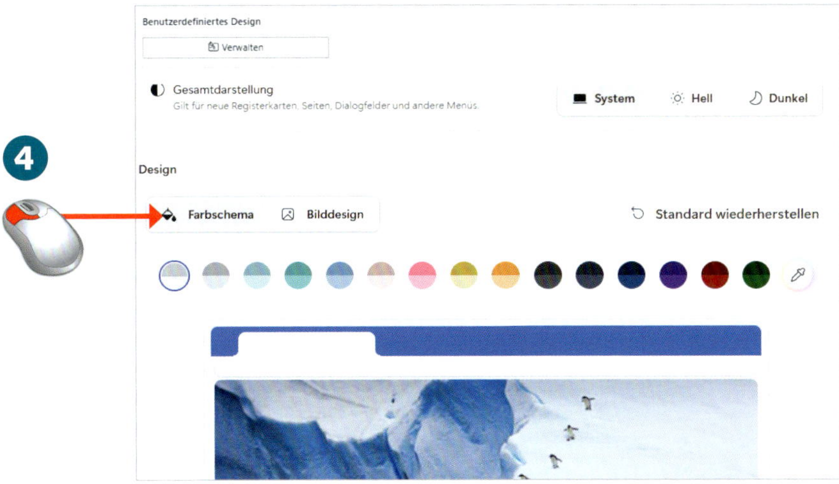

6

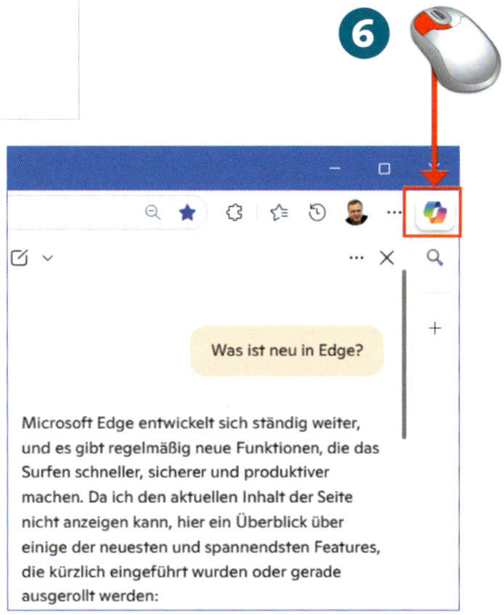

5

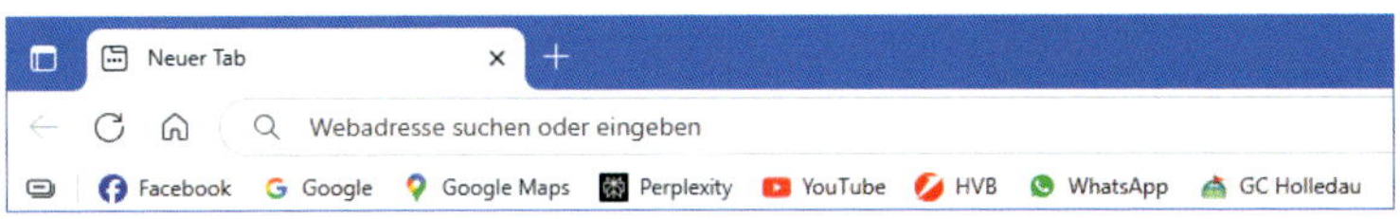

4 Mit *Benutzerdefiniertes Design* können Sie Ihr eigenes Bild festlegen und das Design ändern.

5 Die Favoritenleiste schalten Sie mit Strg + ⇧ + B ein oder wieder aus.

6 Fragen Sie Copilot, was sich bei Edge mit den neusten Updates verändert hat.

Ende

TIPP

Hier finden Sie alle Hintergrundbilder von Bing: *https://bingwallpaper.anerg.com/de*.

HINWEIS

Die Anzahl der Direktlinks-Zeilen (1 oder 2) bestimmen Sie in den Seiteneinstellungen. Um einen Direktlink zu entfernen, klicken Sie auf die drei Punkte rechts oben am Symbol.

Start

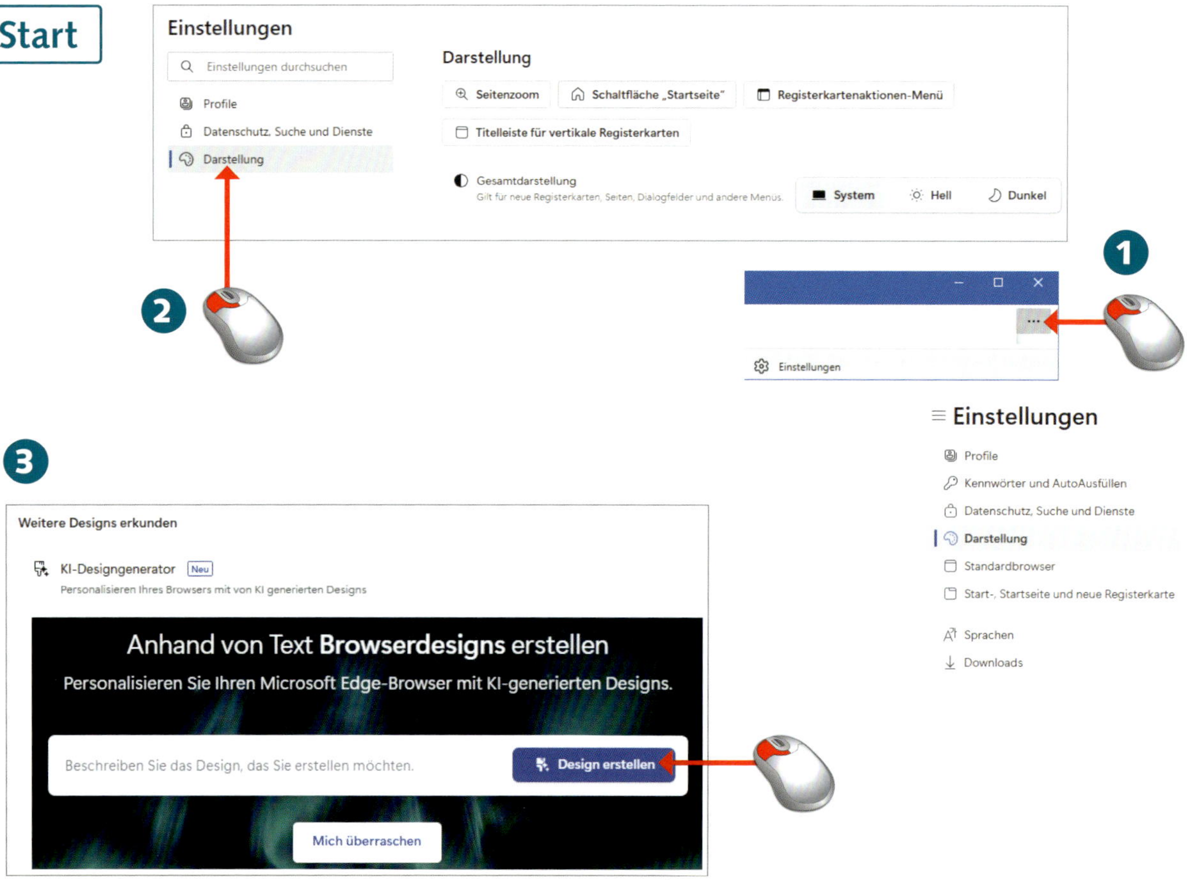

1. Aktivieren Sie die *Einstellungen* über das drei-Punkte-Symbol rechts oben. Öffnen Sie das *Einstellungen*-Menü.
2. Unter *Darstellung* finden Sie die Modi *Hell* und *Dunkel* und verschiedene Designs für Registerkarten, Seiten, Menüs und Dialoge.
3. Sie können sich Ihr eigenes Design auch vom *KI-Designgenerator* erstellen lassen.

WISSEN

Für die Darstellung des Internetbrowsers stehen zahlreiche Designs zur Auswahl. Jede Schaltfläche auf der Symbolleiste lässt sich individuell konfigurieren, und wer eine andere Schrift oder Schriftgröße braucht, hat freie Auswahl.

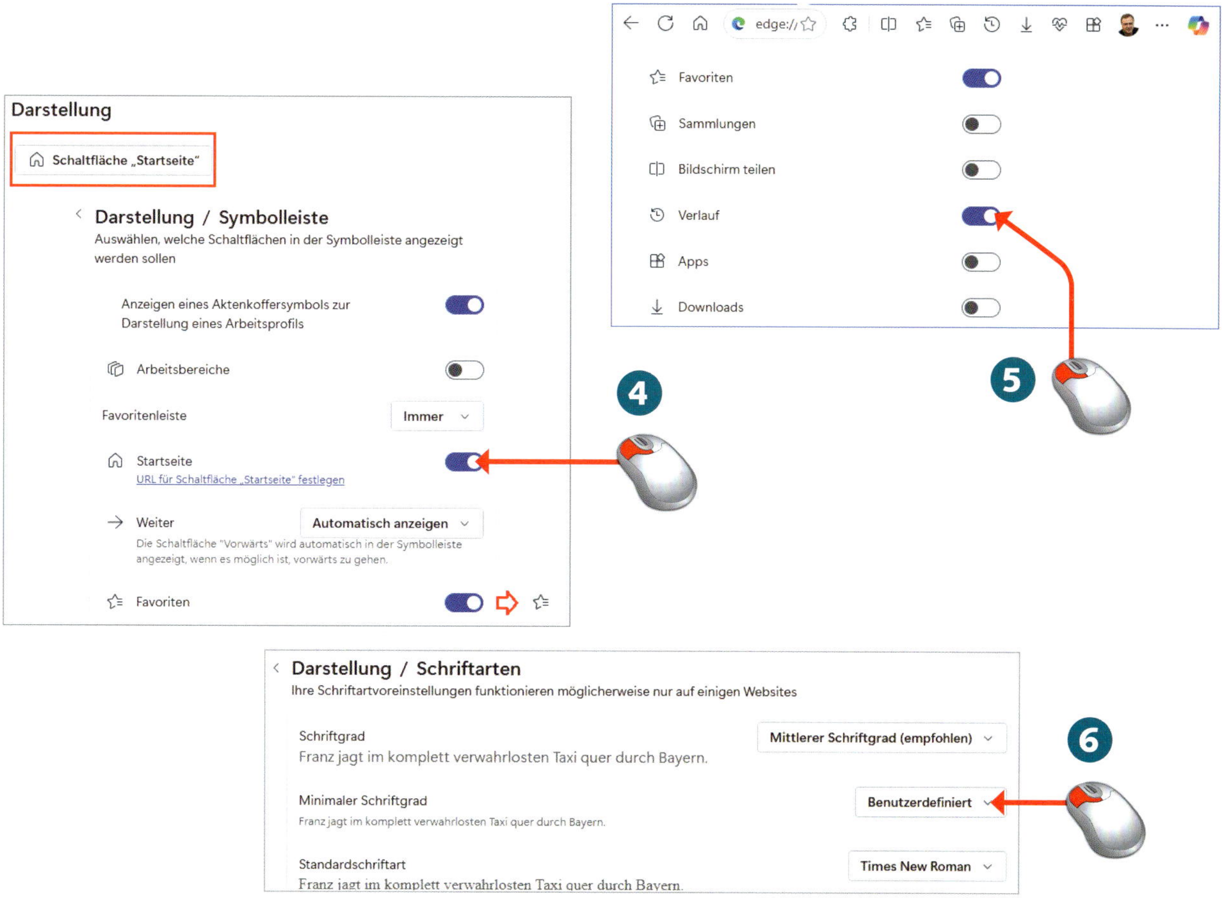

4 Passen Sie Ihre Symbolleiste an, schalten Sie die Favoritenleiste permanent ein und legen Sie die URL für die Startseite fest.

5 Wählen Sie die Schaltflächen für die Symbolleiste aus.

6 Unter *Schriftarten* finden Sie die Schriftschnitte und Schriftgrößen, die auf Browserseiten verwendet werden.

Ende

HINWEIS

Vertikale Tabs lassen sich im Kontextmenü der Tabs ein- und ausschalten.

HINWEIS

Unter *Seitenzoom* stellen Sie den Standard-Zoomfaktor für alle Webseiten ein.

Start

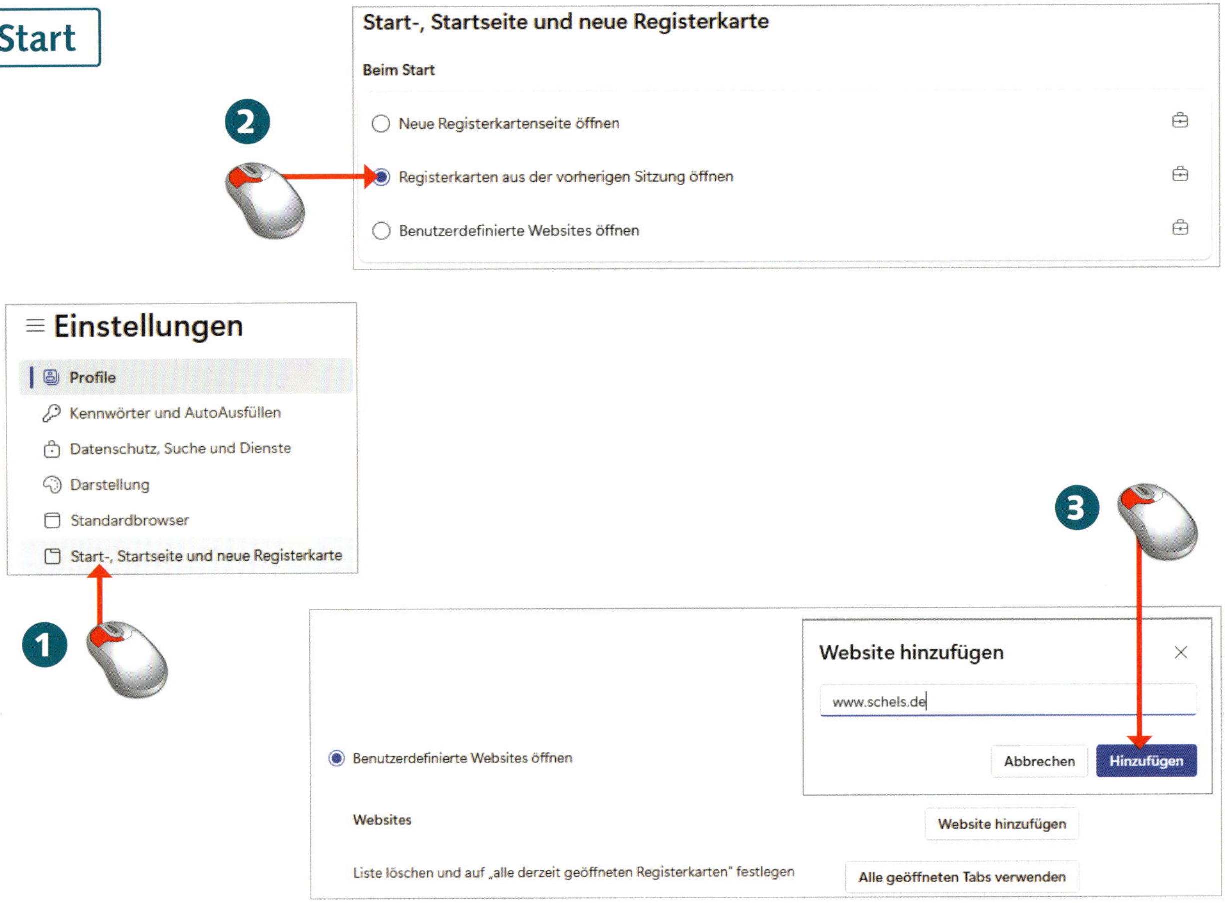

1. Öffnen Sie die *Einstellungen* und aktivieren Sie die Kategorie für *Start-, Startseite und neue Registerkarte*.
2. Hier legen Sie fest, welche Registerkarten beim Start aktiv werden. Wählen Sie eine neue Karte oder lassen Sie alle aus der letzten Sitzung öffnen.
3. Unter *Webseite hinzufügen* können Sie die Adresse (URL) einer Seite eingeben, die mit dem Browser aktiv werden soll.

WISSEN

Welche Webseiten nach dem Start des Browsers und beim Öffnen neuer Tabs aktiv werden, halten Sie am besten in den *Einstellungen* fest. Geben Sie die Adressen ein oder übertragen Sie die URLs der aktiven Seiten.

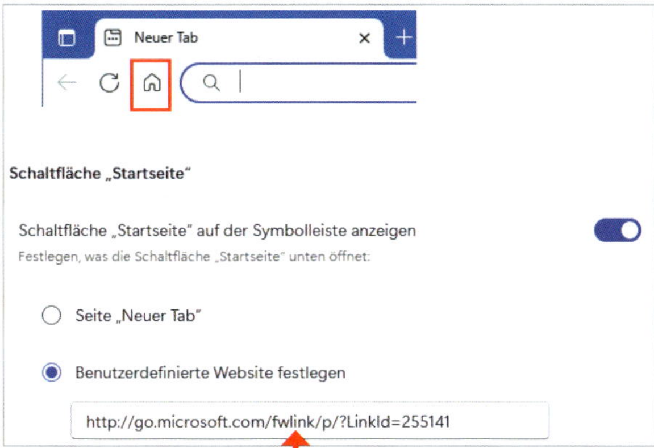

4

6

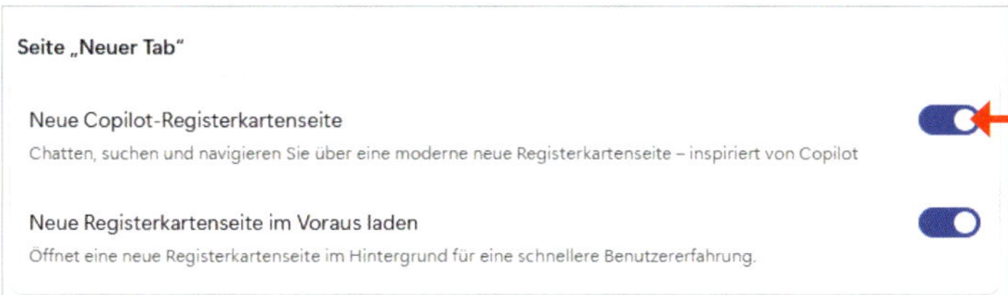

5

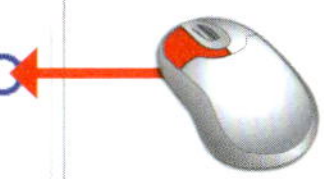

4 Definieren Sie, welche Webseite per Klick auf das Startseitensymbol aktiv wird.

5 Ein Klick auf das Pluszeichen im Tabregister öffnet eine neue Seite. Legen Sie hier das Layout und den Inhalt dieser Seite fest.

6 Lassen Sie sich für neue Registerkarten gleich von Copilot einen Vorschlag machen.

Ende

HINWEIS

Mit *about:blank* in der Startseiten-URL-Zeile erhalten Sie eine leere (blanke) Seite.

TIPP

Nützliche Tastenkombinationen:
Startseite: Alt+Pos1
Neuer Tab: Strg+T

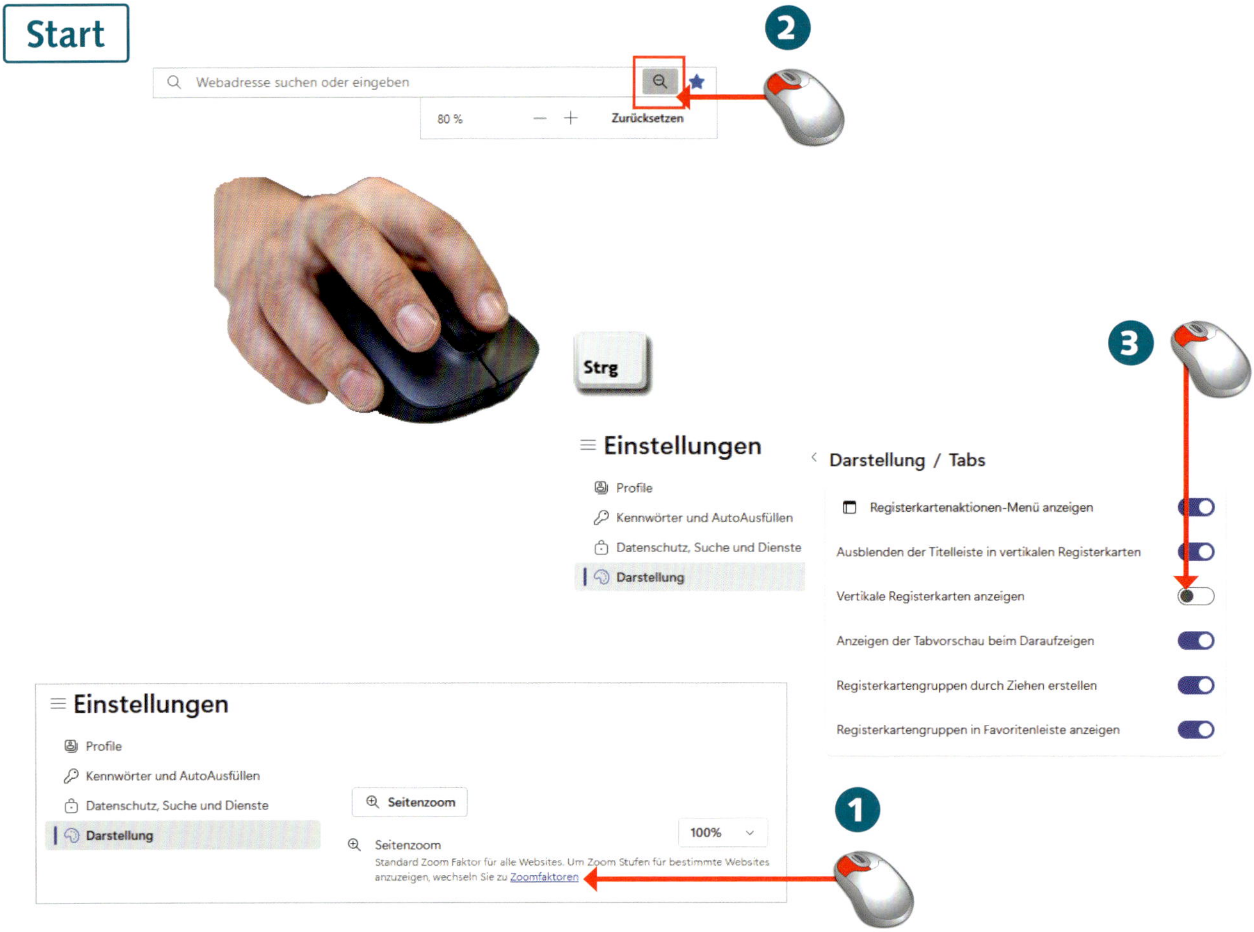

1. Unter *Darstellung* finden Sie in den *Einstellungen* den Standard-Zoomfaktor für alle Webseiten.
2. Zoomen Sie aktive Seiten mit dem Zoomsymbol oder mit dem Mausrad, indem Sie bei gedrückter Strg-Taste daran drehen.
3. Hier halten Sie alle Einstellungen für Registerkarten (Tabs) fest. Testen Sie die vertikale Ansicht.

WISSEN

Passen Sie den Zoom für die Webseitenansicht an und verwenden Sie die Leseansicht, wenn Sie die Inhalte auf dem Tablet oder Smartphone lesen wollen. Sie können sich den Inhalt auch vorlesen lassen oder mit Copilot eine Zusammenfassung erstellen.

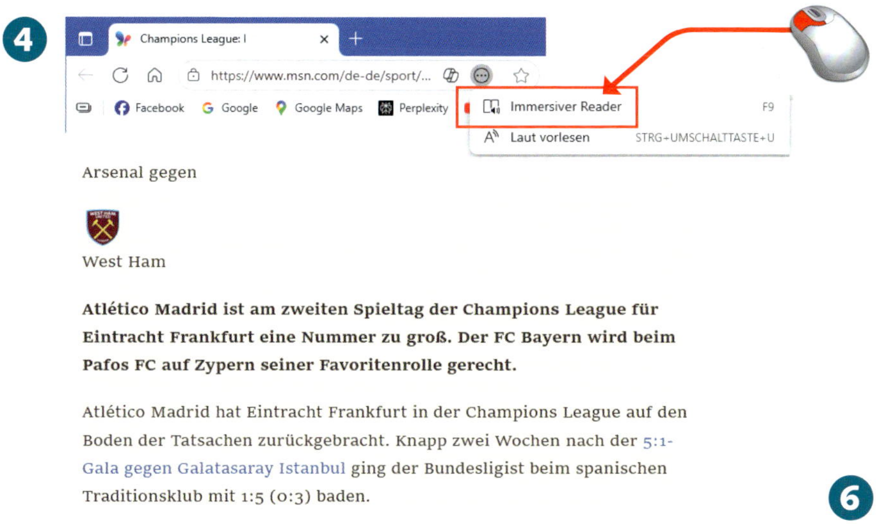

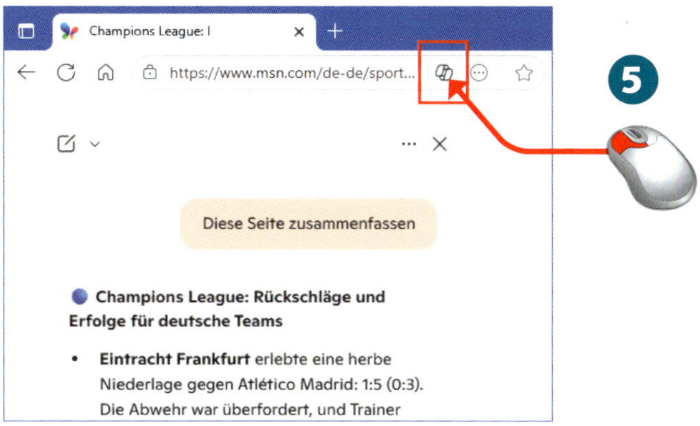

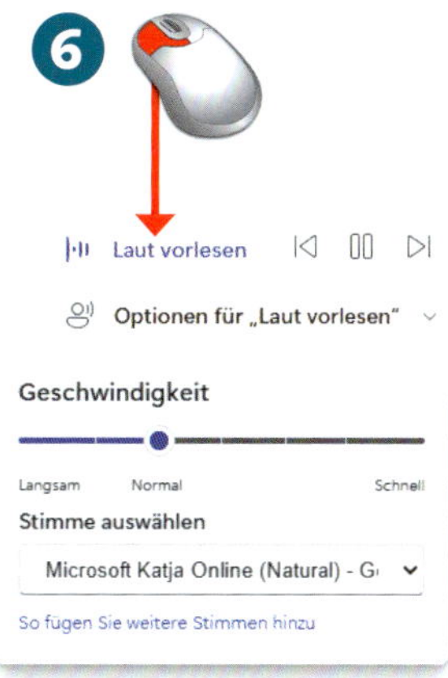

4 Der immersive Reader ist eine Leseansicht für die Browserseite. Schalten Sie ihn mit dem Symbol neben der Adresse ein.

5 Lassen Sie den Seiteninhalt von Copilot zusammenfassen und lesen Sie die komprimierte Fassung.

6 Klicken Sie auf *Laut vorlesen*, wird die Webseite vorgelesen. Stellen Sie die Geschwindigkeit und die Vorlesestimme ein.

Ende

TIPP

Tastenkombination für die Leseansicht: Strg+⇧+R.

HINWEIS

Nicht alle Webseiten eignen sich für die Leseansicht. Ohne Symbol gibt es auch kein Vorlesen.

HINWEIS

Die Leseansicht schalten Sie mit einem weiteren Klick oder Tippen auf das Leseansicht-Symbol wieder aus.

Start

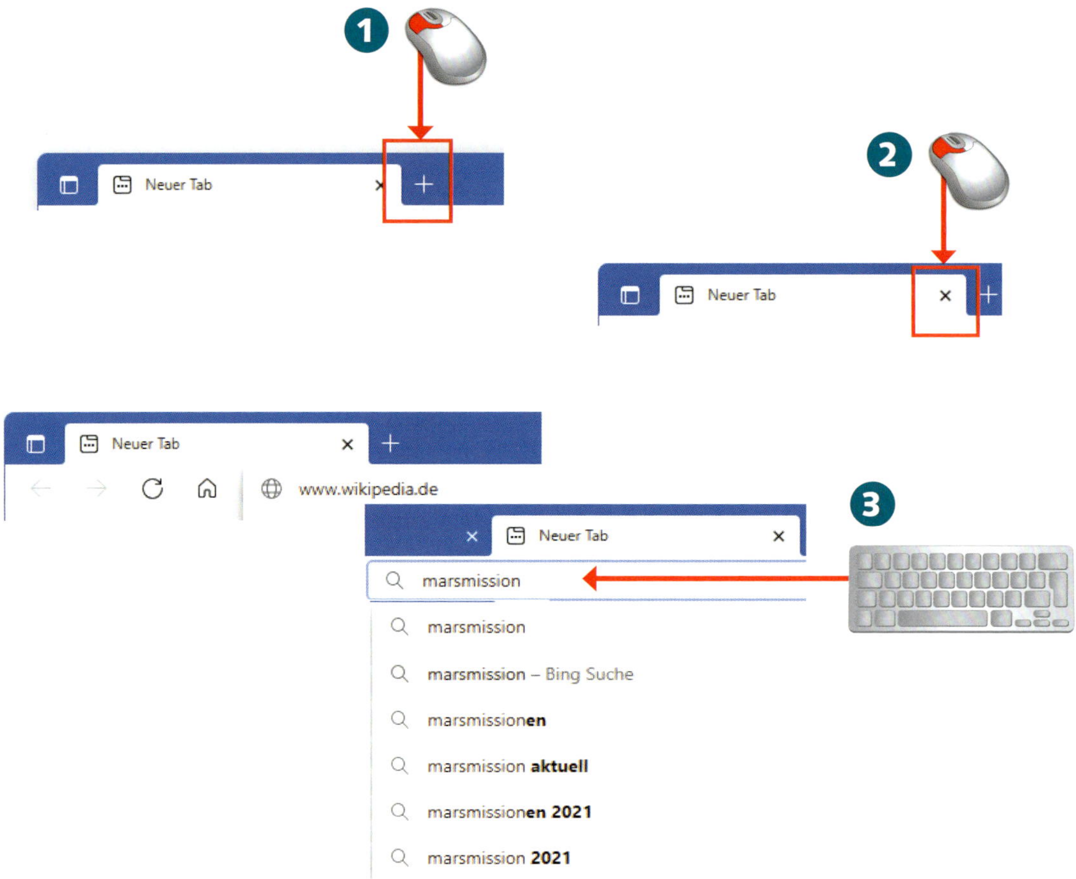

1. Die einzelnen Seiten im Browser heißen Tabs. Der Tab zeigt den Titel der aktiven Webseite an. Klicken Sie auf das Pluszeichen für einen neuen Tab.
2. Mit dem Klick auf das x löschen Sie einen Tab. Wenn Sie den letzten Tab löschen, schließt sich das Edge-Fenster.
3. Geben Sie eine Webadresse in die Adresszeile des aktiven Tabs ein oder tragen Sie einen Suchbegriff ein.

WISSEN

Damit Sie in Ihrem Browser mehrere Webseiten anzeigen können, stehen Ihnen Tabs zur Verfügung. Holen Sie neue Tabs, kopieren Sie Tabs oder verschieben Sie Tabs in neue Browserfenster.

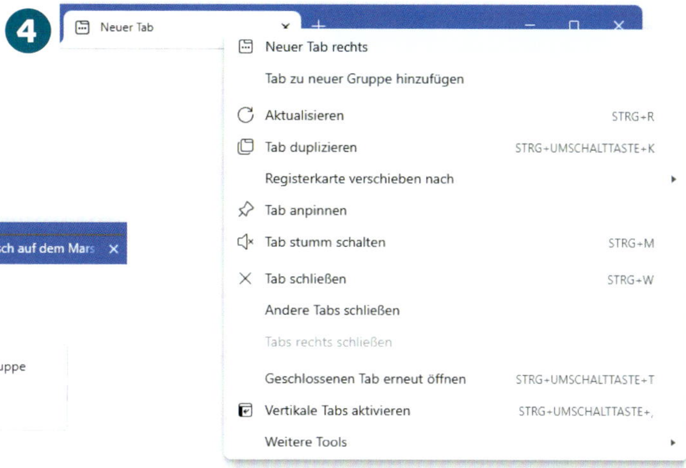

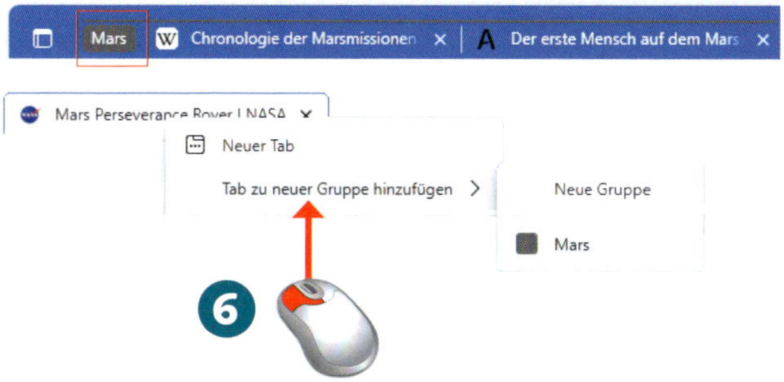

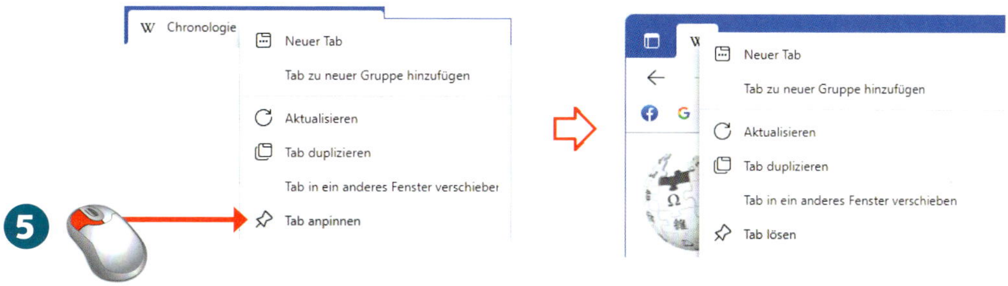

4 Über das Kontextmenü eines Tabs können Sie Tabs schließen, aktualisieren, kopieren oder einen Tab in ein neues Fenster verschieben.

5 Pinnen Sie einen Tab an, bleibt dieser im Browserfenster, auch wenn dieses wieder geschlossen wird. So lange, bis Sie den Tab wieder lösen.

6 Fügen Sie Tabs zu einer Gruppe hinzu und geben Sie dieser einen Namen. Strg+⇧+Y blendet alle Sammlungen ein.

Ende

FACHWORT

InPrivate: Sichere Browserverbindung, speichert keine Aktivitäten des Benutzers und keine Cookies.

TIPP

Um einen Tab in einem neuen Browserfenster anzuzeigen, ziehen Sie ihn einfach aus dem Fenster heraus auf den Desktop.

TIPP

Nützliche Tastenkombinationen:
Neuer Tab: Strg+T
Tab schließen: Strg+W

Start

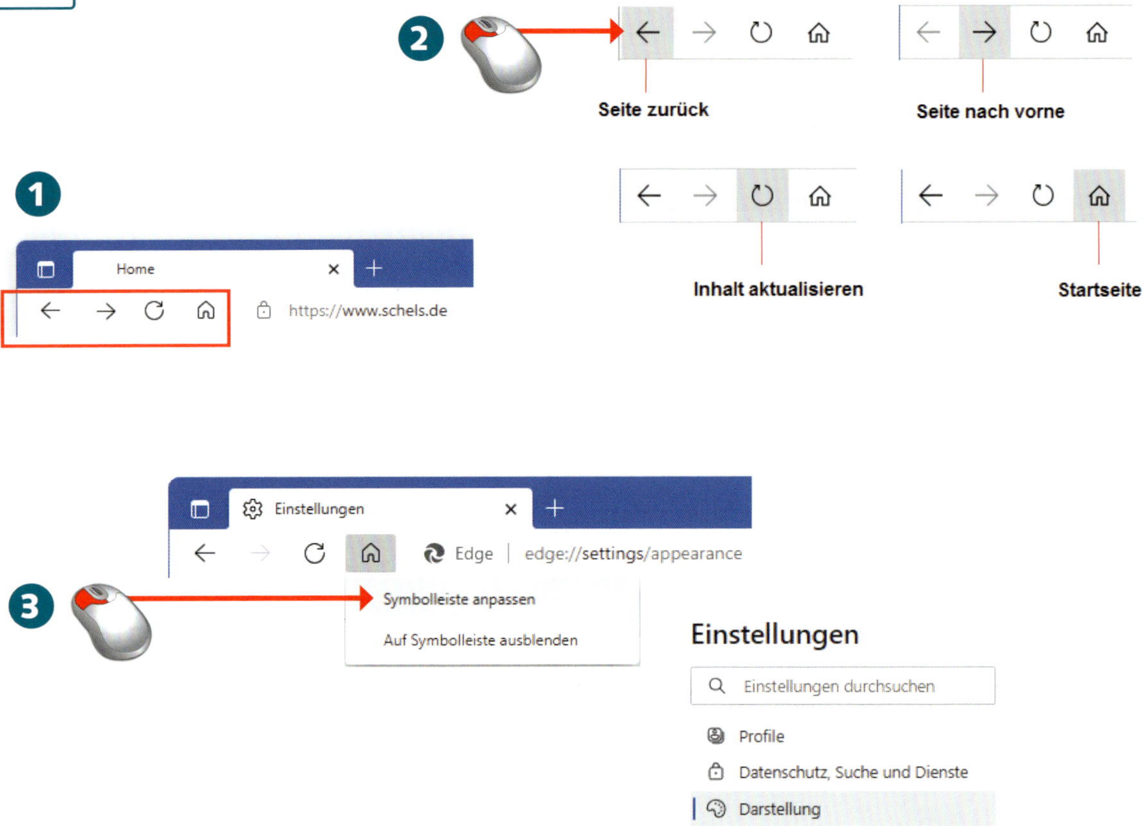

1. Aktive Tabs steuern Sie mit den Browsersymbolen unterhalb der Tableiste.

2. Klicken Sie auf ein Symbol, um zwischen den besuchten Seiten zu blättern oder zur Startseite zu wechseln.

3. Im Kontextmenü finden Sie die Option zum Anpassen der Symbolleiste. Schalten Sie dazu auf die *Einstellungen* um.

WISSEN

Surfen Sie entspannt mit Microsoft Edge im Internet, tragen Sie Webadressen oder Suchbegriffe ein und blättern Sie mit den Browsersymbolen. Microsoft Edge schickt Ihre Seiten auf Wunsch auch per Link oder QR-Code an andere Computer und Smartphones.

5

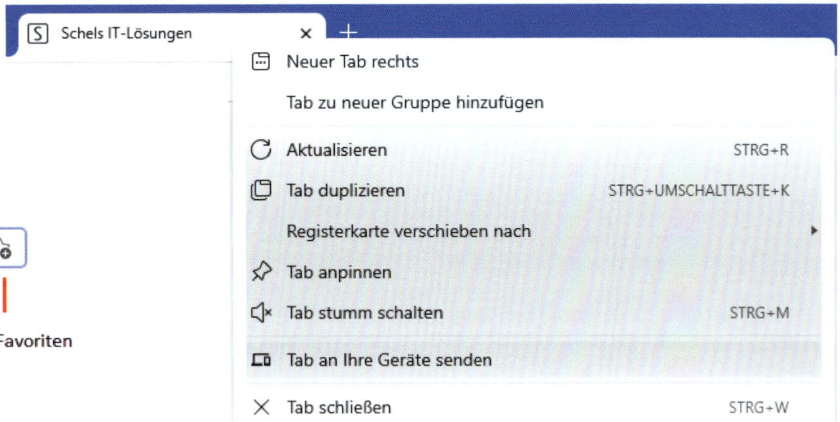

4

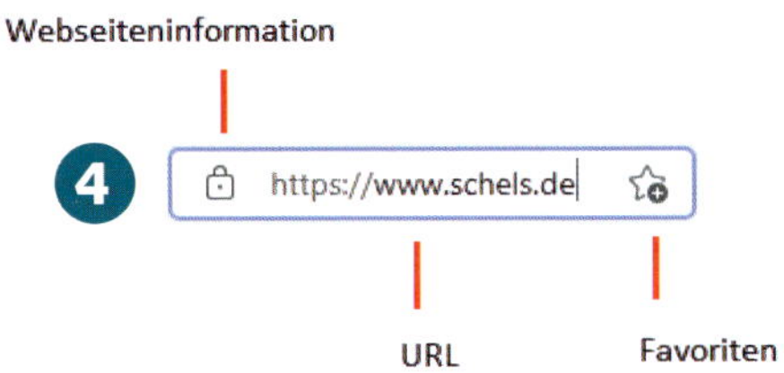

6

4 Webadressen (URLs) und Suchbegriffe tragen Sie einfach in die Adresszeile ein. Das Protokoll *https://* wird automatisch erkannt.

5 Senden Sie URLs an synchronisierte Geräte und Mobilgeräte. Der Link wird in den Benachrichtigungen angezeigt.

6 Erstellen Sie einen QR-Code aus der Webadresse und schicken Sie diesen an ein synchronisiertes Gerät.

Ende

HINWEIS

Für den Empfang von gesendeten Links und QR-Codes schalten Sie unter *Einstellungen/Profile* die Synchronisation ein.

TIPP

Bei der Eingabe einer Webadresse, die mit *www* beginnt, muss das Protokoll *http://* nicht mit eingegeben werden. Auch das *www* (**W**orld **W**ide **W**eb) kann man meist weglassen.

Start

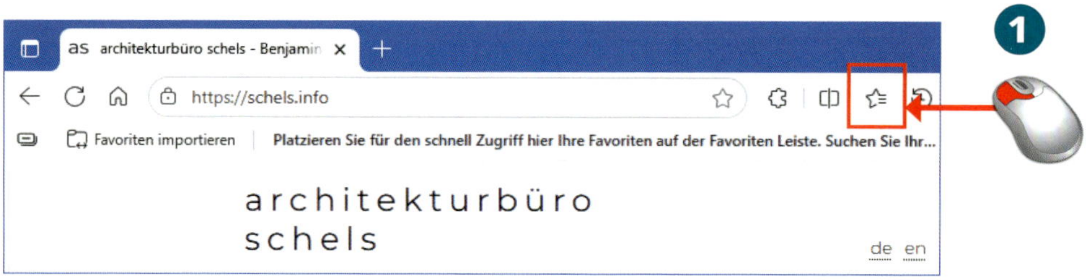

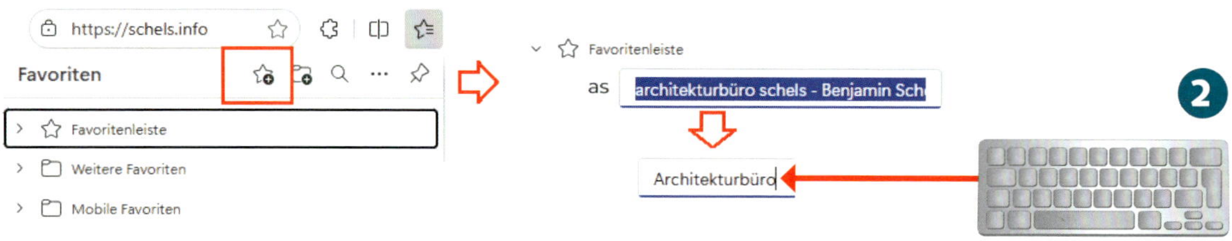

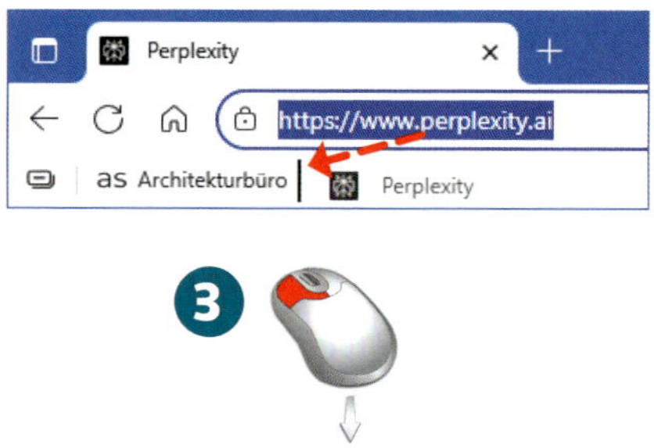

1. Klicken Sie auf das Symbol *Favoriten*, um die aktive Webseite in den Favoriten abzulegen.
2. Fügen Sie den Link in die Favoritenleiste ein und benennen Sie den Eintrag gleich um.
3. Ziehen Sie die nächste URL einfach aus der Adresszeile in die Favoritenleiste.

WISSEN

Favoriten ist der Fachausdruck für archivierte Webadressen. Speichern Sie wichtige und nützliche Links und ordnen Sie diese in einer Ordnerstruktur. Die besten Favoriten kommen in die Favoritenleiste, wo sie »auf Klick« bereitstehen.

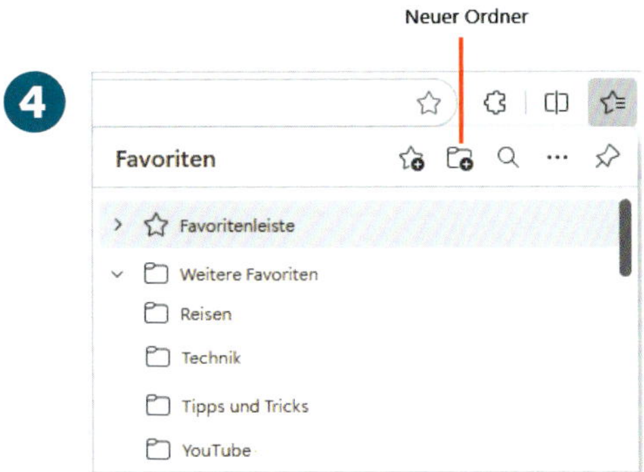

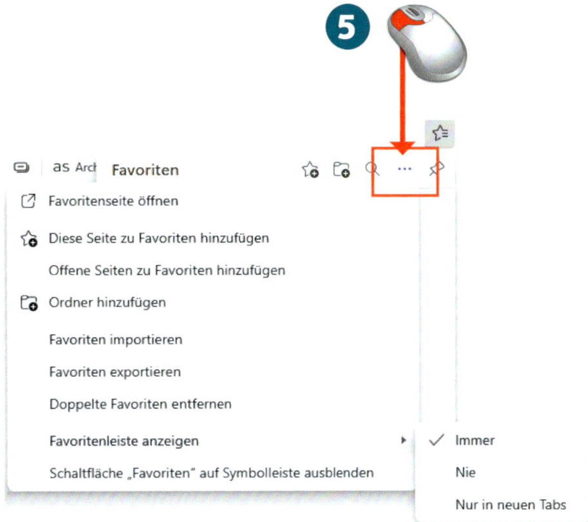

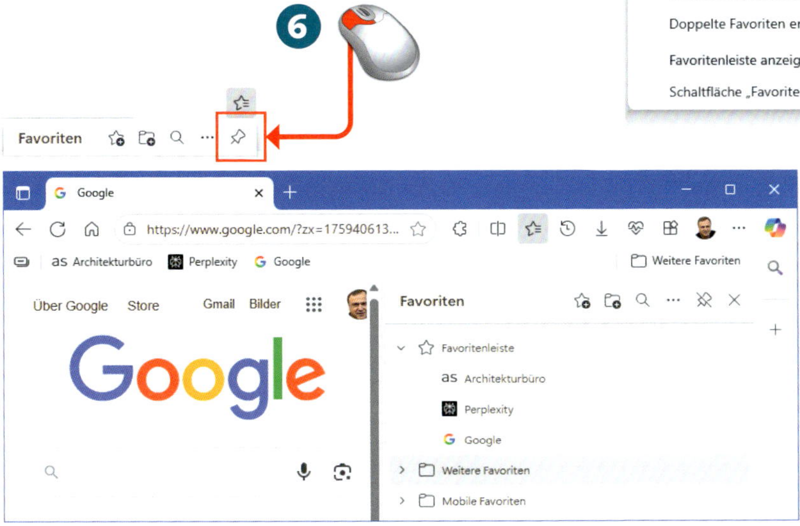

4 Holen Sie weitere Webadressen in die *Favoritenleiste* oder unter *Weitere Favoriten*. Legen Sie Favoriten-Ordner an und strukturieren Sie Ihre Sammlung.

5 Unter dem Favoritensymbol und *Weitere Optionen* können Sie Ihre Favoriten verwalten und Favoriten aus anderen Browsern importieren.

6 Heften Sie Ihre Favoriten an, wird die Auswahl in einer Randleiste permanent angezeigt.

Ende

TIPP

Mit *URL bearbeiten* kann die Adresse eines Favoriteneintrags aktualisiert werden.

HINWEIS

Beim Import von Favoriten werden Google Chrome, Firefox und die Vorgängerversion von Edge angeboten.

Start

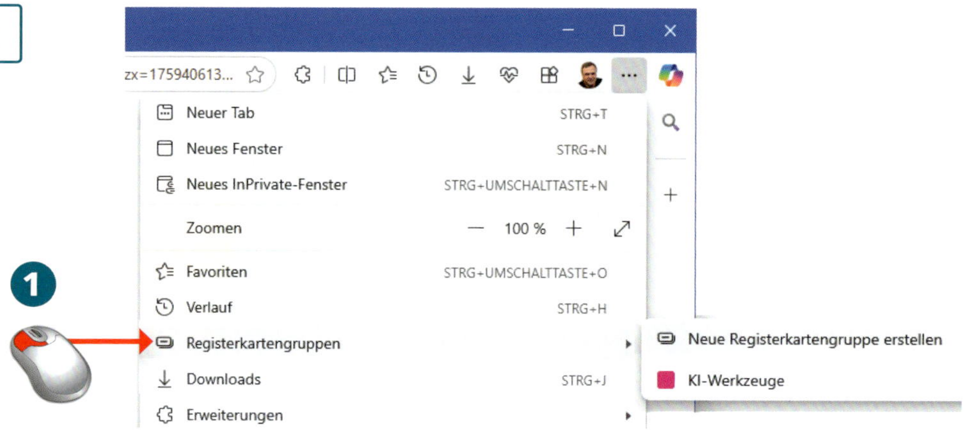

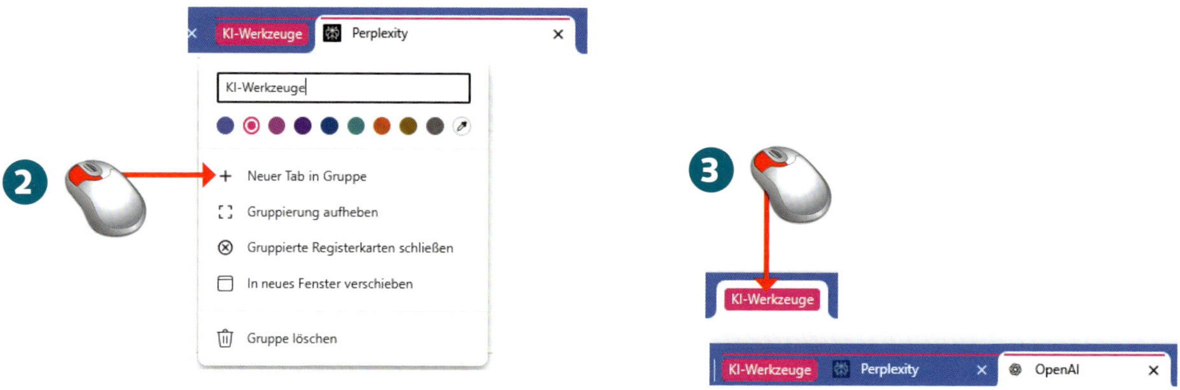

1. Aktivieren Sie die *Einstellungen* und legen Sie eine neue Registerkartengruppe an.
2. Fügen Sie neue Tabs hinzu und sammeln Sie alle Webadressen, die in diese Gruppe passen.
3. Öffnen und schließen Sie eine Gruppe per Klick auf die erste Registerkarte.

WISSEN

Wichtige Webadressen fassen Sie am besten in Registerkartengruppen zusammen. Im Browserverlauf stehen alle Seiten, die Sie die letzten Tage aktiviert hatten.

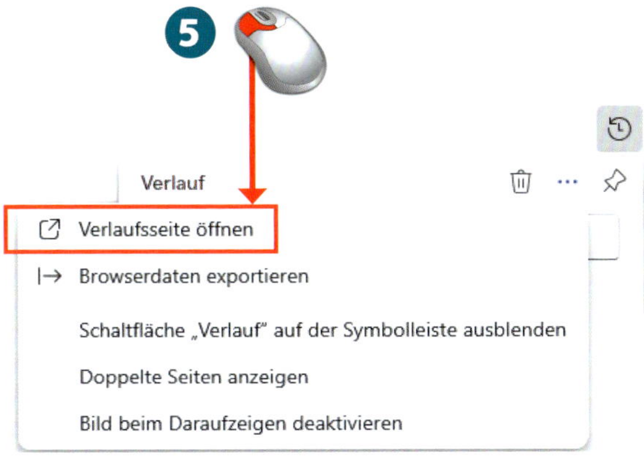

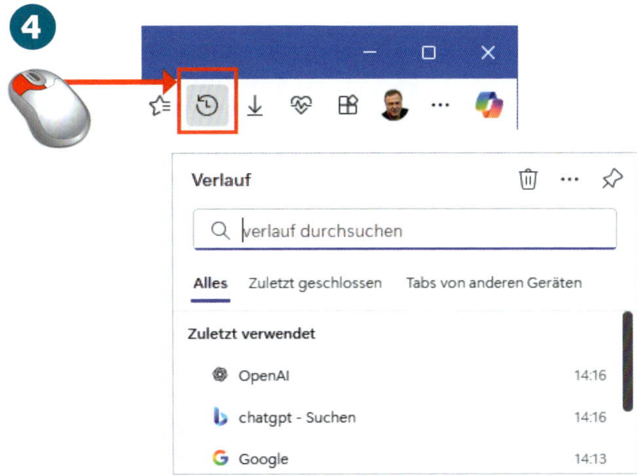

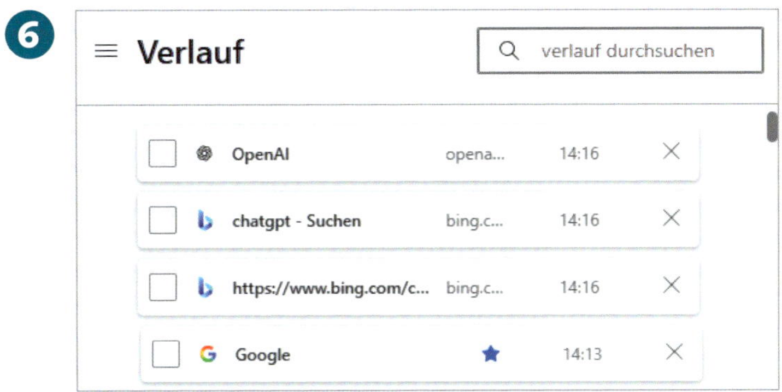

4 Mit dem Verlauf-Symbol in der Symbolleiste starten Sie die Übersicht über die zuletzt besuchten Webseiten.

5 Klicken Sie auf *Weitere Optionen* und öffnen Sie die Verlaufsseite in den *Einstellungen*.

6 Hier finden Sie eine ausführliche Browser-Verlaufsliste der letzten Tage. Mit *Browserdaten löschen* wird die ganze Liste geleert.

Ende

HINWEIS

Ein Klick auf einen Verlaufseintrag startet die Seite sofort.

TIPP

Nützliche Tastenkombinationen:
Verlauf: Strg+H
Browserverlauf: Strg+⇧+T

HINWEIS

Die Leseliste und die Sammlungen aus den Vorgängerversionen gibt es nicht mehr.

Start

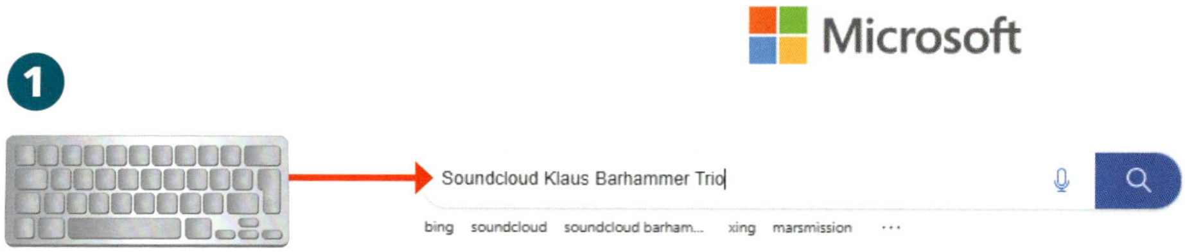

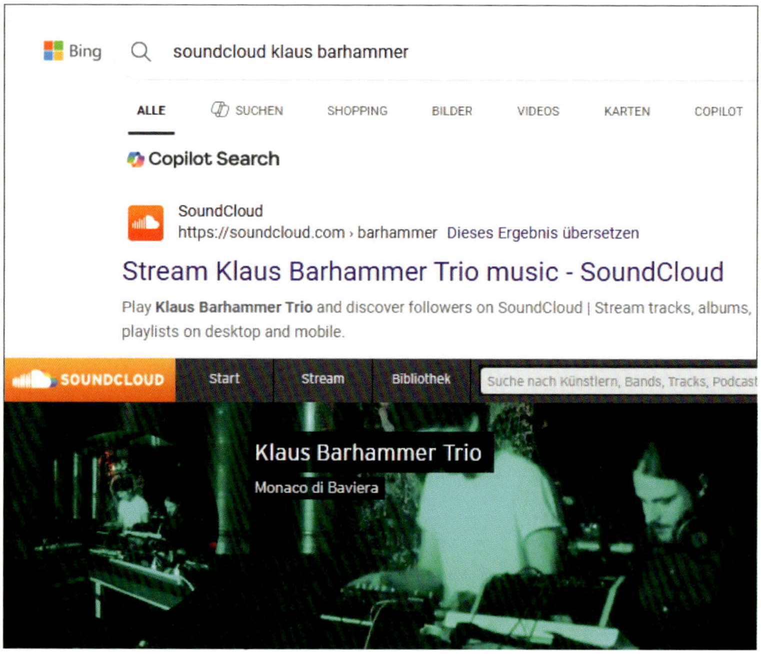

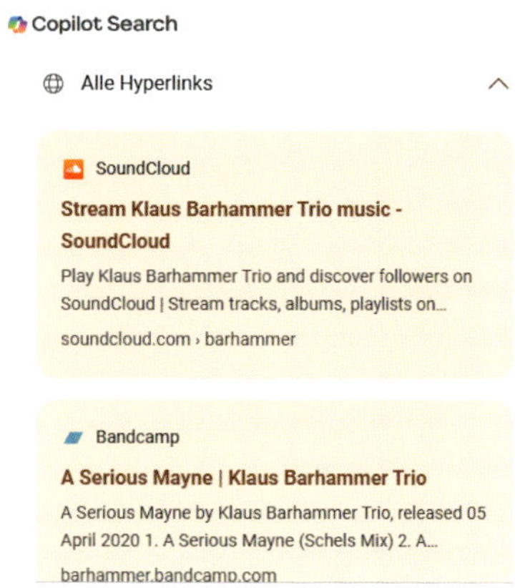

1. Geben Sie den Suchbegriff einfach in die Adress- oder Suchzeile ein, drücken Sie ⏎ oder wählen Sie einen vorgeschlagenen Begriff.
2. Die Suchmaschine Bing wird aktiv, die Ergebnisse sind in Kategorien (*Alle*, *Bilder*, *Videos*, *Karten*) unterteilt.
3. Die Copilot-Suche nutzt KI-Werkzeuge wie GPT und DALL-E, um mehr aus einem Suchbegriff herauszuholen.

WISSEN

Die Suche nach guten Webseiten wurde mit der Zeit natürlich optimiert, wenn nicht schon perfektioniert. Ob Bing oder Google (die Suchmaschine können Sie einstellen) – zu jedem Suchbegriff findet der Browser Tausende von Webseiten.

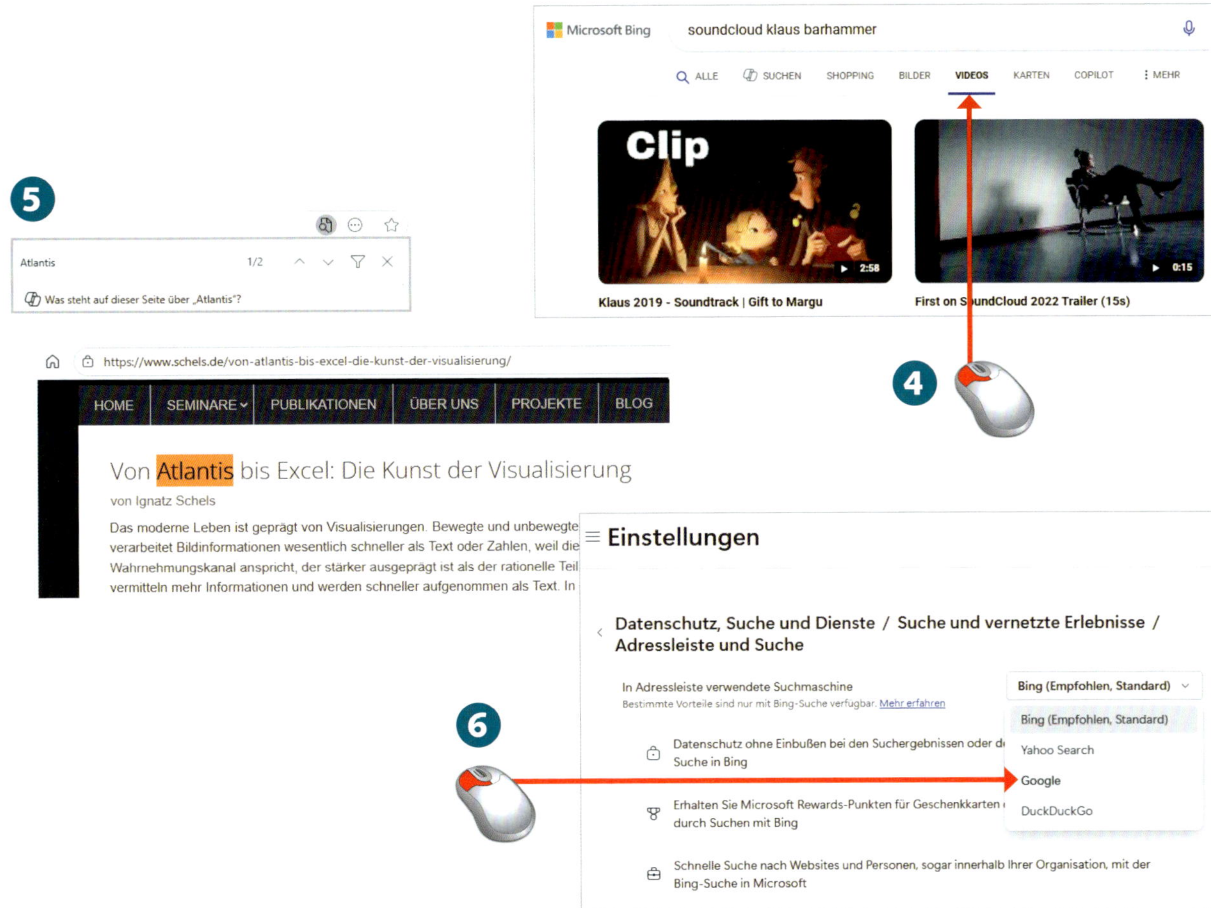

4 Schalten Sie auf eine andere Kategorie um und sehen Sie sich Videos, Bilder, Karten und mehr zum Suchbegriff an.

5 Um auf der aktuellen Seite nach einem Text oder Bild zu suchen, drücken Sie Strg+F oder wählen *Auf Seite suchen* in den Einstellungen.

6 Um eine andere Suchmaschine als Bing zu verwenden, gehen Sie in den *Einstellungen* auf *Datenschutz, Suche und Dienste*.

Ende

HINWEIS

Unter *Suchmaschinen verwalten* können Sie eigene Links verwenden.

TIPP

In den *Einstellungen* können Sie den gesamten Suchverlauf löschen.

HINWEIS

Aktivieren Sie die Einstellungen der Suchmaschine, sehen Sie die Suchbegriffe nach Datum geordnet.

Start

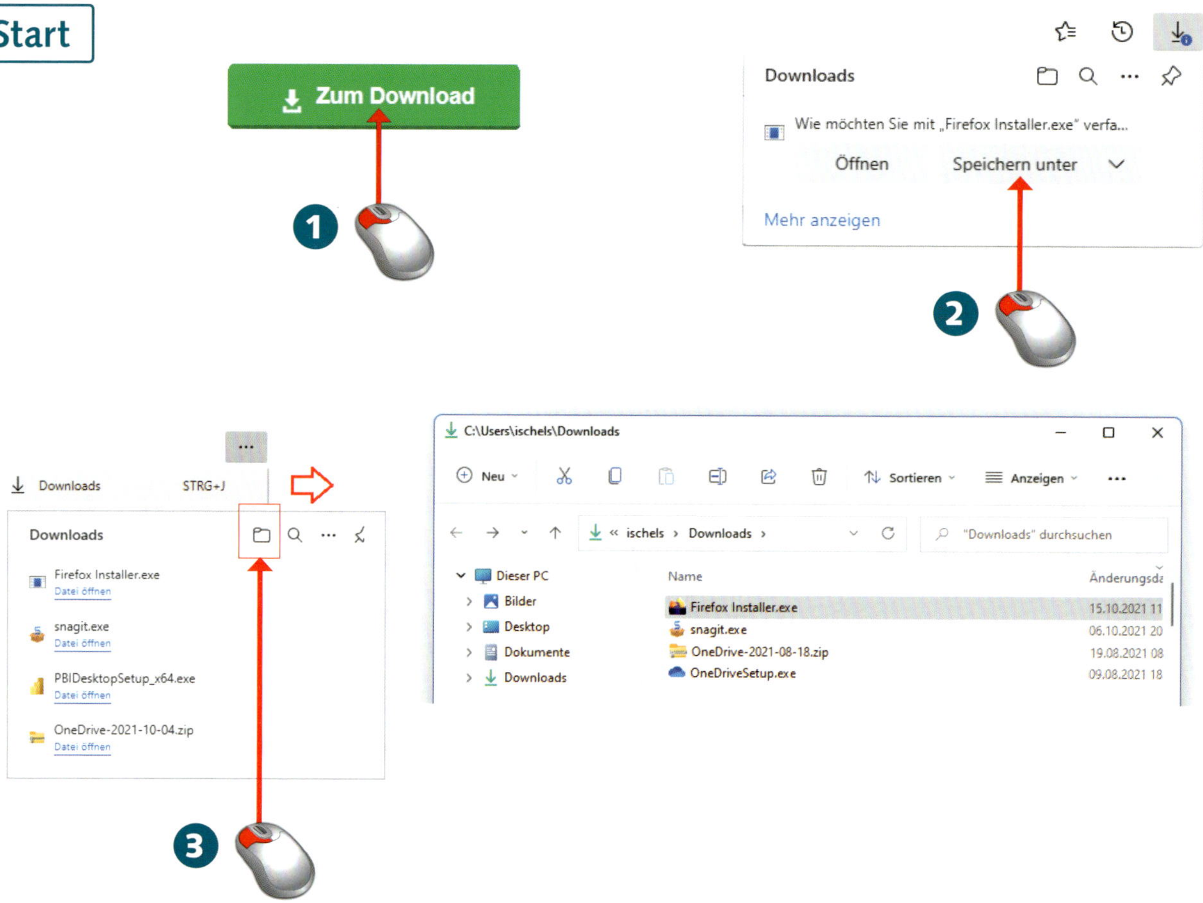

1. Wenn Daten oder Apps auf Webseiten zum Download bereitstehen, klicken Sie auf den angebotenen Download-Link.
2. Öffnen Sie den Download-Link gleich oder speichern Sie die Datei vorher im *Downloads*-Ordner.
3. Unter *Einstellungen/Downloads* finden Sie alle gespeicherten Dateien. Klicken Sie auf *Datei öffnen* oder öffnen Sie den *Downloads*-Ordner.

WISSEN

Videos, Sounds, Apps, E-Books und PDF-Dateien werden auf Webseiten über Schaltflächen oder Links zum Download angeboten. Windows 11 speichert die Dateien im *Downloads*-Ordner unter Ihrem Benutzerprofil.

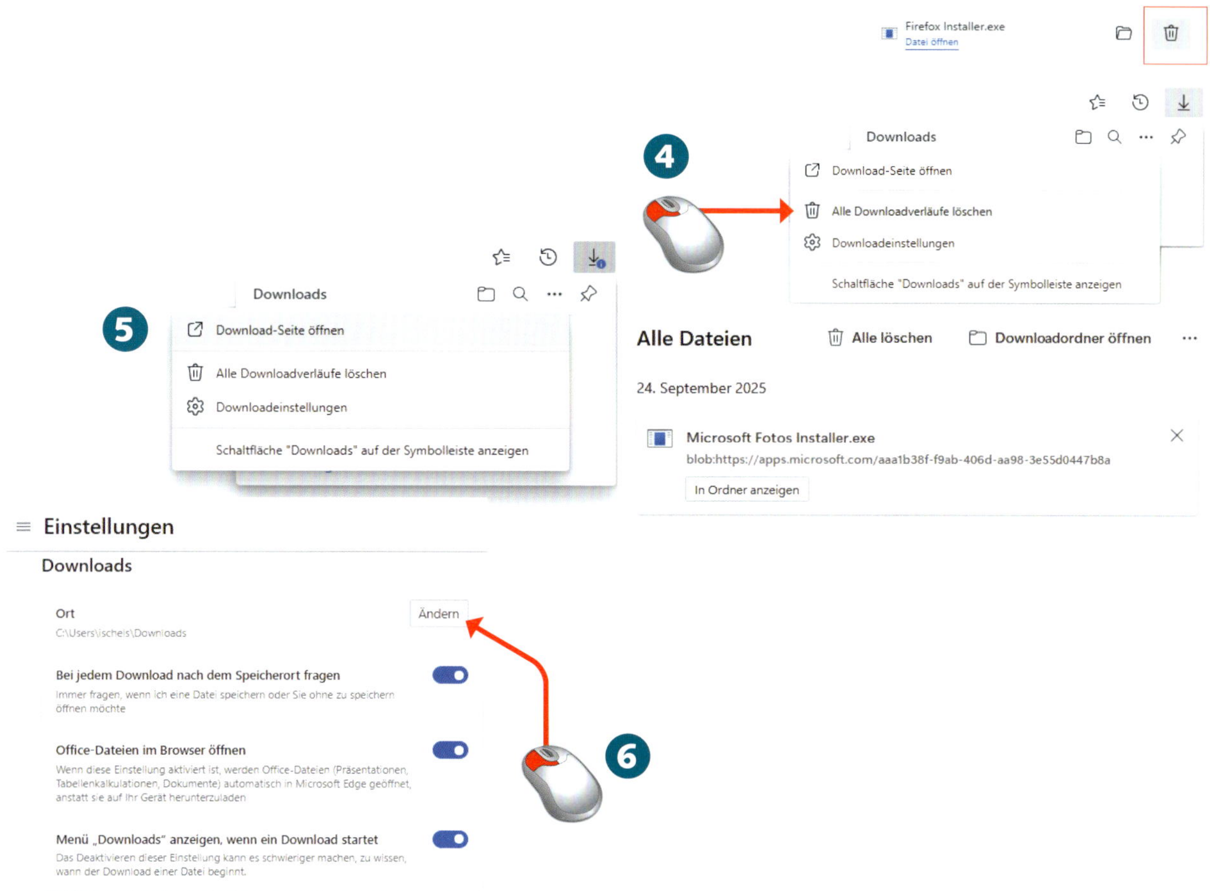

4 Löschen Sie einzelne Downloads oder die gesamte Liste.

5 Die Download-Seite listet alle Downloads und gliedert sie nach Kategorien.

6 In den *Einstellungen* finden Sie weitere Optionen für Downloads.

Ende

HINWEIS

Downloads aus dem Internet sind die größte Gefahr für die Sicherheit. Überprüfen Sie Downloads vor dem Ausführen immer auf Viren und Schadsoftware!

TIPP

Nützliche Tastenkombination:
Downloads anzeigen: Strg+J

Start

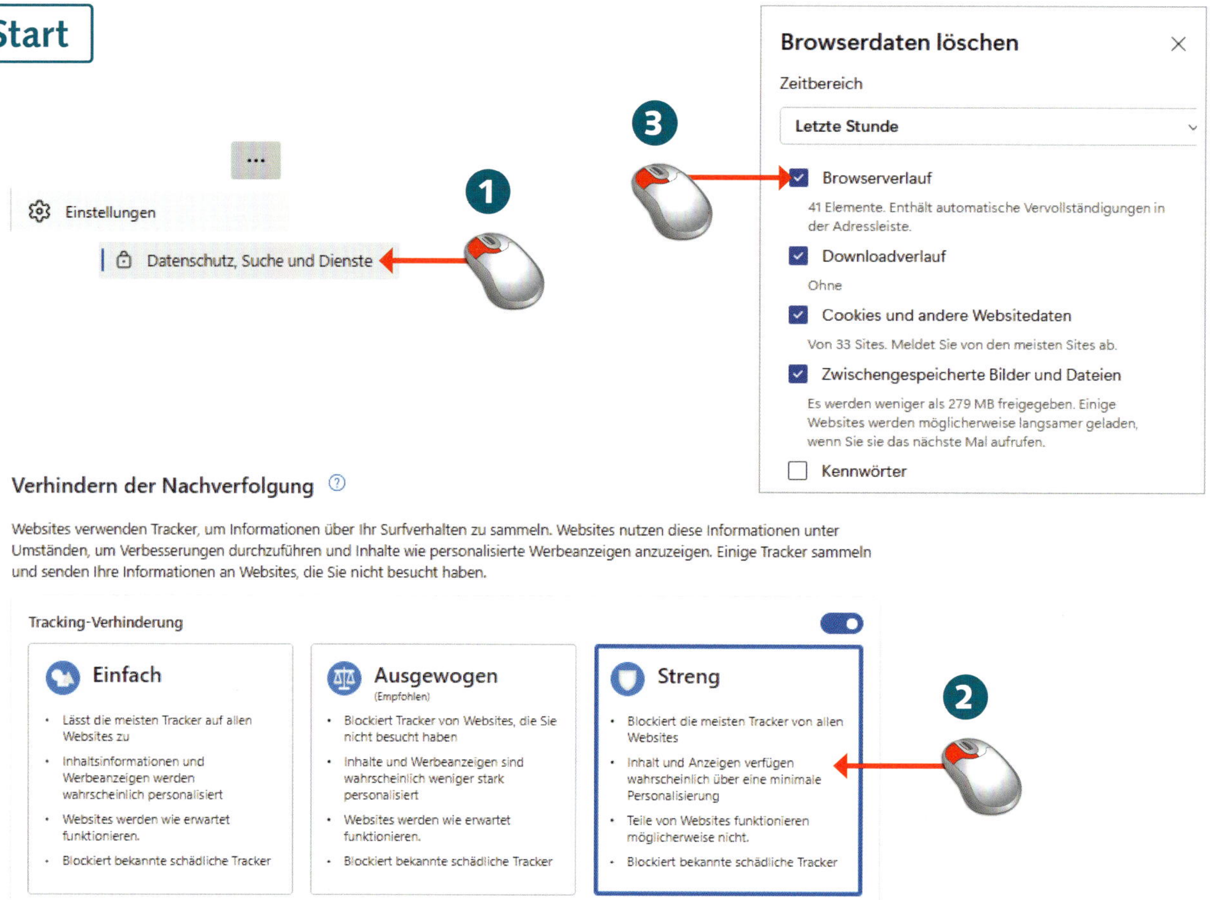

1. Schalten in den *Einstellungen* auf *Datenschutz, Suche und Dienste*.

2. Stellen Sie sicher, dass besuchte Webseiten keine Informationen über Ihr Surfverhalten sammeln. Stellen Sie die Sicherheitsstufe für das Tracking ein.

3. Löschen Sie alle Browserdaten und stellen Sie ein, was beim Schließen des Browserfensters automatisch gelöscht werden soll.

WISSEN

Wenn Sie mit Ihrem Computer in öffentlichen Netzen unterwegs sind, sollten Sie sicherstellen, dass niemand Ihre Daten abgreift. Surfen Sie nur mit InPrivate. Löschen Sie regelmäßig Cookies und andere temporäre Daten, die der Browser auf Ihrer Festplatte hinterlässt.

5

4

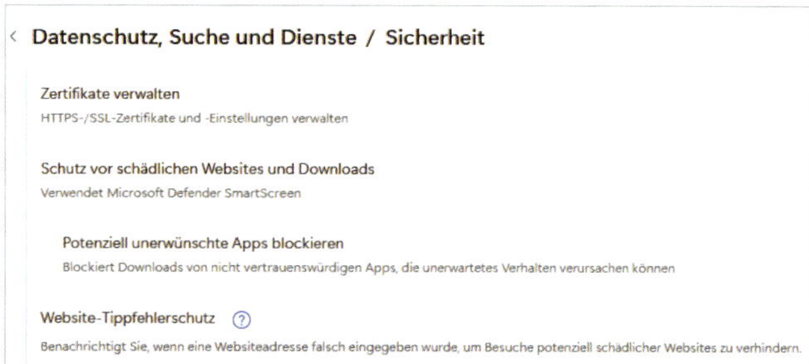

6

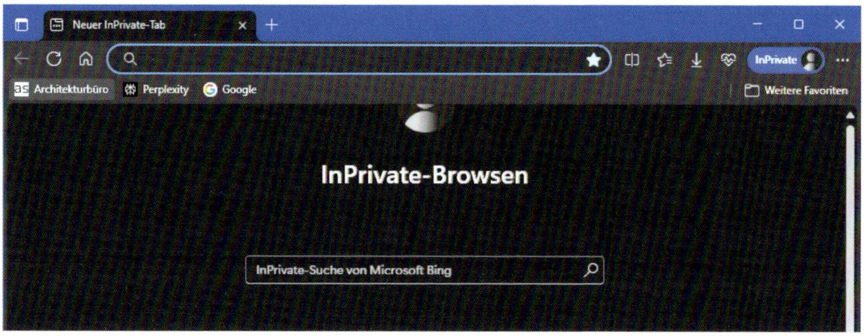

4 Unter *Sicherheit* verwalten Sie Zertifikate, die für besondere Webseiten ausgestellt wurden. Schalten Sie auf jeden Fall den *Defender SmartScreen* ein.

5 Die aktiven Dienste können Sie einzeln abschalten, falls ein Sicherheitsrisiko auftritt.

6 Besonders sicher surfen Sie mit *InPrivate*. Damit speichert Edge keine Cookies und löscht nach dem Verlassen der Seite alle temporären Dateien.

HINWEIS

Mit *Application Guard* läuft der Browser in einer isolierten Hardware-Umgebung (Hyper-V).

HINWEIS

Temporäre Dateien braucht der Browser in der Regel, um bereits geladene Daten schnell wieder abzurufen. Sie werden in diesen Ordnern gespeichert:
C:\Windows\Temp
C:\Users\<benutzername>\AppData\Local\Temp

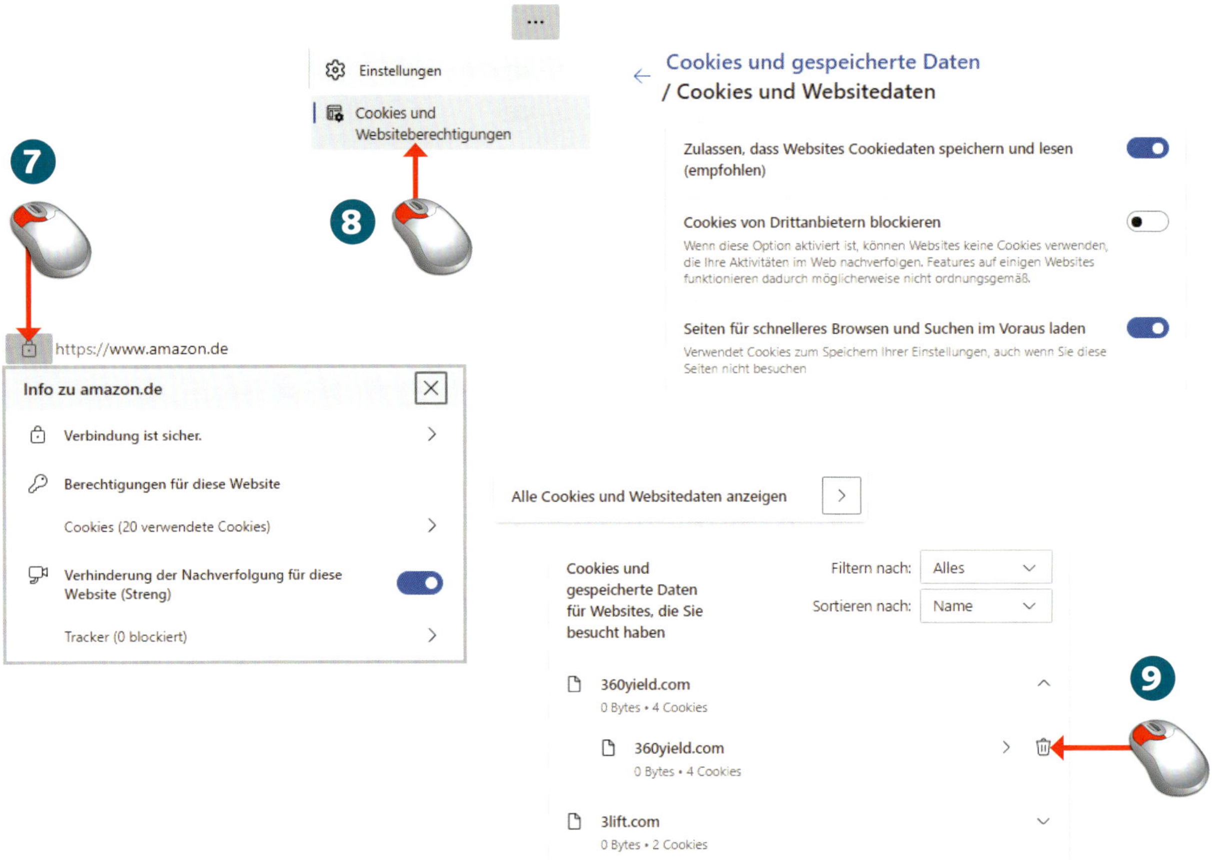

7. Klicken Sie auf das Schloss-Symbol in der Adresszeile, sehen Sie die Berechtigungen, Cookies und Tracker dieser Webseite.

8. Aktivieren Sie in den *Einstellungen* die Option *Cookies und Websiteberechtigungen* und stellen Sie die Cookies für alle Webseiten ein.

9. Lassen Sie sich alle Cookies anzeigen und löschen Sie einzelne über das Papierkorbsymbol.

WISSEN

Überwachen Sie die Berechtigungen von Webseiten und schalten Sie den Pop-up-Blocker, Do Not Track und den SmartScreen-Filter ein, damit Sie sicher im Web unterwegs sind.

FACHWORT

Pop-ups: unerwünschte Werbefenster.
Do Not Track: Webseiten dürfen kein Benutzerprofil anlegen.
Cookies: Textdateien, die von besuchten Webseiten auf der Festplatte hinterlegt werden.

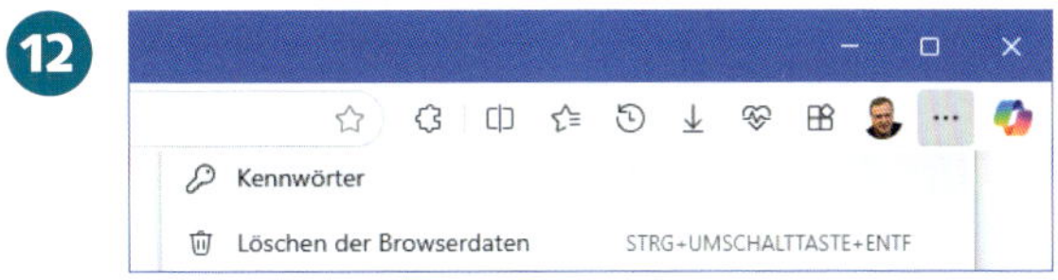

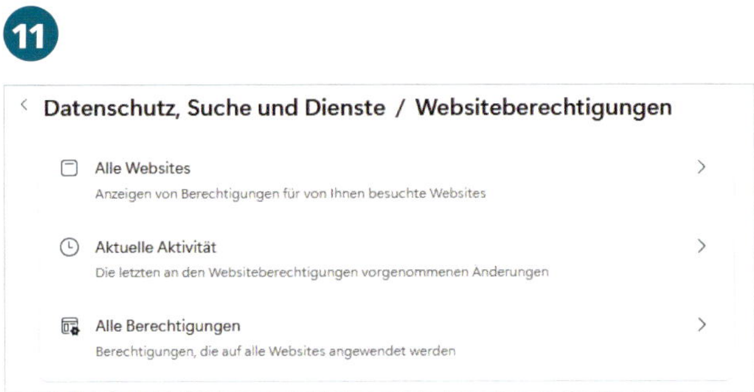

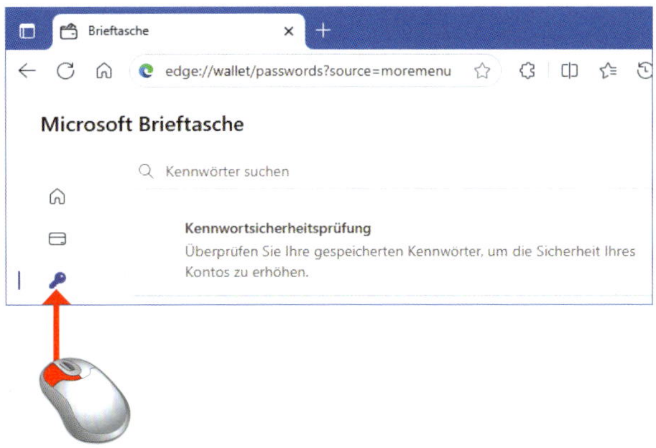

10 Cookies von Drittanbietern können Sie blockieren oder ganz abschalten. Normale Cookies sollten zugelassen sein.

11 Webseiten fordern häufig das Recht an, Standort, Kamera etc. zu nutzen. Hier überprüfen und verwalten Sie die Berechtigungen allgemein und für einzelne Seiten.

12 Kennwörter und Zahlungsinformationen verwalten Sie über das Microsoft-Konto. In den *Einstellungen* können Sie die *Brieftasche* starten.

Ende

HINWEIS

Cookies sind kein Sicherheitsrisiko, sollten aber überwacht und ab und zu mal gelöscht werden.

HINWEIS

Webseiten, die in der URL-Zeile ein Schloss-Symbol und das Protokoll *https://* anzeigen, arbeiten mit verschlüsselten Daten. Ein grünes Schloss signalisiert, dass die Webseite als authentisch eingestuft ist.

Start

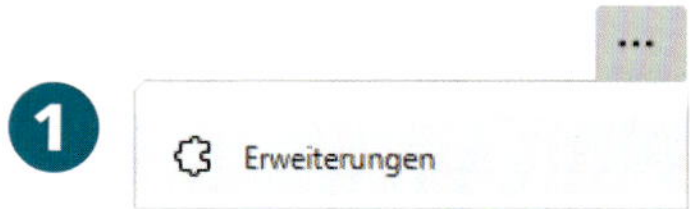

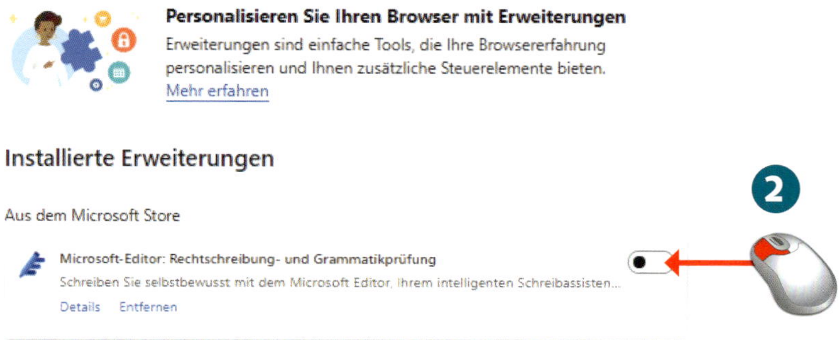

1. Erweiterungen für den Browser Edge finden Sie in den *Einstellungen*.
2. Die installierten Erweiterungen werden angezeigt, hier können sie aktiviert oder deaktiviert werden.
3. Holen Sie neue Erweiterungen für den Browser an Bord.

WISSEN

Add-ins und Erweiterungen machen Ihren Browser noch nützlicher. Das Angebot ist reichlich, suchen Sie sich passende Programme aus. Besonders wichtige und nützliche Links speichern Sie am besten als App und verteilen sie an synchronisierte Geräte.

TIPP

Erweiterungen für den Edge-Browser finden Sie auch im Microsoft Store.

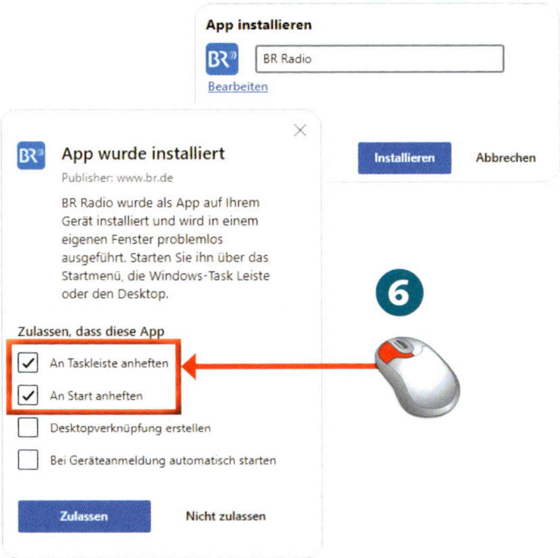

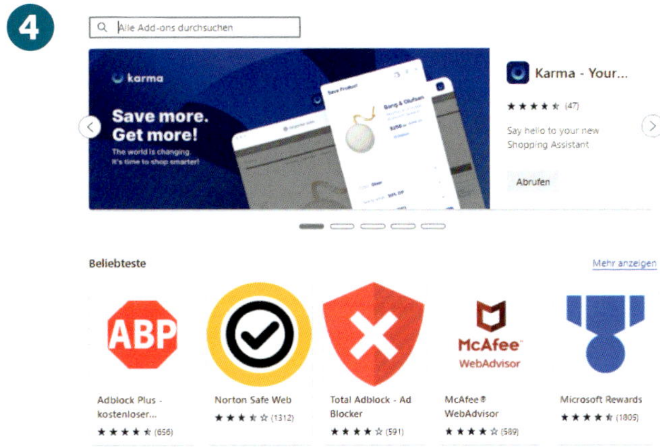

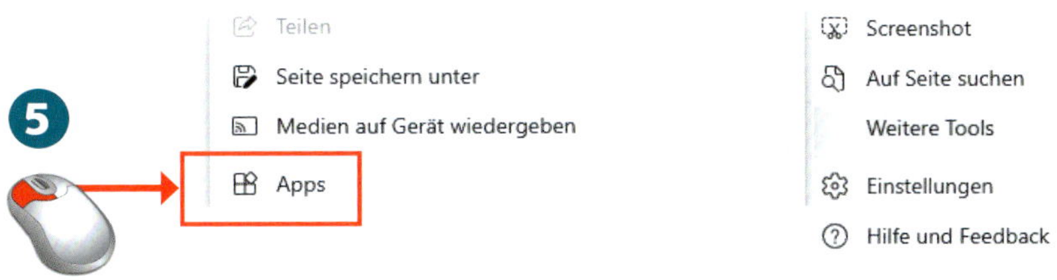

4 Blättern Sie durch die Kategorien und installieren Sie, was Sie brauchen.

5 Links können Sie als eigenständige Apps abspeichern. Wählen Sie *Apps/Weitere Tools/Diese Seite als eine App installieren*.

6 Installieren Sie die App, heften Sie sie gleich an Startmenü und Taskleiste an und lassen Sie das neue Windows-Programm beim Start ausführen.

Ende

HINWEIS

Der Browser-Task-Manager meldet, wie viel Hauptspeicherplatz einzelne Seiten und Apps verbrauchen.

HINWEIS

Unter *Apps verwalten* finden Sie alle Browser-Apps, hier können Sie einzelne davon editieren oder auch wieder löschen.

Start

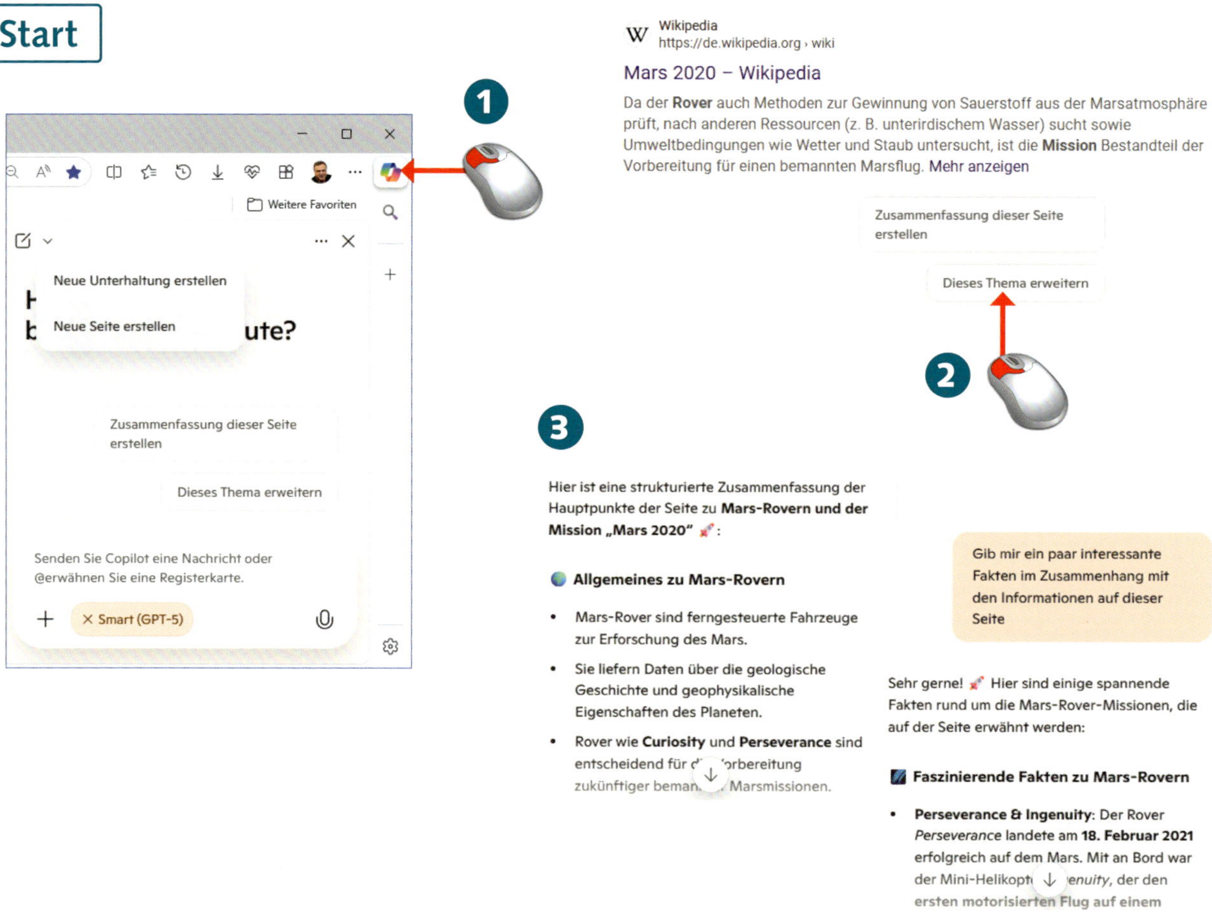

1. Starten Sie Copilot per Klick auf das Symbol am rechten oberen Rand von Edge. Legen Sie eine neue Unterhaltung an.
2. Sie können Copilot auch eine Zusammenfassung der aktuellen Browserseite erstellen oder das Thema erweitern lassen.
3. Die Zusammenfassung enthält kompakte Informationen zum Seiteninhalt, in der Erweiterung finden Sie weitere interessante Fakten.

WISSEN

Copilot in Edge ist der KI-Begleiter beim Surfen im Internet. Er fasst Webseiten zusammen, entwirft E-Mails und beantwortet Fragen, für die Sie keine Antworten finden.

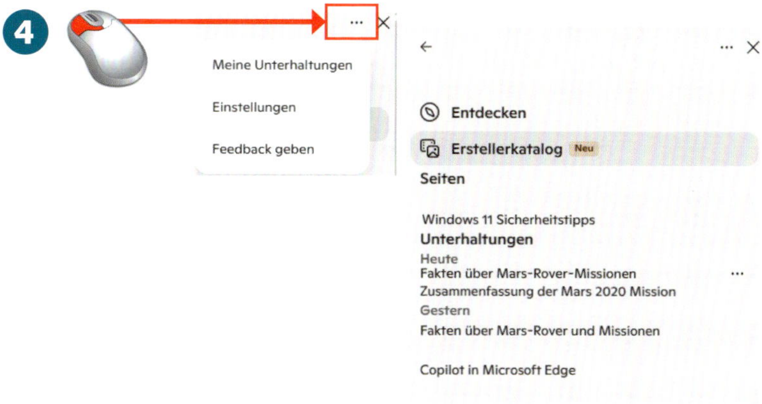

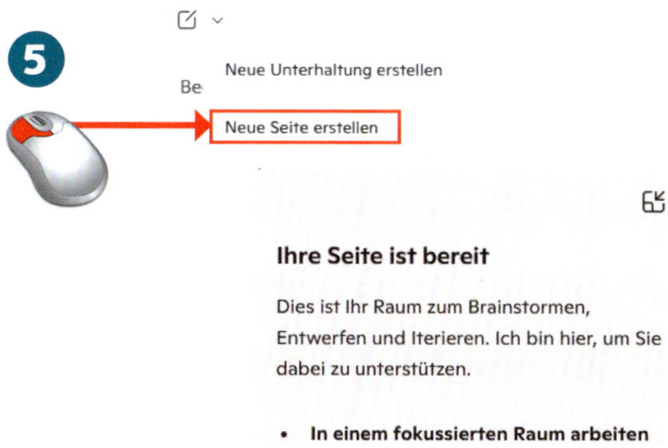

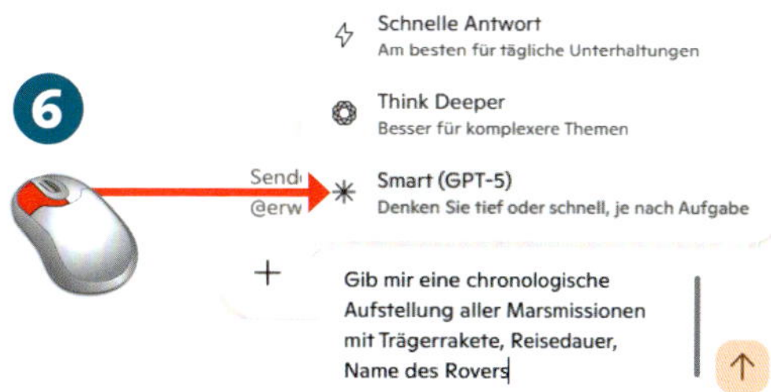

4 Öffnen Sie das Optionen-Menü und sehen Sie sich alle Unterhaltungen an. Copilot speichert die gesamte Konversation.

5 Erstellen Sie eine neue Seite, wenn Sie Platz brauchen in der Unterhaltung.

6 Stellen Sie die gewünschte Intensität der Antwort ein, bevor Sie Copilot eine Frage stellen. Formulieren Sie diese so ausführlich wie möglich.

Ende

HINWEIS

Für Informationen über eine Webseite geben Sie diese oder einen Teil davon zusammen mit einem @ ein: *@focus* oder *@focus.de*.

TIPP

Vergessen Sie nicht, die Antworten von Copilot zu bewerten. Jede Bewertung macht den KI-Assistenten besser.

9

Netzwerk- und Internetverbindungen

Start

1

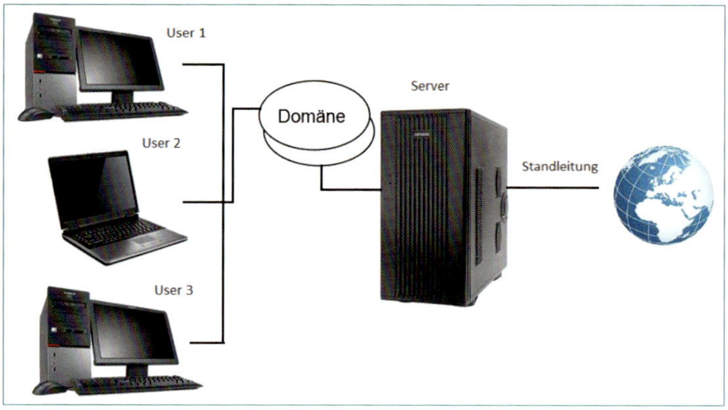

3

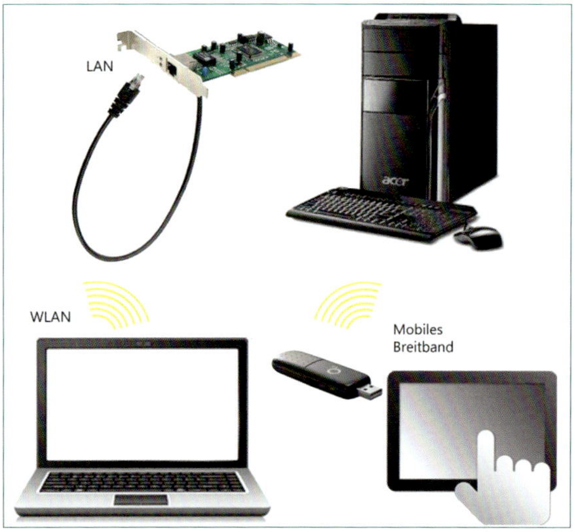

2

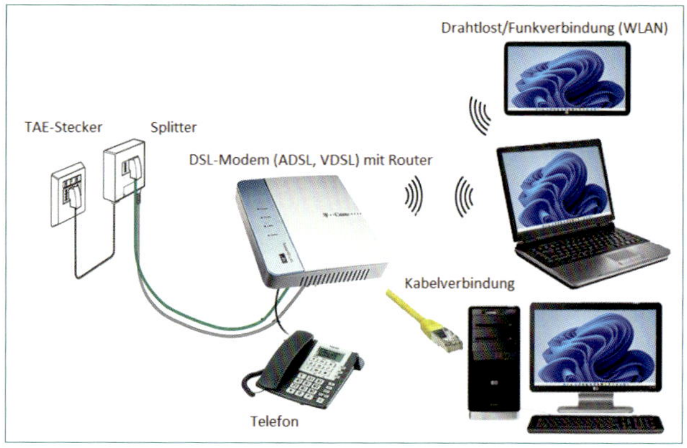

1. Im Firmennetz (Client-Server-Netz) sind alle Computer mit einem Server verbunden, der über eine Standleitung Verbindung zum Internet hat.
2. Private Netzwerke verbinden sich über Modem und Router mit dem Telekommunikationsdienst (zum Beispiel Telekom).
3. Desktop-PCs haben WLAN oder Netzwerkadapter, Notebooks und Tablets verbinden sich über WLAN oder einen Surfstick. Eingeschaltet wird meist mit Fn+F10.

WISSEN

Für die Verbindung in ein Netz oder zum Internet brauchen Sie WLAN oder einen Netzwerkadapter, ein DSL-Modem mit Router oder einen Zugang zum Server. Dann kann es losgehen, den Rest übernimmt Windows.

4

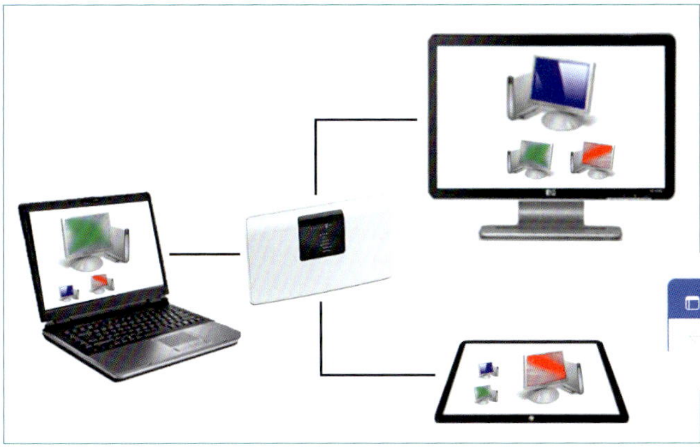

5

6

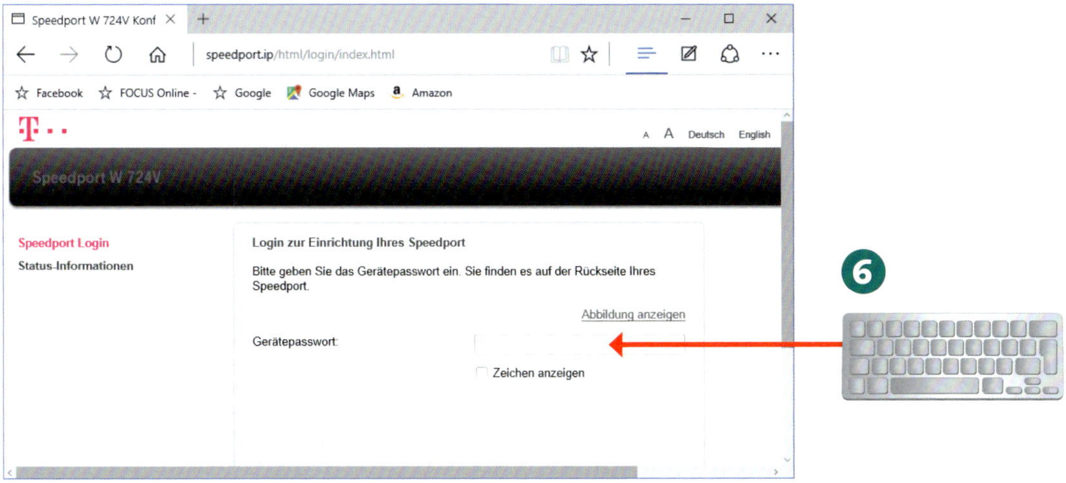

4 Über den Router sind alle Geräte im Netz auch untereinander verbunden. Die MAC-Adresse ist die Hardwarekennung, die IP-Adresse identifiziert das Gerät im Netz.

5 Der Router lässt sich mit dem Internetbrowser konfigurieren. Geben Sie die Adresse *192.168.2.1* in die URL-Zeile Ihres Browsers ein.

6 Jetzt können Sie sich mit dem Gerätepasswort anmelden und den Namen sowie die Zugangsdaten anpassen.

Ende

TIPP

Wenn *192.168.2.1* für den Router nicht funktioniert, aktivieren Sie die Eingabeaufforderung und geben *ipconfig* ein. Die Gateway-Adresse ist der Router.

TIPP

Alternative Zugriffsadressen für Router:
speedport.ip (Telekom)
fritz.box (FRITZ!Box)

Start

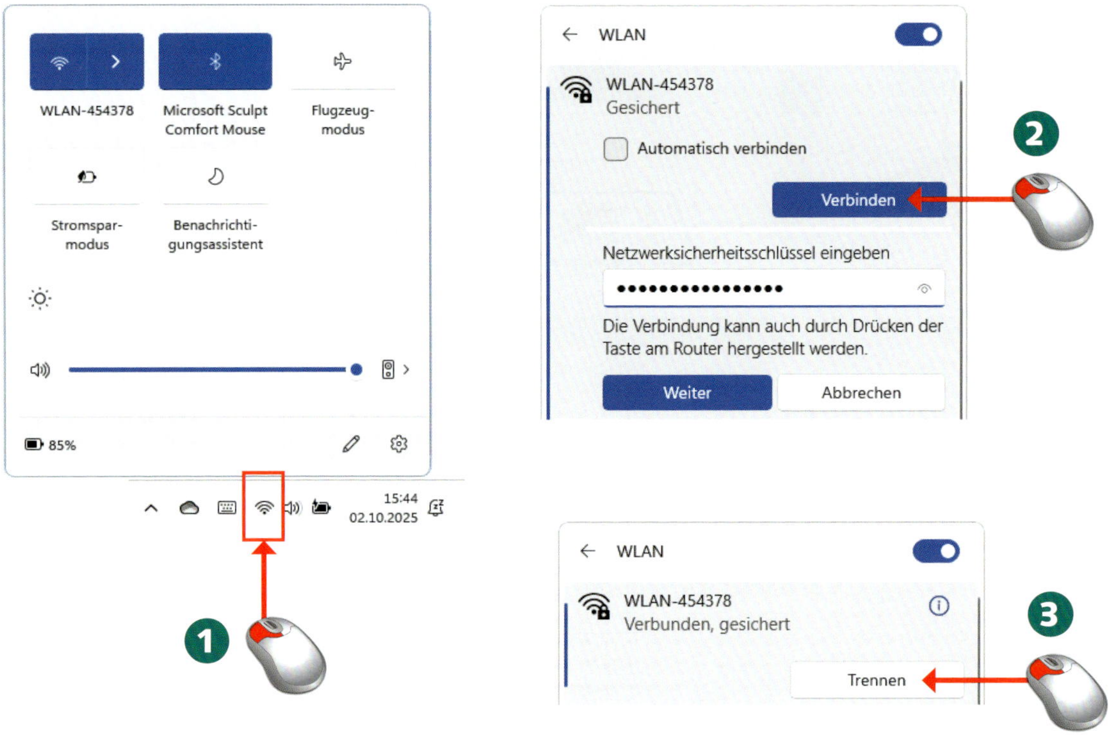

1. Klicken Sie in der Taskleiste auf das WLAN-Symbol, um alle verfügbaren Verbindungen anzuzeigen.

2. Um eine Verbindung herzustellen, öffnen Sie ein WLAN und klicken auf *Verbinden*. Geben Sie den Netzwerkschlüssel oder die Kennung ein.

3. Eine erfolgreiche Verbindung ist an *Verbunden* zu erkennen. Um sie zu trennen, klicken Sie das Symbol an und wählen *Trennen*.

WISSEN

Überprüfen Sie Ihre Netzwerkverbindung in der Taskleiste oder in den *Einstellungen*. Geben Sie den Sicherheitsschlüssel für den Router oder die Zugangsdaten für LAN oder Surfstick ein.

4

6

5

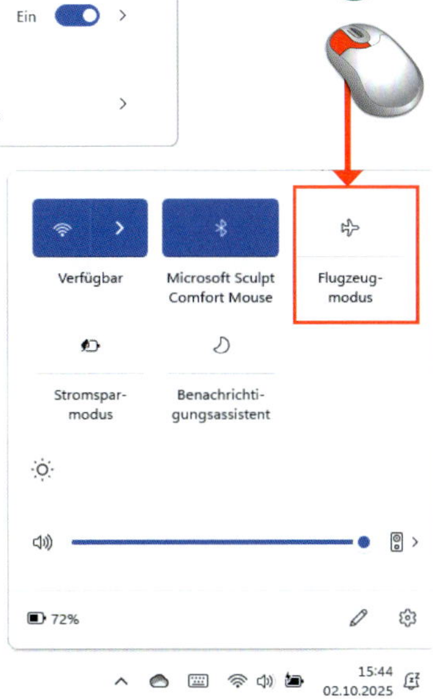

4 Holen Sie die *Einstellungen* aus dem Startmenü und wählen Sie *Netzwerk und Internet*. Unter *WLAN* finden Sie den WLAN-Schalter und den Status der aktuellen Verbindung.

5 Lassen Sie Windows auch nach Hotspots in der Umgebung suchen und die Verbindung automatisch herstellen.

6 Mit dem Flugzeugmodus schalten Sie die Verbindung ab, ohne sie zu trennen. Hier können Sie auch Bluetooth-Geräte kurzfristig abschalten.

HINWEIS

Die Option *Automatisch verbinden* stellt bei mehreren verfügbaren WLANs sicher, dass das ausgewählte Netzwerk automatisch verbunden wird.

HINWEIS

WLANs haben eine Reichweite bis zu 300 Metern. Deshalb sehen Sie auch die Netzwerke Ihrer Nachbarn. Das Symbol zeigt an, wie gut die Verbindung ist.

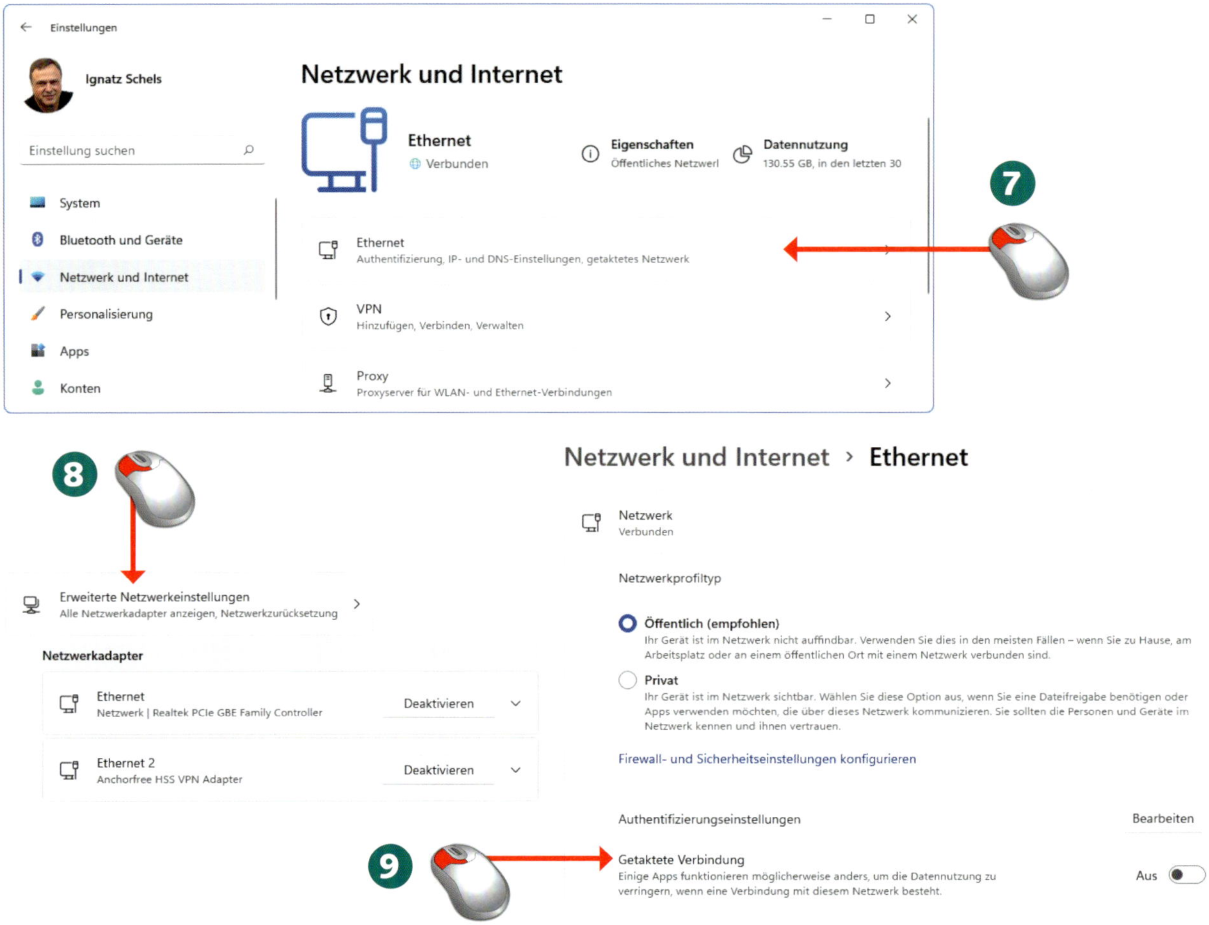

7 Richten Sie eine Ethernet-Verbindung ein, wenn Ihr Computer per Kabel mit dem Firmennetz verbunden ist.

8 Suchen Sie den Adapter, mit dem Sie sich über das Ethernet verbinden wollen.

9 Schalten Sie die Netzwerkkennung in öffentlichen Netzen aus und verwenden Sie die getaktete Verbindung, wenn Sie keine Flatrate haben.

WISSEN

Ethernet-Verbindungen sind im Unterschied zu WLAN feste, per Kabel verbundene Netzwerke. Wenn Sie Ihre Computer verkabelt haben oder im Firmennetz betreiben, bietet Windows 11 diese Verbindungsart an.

10

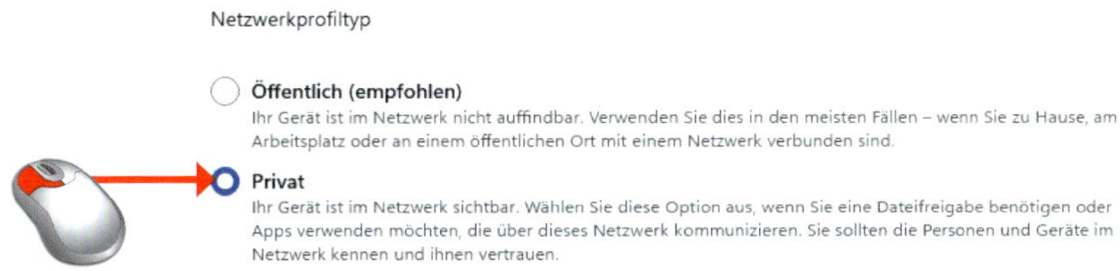

11

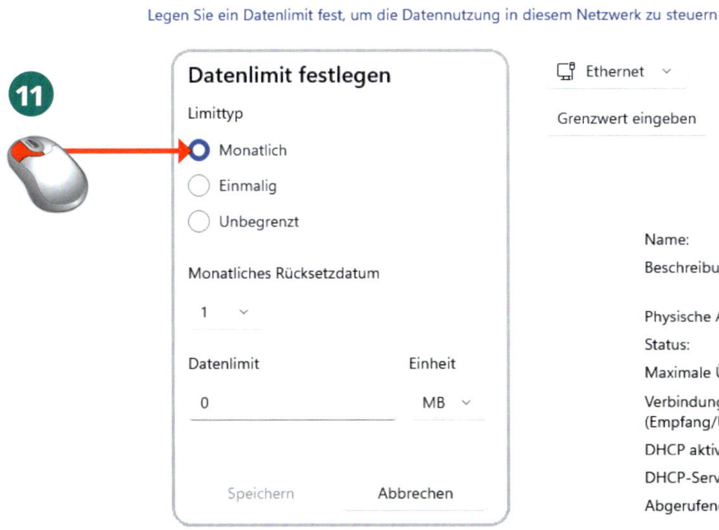

12

10 Ein privates Profil brauchen Sie, wenn Ihr Computer im Netzwerk sichtbar sein soll.

11 Legen Sie bei eingeschränkten Datentarifen eine getaktete Verbindung an und setzen Sie ein Datenlimit.

12 Unter *Hardware- und Verbindungseigenschaften* finden Sie die technischen Spezifikationen des Netzwerks.

Ende

HINWEIS

Schalten Sie die *Getaktete Verbindung* ein, wenn Ihre Verbindung ein begrenztes Datenvolumen enthält und Surfen oder Downloads zu (meist hohen) Zusatzkosten führen.

FACHWORT

Der Begriff »Ethernet« umfasst sowohl das Netz als auch die Software, die aber meist auf Servern läuft.

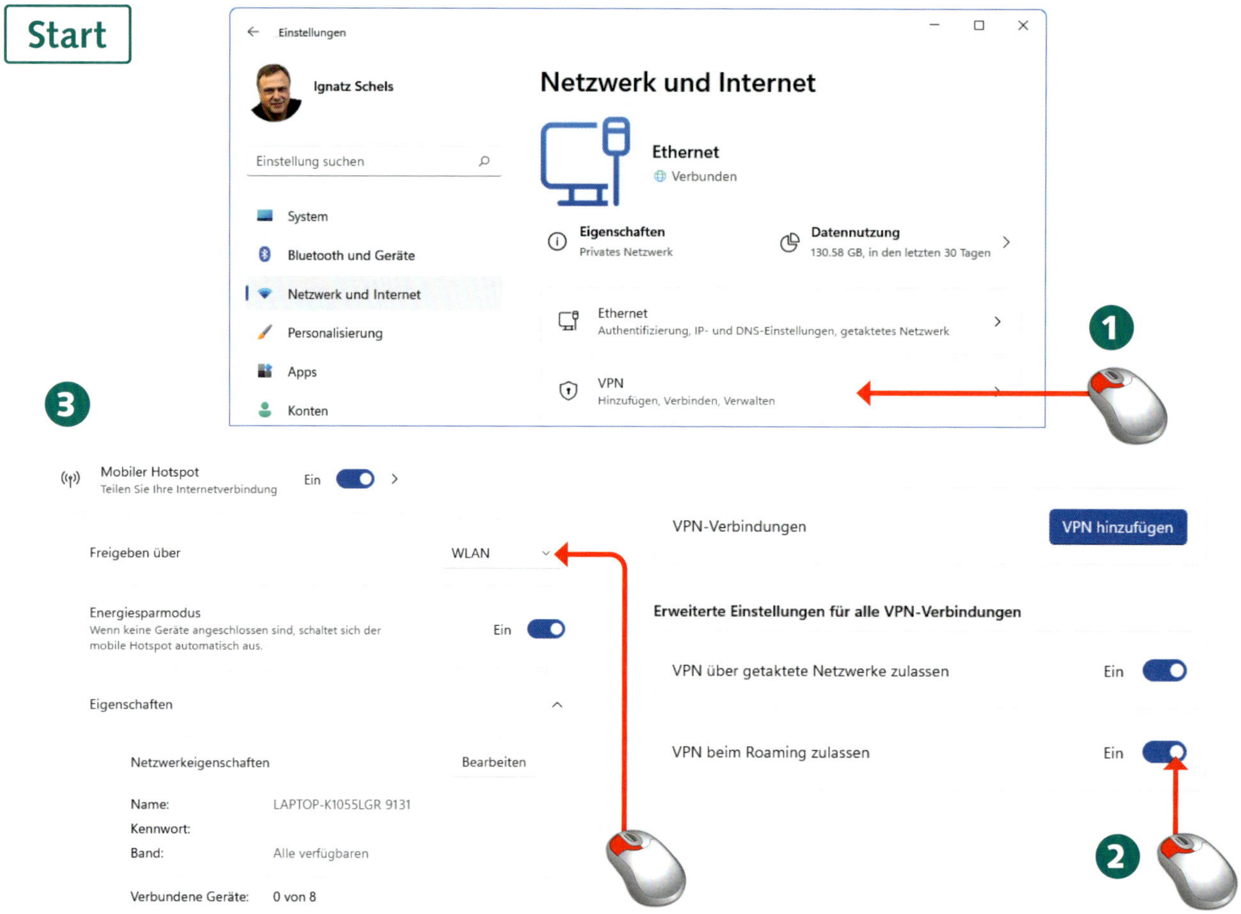

1. Für VPN-Verbindungen geben Sie den Servernamen, Benutzer und Kennwort an. Die virtuelle Verbindung wird gespeichert ....

2. ... und steht damit in der Liste der verfügbaren Netzwerke. Klicken Sie den Eintrag an, um die Verbindung zu starten.

3. Geben Sie Ihr Gerät als mobilen Hotspot frei, damit Geräte die Verbindung nutzen können, die keinen Zugriff auf das WLAN haben.

WISSEN

Auch für virtuelle Netzwerke (VPN), Kabelverbindungen via Ethernet und DFÜ ist Windows 11 bestens gerüstet. Was nicht automatisch erkannt wird, lässt sich bequem manuell einrichten.

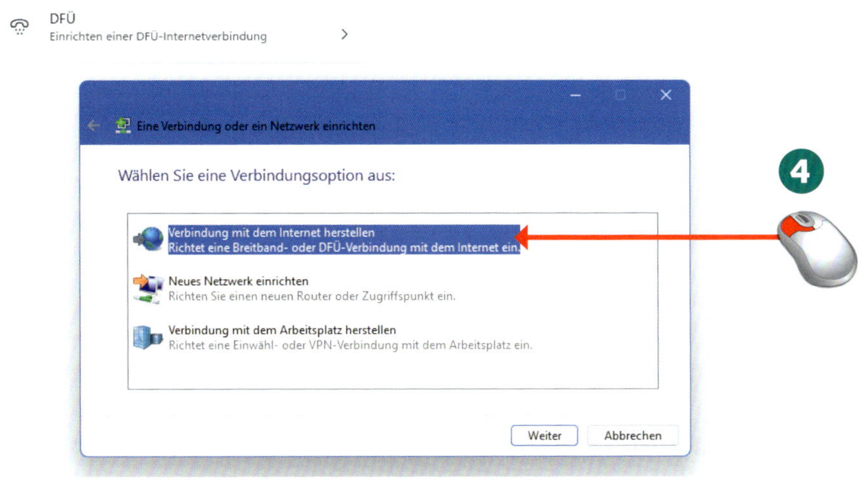

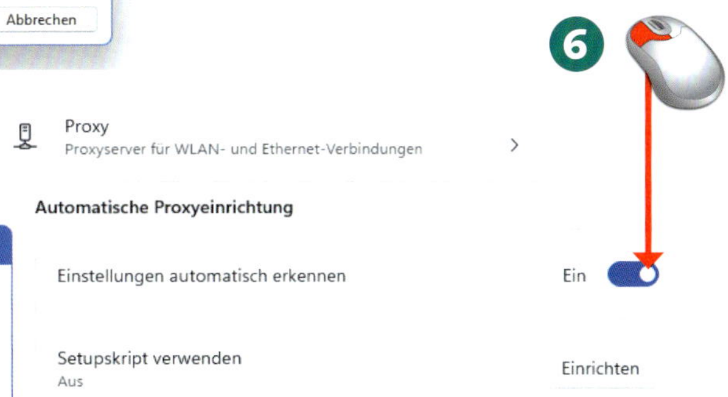

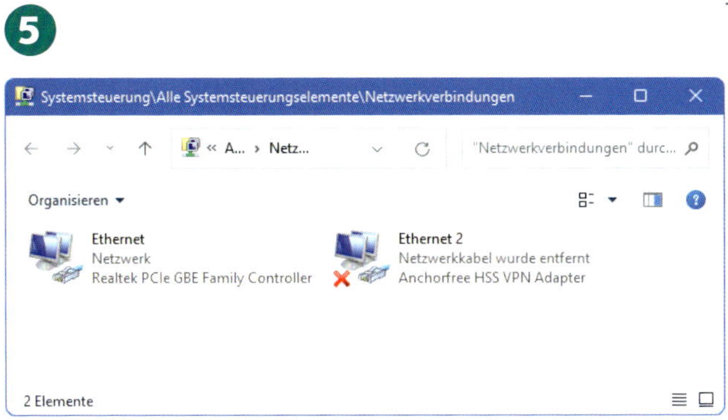

4 Für ältere Verbindungen über Modem richten Sie eine DFÜ-Verbindung ein. Geben Sie die Zugangsdaten des Dienstanbieters ein.

5 Lassen Sie bei Verbindungsproblemen die Adapteroptionen anzeigen und aktivieren Sie das Gerät für Ihre Netzwerkverbindung.

6 Falls Ihre Verbindung die Unterstützung eines Proxyservers braucht, lassen Sie diesen automatisch erkennen oder richten ihn manuell ein.

Ende

FACHWORT

VPN: **V**irtual **P**rivate **N**etwork – Verbindung aus dem lokalen Netz in ein fremdes Netz
Ethernet: Software und Hardware für Kabelnetze
DFÜ: Datenfernübertragung

Start

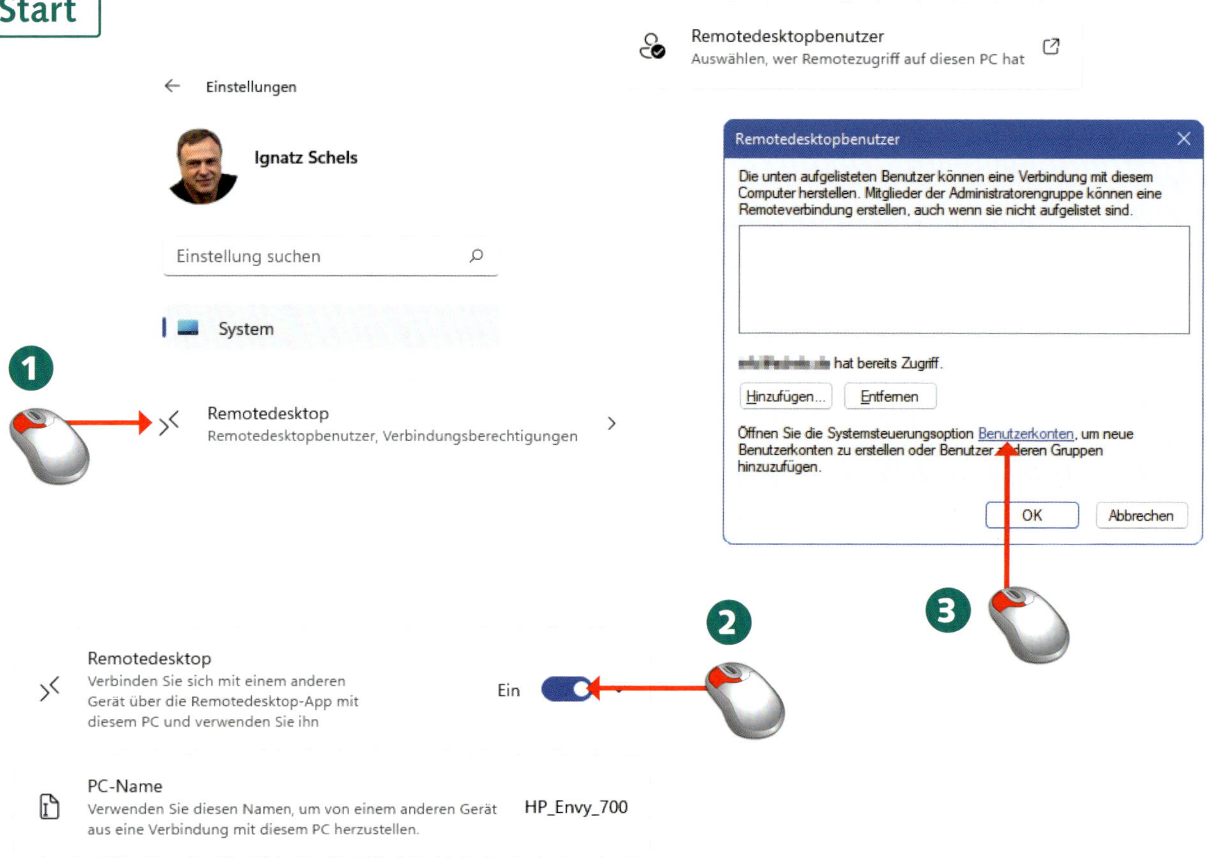

1. Starten Sie *Remotedesktop* auf dem Computer, mit dem Sie sich verbinden wollen.

2. Aktivieren Sie *Remotedesktop* und überprüfen Sie die Einstellungen.

3. Der Name des Computers wird angezeigt, unter *Benutzerkonten* können Sie Benutzer (nur mit Admin-Rechten) autorisieren.

WISSEN

Nutzen Sie den Remotedesktop, um eine Verbindung zu einem Computer im Netzwerk herzustellen und den Bildschirm in einem Fenster anzuzeigen. Ein nützliches Werkzeug, das Mitarbeiter echt verbindet.

TIPP

Für externe Verbindungen nutzen Sie besser VPN.

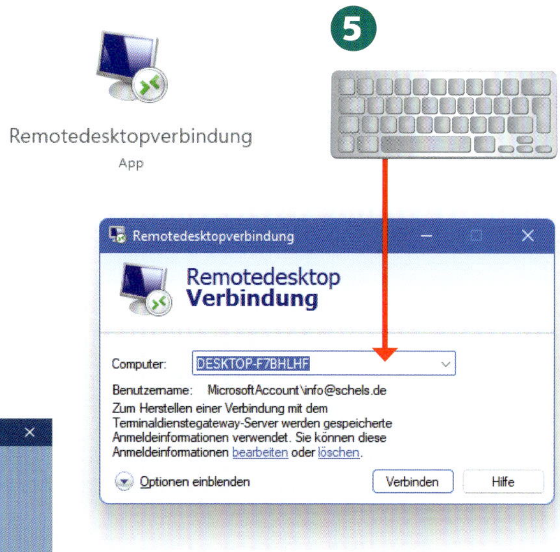

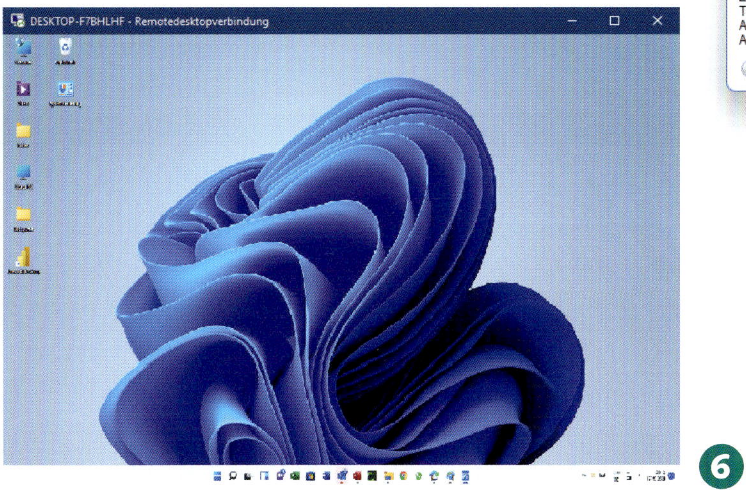

4 In den erweiterten Einstellungen muss die Authentifizierung mit NLA aktiviert sein (Standard für Windows 11). Ändern Sie bei Bedarf den *Remotedesktop-Port*.

5 Suchen Sie auf dem Computer, der die Verbindung herstellt, nach »Remotedesktop« und starten Sie das Programm. Geben Sie den Namen des »Clients« ein.

6 Die Remotedesktopverbindung wird hergestellt, Sie können auf dem verbundenen Computer arbeiten. Zum Trennen schließen Sie einfach das Fenster.

Ende

HINWEIS

Für eine Remotedesktopverbindung müssen beide, Host und Client, Administratorrechte für Ihr Benutzerkonto haben.

FACHWORT

Network **L**evel **A**uthentication (NLA) schützt Ihren Computer vor unerwünschten Zugriffen. Auf älteren Windows-Systemen muss es aktiviert werden.

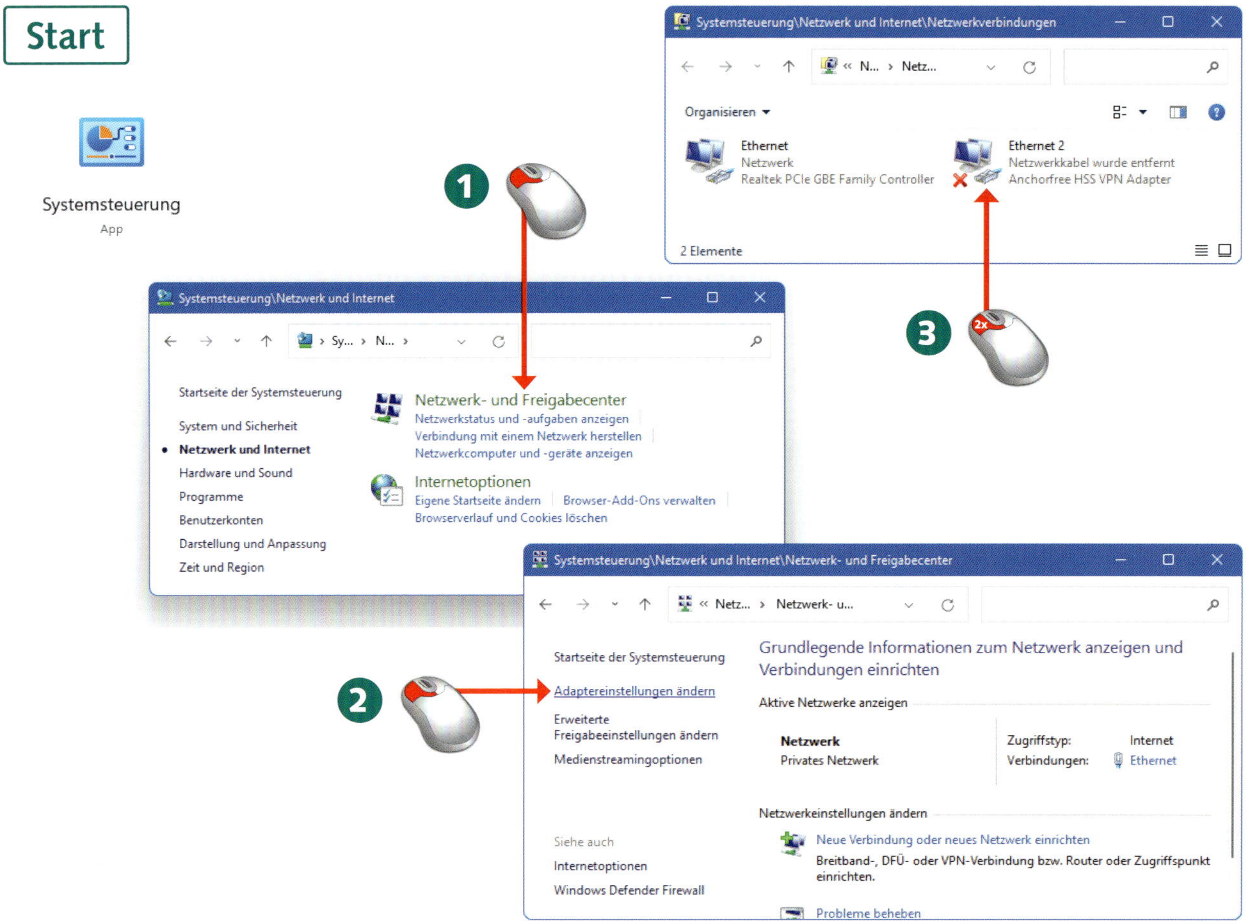

1. Starten Sie die *Systemsteuerung* und wählen Sie *Netzwerk und Internet*. Hier finden Sie das *Netzwerk- und Freigabecenter*.

2. Alle Verbindungen werden angezeigt, klicken Sie auf *Adaptereinstellungen ändern*.

3. Hier sind alle Adapter gelistet, öffnen Sie per Doppelklick auf einen Eintrag die Einstellungen, um den Status zu überprüfen.

WISSEN

Im Netzwerk- und Freigabecenter überprüfen Sie Ihre Verbindung, die Netzwerkadapter und deren Protokolle und IP-Adressen. Es bietet auch eine Liste der Geräte an, auf die Sie über das Netzwerk Zugriff haben.

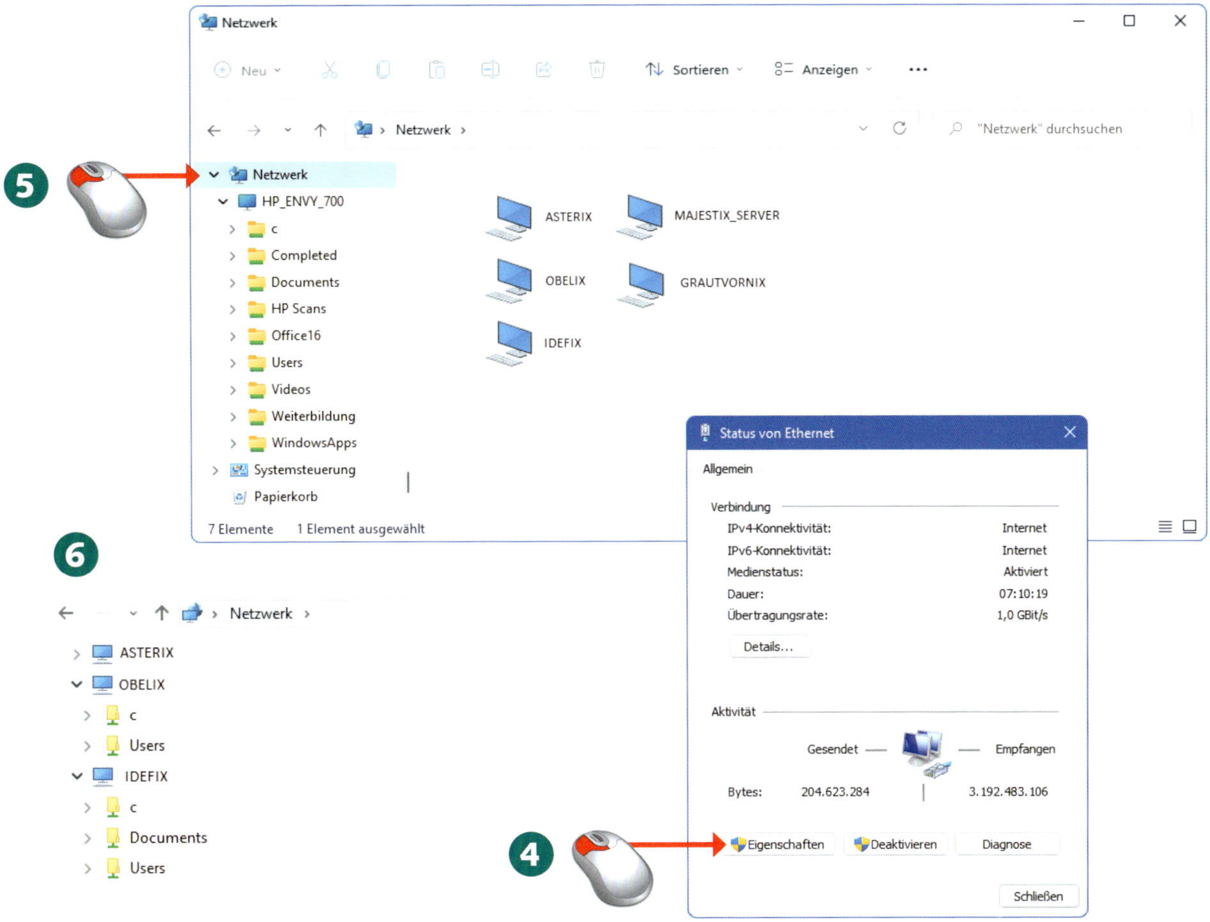

4 Kontrollieren Sie, ob der Adapter aktiv ist (gesendete und empfangene Bytes). In den *Eigenschaften* finden Sie die technischen Informationen.

5 Die Computer im Netzwerk können Sie auch mit dem Windows-Explorer überprüfen, klicken Sie in der Navigation auf *Netzwerk*.

6 Öffnen Sie einen Computer im Navigationsbereich, sehen Sie alle freigegebenen Ordner und Laufwerke.

Ende

HINWEIS

Wenn ein Adapter nicht funktioniert, deaktivieren Sie die Verbindung und starten Sie sie neu.

HINWEIS

In größeren Netzen wird Ihrem Computer eine feste IP-Adresse zugewiesen. Diese Adresse können Sie in der Adaptereinstellung überprüfen.

Start

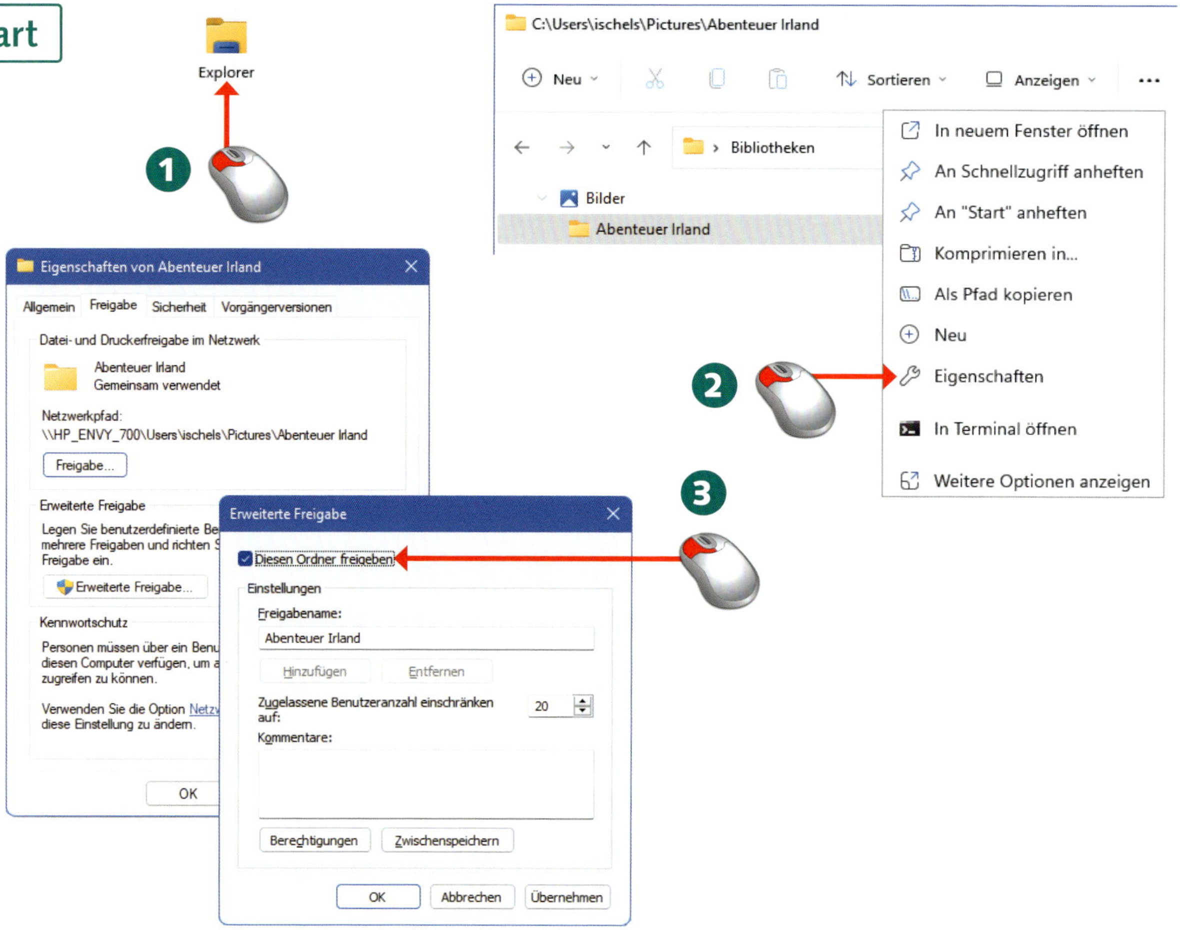

1. Starten Sie den Windows-Explorer über das Symbol im Startmenü.

2. Markieren Sie einen Ordner oder eine Bibliothek und wählen Sie *Eigenschaften*.

3. Unter *Erweiterte Freigabe* können Sie den Ordner im Netzwerk freigeben.

WISSEN

Alle Bibliotheken und Ordner für alle Benutzer freizugeben, ist nicht immer sinnvoll. Nutzen Sie die Freigabe im Windows-Explorer, um Freigaben auf einzelne Elemente oder Benutzer zu beschränken, und weisen Sie gezielt Lese- oder Schreib-/Lesezugriffe zu.

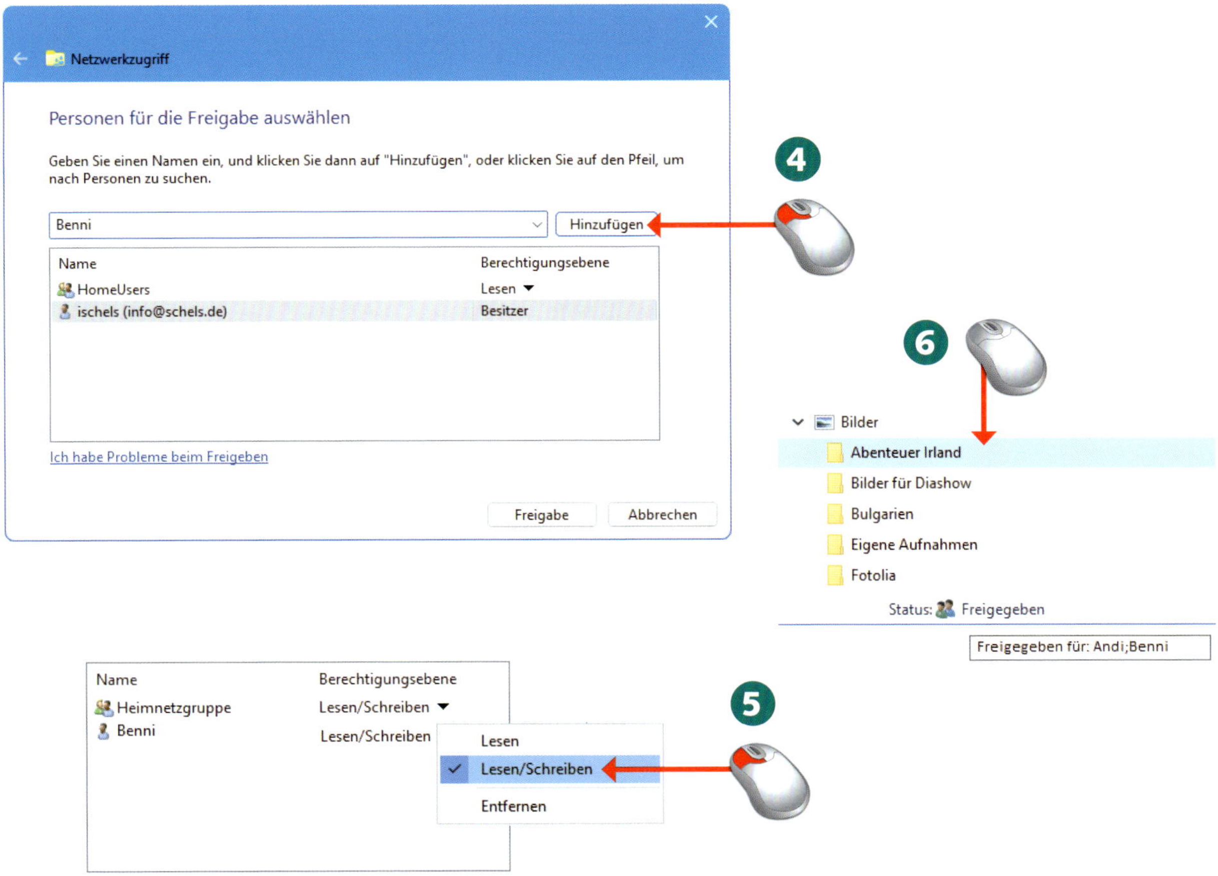

4 Fügen Sie Benutzer aus der Liste mit *Hinzufügen* in die Freigabeliste ein.

5 In der Spalte *Berechtigungsebene* bestimmen Sie die Berechtigungen der einzelnen Benutzer.

6 Zeigen Sie mit dem Mauszeiger auf einen Ordner, meldet die Statuszeile bereits die Freigaben dafür.

Ende

HINWEIS

Mit der Freigabeliste können Bibliotheken und Ordner für einzelne Benutzer freigegeben werden.

TIPP

Freigaben lassen sich sogar für einzelne Dateien individuell zuweisen.

Start

1. Netzwerkdrucker werden über Netzwerkkabel und Hubs oder per WLAN mit dem Netzwerk verbunden.
2. Aktivieren Sie im Startmenü die *Einstellungen* und wählen Sie *Bluetooth und Geräte*.
3. Klicken Sie auf *Drucker oder Scanner hinzufügen* und wählen Sie einen angezeigten Drucker mit Netzwerkverbindung.

WISSEN

Ein Netzwerkdrucker spart Hardwarekosten – mehrere Benutzer arbeiten mit einem Drucker. Installieren Sie ihn über die Systemsteuerung und vergessen Sie die Freigabe nicht.

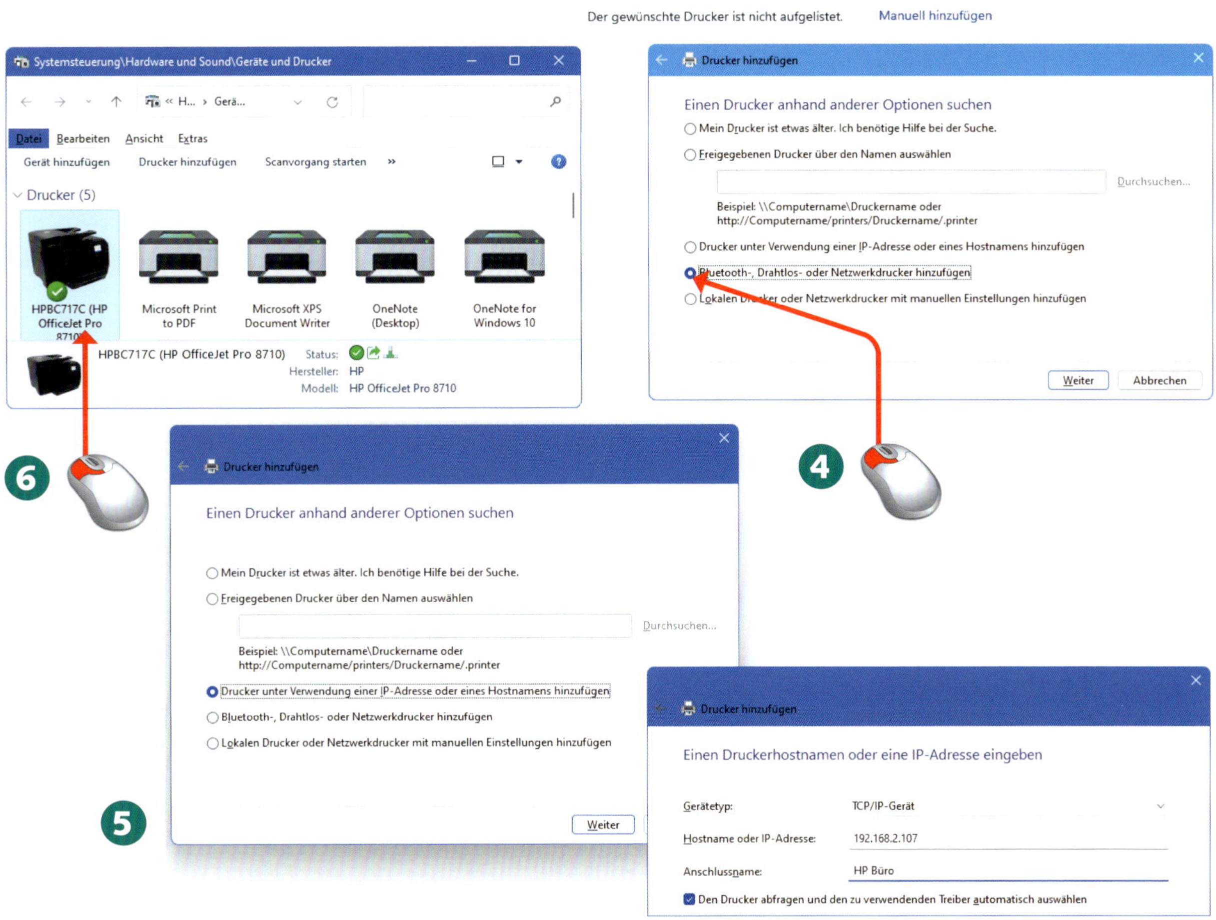

4 Wird der Drucker nicht automatisch erkannt, fügen Sie manuell einen Drucker aus dem Netzwerk hinzu.

5 Wenn die IP-Adresse oder der Hostname bekannt ist, können Sie den Drucker auch über diese Informationen einfügen.

6 Die Systemsteuerung bietet ebenfalls eine Übersicht über installierte Drucker und Netzwerkdrucker.

Ende

TIPP

Nicht netzwerkfähige Drucker lassen sich über einen Printserver im Netzwerk betreiben, in diesem Fall müssen Sie einen solchen als Gerät hinzufügen.

HINWEIS

Im Client-Server-Netzwerk geben Sie den Servernamen vor der IP-Adresse ein: *\\server\192.168.2.101*

Start

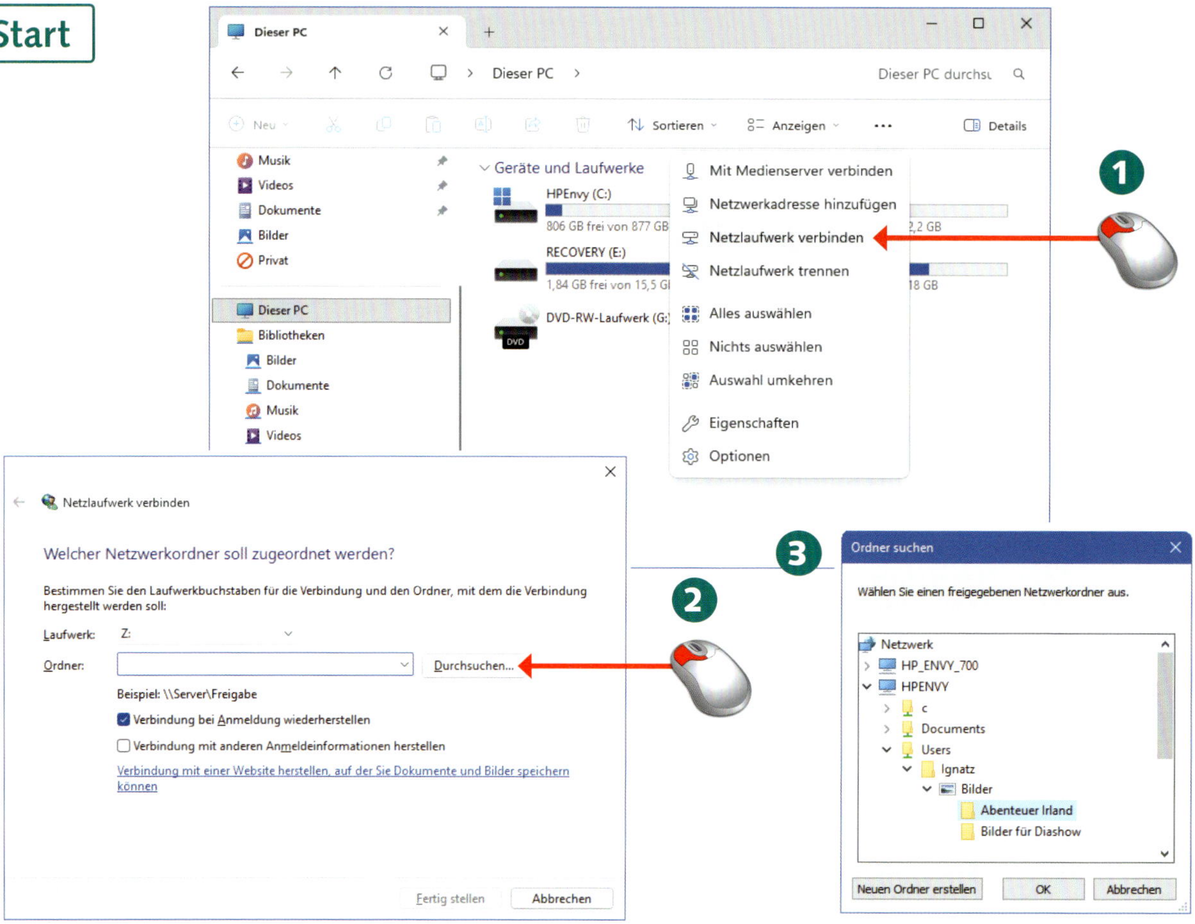

1. Aktivieren Sie den Windows-Explorer, schalten Sie im Navigator auf *Dieser PC* und klicken Sie auf *Netzlaufwerk verbinden*.

2. Bestimmen Sie einen Laufwerkbuchstaben und klicken Sie auf *Durchsuchen*.

3. Suchen Sie den Computer und wählen Sie einen Ordner aus der Ordnerstruktur.

WISSEN

Netzlaufwerke sind schnelle Verbindungen zu Laufwerken, Bibliotheken oder Ordnern auf anderen Datenträgern oder im Netzwerk. Weisen Sie dem Element einfach einen neuen Laufwerkbuchstaben zu.

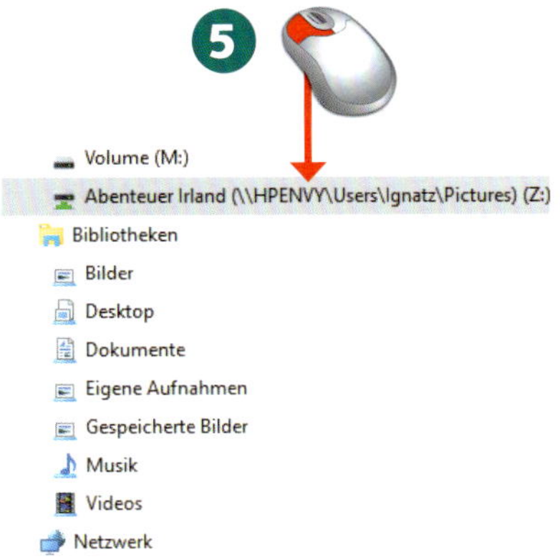

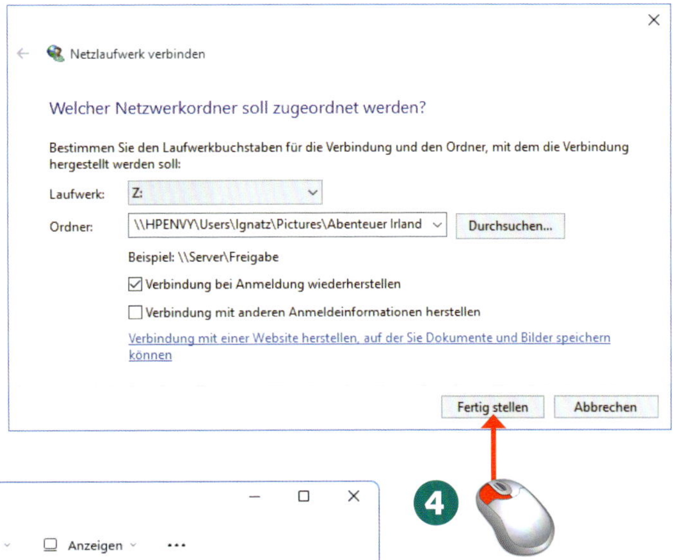

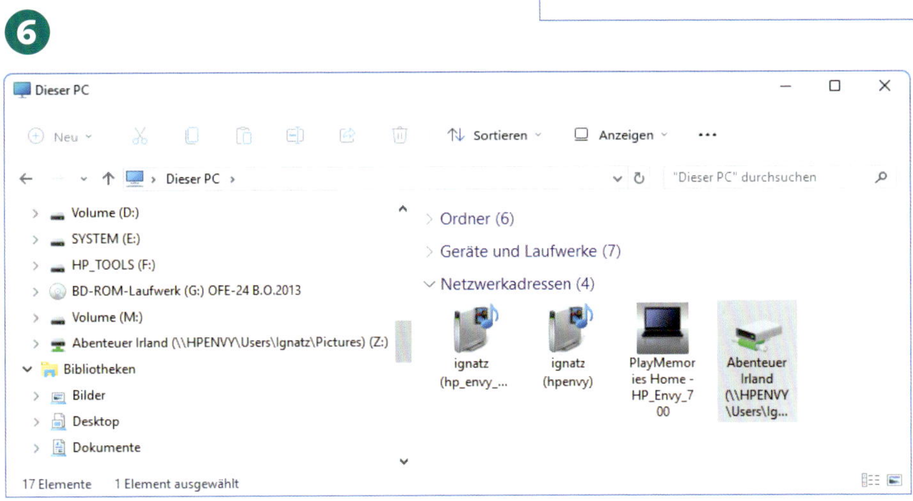

4 Mit *Fertig stellen* wird das neue Netzlaufwerk angelegt …

5 … und steht anschließend im Navigator zur Auswahl.

6 Unter *Dieser PC* ist das Netzlaufwerk jetzt ebenfalls vertreten.

Ende

TIPP

Der Freigabename für ein ganzes Laufwerk (zum Beispiel C:\): *\\Servername\C$*

HINWEIS

Alternativ zum Computer- oder Gerätenamen können Sie auch die IP-Adresse verwenden: *\\192.168.2.1\Users\Username*

Start

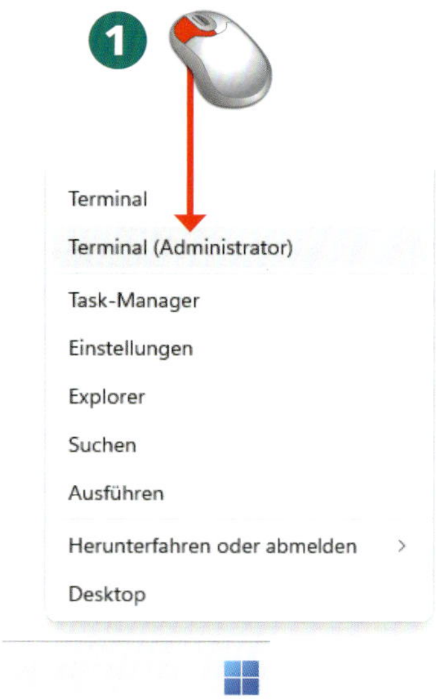

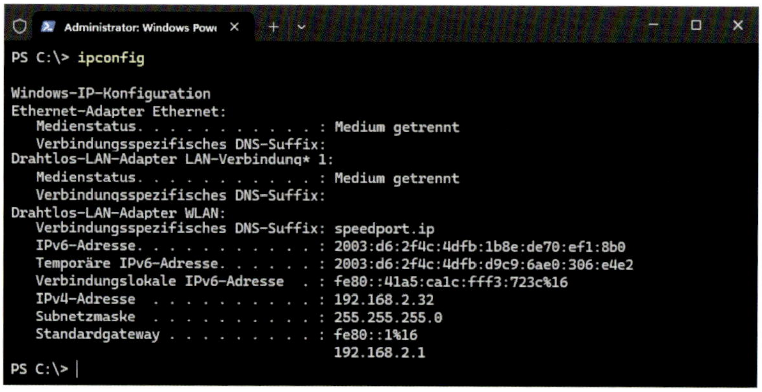

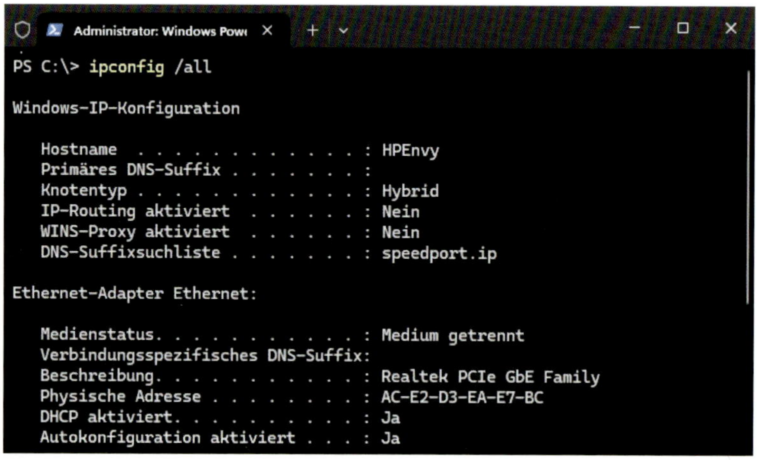

1. Klicken Sie mit der rechten Maustaste auf das Startsymbol und starten Sie Windows-Terminal für Administratoren.

2. Mit *ipconfig* erhalten Sie eine Übersicht über die IP-Konfiguration des Systems und Netzwerks.

3. Geben Sie *ipconfig /?* ein, zeigt der Bildschirm alle Optionen an. *ipconfig /all* listet alle Netzwerkadressen auf.

WISSEN

Windows-Terminal heißt der Kommandoeditor aus dem Steinzeit-Betriebssystem DOS für direkte Befehle an das Netzwerk, um die Netzgeschwindigkeit zu prüfen, IP-Adressen zu ermitteln und Usernamen aufzuspüren.

TIPP

Weitere cmd-Befehle:
Bildschirm leeren: *cls*
Ordner und Dateien: *dir /a*
Ende: *exit*

4

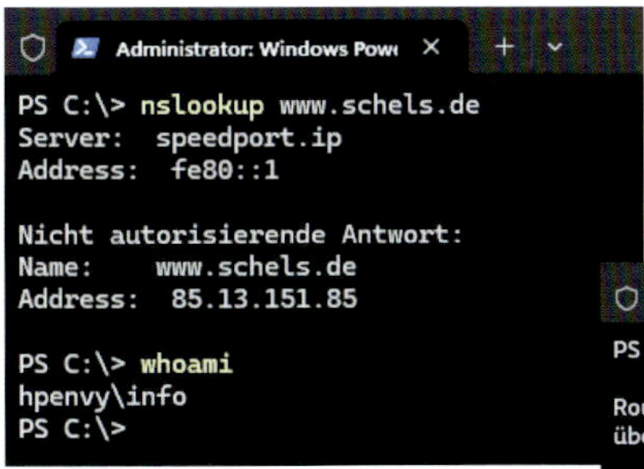

5

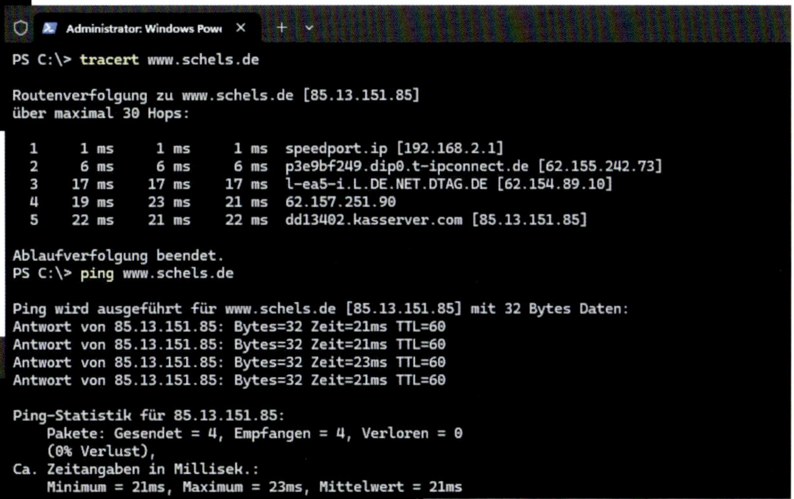

6

4 Der Befehl *nslookup* zeigt die IP-Adresse einer WWW-Adresse an, *whoami* den Namen des Computers und den Benutzernamen.

5 Mit *tracert* und *ping* finden Sie Verbindungen und testen die Verbindungsgeschwindigkeit zu IP-Adressen.

6 Der Befehl *net* bietet viele Informationen rund um das Netzwerk, zum Beispiel Benutzernamen, Gruppen und freigegebene Objekte.

Ende

HINWEIS

Der Befehl *tracert* zeigt alle Datenstationen an, die Datenpakete überwinden müssen, um zu einer Adresse zu gelangen.

TIPP

Der Nachrichtendienst im Netz: Schicken Sie mit *msg username "Nachricht"* eine Meldung an einen anderen Benutzer.

10

Sicherheit, Datenschutz und Konten

Start

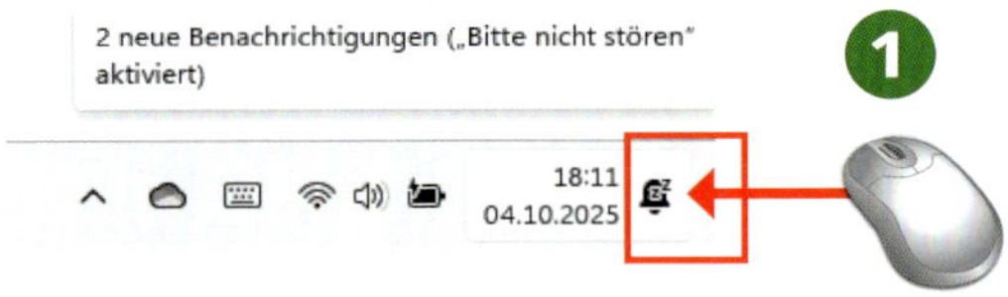

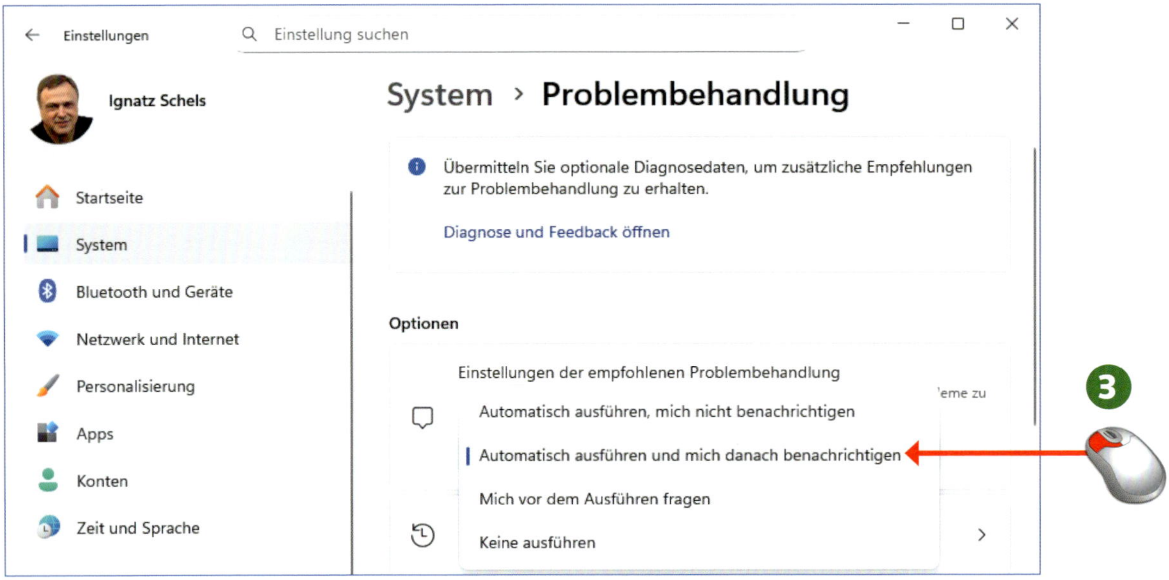

1 Achten Sie auf das Symbol im Systembereich des Desktops. Zeigen Sie darauf, um die aktuellen Benachrichtigungen zu sehen.

2 Überprüfen Sie die Meldungen auf Problembehandlungen.

3 Öffnen Sie in den *Einstellungen* den Bereich *System/Problembehandlung*. Stellen Sie die automatische Ausführung ein.

WISSEN

Probleme mit dem System, mit Geräten, Gerätetreibern, installierten Apps oder Programmen zeigt Windows im Info-Center an. Für Probleme aller Art ist die Problembehandlung zuständig.

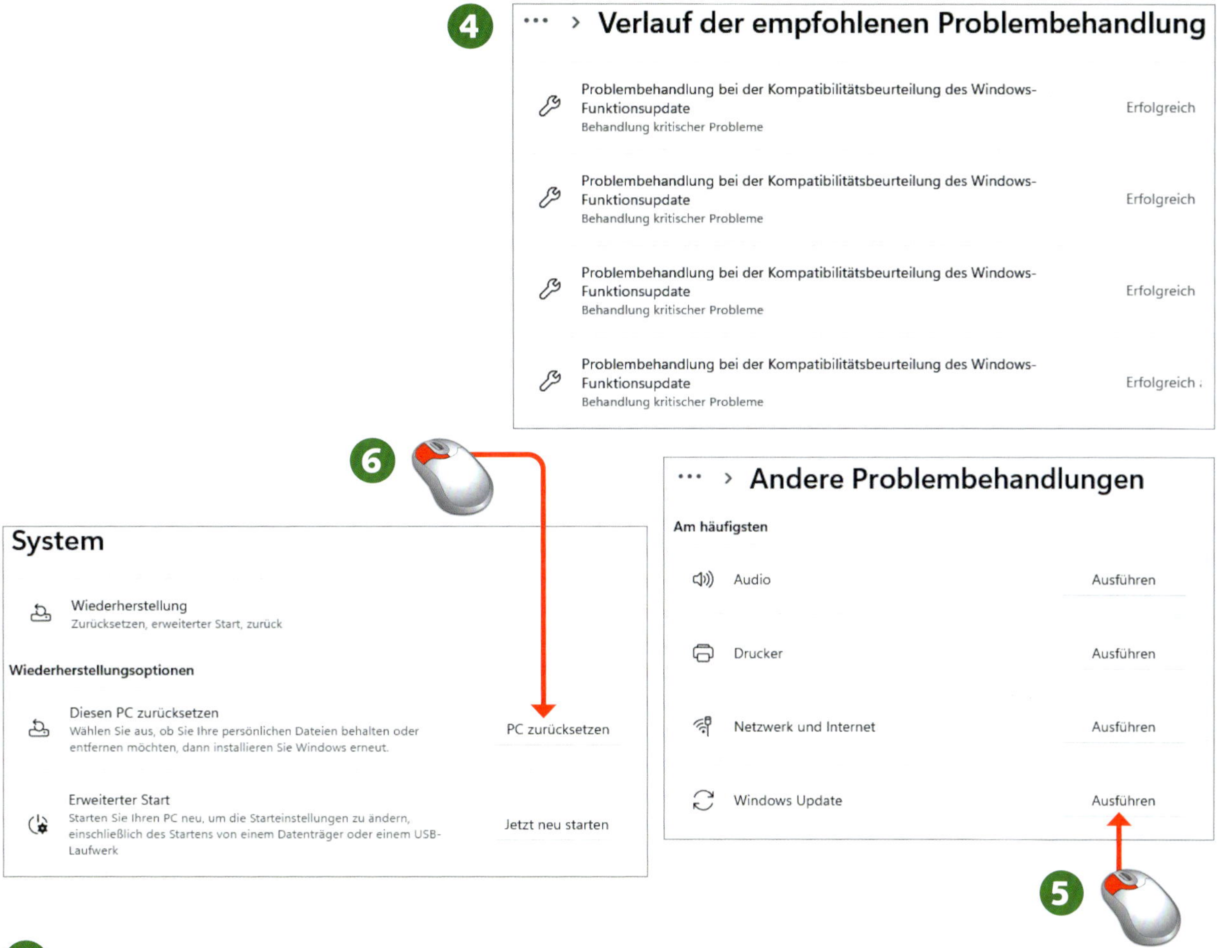

4 Für Probleme aller Art vom Drucker bis zur Stromversorgung finden Sie in der Problembehandlung (hoffentlich) eine Lösung.

5 Testen Sie auch die zusätzlichen Problembehandlungen, falls es Probleme mit Sound, Drucker, Netzwerk oder Windows-Updates gibt.

6 Wenn die Probleme gar nicht lösbar sind, setzen Sie das Betriebssystem zurück oder installieren die vorherige Windows-Version.

Ende

HINWEIS

Hardwareprobleme leitet Microsoft auch an Hersteller weiter. Deshalb kann es passieren, dass Sie eine Nachricht oder ein Download-Angebot für neue Hardwaretreiber bekommen.

HINWEIS

Achten Sie auf die Farbe der Meldung unter *Sicherheit und Wartung*:
Grün = gut
Orange = problematisch
Rot = kritisch

Start

1

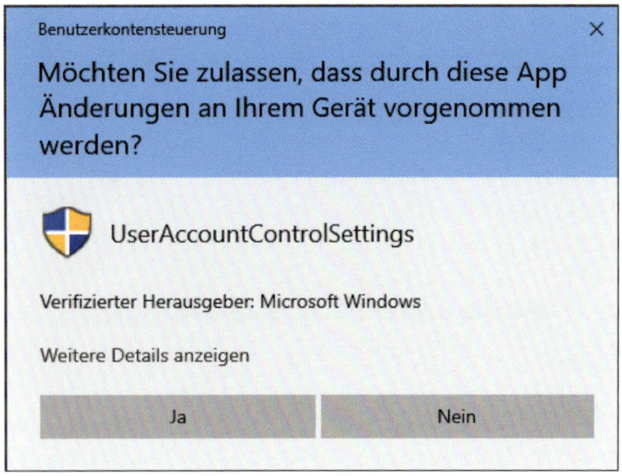

2

3

1. Sicherheitswarnungen erhalten Sie, wenn Sie sicherheitsrelevante Änderungen in Windows vornehmen oder Apps installieren.
2. Das Windows-Security-Symbol kennzeichnet sicherheitsrelevante Elemente in Fenstern und Meldungen.
3. Installieren Sie eine App oder ein Programm, muss die Meldung bestätigt werden. Lassen Sie sich das Zertifikat anzeigen.

WISSEN

Sicherheitsmeldungen sind zwar manchmal lästig, schützen aber zuverlässig vor Angriffen durch Viren oder andere Schadprogramme. Für Ihre eigenen Aktionen unter Windows können Sie die Sicherheitsmeldungen abschalten, für die Zugriffe aus Apps oder Programmen sollten sie aber stehen bleiben.

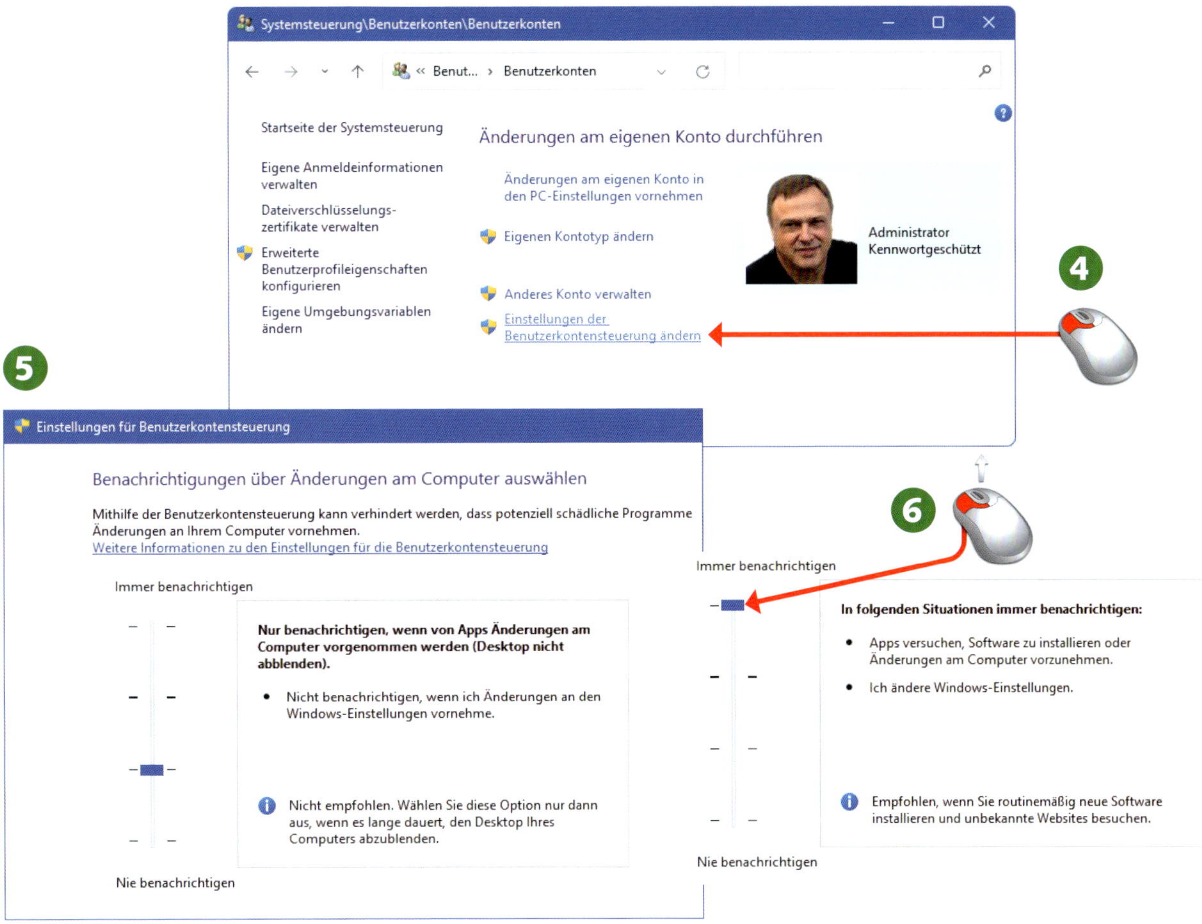

4 Aktivieren Sie in der Systemsteuerung unter *System und Sicherheit* die Einstellungen der Benutzerkontensteuerung.

5 Mit dem Regler in dieser Position werden Sie nur gewarnt, wenn Apps oder Programme Änderungen am System vornehmen.

6 Schieben Sie den Regler ganz nach oben, erhalten Sie Warnmeldungen vor jeder (sicherheitsrelevanten) Aktion unter Windows.

Ende

HINWEIS

Für Änderungen an den Sicherheitseinstellungen müssen Sie mit einem Konto mit Administratorrechten angemeldet sein.

TIPP

Zum Start der Systemsteuerung geben Sie den Begriff in das Suchfenster ein.

HINWEIS

Die Sicherheitsmeldung kann auch mit *Anzeigepunkt ändern* in der Sicherheitsmeldung abgeschaltet werden.

Start

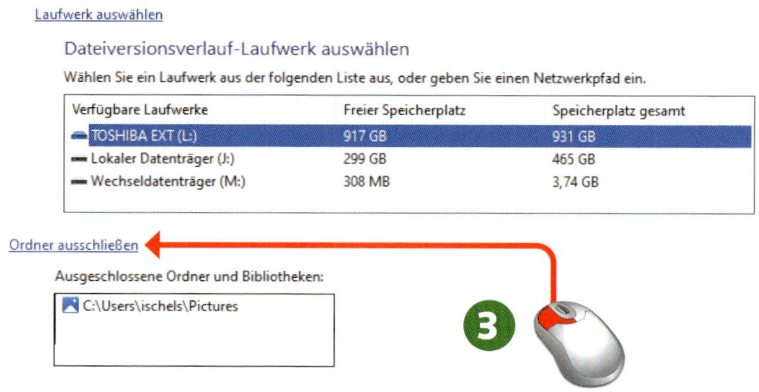

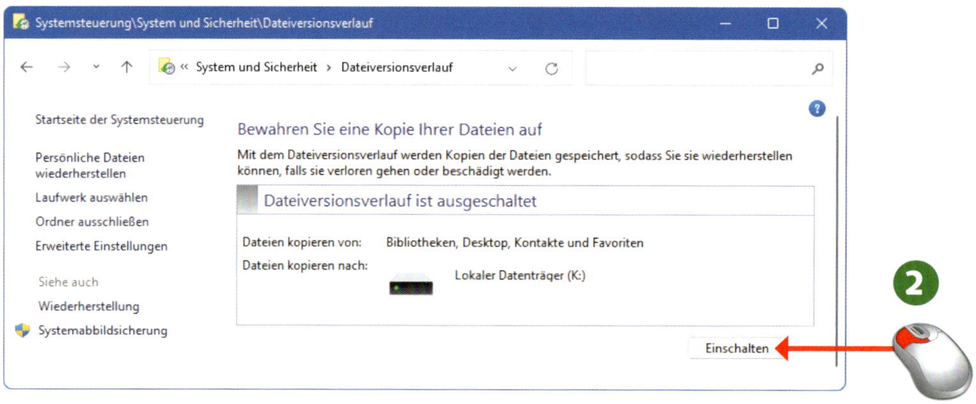

1. Suchen Sie über das Suchfeld nach *Dateiversionsverlauf*.

2. Der Dateiversionsverlauf wird angezeigt, er ist standardmäßig ausgeschaltet.

3. Wählen Sie ein Laufwerk als Ziel für die Datensicherung aus und geben Sie die Ordner an, die nicht gesichert werden sollen.

WISSEN

Sichern Sie Ihre Daten mit dem Dateiversionsverlauf, können Sie alte Versionen Ihrer Dateien jederzeit wieder zurückholen. Nehmen Sie am besten ein anderes Laufwerk für die Sicherung.

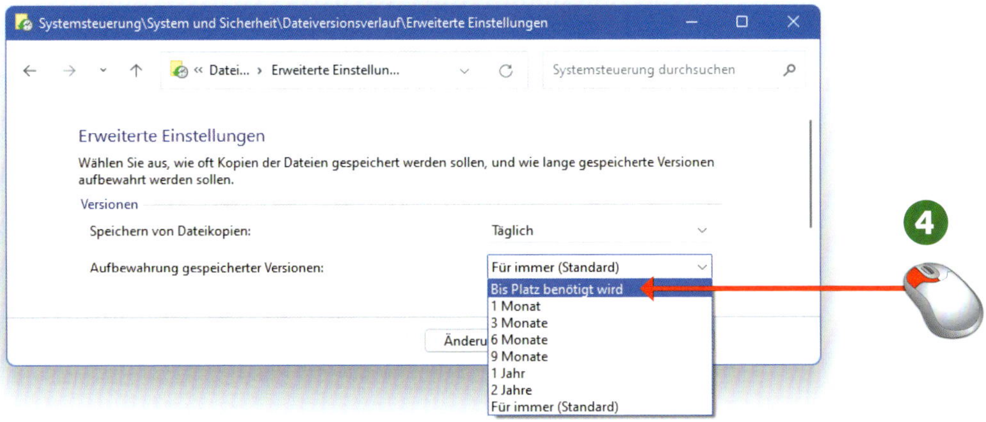

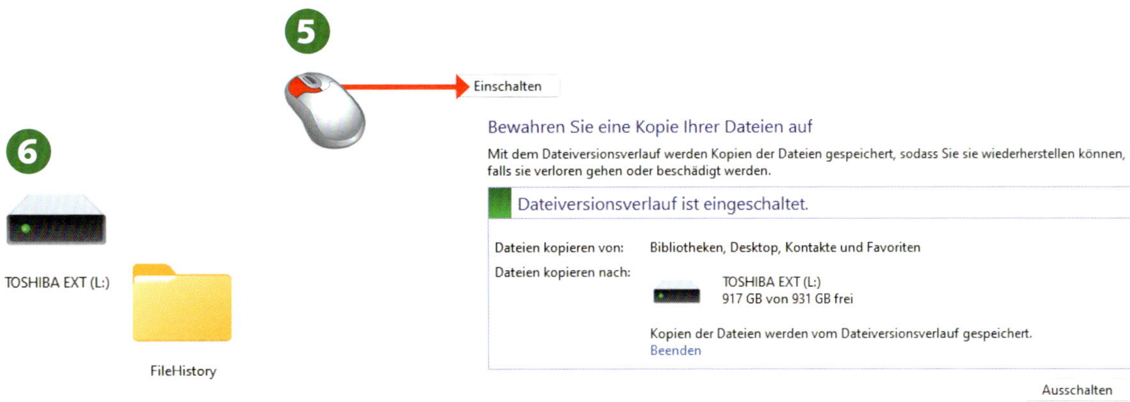

4 Unter *Erweiterte Einstellungen* legen Sie fest, in welchem Intervall gesichert wird und wie lange die Daten archiviert werden.

5 Klicken Sie auf *Einschalten*. Ab sofort werden Ihre Daten regelmäßig gesichert.

6 Die Dateien werden im Ordner *FileHistory* gespeichert. Über die Systemsteuerung können Sie ältere Dateiversionen wiederherstellen.

Ende

HINWEIS

Definieren Sie in den erweiterten Einstellungen einen anderen Zeitraum (Monate, Jahre), werden die Sicherungsdaten nach Ablauf der Zeit gelöscht.

HINWEIS

Unter *Persönliche Daten wiederherstellen* sehen Sie die Sicherungen, hier können Sie verschiedene Stände einsehen.

Start

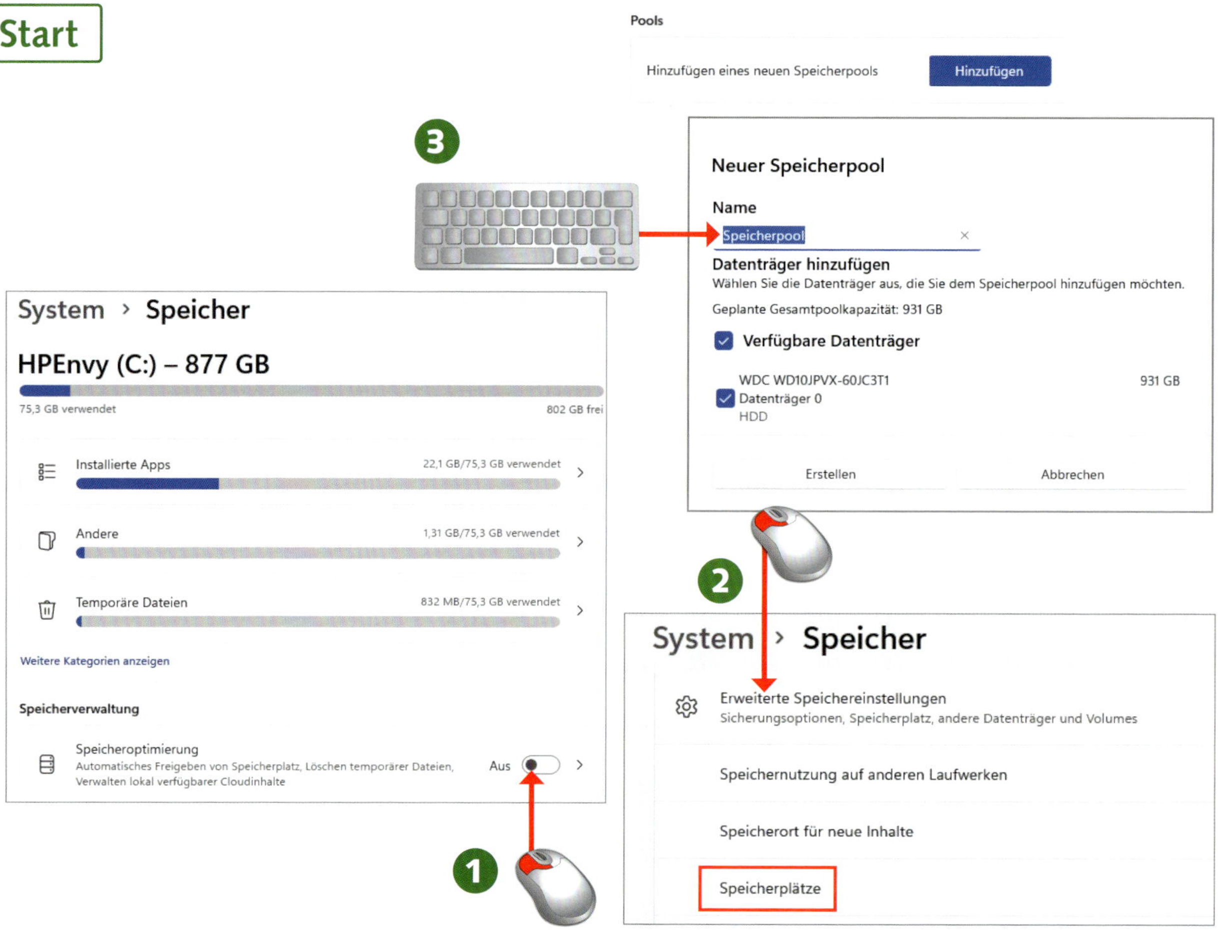

1. Sehen Sie sich unter *System/Speicher* die Speicherplatzausnutzung Ihrer Windows-Geräte an und optimieren Sie diese.

2. Für zusätzlichen Speicherplatz wählen Sie *Erweiterte Speichereinstellungen*.

3. Geben Sie dem neuen Speicher einen Namen und wählen Sie ein Speichermedium, zum Beispiel eine externe Festplatte.

WISSEN

Mit dem Speicherplatz-Tool fassen Sie unterschiedliche Speichermedien zu einem riesigen Speicherpool zusammen. Wenn Sie nur eine zusätzliche Festplatte zum Testen brauchen, erstellen Sie eine VHD oder ein Dev Drive, ein speziell für Entwickler geeignetes Laufwerk.

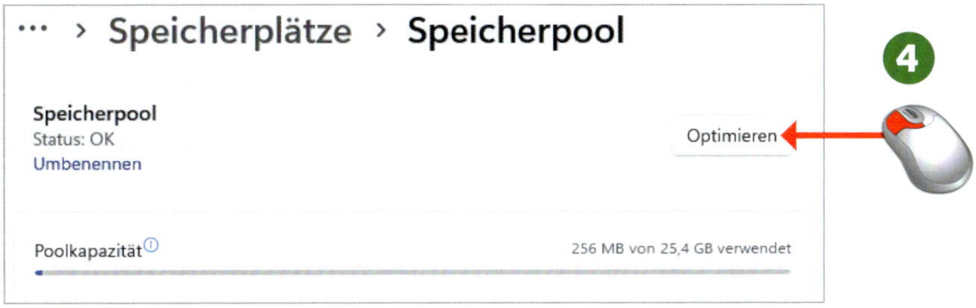

4 Den neuen Speicherpool finden Sie anschließend unter *Speicherplätze/Speicherpool*.

5 Erstellen Sie eine virtuelle Festplatte im Format VHD oder VHDX und weisen Sie dieser einen Laufwerkbuchstaben zu.

6 Dev Drives sind optimierte Laufwerke, die speziell für Entwickler geeignet sind, um Workflows im Entwicklungsprozess zu verbessern.

Ende

HINWEIS

Achten Sie darauf, dass Windows 11 nicht mehr auf eine Festplatte in einem Speicherpool zugreifen kann. Wird der Speicherplatz knapp, weist das System darauf hin. Der Speicherplatz kann durch Hinzufügen weiterer Festplatten vergrößert werden.

HINWEIS

Für virtuelle Festplatten wird das VHD-Format mit einer maximalen Kapazität von 2 GB empfohlen.

Start

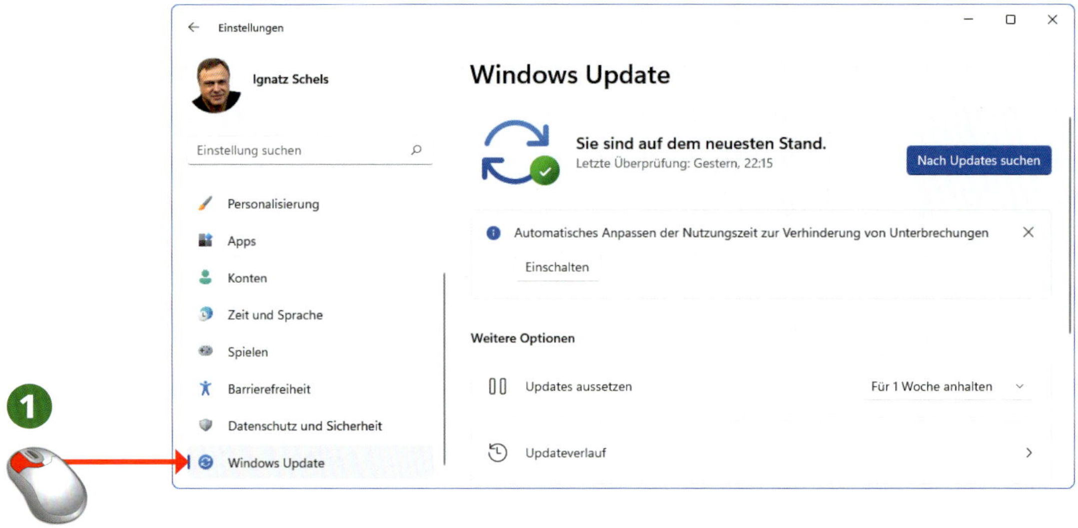

1. In den *Einstellungen* finden Sie *Windows Update*.

2. Hier sehen Sie anstehende Updates. Sie können diese gleich installieren.

3. Schalten Sie unter *Erweiterte Optionen* die Updates für andere Microsoft-Produkte und die Benachrichtigungen ein.

WISSEN

Updates für Windows 11 werden automatisch installiert. Sie können aber Ihre Standard-Nutzungszeit angeben, damit die Updates nicht Ihre Arbeit unterbrechen. Als Windows-Insider sind Sie immer auf dem neusten Stand.

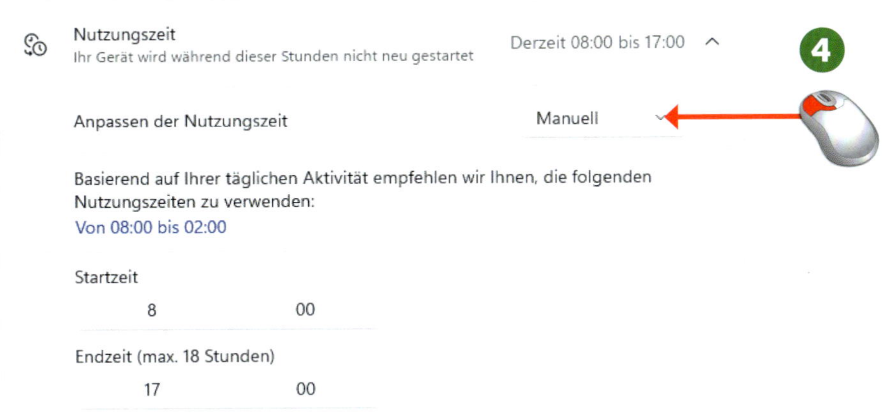

5

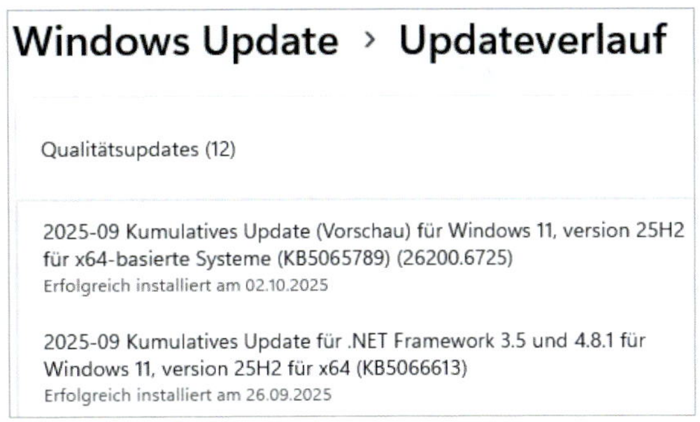

6

4 Hier stellen Sie die Nutzungszeit ein. Automatische Updates werden außerhalb dieser Zeit installiert.

5 Der *Updateverlauf* zeigt die zuletzt installierten Updates. Löschen Sie einzelne Updates, falls diese Probleme bereiten.

6 Wenn Sie noch vor dem offiziellen Start die neusten Updates bekommen wollen, nehmen Sie am Windows-Insider-Programm teil.

Ende

HINWEIS

Wenn Sie eine Update-Zeit einstellen, muss der Computer zu diesem Zeitpunkt aktiv oder im Energiesparmodus sein.

TIPP

Automatische Updates lassen sich nur über die Konsole *service.msc* deinstallieren.

HINWEIS

Windows Update unterscheidet zwischen wichtigen, empfohlenen und optionalen Updates.

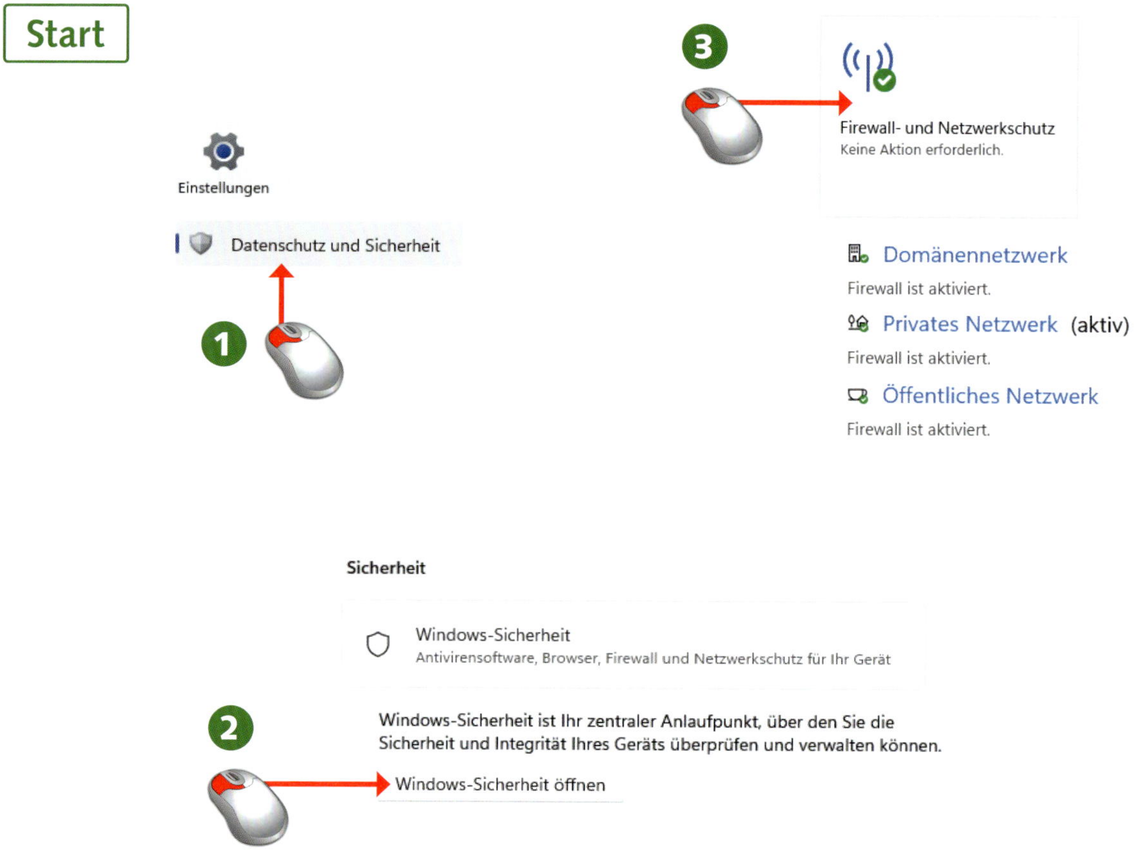

1. In den *Einstellungen* unter *Datenschutz und Sicherheit* finden Sie die *Windows-Sicherheit*.
2. Klicken Sie auf *Windows-Sicherheit öffnen* oder aktivieren Sie einen der Schutzbereiche.
3. Unter *Firewall und Netzwerkschutz* finden Sie die aktiven Firewalls für Domänennetzwerke, private und öffentliche Netzwerke.

WISSEN

Wie eine Brandschutzmauer lässt die Firewall keine Angriffe über das Netz zu und blockiert Zugriffe, die dem System schaden könnten. Schalten Sie die Firewall für das private und öffentliche Netz ein und überprüfen Sie, ob Apps und Programme kontrolliert werden.

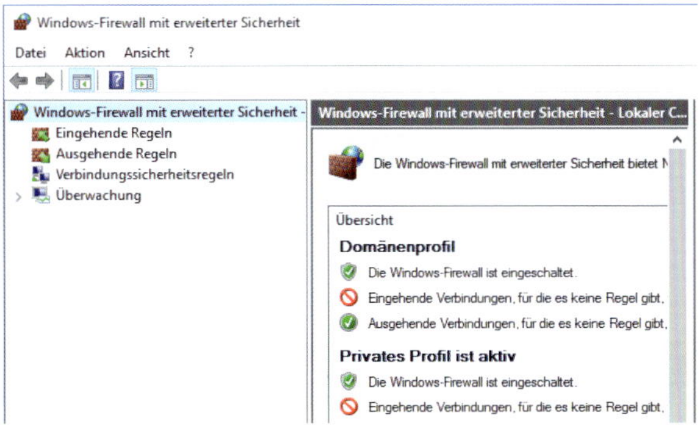

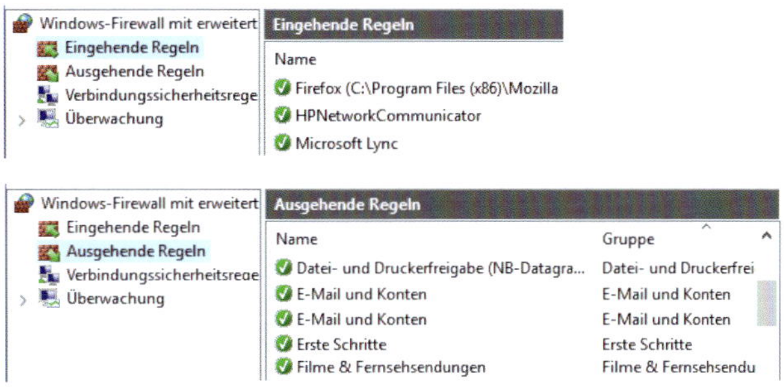

4 Mit dieser Option erhalten Sie eine Übersicht über Apps und Programme, die mit der Firewall kommunizieren.

5 Wählen Sie *Erweiterte Einstellungen*, um Regeln für die Firewall zu definieren.

6 Hier finden Sie eingehende und ausgehende Regeln und ein Überwachungsprotokoll.

Ende

HINWEIS

Unter *Überwachung/Firewall* finden Sie in den erweiterten Sicherheitseinstellungen ein Protokoll der Firewall-Aktivitäten.

HINWEIS

WLAN-Router verfügen ebenfalls über eine Firewall. Wenn Sie nach Blockierungen suchen, sehen Sie auch beim Router nach (siehe Kapitel 9).

Start

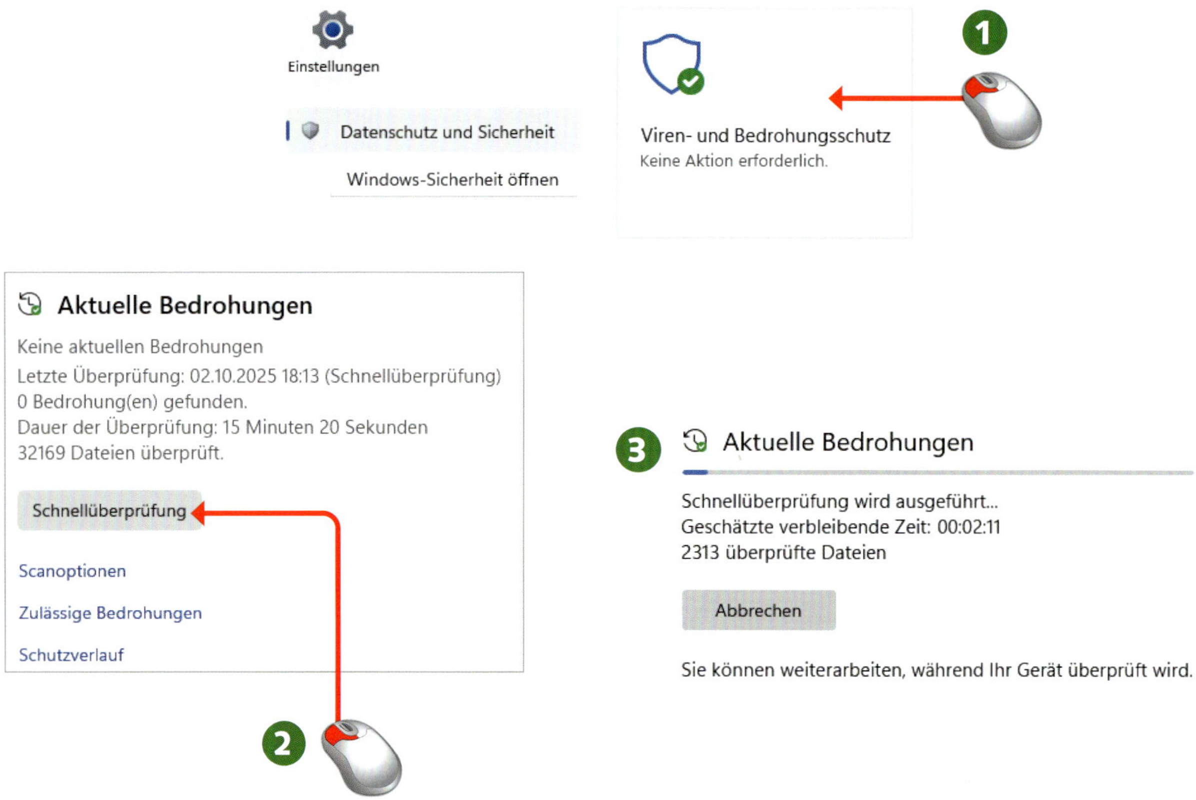

1. Wählen Sie *Datenschutz und Sicherheit* in den *Einstellungen* und aktivieren Sie den *Viren- und Bedrohungsschutz*.
2. Prüfen Sie, ob die letzte Überprüfung aktuell ist und keine Bedrohungen vorliegen. Starten Sie die *Schnellüberprüfung*, ...
3. ... und durchsuchen Sie Ihr Computersystem auf Viren und Schadsoftware.

WISSEN

Windows Defender schützt Ihren Computer vor Viren und Schadsoftware. Mit der Installation wird der Defender automatisch auf Echtzeitschutz gestellt, Sie können ihn aber auch einsetzen, um Datenträger (etwa USB-Sticks) vor der Nutzung auf Schadsoftware zu überprüfen.

HINWEIS

Windows Defender Offline schaltet Ihr Windows ab. Sichern Sie vorher alle Daten und schließen Sie alle aktiven Apps.

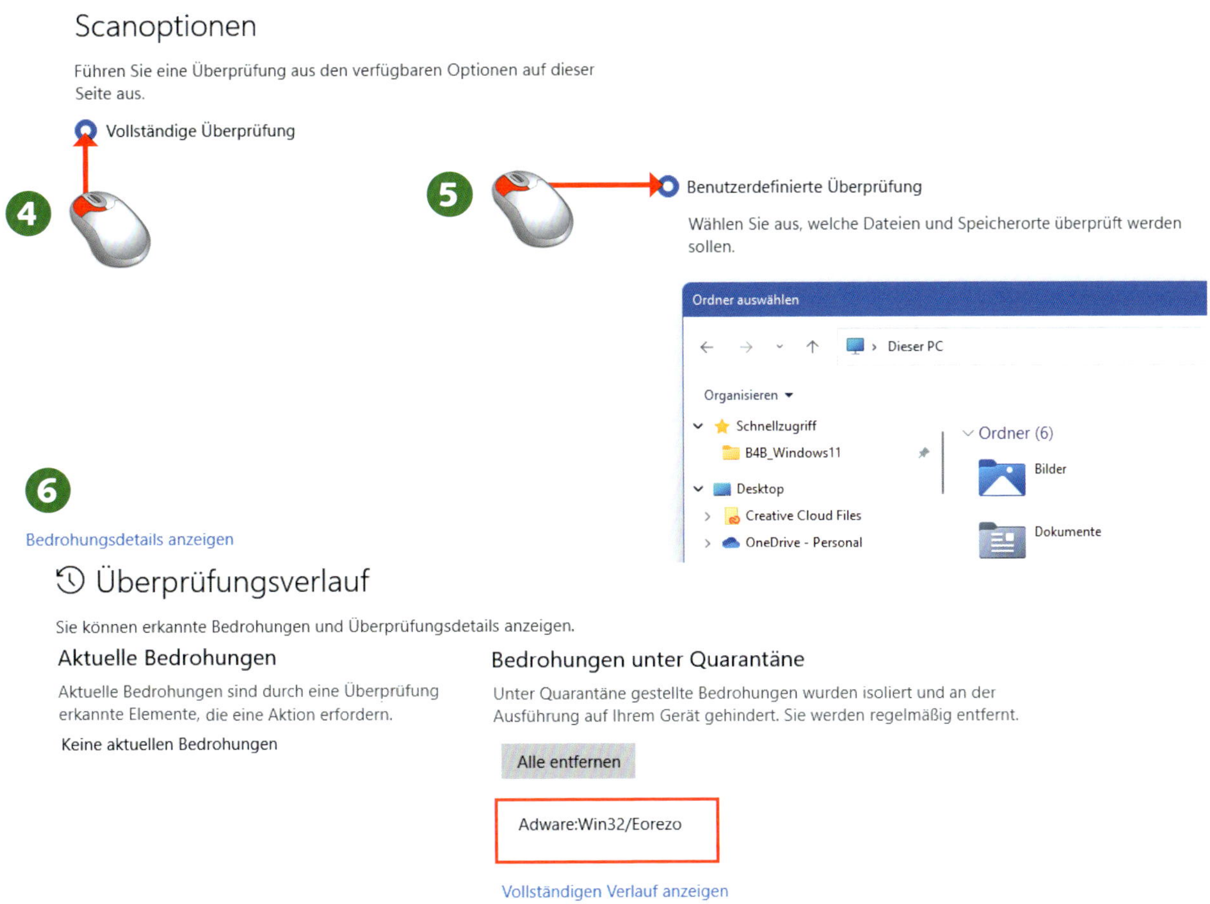

4 In den *Scanoptionen* finden Sie eine Überprüfung für das gesamte System. Wählen Sie die Option *Vollständige Überprüfung*.

5 Mit der benutzerdefinierten Überprüfung können einzelne Laufwerke oder Ordner ausgewählt werden. Nutzen Sie diese Option z. B. für USB-Sticks.

6 Sehen Sie sich nach der Überprüfung die Bedrohungsdetails an. Viren und andere Schädlinge werden unter Quarantäne gesetzt.

HINWEIS

Mit *Windows Defender Offline* wird das System heruntergefahren und offline überprüft. Damit finden Sie Computerviren, die eine normale Überprüfung verhindern.

TIPP

Arbeiten Sie während der Überprüfung nicht an Ihrem Computer, weil dabei weitere temporäre Dateien entstehen können.

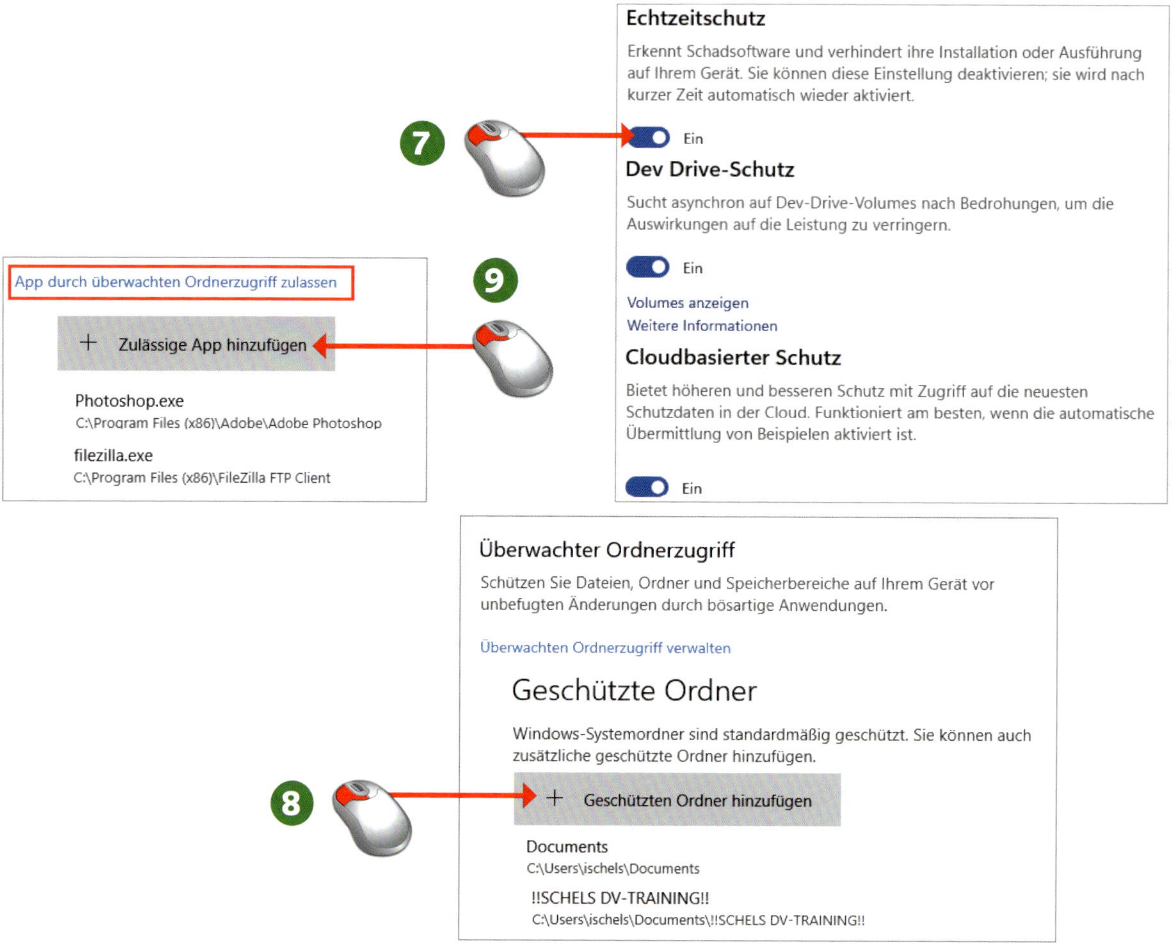

7 In den *Einstellungen* stellen Sie sicher, dass der *Echtzeitschutz* aktiv ist, damit die Überwachung Schadprogramme schon bei der Installation blockiert.

8 Lassen Sie Ihre wichtigsten Ordner ständig überwachen, fügen Sie diese im überwachten Ordnerzugriff hinzu.

9 Bestimmen Sie hier vertrauenswürdige Apps, die auf Ihre geschützten Ordner zugreifen dürfen und deshalb vom Defender blockiert werden.

WISSEN

Starten Sie die Überprüfung eines Datenträgers manuell, bevor Sie Daten von diesem importieren, und schützen Sie einzelne Ordner vor App-Zugriffen. Windows Defender stellt befallene Dateien sofort unter Quarantäne und blockiert Schadsoftware.

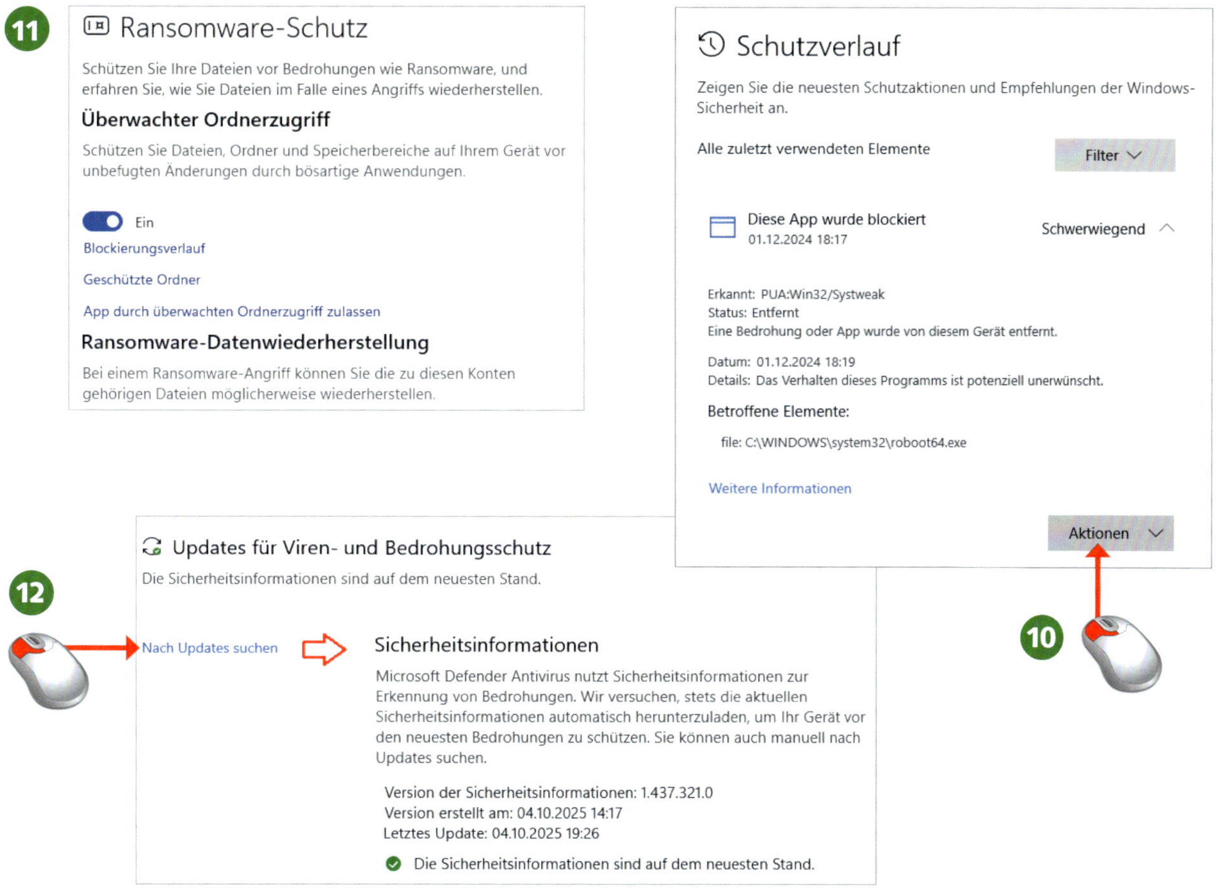

10 Der *Schutzverlauf* zeigt, welche Apps zuletzt blockiert wurden. Sie können die Blockade entfernen.

11 Der *Ransomware-Schutz* sichert Ihre Daten in der Cloud und stellt sie nach einem Erpressungsversuch durch Ransomware wieder her.

12 Überprüfen Sie den Status der Sicherheitsoptionen und suchen Sie nach Updates für Virusdefinitionen.

Ende

HINWEIS

Sollte der Defender versehentlich eine Datei als schädlich einstufen und unter Quarantäne stellen, markieren Sie diese im Verlauf und wählen *Wiederherstellen*.

HINWEIS

Die Sicherheitsinformationen sind eine Datenbank mit den aktuellsten Beschreibungen von Viren und Schadsoftware.

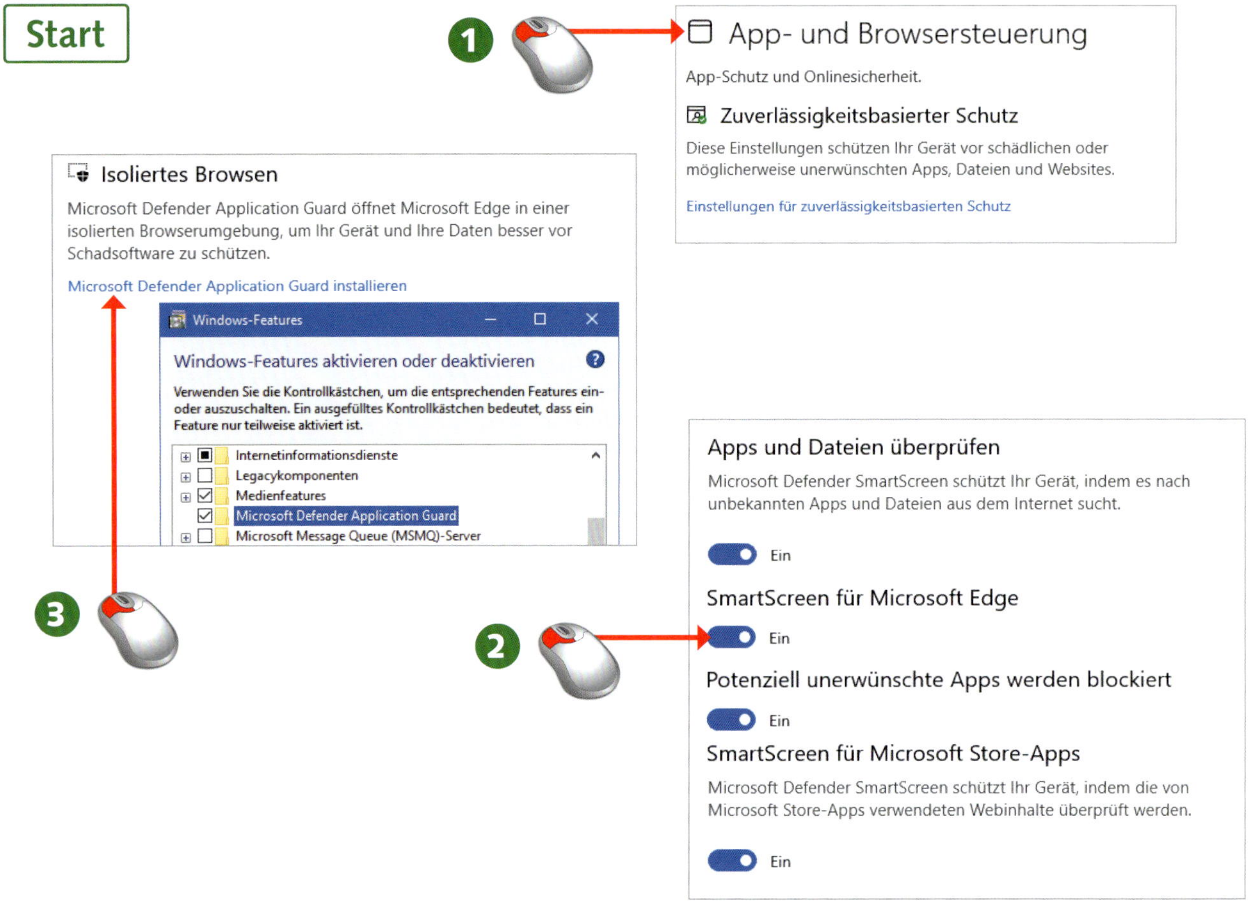

1. Aktivieren Sie die *App- und Browsersteuerung* in der *Windows-Sicherheit*. Lassen Sie Apps und Dateien überprüfen.
2. Webseiten und Downloads werden von SmartScreen geschützt. SmartScreen warnt, wenn ein schädlicher Inhalt entdeckt wird.
3. Der *Microsoft Defender Application Guard* bietet zusätzlichen Schutz für Edge, den Microsoft-Browser.

WISSEN

Mit dem SmartScreen-Filter schützen Sie Ihren PC vor Schadsoftware, hauptsächlich vor Malware (Viren), AdWare (unerwünschte Werbebotschaften) und Phishing-Software (Ausspähen von Kennwörtern und Kontoinformationen).

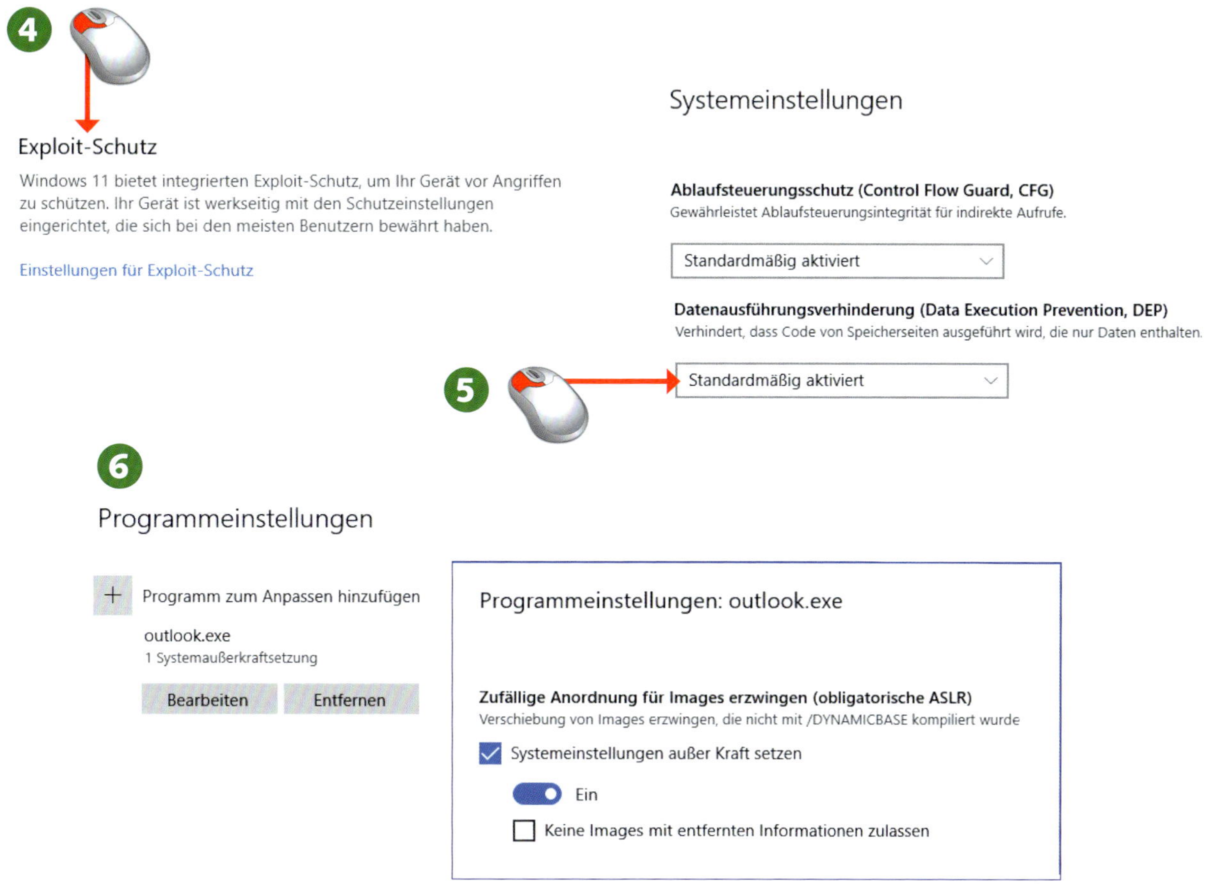

4 Der *Exploit-Schutz* schützt das Gerät vor Angriffen und Bedrohungen auf Betriebssystemprozesse und App-Aktivitäten.

5 In den *Systemeinstellungen* sind die Schutzwerkzeuge für das System aufgeführt.

6 In den *Programmeinstellungen* können Sie alle Apps kontrollieren.

Ende

HINWEIS

Mit aktivem SmartScreen-Filter werden automatisch Informationen über die Nutzung von Apps an Microsoft gesendet.

TIPP

Den SmartScreen-Filter gibt es sowohl für den Browser Edge als auch für Microsoft-Store-Apps.

Start

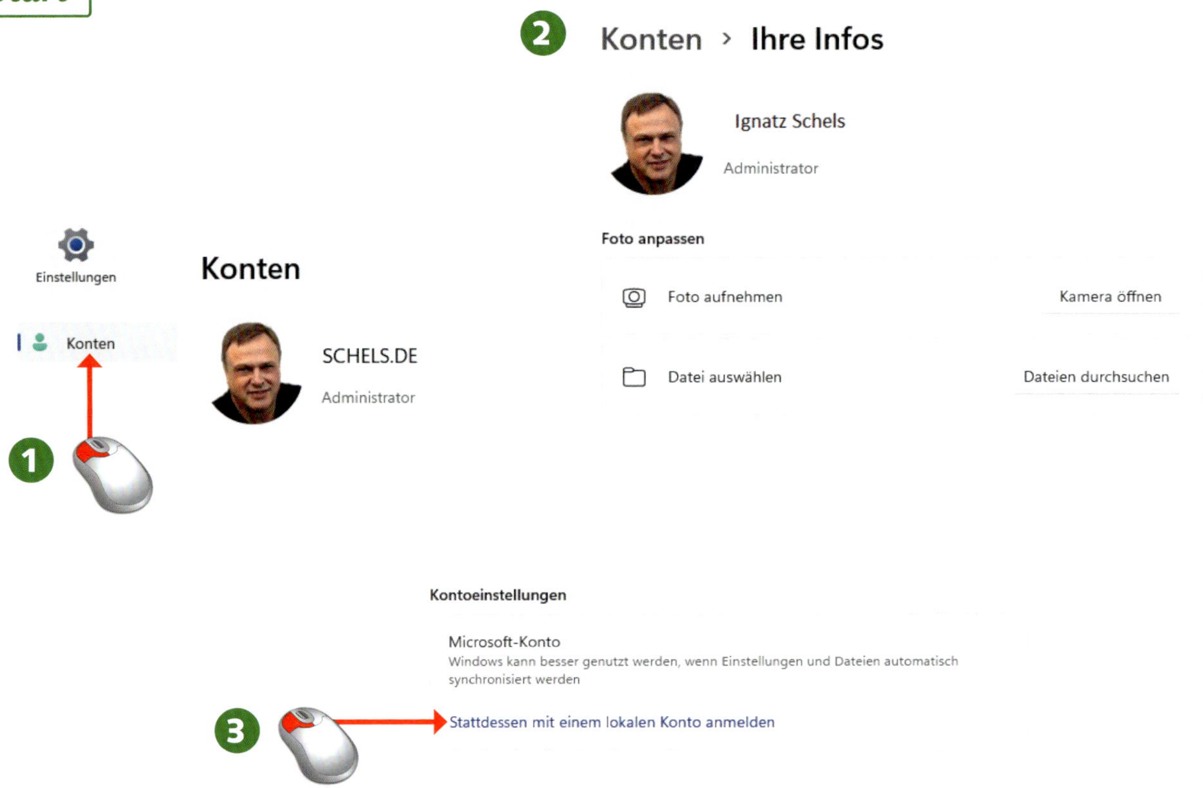

1. In den *Einstellungen* auf dem Startbildschirm finden Sie die Gruppe *Konten*.
2. Unter *Ihre Infos* sehen Sie Ihr Microsoft-Konto und den Benutzerstatus.
3. Verwalten Sie Ihr Konto oder melden Sie sich mit einem lokalen Konto an.

WISSEN

Mit den erweiterten Benutzereinstellungen in der Systemsteuerung können Sie Benutzern Administratorrechte zuweisen, Konten hinzufügen und löschen sowie ein (eingeschränktes) Gastkonto aktivieren.

HINWEIS

Die Änderung des Kontotyps von *Standard* auf *Administrator* kann natürlich nur von einem Administratorkonto aus erfolgen.

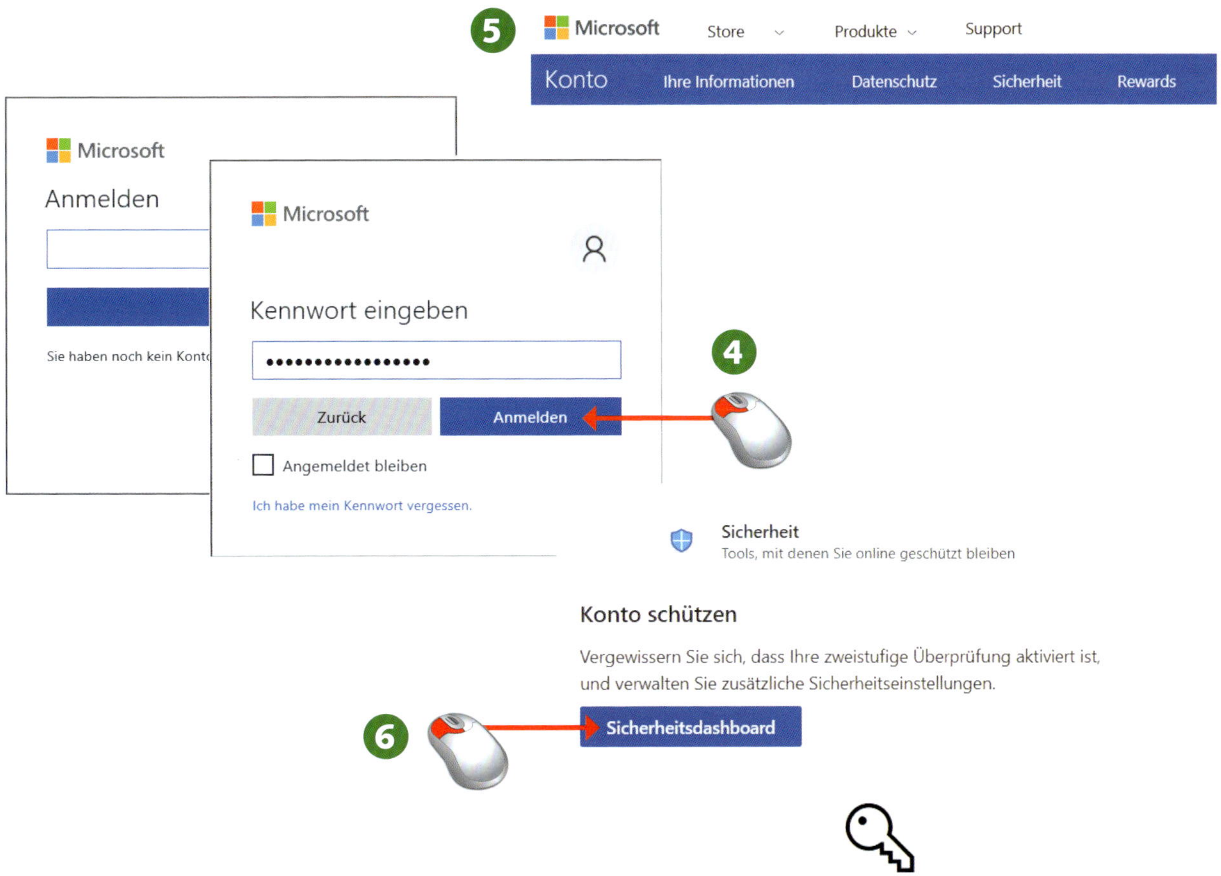

4 Der Browser wird gestartet, melden Sie sich mit Ihrer Benutzerkennung und dem Kennwort bei Microsoft an.

5 Hier finden Sie alle Einstellungen Ihres Kontos, etwa Dienste, Abrechnungen und Zahlungen.

6 Unter *Sicherheit* überprüfen Sie die Sicherheitseinstellungen für Ihr Konto. Starten Sie das *Sicherheitsdashboard*.

Ende

HINWEIS

Löschen Sie ein Konto, können Sie die Dateien aus den Bibliotheken in einen Ordner verschieben. Andere Einstellungen, z. B. im Mailprogramm oder in den Kontakten oder Nachrichten aus den Apps, können nicht gesichert werden.

HINWEIS

Die Beschreibungen der allgemeinen Kontoeinstellungen finden Sie in Kapitel 3 »Die Einstellungen«.

Start

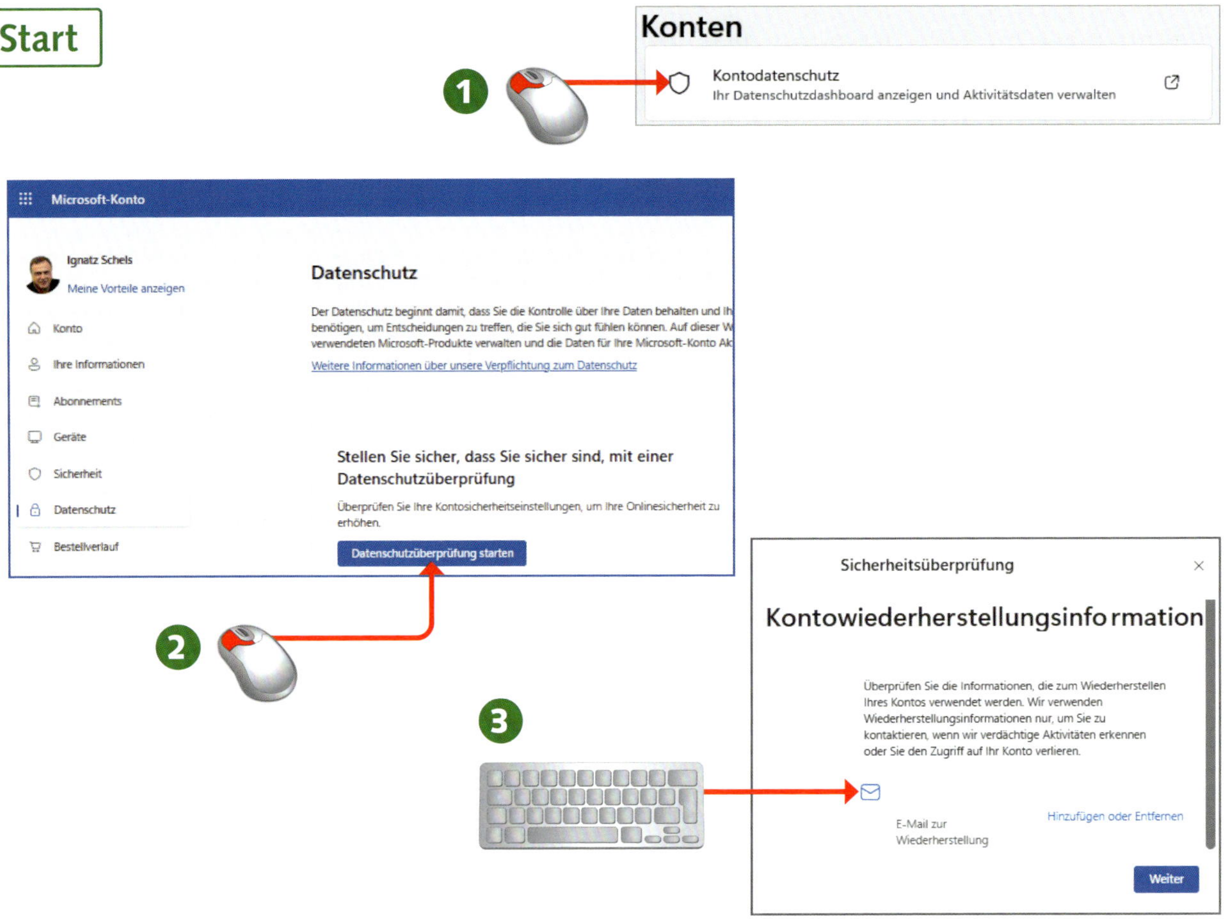

1. Starten Sie das Sicherheitsdashboard unter *Konten/Kontodatenschutz*.
2. Das Microsoft-Konto wird nach Sicherheitsprüfungen aktiviert. Starten Sie die Datenschutzüberprüfung.
3. Für die Kontowiederherstellung geben Sie eine oder mehrere Mailadressen an.

WISSEN

Das Microsoft-Konto ist fast so sicher wie Fort Knox, Kennwörter und Zahlungsinformationen lassen sich aber relativ einfach einrichten oder ändern – auch für die Xbox.

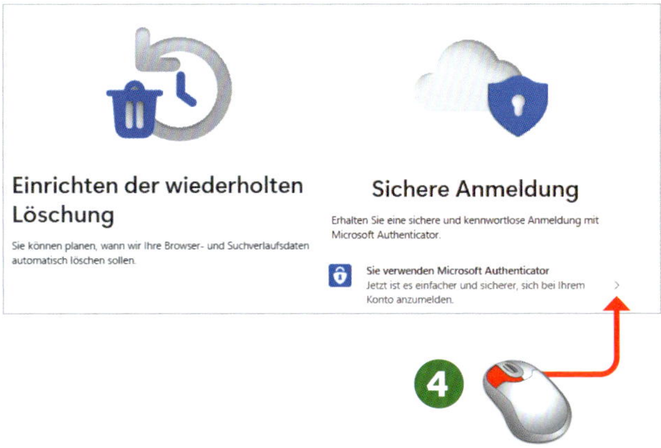

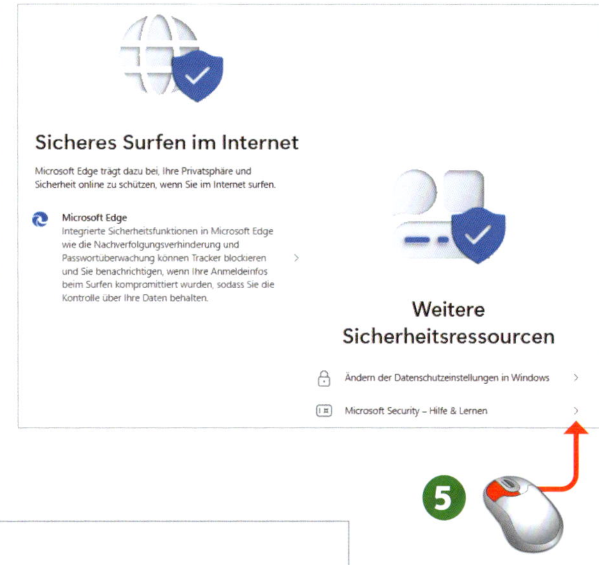

6

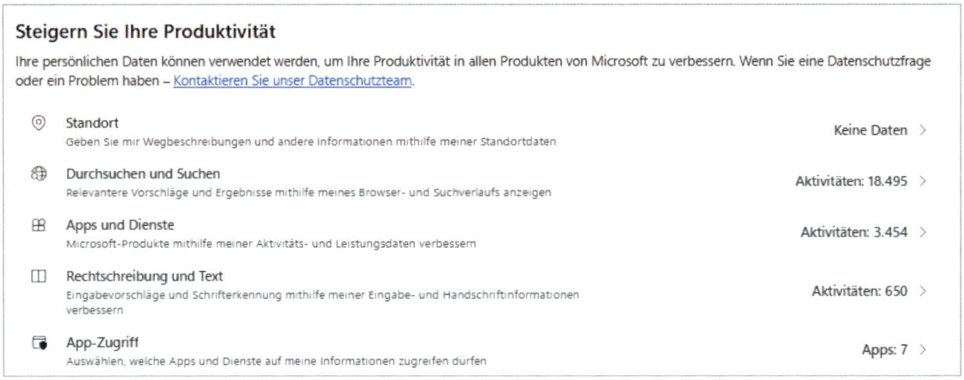

4. Löschen Sie regelmäßig Ihrer Browserdaten und verwenden Sie den Microsoft Authenticator für eine sichere Anmeldung.

5. Richten Sie Ihren Browser für sicheres Surfen im Internet ein und überprüfen Sie die Datenschutzeinstellungen von Windows.

6. Ihre persönlichen Daten müssen besonders geschützt werden. Stellen Sie sicher, dass Standortdaten und App-Zugriffe sicher sind.

Ende

HINWEIS

Das alte Kennwort wird bei der Wiederherstellung nicht mehr angezeigt, Sie können nur ein neues einrichten.

HINWEIS

Sollte sich jemand unbefugt bei Ihrem Konto angemeldet haben, melden Sie sich auf jeden Fall ab und ändern das Kennwort.

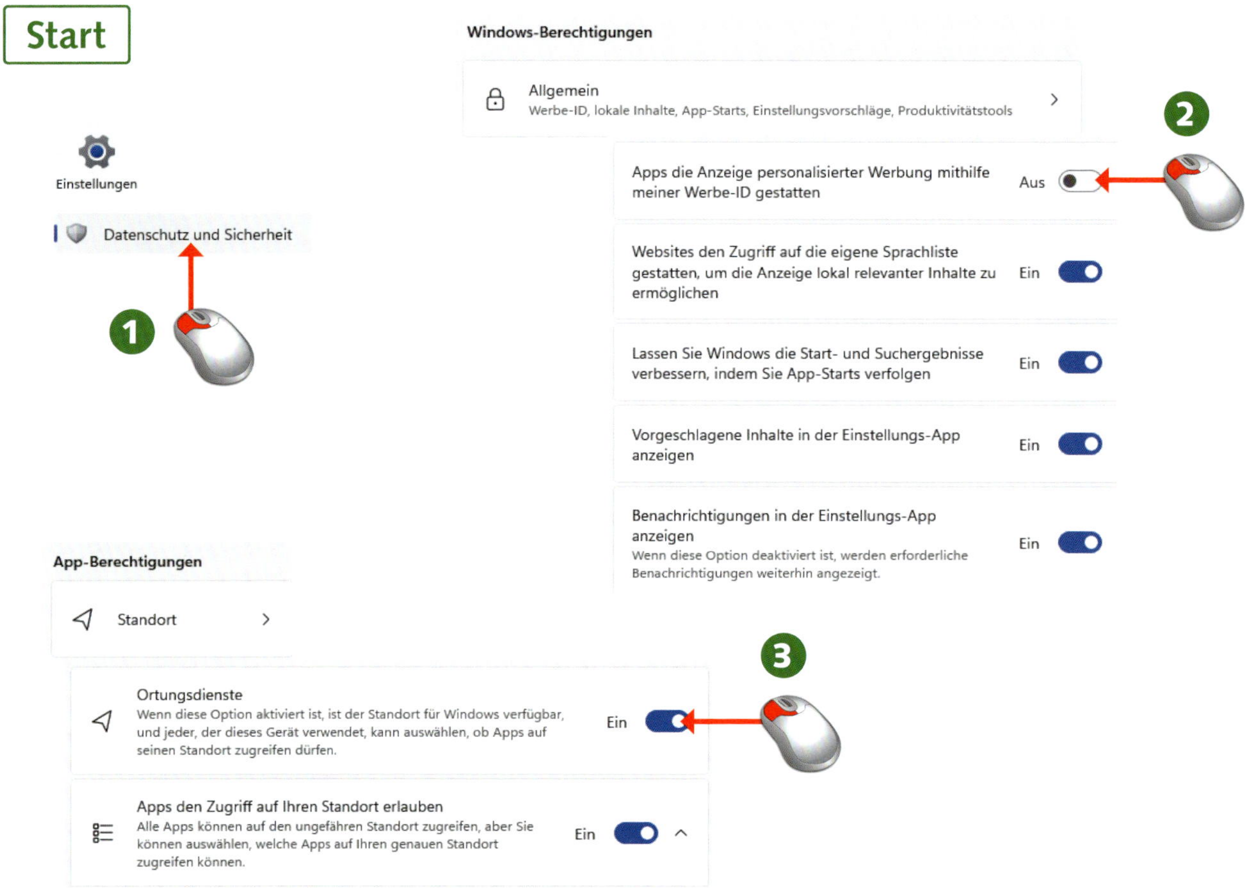

1. Alles zum Thema Datenschutz finden Sie unter *Einstellungen/Datenschutz und Sicherheit*.
2. Überprüfen Sie die Windows-Berechtigungen und schalten Sie die personalisierte Werbung ab.
3. Ortungsdienste müssen für Apps erlaubt werden, die mit der Position des Benutzers arbeiten (zum Beispiel *Wetter* oder *Karten*).

WISSEN

Apps sind ständig in Aktion, holen Daten aus Onlinediensten und senden benutzerspezifische Informationen über das Netz. Überprüfen Sie die Datenschutzeinstellungen und schalten Sie ab, was nicht aktiv sein muss.

HINWEIS

Unter *Messaging* definieren Sie, welche Apps (z. B. *Kontakte*) Ihre SMS lesen dürfen.

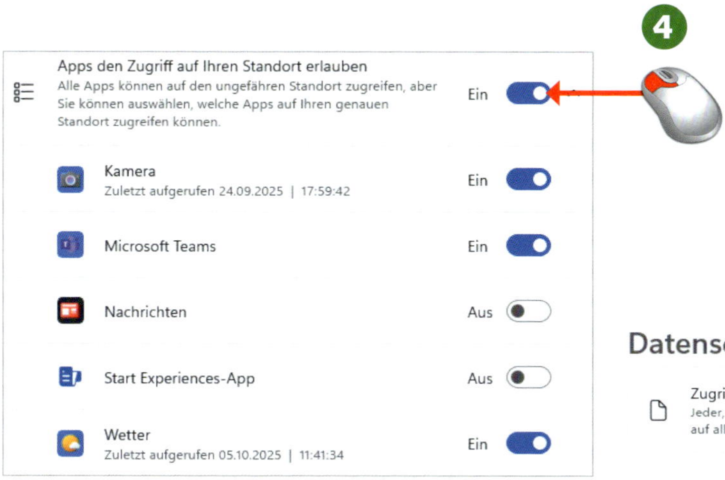

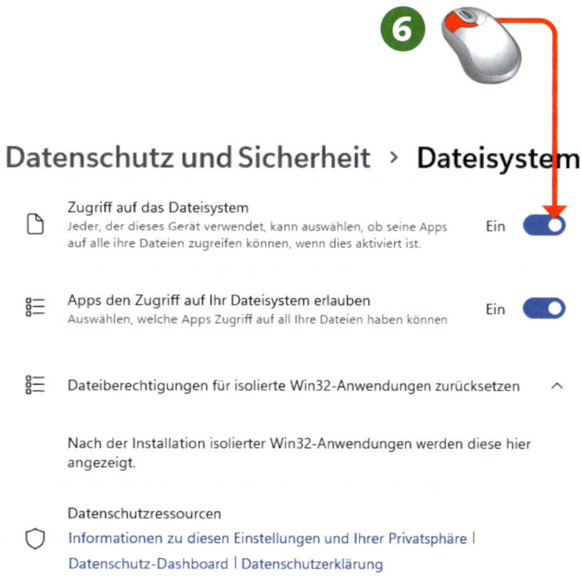

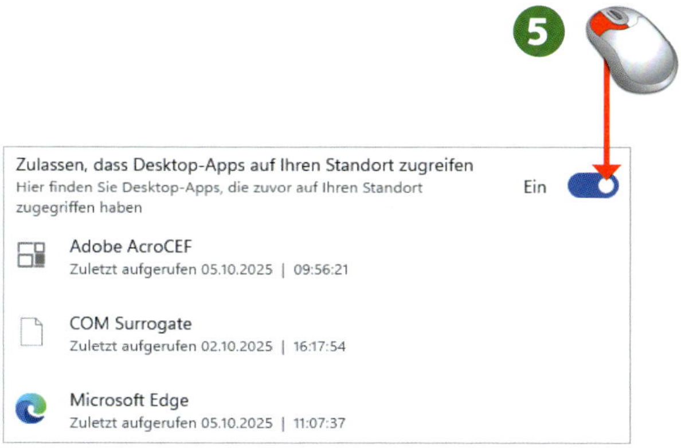

4 Apps, die auf die Kamera und das Mikrofon zugreifen, können ein Sicherheitsrisiko darstellen, schalten Sie den Zugriff besser ab oder bestimmen Sie einzelne Apps.

5 Schalten Sie die Erlaubnis für einzelne Desktop-Apps aus, wenn Sie Ihren Standort nicht bekanntgeben wollen.

6 Kontrollieren Sie, welche Apps auf Ihre Dateien und das Dateisystem Zugriff haben.

Ende

HINWEIS

Windows fordert häufig Feedback zu bestimmten Aktionen an. Unter *Feedback und Diagnose* schalten Sie diese Fragen ab.

TIPP

Weitere Zugriffe, die Sie erlauben oder abschalten können: Kontakte, Kalender, Anrufliste, E-Mail, Funkempfang.

Start

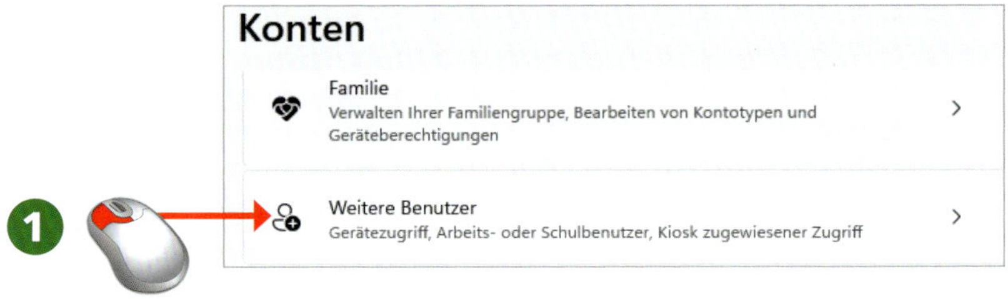

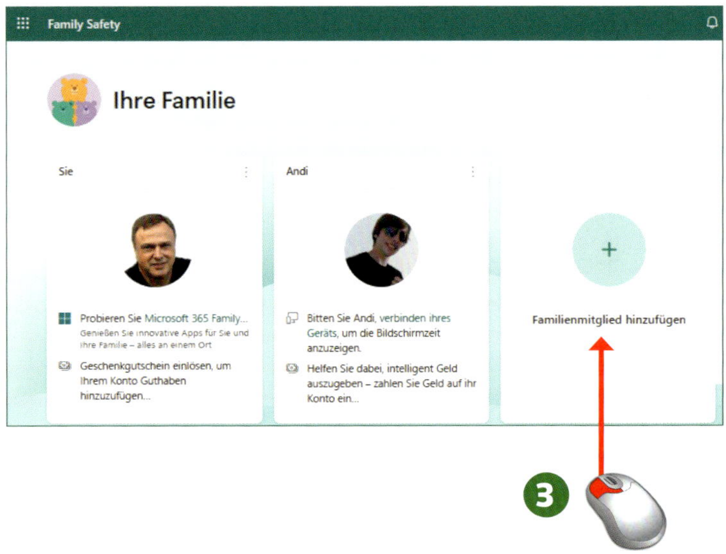

1. Die Einstellungen für *Familie* und *Weitere Benutzer* finden Sie unter *Konten*.

2. Fügen Sie ein neues Konto für ein Familienmitglied hinzu oder ändern Sie ein Konto. Aktivieren Sie die Onlineverwaltung.

3. Aktivieren Sie die Einstellungen für die Familienmitglieder in Ihrem Microsoft-Konto.

WISSEN

Mit *Family Safety* kontrollieren Sie u. a. Benutzerkonten von Kindern und Jugendlichen. Sperren Sie nicht jugendfreie Webseiten und unsichere Apps oder den Zugriff auf den App-Store und setzen Sie die Nutzungszeiten fest.

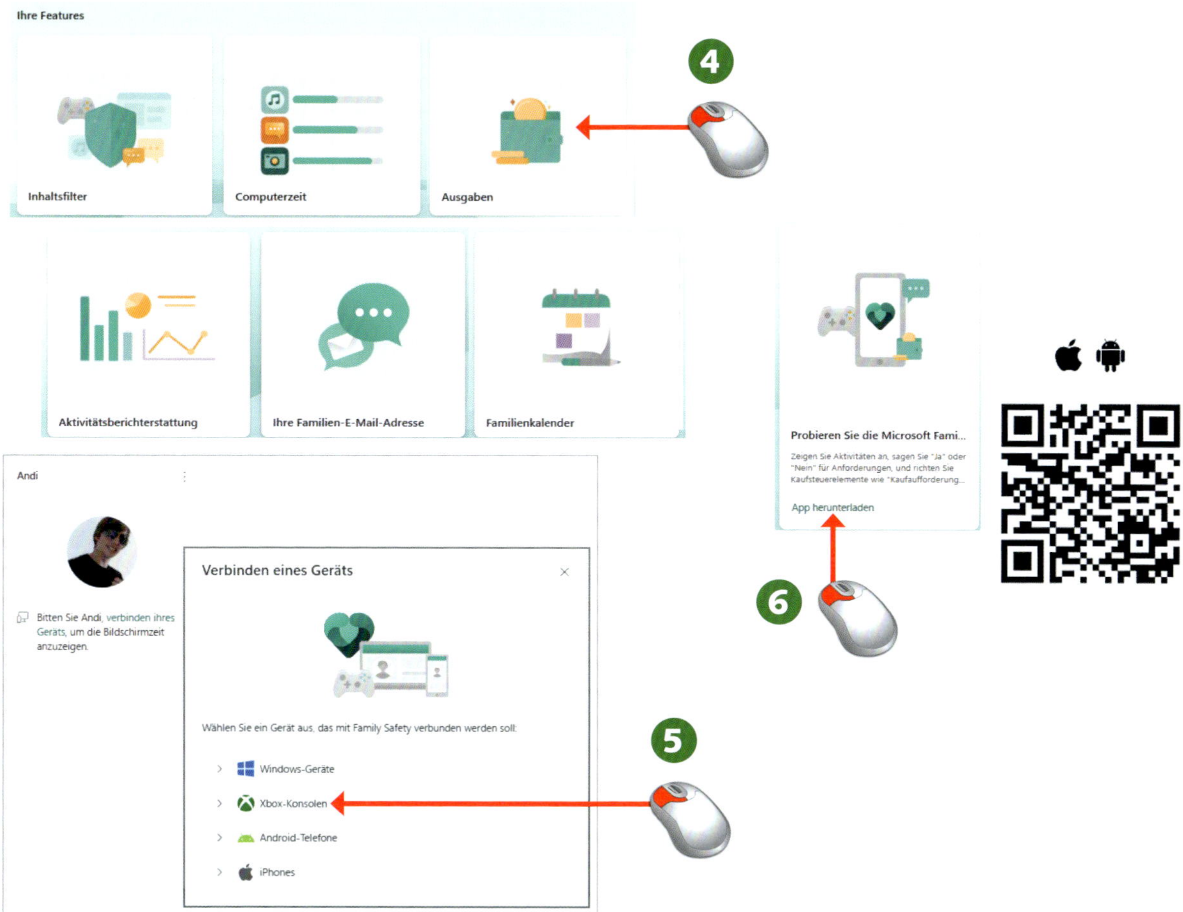

4 Hier können Sie Limits für Bildschirmzeiten einrichten, Ausgaben und Aktivitätsberichte anlegen und Familien-E-Mails schreiben.

5 Kontrollieren Sie die Bildschirmzeit Ihrer Familienmitglieder, indem Sie Konsolen und Mobiltelefone verbinden.

6 Installieren Sie die *Familiy*-App auf Ihrem Smartphone, um die Einstellungen jederzeit abrufbereit zu haben.

Ende

HINWEIS

Mit *Benutzeraktivitäten* erhalten Sie Aktivitätsberichte, die Sie auf Ihr Microsoft-Konto übertragen können, etwa über besuchte Webseiten, verwendete Apps und Spiele oder Downloads.

TIPP

Unter *Windows Store- und Spieleinschränkungen* können Sie Spiele mit Altersbeschränkung allgemein oder installierte Apps einzeln sperren oder freigeben.

Start

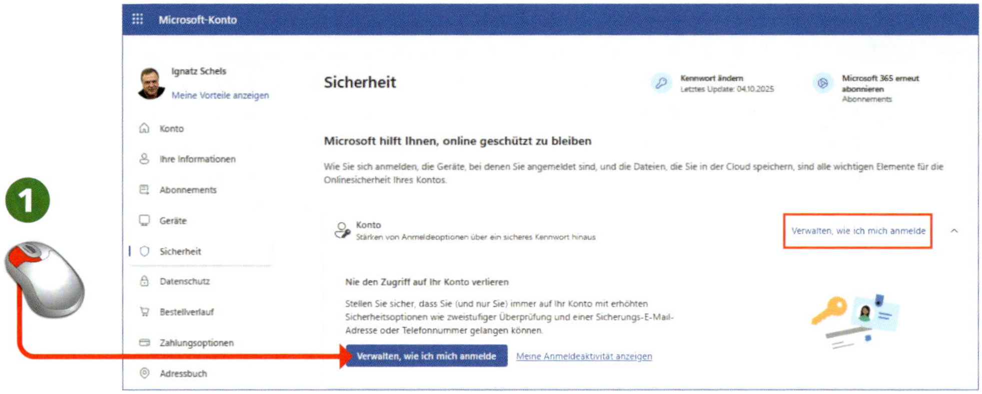

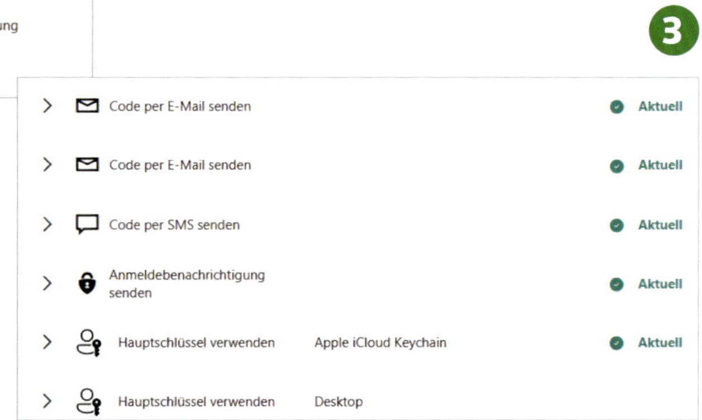

1. Bearbeiten Sie die Anmeldeinformationen für Ihr Microsoft-Konto unter *Sicherheit*.
2. Hier können Sie das Kennwort überprüfen oder ein neues Kennwort vergeben.
3. Definieren Sie die Sicherheitsprüfungen, die Microsoft beim Wechsel des Kennworts aktiviert.

WISSEN

Schützen Sie Ihr Microsoft-Kennwort vor Missbrauch, sehen Sie regelmäßig im Microsoft-Konto vorbei und ändern Sie das Kennwort regelmäßig. Nutzen Sie mit Passkeys die neuste und sicherste Anmeldetechnik bei Webseiten und Apps.

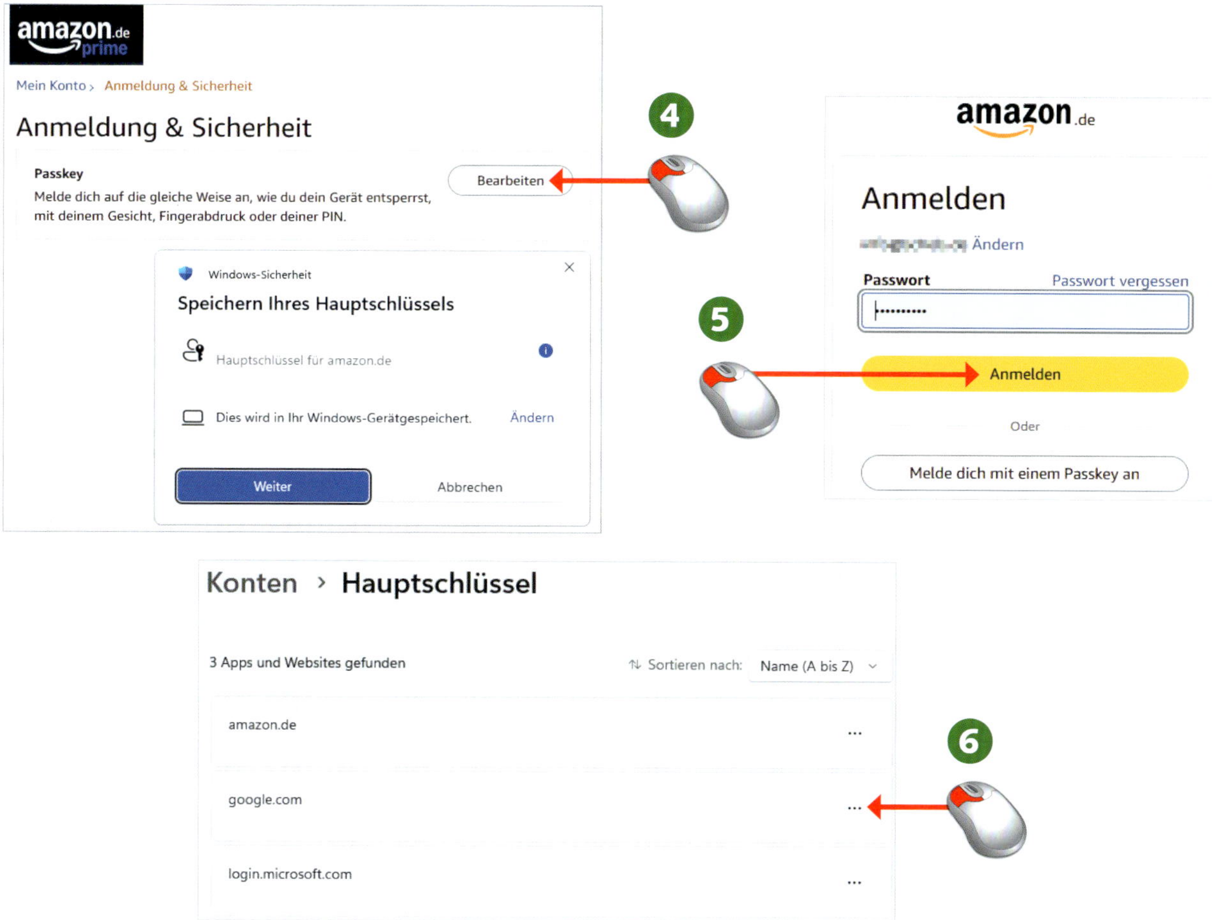

4 Verwenden Sie einen Passkey, um sich bei einem Anbieter wie Amazon, Google oder Microsoft ohne Kennworteingabe anzumelden.

5 Klicken Sie auf die Passkey-Anmeldung und geben Sie Ihre Windows-PIN ein.

6 Unter *Konten/Hauptschlüssel* finden Sie eine Liste mit allen Passkeys. Hier können Sie einen Passkey auch wieder löschen.

Ende

HINWEIS

Ein Passkey nutzt zwei Schlüssel: Der private Schlüssel bleibt auf dem Windows-PC, der öffentliche wird an die Webseite gesendet. Beide werden bei der Anmeldung verifiziert. Die Anmeldung ist sicher vor Phishing und Passwortklau geschützt, weil der private Schlüssel nie das Gerät verlässt.

11

Nützliches Zubehör

Start

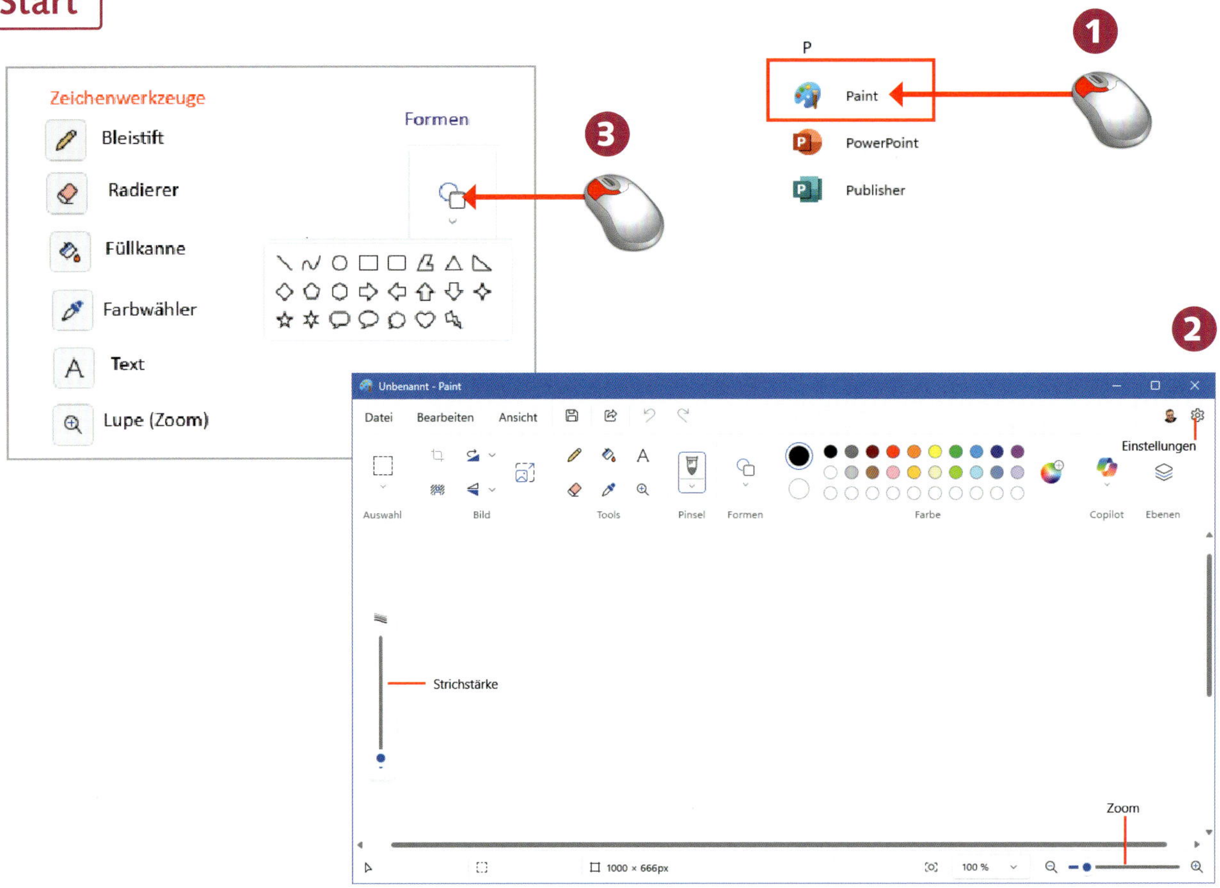

1. Das Windows-11-Zeichenprogramm finden Sie im Startmenü. Starten Sie Paint, ...

2. ... und zeichnen Sie auf der variablen Zeichenfläche. Zoomen Sie diese mit gedrückter [Strg]-Taste und dem Mausrad.

3. Wählen Sie ein Zeichenwerkzeug oder eines der Formate aus der Formenbibliothek.

WISSEN

Paint ist in Windows das Hauptwerkzeug zur Bearbeitung und Herstellung von Grafiken. Zeichnen Sie mit Paint Modelle in allen Varianten und speichern Sie Ihre Kunstwerke als Grafikdateien.
Das Zeichenprogramm Paint 3D wurde eingestellt, es steht auch im Store nicht mehr zur Verfügung.

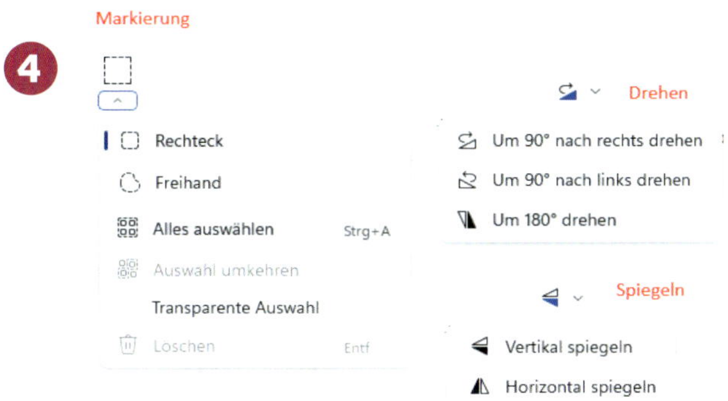

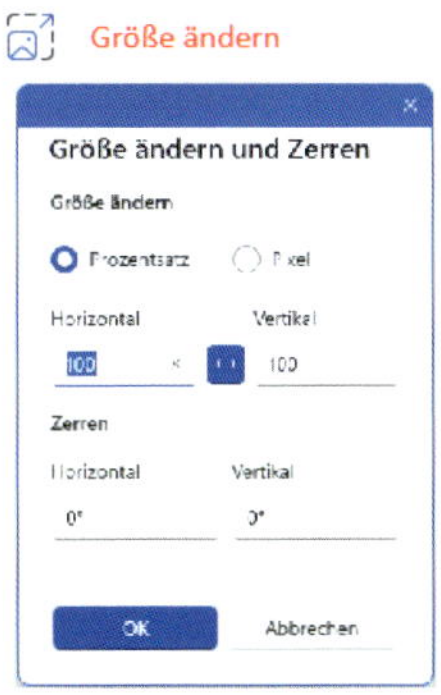

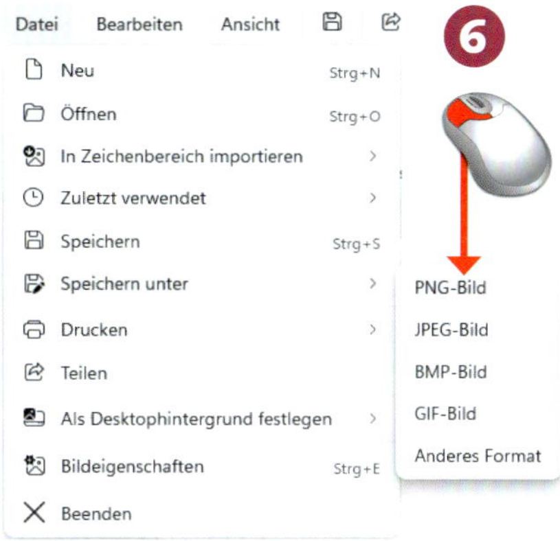

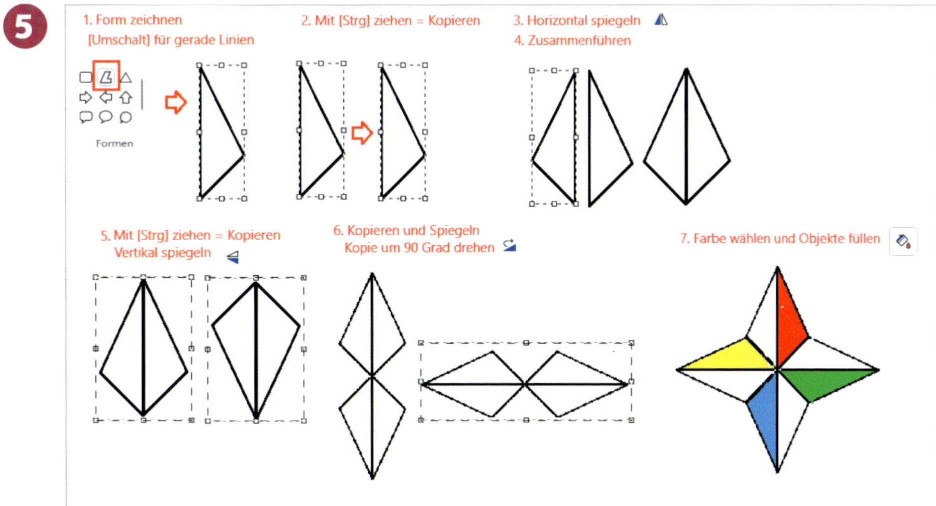

4 Um eine Zeichnung zu ändern, wird sie zuerst markiert. Wählen Sie dann das Bearbeitungswerkzeug.

5 Üben Sie das Zeichnen mit Formen am Beispiel einer Windrose. Mit [Strg]+[Z] können Sie mehrere Aktionen rückgängig machen.

6 Speichern Sie Ihr Werk in einem der angebotenen Grafikformate oder legen Sie es gleich als Desktophintergrund fest.

HINWEIS

Halten Sie beim Zeichnen die [⇧]-Taste gedrückt, um Linien im 45- und 90°-Winkel, Quadrate oder Kreise zu zeichnen.

HINWEIS

Zoomen Sie in der Zeichnung mit dem Schieberegler oder mit [Strg] und gedrückter Maustaste. Auf dem Tablet ziehen Sie mit zwei Fingern.

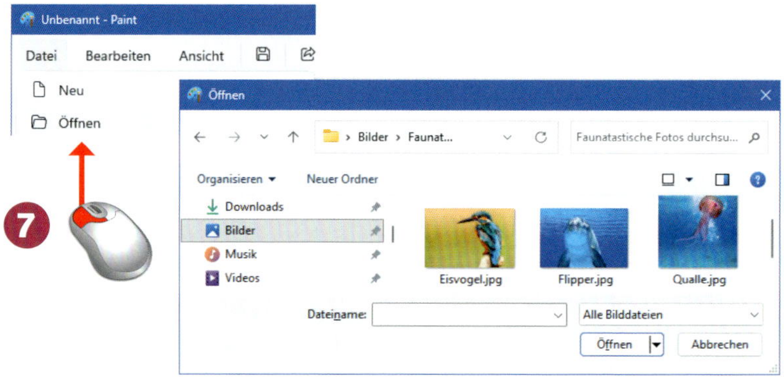

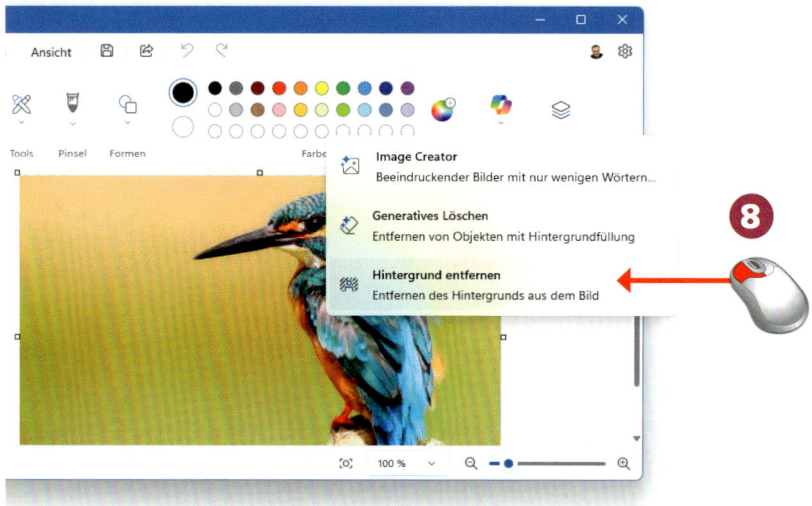

7 Wählen Sie *Datei/Öffnen*, markieren Sie eine Bilddatei und klicken Sie auf *Öffnen*.

8 Aktivieren Sie Copilot und entfernen Sie den Hintergrund des Bildes oder eines markierten Bildteils.

9 Der Hintergrund wird selektiv entfernt. Speichern Sie das Bild wieder ab.

WISSEN

Mit Unterstützung des KI-Assistenten Copilot machen Sie mehr aus Ihren Bildern und verbessern die Qualität Ihrer Fotos. Entfernen Sie den Hintergrund oder löschen Sie störende Objekte aus einem Bild.

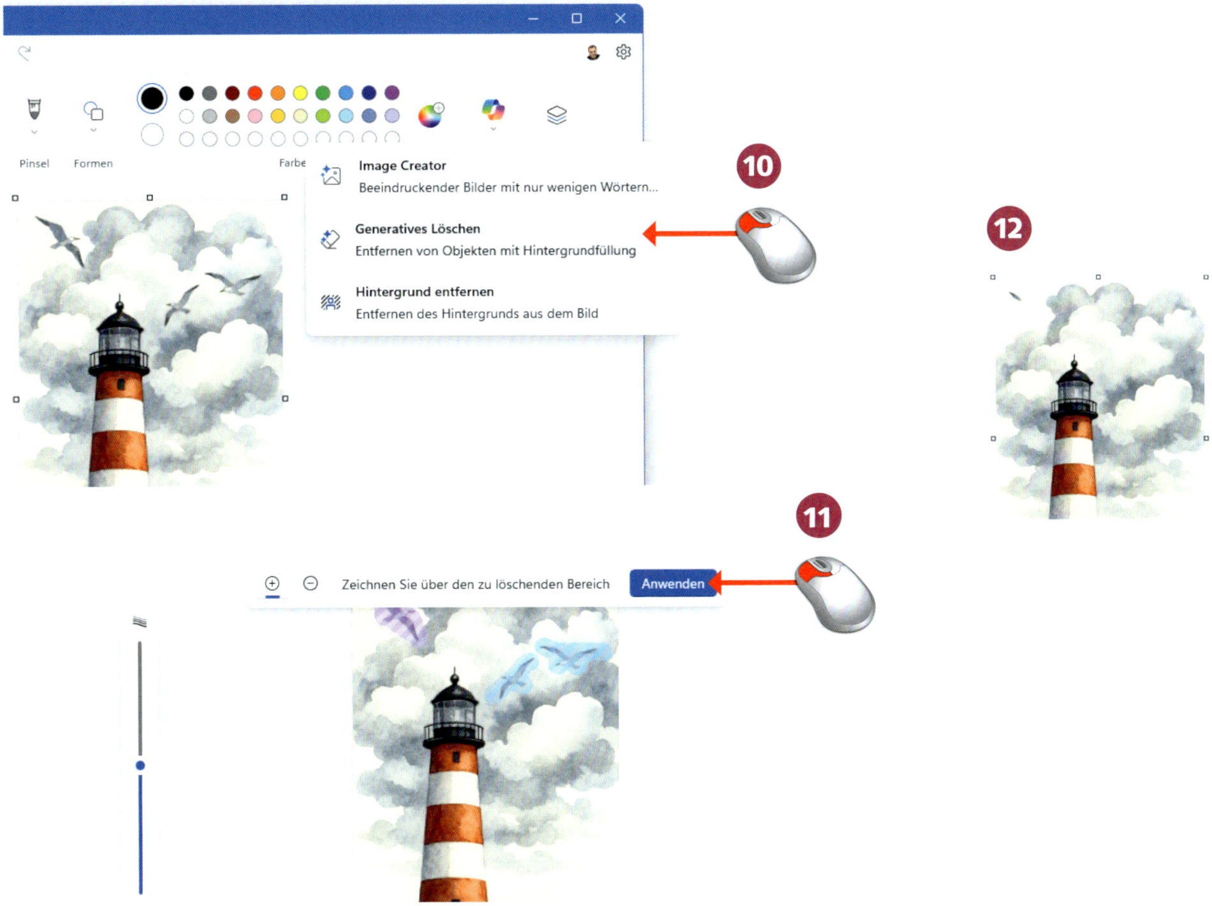

10 Nutzen Sie die Funktion *Generatives Löschen*, um unerwünschte Objekte zu entfernen, während der Hintergrund intakt bleibt.

11 Stellen Sie über die Randleiste die Pinselgröße ein und markieren Sie die Objekte, die Sie entfernen wollen. Klicken Sie auf *Anwenden*.

12 Die Objekte werden entfernt, der Hintergrund bleibt intakt.

Ende

HINWEIS

Für das generative Löschen von Objekten können Sie beliebig viele Bildteile markieren, bevor Se auf *Anwenden* klicken.

TIPP

Bildschirmfotos (Screenshots) können Sie mit [Win]+[Druck] gleich in eine PNG-Datei »schießen« oder mit [Druck] bzw. [Alt]+[Druck] (aktuelles Fenster) in die Zwischenablage legen. Holen Sie den Inhalt von dort mit [Strg]+[V].

Start

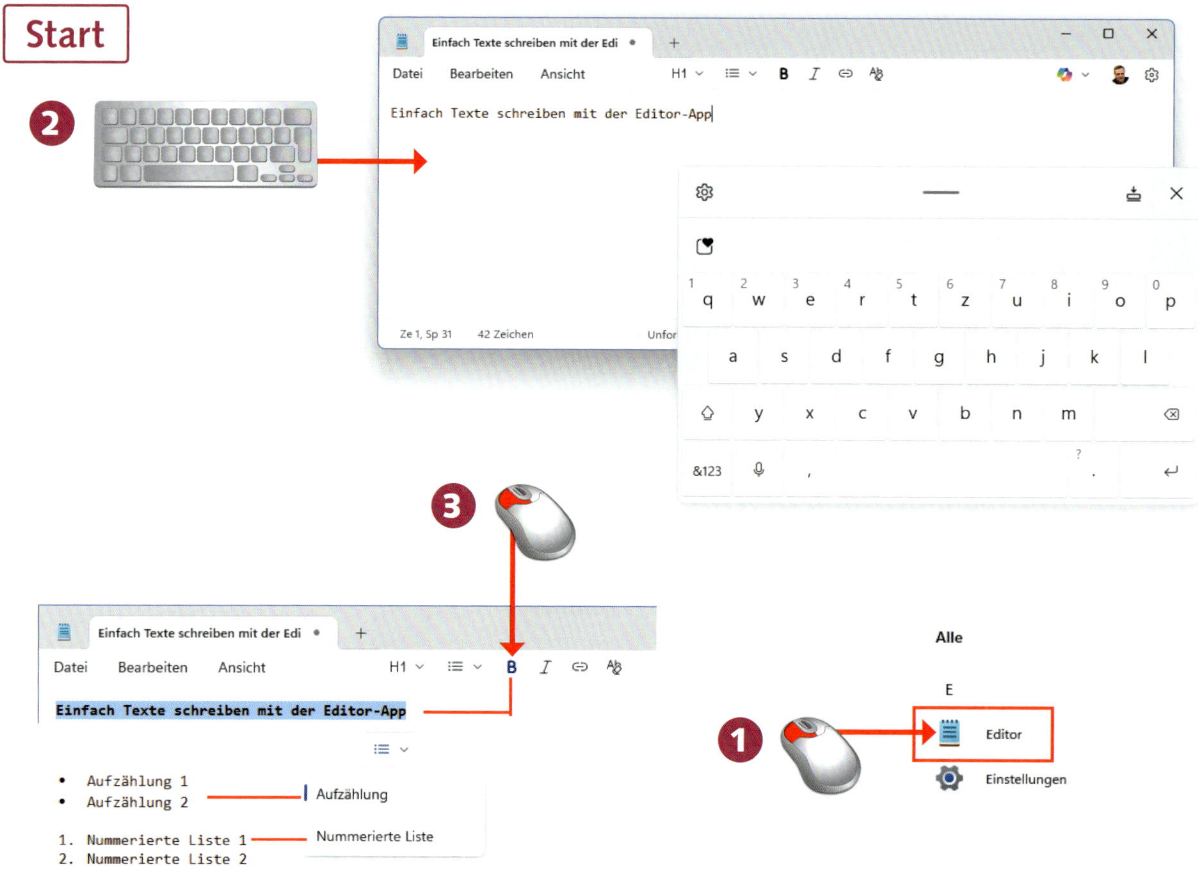

1 Wählen Sie im Startbildschirm unter *Alle* die App *Editor* aus.

2 Schreiben Sie an der Cursorposition oder kopieren Sie mit Strg+V Texte aus der Zwischenablage in den Textbereich.

3 Formatieren Sie den Text über die Symbolleiste, fügen Sie Aufzählungen und nummerierte Listen hinzu.

WISSEN

Der Windows-Editor ist eine kleine App für Textaufgaben. Nutzen Sie ihn zur Bearbeitung reiner Textdateien oder fügen Sie einfache Formatierungen im Markdown-Format hinzu. In den Einstellungen finden Sie alternative Designs und Schriftarten und können die Rechtschreibung sowie Autokorrektur einschalten.

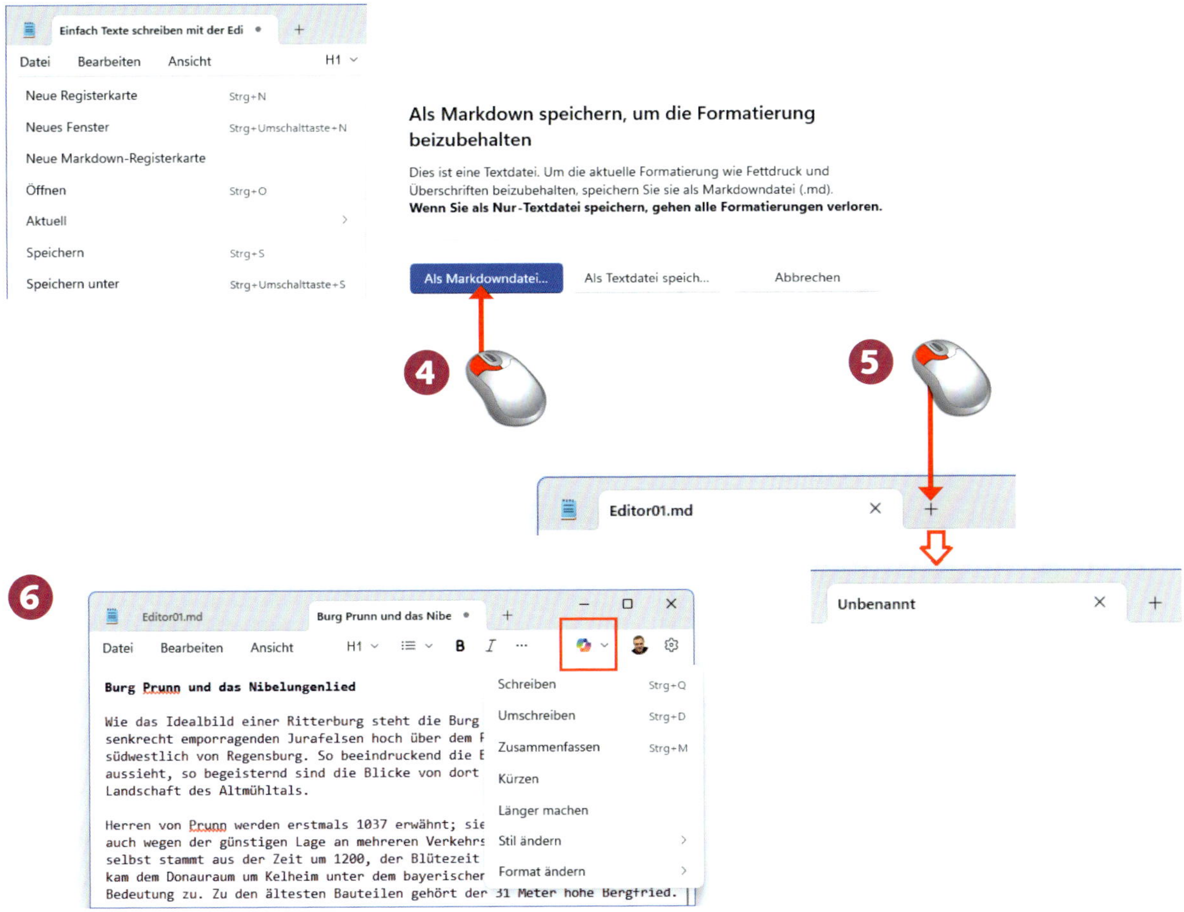

4 Speichern Sie Ihren Editor-Text mit *Datei/Speichern unter*. Als *Markdowndatei* mit der Dateiendung *.md* gespeichert behält der Text die Formatierungen.

5 Per Klick auf das Pluszeichen legen Sie eine neue Registerkarte an.

6 Der KI-Assistent Copilot unterstützt Sie beim Schreiben und Zusammenfassen von Texten, muss aber über Microsoft 365 lizensiert sein.

Ende

TIPP

Unter *Datei speichern* können Sie die Codierung von ANSI (Standard) auf Unicode oder UTF-8 ändern.

HINWEIS

Unicode und UTF-8 sind erweiterte Standards mit internationalen Zeichensätzen.

FACHWORT

ANSI (**A**merican **N**ational **S**tandards **I**nstitute): Norm für Windows-Zeichen im 8-Bit-Format.

Start

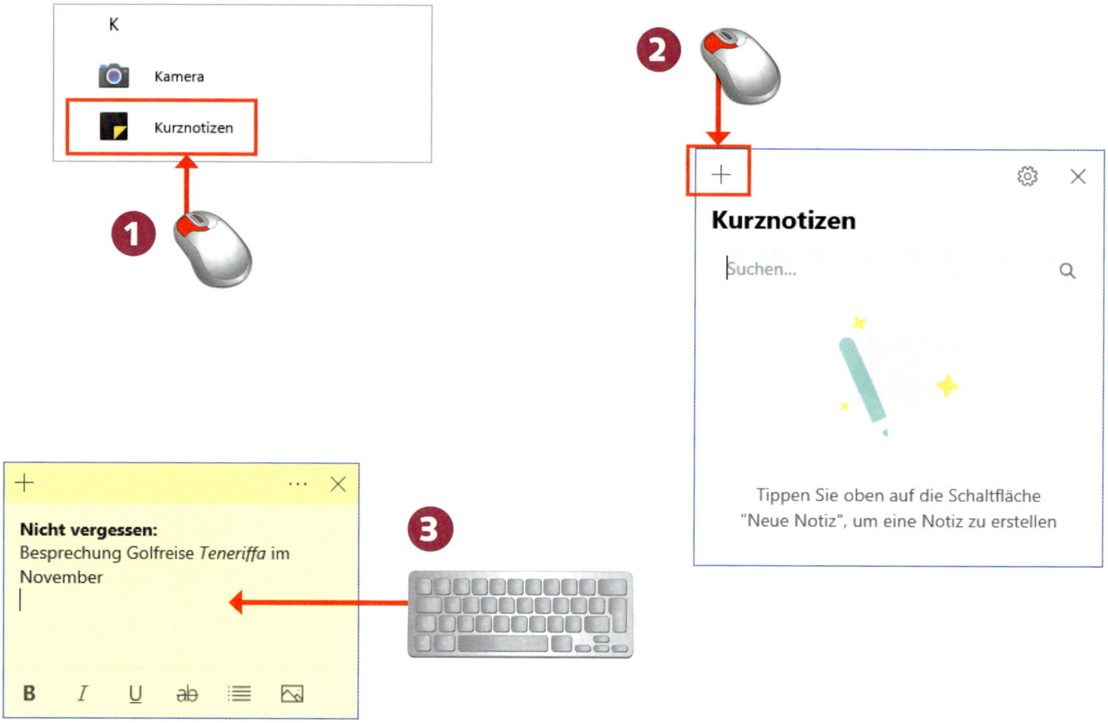

1. Starten Sie die *Kurznotizen* aus dem Startmenü.
2. Klicken Sie auf das Pluszeichen, um eine neue Kurznotiz anzulegen.
3. Schreiben Sie den Text und formatieren Sie ihn über die Symbole am unteren Rand.

WISSEN

Post-it heißen die kleinen, gelben Klebezettel, die an wichtige Dinge erinnern. Kurznotizen erfüllen den gleichen Zweck, sie »kleben« am Desktop, können Text und Bild enthalten. Wird eine Notiz vom Bildschirm gelöscht, bleibt sie weiterhin in der Notizenliste.

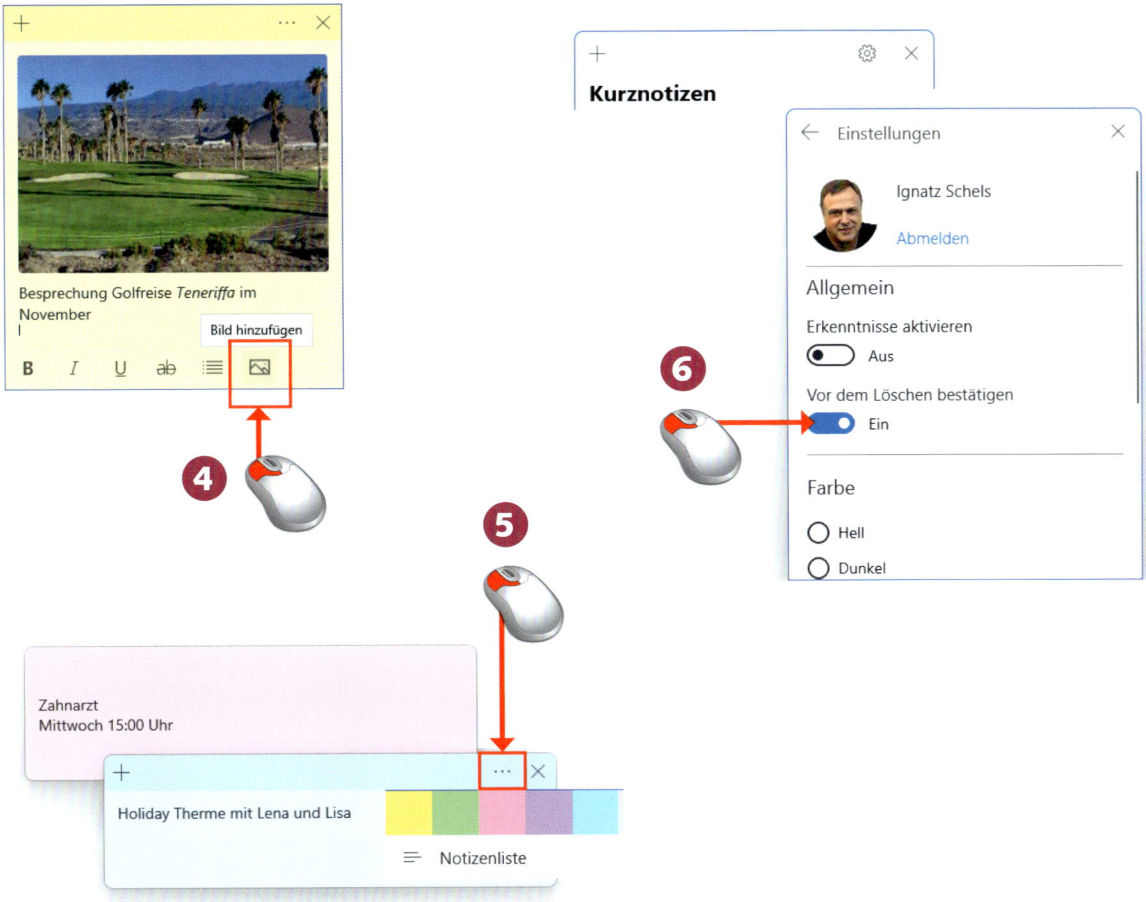

4 Bilder holen Sie über das Symbol *Bild hinzufügen* oder einfach über die Zwischenablage in die Kurznotiz.

5 Das Menü bietet eine Farbpalette für Hintergrundfarben an.

6 Klicken Sie in der Kurznotizen-Liste auf *Einstellungen*. Hier können Sie das Design ändern und Ergebnisse aktivieren.

Ende

HINWEIS

Ergebnisse aktivieren wandelt einfachen Text in Links oder Mailadressen um und sucht Infos zu Flugnummern und Aktienkürzeln.

TIPP

Synchronisieren Sie Ihre Kurznotizen über die *Einstellungen*, damit sie auf allen Windows-Geräten verfügbar sind.

Start

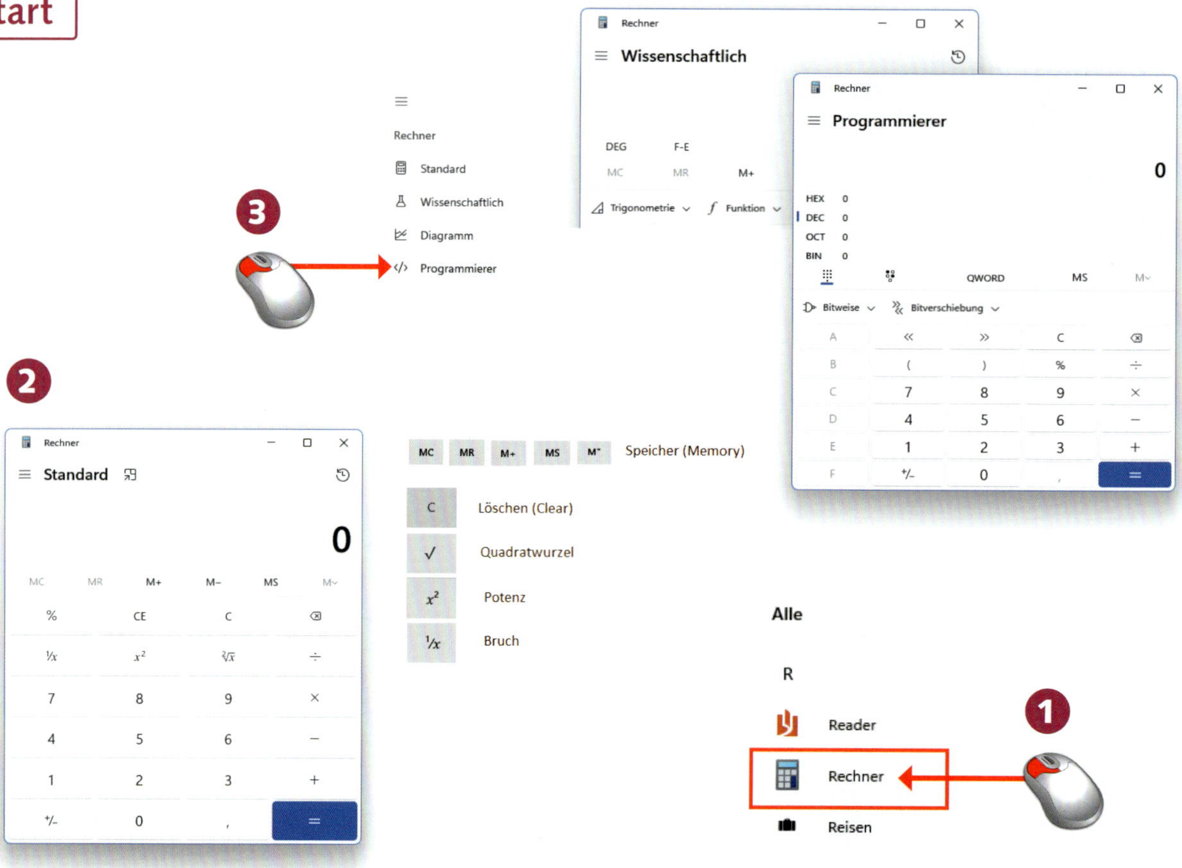

1. Starten Sie den Rechner im Startmenü aus der Liste der Apps unter *R*.

2. Der Rechner bietet die wichtigsten arithmetischen Funktionen sowie *Speicher (Memory)* an.

3. Schalten Sie in den Modus *Wissenschaftlich* oder *Programmierer* um.

WISSEN

Die Rechner-App ist mehr als ein Taschenrechner mit Memory-Funktion. Schalten Sie auf den Modus *Wissenschaftlich* um oder rechnen Sie digital im *Programmierer*-Modus. Der Konverter kann Beträge zwischen allen Fremdwährungen umrechnen und kennt zahlreiche Maß- sowie Volumeneinheiten.

5

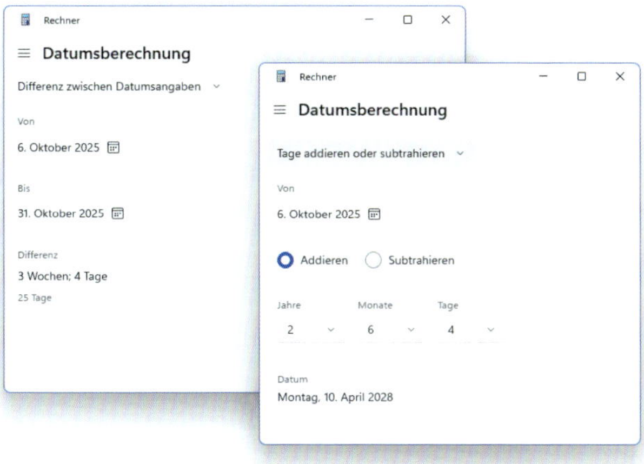

4

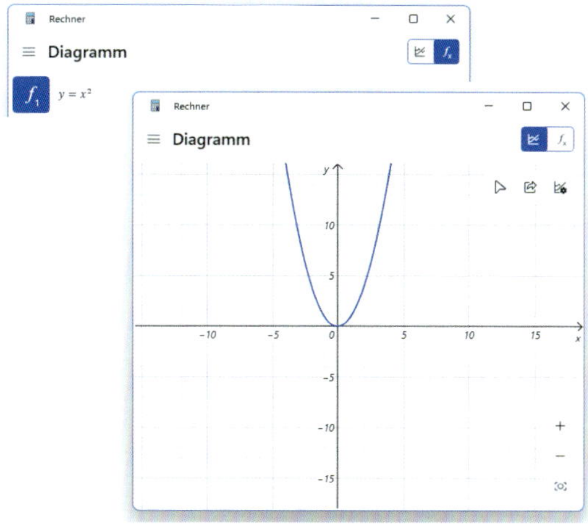

6

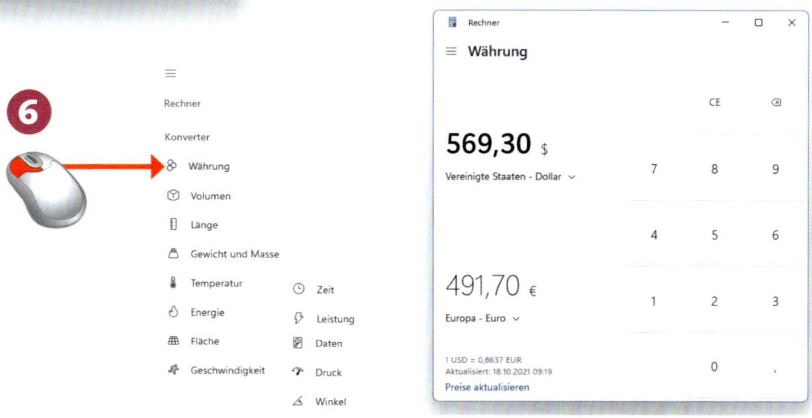

4 Geben Sie im *Diagramm*-Modus eine Funktion ein, wird die Funktionskurve in ein Koordinatensystem eingezeichnet.

5 Berechnen Sie Differenzen zwischen zwei Datumswerten oder das Datum nach Addition oder Subtraktion von Jahren, Monaten oder Tagen.

6 Mit dem Konverter rechnen Sie Währungen um oder auch Maßeinheiten (zum Beispiel Fahrenheit in Celsius oder Kelvin).

Ende

HINWEIS

Rechengenauigkeit: im Modus *Wissenschaftlich* 32 Stellen, im *Programmierer*-Modus nur Ganzzahlen, 64 Bit.

HINWEIS

Zur Währungsumrechnung nutzt die Rechner-App Bing (Refinitiv) mit über 100 Fremdwährungen.

Start

1

2

3

2

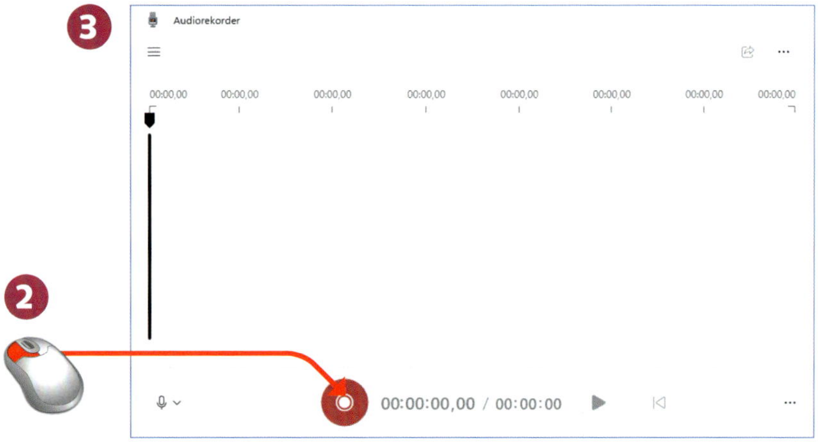

1. Schließen Sie ein Mikrofon an Ihren Computer oder an das Tablet an.
2. Starten Sie den *Audiorekorder* aus der Liste der Apps im Startbildschirm.
3. Klicken Sie auf das Mikrofonsymbol, um die Aufnahme zu starten.

WISSEN

Mit der App *Audiorekorder* nehmen Sie Sounds über das Mikrofon auf und speichern die Aufnahmen als Dateien in einem (wählbaren) Audioformat. Das gewünschte Aufnahmeformat schalten Sie in den *Einstellungen* ein. Standard ist AAC (Dateiendung *.m4a*).

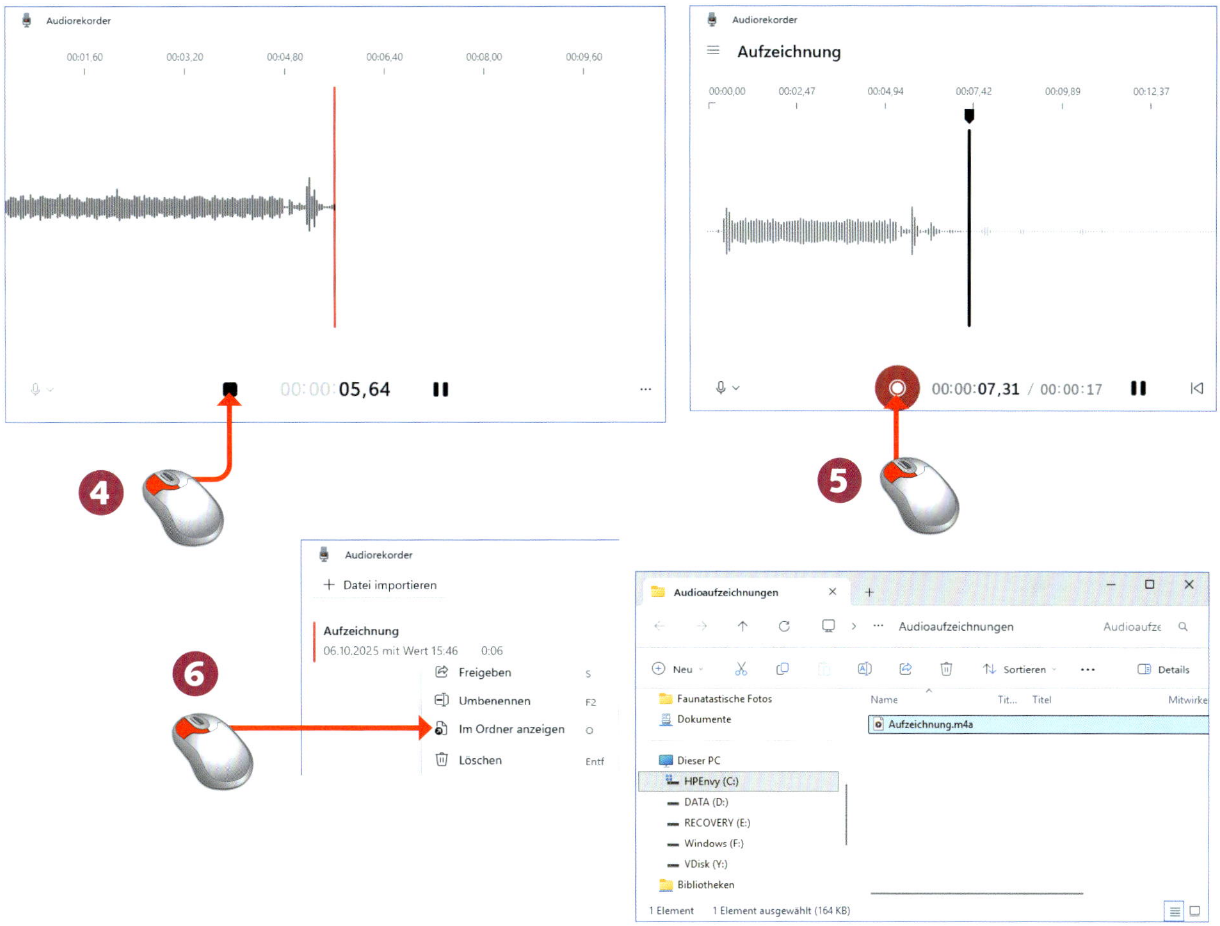

4 Um die Aufnahme zu beenden, klicken Sie auf das Stopp-Symbol.

5 Die Aufnahme wird sofort gespeichert, klicken Sie auf das Symbol, um sie abzuhören.

6 Im Kontextmenü der Aufnahme finden Sie die Option, um den Dateispeicherort zu öffnen.

Ende

HINWEIS

Die Option zum Umbenennen der Aufnahme finden Sie ebenfalls im Kontextmenü.

TIPP

Wenn Sie nur eine Pause einlegen wollen, klicken Sie auf *Aufnahme beenden*, brechen den Speichervorgang ab und klicken wieder auf *Aufnahme fortsetzen*.

Start

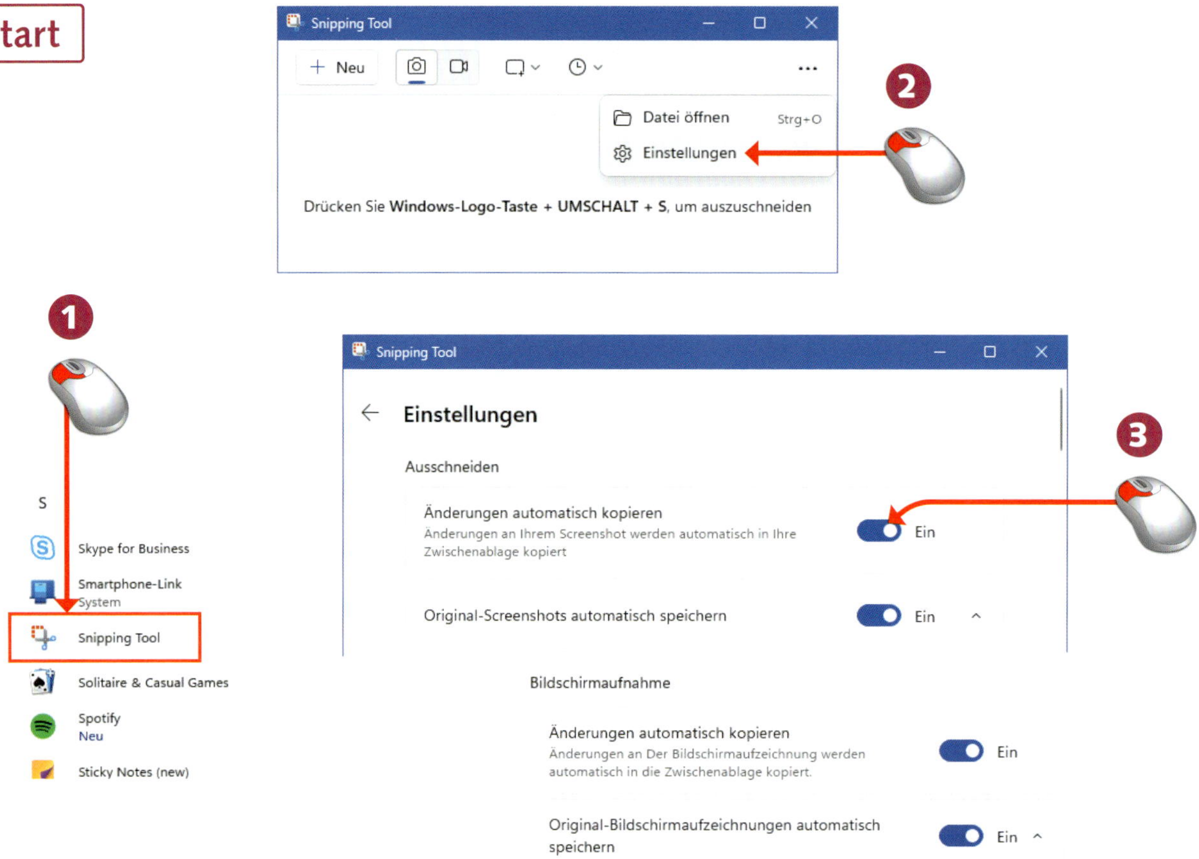

1. Starten Sie die App *Snipping Tool* aus dem Startmenü.

2. Das Tool wird auf dem Desktop aktiviert, wählen Sie *Einstellungen*.

3. Stellen Sie die Optionen für Aufnahmen und Aufzeichnungen ein und wählen Sie jeweils einen Zielordner.

WISSEN

Mit der App *Snipping Tool* machen Sie Bildschirmfotos (Screenshots) und zeichnen Bildschirmaktionen auf. Fotos und Videos werden automatisch als Dateien in einem Zielordner abgespeichert.

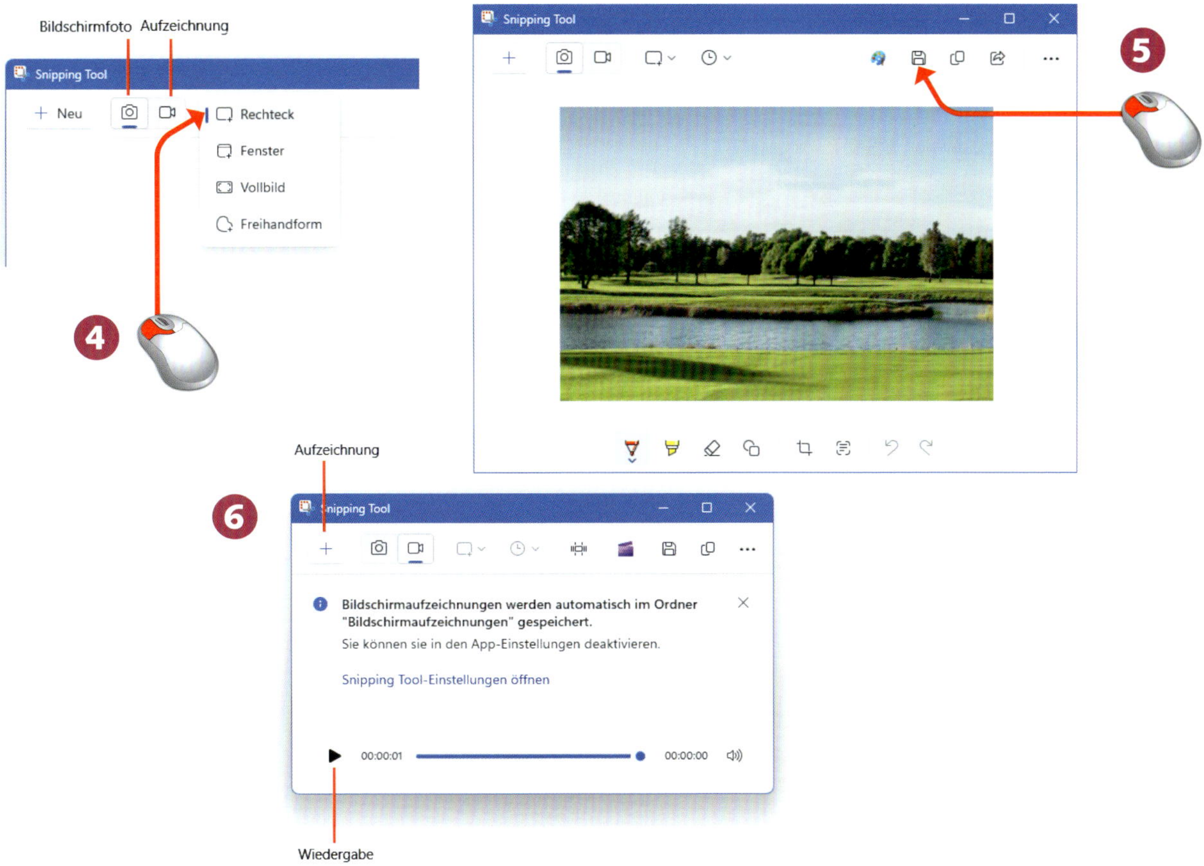

4 Schalten Sie um zwischen *Bildschirmfoto* und *Aufzeichnung*. Unter *Modus* bestimmen Sie die Ausschnittart (*Rechteck*, *Fenster*, *Vollbild*, *Freihandform*).

5 Klicken Sie auf *Neu* und ziehen Sie einen Rahmen um den gewünschten Ausschnitt. Das Foto können Sie dann noch bearbeiten und speichern.

6 Für eine Bildschirmaufzeichnung schalten Sie mit dem Symbol auf *Aufzeichnung* um, wählen einen Aufzeichnungsbereich und starten die Aufzeichnung.

Ende

TIPP

Nützliche Tastenkombinationen:
Bildschirmfoto: [⊞]+[⇧]+[S]
Aufzeichnung: [⊞]+[⇧]+[R]

HINWEIS

Bildschirmfotos schießen Sie auch mit der [Druck]-Taste:
Ganzer Desktop: [Druck]
Aktives Fenster oder aktiver Dialog: [Alt]+[Druck]

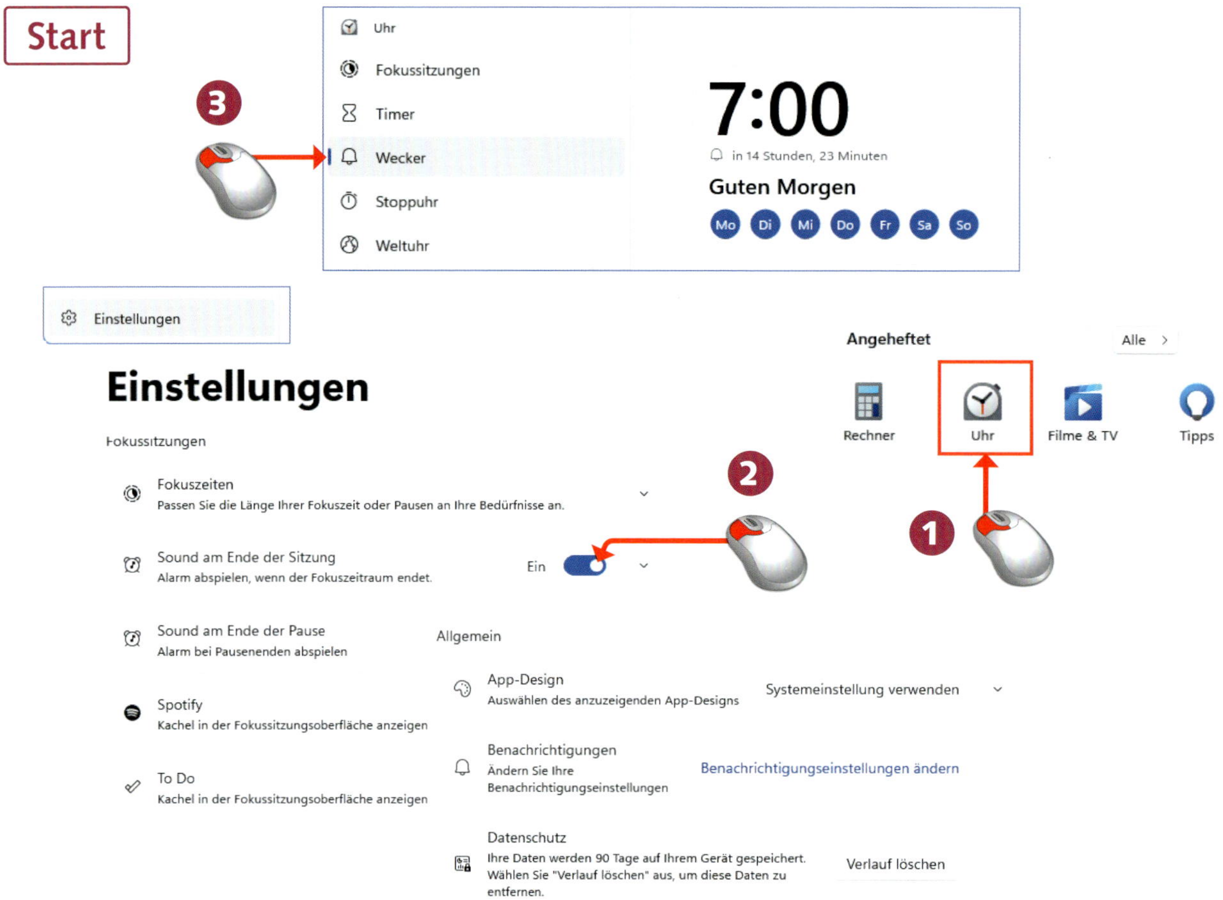

1 Die App *Uhr* finden Sie im Startmenü.

2 Aktivieren Sie die *Einstellungen* und richten Sie allgemeine Optionen sowie die Sounds für die Fokussitzungen ein.

3 Legen Sie unter *Wecker* Weckzeiten in Stunden und Minuten an und speichern Sie diese.

WISSEN

Mit der App *Uhr* stellt Windows einen Wecker, eine Weltzeituhr, einen Zeitgeber und eine Stoppuhr zur Auswahl. Und falls Sie öfter mal ungestört sein wollen, richten Sie Ihre persönlichen Fokussitzungen ein.

HINWEIS

Mit *Erneut erinnern* wird der Wecker jeden Tag zur gleichen Zeit klingeln.

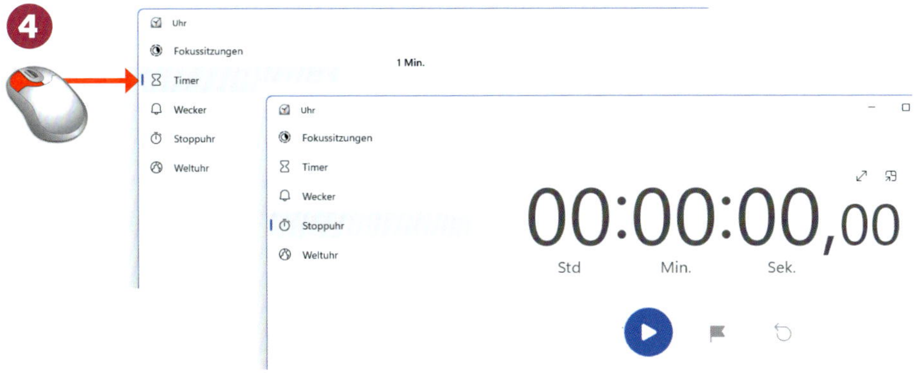

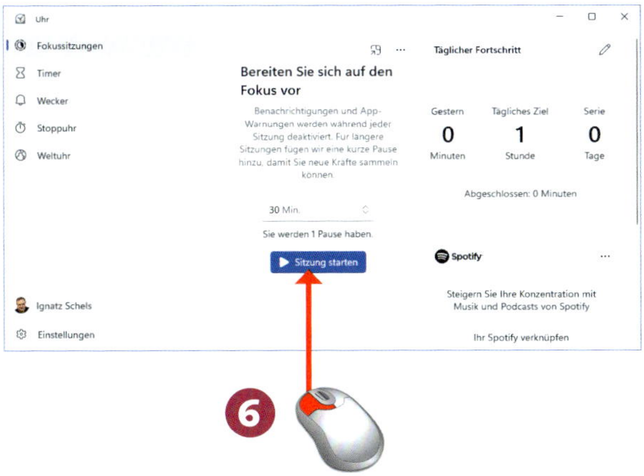

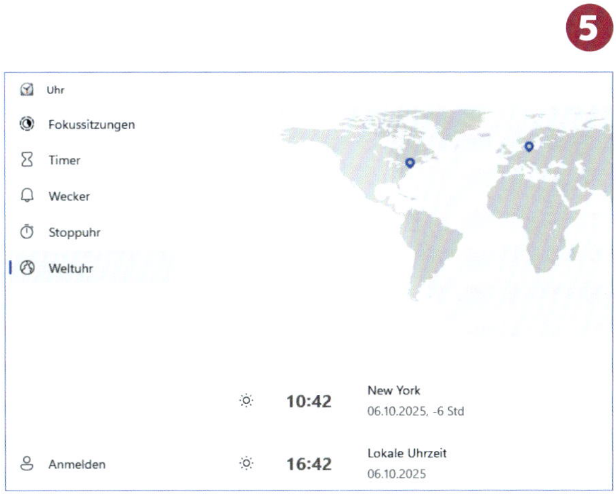

4 Für Zeitgeber und Stoppuhr gibt es auch eine erweiterte Ansicht.

5 Die Weltuhr bietet die Möglichkeit, weltweite Uhrzeiten anzuzeigen. Klicken Sie auf das Pluszeichen und geben Sie neue Standorte ein.

6 Definieren Sie Ihre individuellen Fokussitzungen – wahlweise mit Spotify-Unterstützung – und erstellen Sie eine To-do-Liste.

Ende

HINWEIS

Der Wecker und der Zeitgeber funktionieren auch, wenn die App geschlossen oder der Computer gesperrt ist. Sie müssen ihn aber in den Energiesparmodus versetzen.

TIPP

Klicken Sie mit der Stoppuhr auf das Fahnensymbol, wird die Rundenzeit angezeigt.

Start

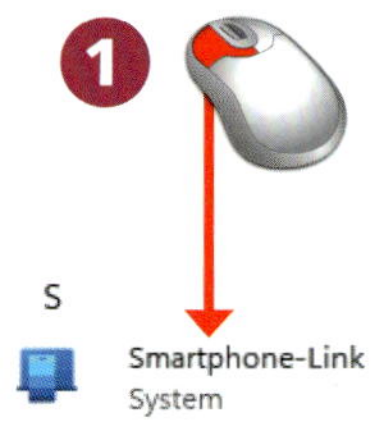

1. Starten Sie die App *Smartphone-Link* aus dem Startmenü.

2. Wählen Sie das passende Betriebssystem (Android oder Apples iOS) aus.

3. Scannen Sie den angezeigten Barcode mit der Smartphone-Kamera.

WISSEN

Die App *Smartphone-Link* schließt die Lücke zwischen Windows und Ihrem Smartphone. Koppeln Sie es per Bluetooth mit Ihrem PC, zeigt dieser eingehende Nachrichten an und nimmt Anrufe entgegen. Und Sie können sogar über Ihren Computer telefonieren.

4

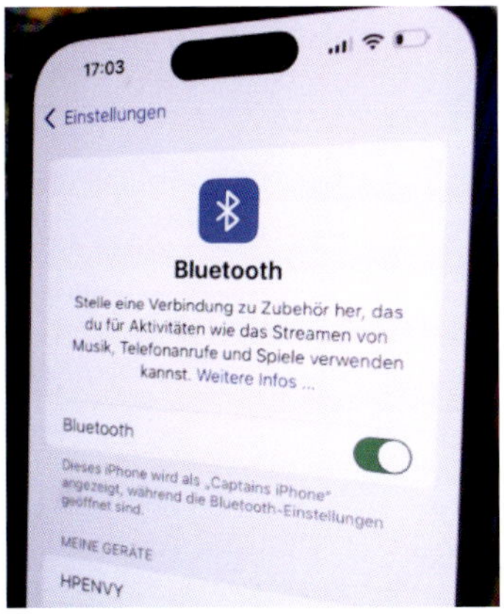

5

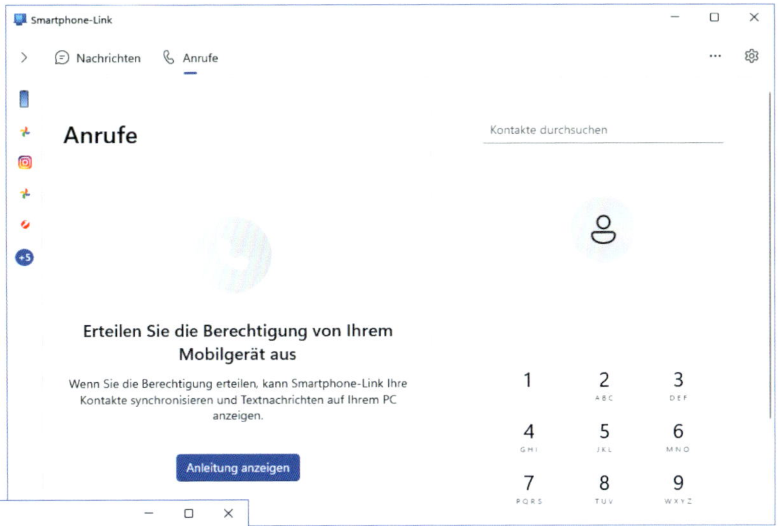

6

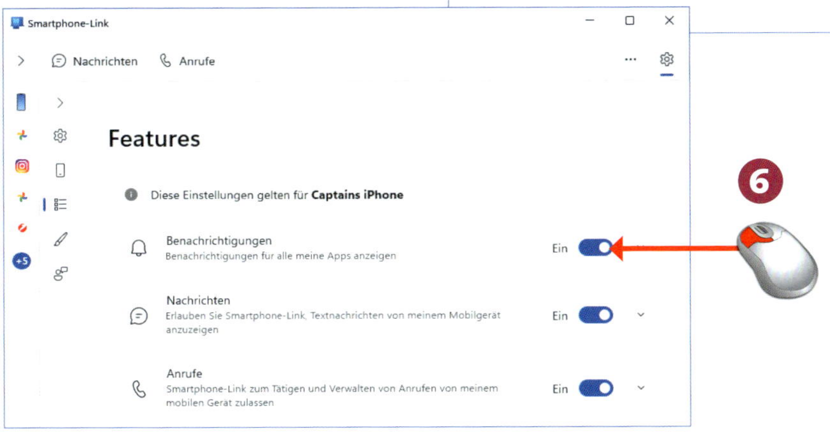

4 Aktivieren Sie auf dem Smartphone Bluetooth, und bestätigen Sie die Koppelung des Gerätes.

5 Unter *Anrufe* können Sie der App die Berechtigung erteilen, das Smartphone zu steuern.

6 Schalten Sie in den *Einstellungen* die *Features* ein, damit die App Nachrichten anzeigt und Anrufe entgegennimmt.

Ende

HINWEIS

Für den Smartphone-Link müssen Sie sich mit Ihrem Microsoft-Konto auf beiden Geräten anmelden.

TIPP

Diese App wird häufig aktualisiert. Prüfen Sie in den *Einstellungen*, ob das neuste Update installiert ist.

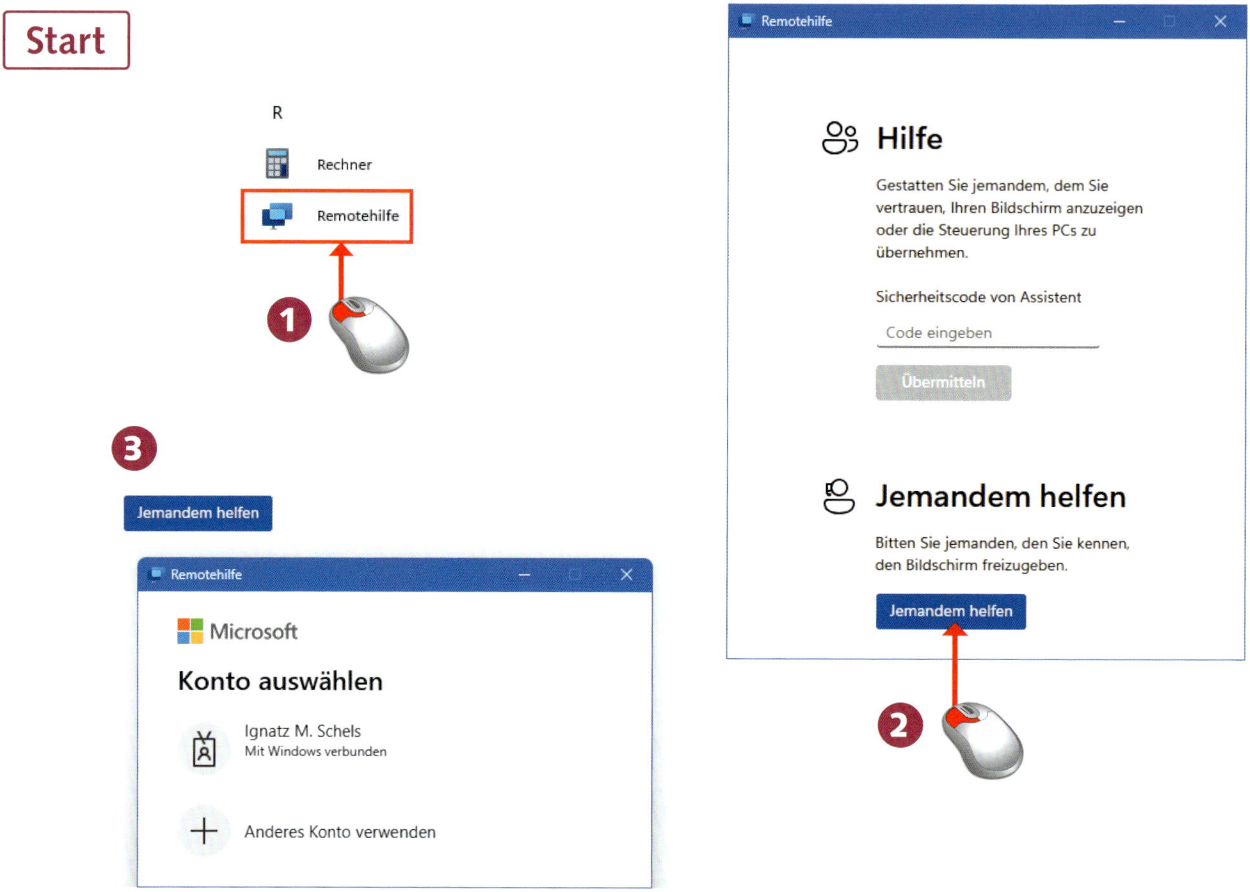

1. Starten Sie die *Remotehilfe* aus dem Startmenü für Apps. Auf dem zweiten Gerät muss die App ebenfalls gestartet werden.
2. Um die Remotehilfe zu aktivieren, muss am zweiten Gerät *Jemandem helfen* angeklickt werden. Klicken Sie darauf, um dem anderen zu helfen.
3. Bestätigen Sie noch das Microsoft-Konto, mit dem Sie sich verbinden.

WISSEN

Mit der Remotehilfe erhalten Sie schnelle und unkomplizierte Hilfe und können selbst auch anderen Benutzern mit Rat und Tat zur Seite stehen. Die App wird auf beiden Geräten gestartet, und nach Eingabe eines Codes kann sich ein Benutzer auf den Bildschirm des zweiten schalten.

4

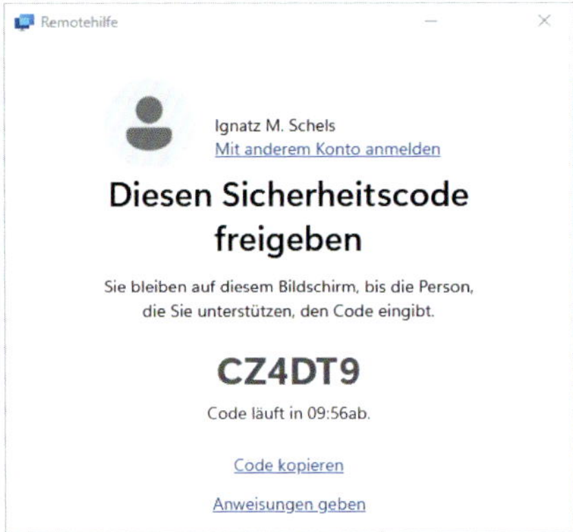

5

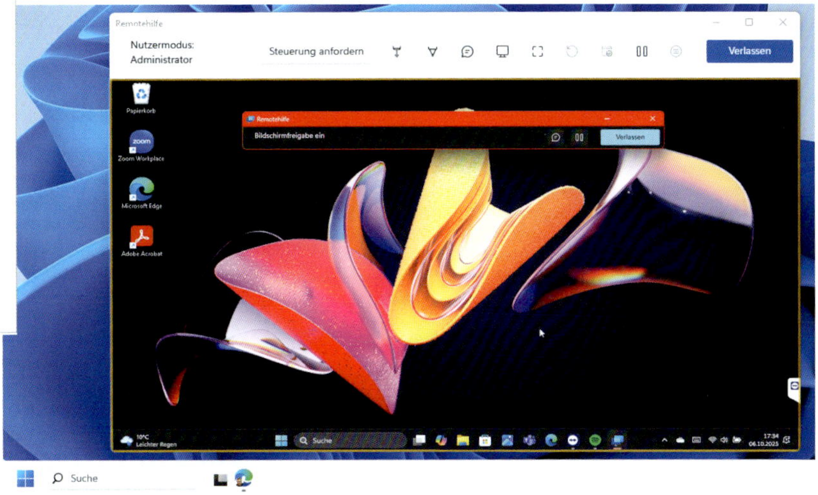

6

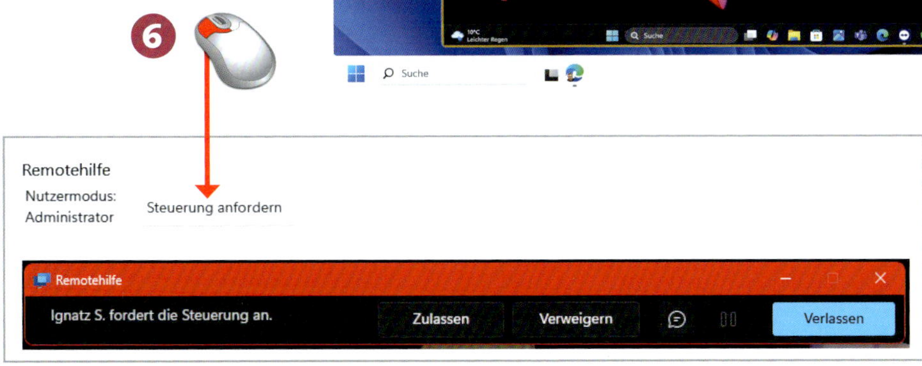

4 Auf dem zweiten Gerät wird jetzt der angezeigte Code eingegeben.

5 Die *Remotehilfe* öffnet nach kurzer Zeit ein Fenster mit dem Bildschirm des zweiten Benutzers, dem Sie jetzt helfen können.

6 Klicken Sie auf *Steuerung anfordern*. Sobald der Benutzer zugestimmt hat, können Sie die Maus und die Tastatur am zweiten Gerät benutzen.

Ende

HINWEIS

Der zu unterstützende Benutzer muss der Anforderung, die Steuerung zu übernehmen, per Klick zustimmen.

TIPP

Beide Benutzer müssen ein Microsoft-Konto haben. Mit lokalen Konten funktioniert die App nicht.

HINWEIS

In den *Einstellungen* können Sie Benutzer unter *System/Remotedesktop* vorab speichern.

12

Windows 11 spezial

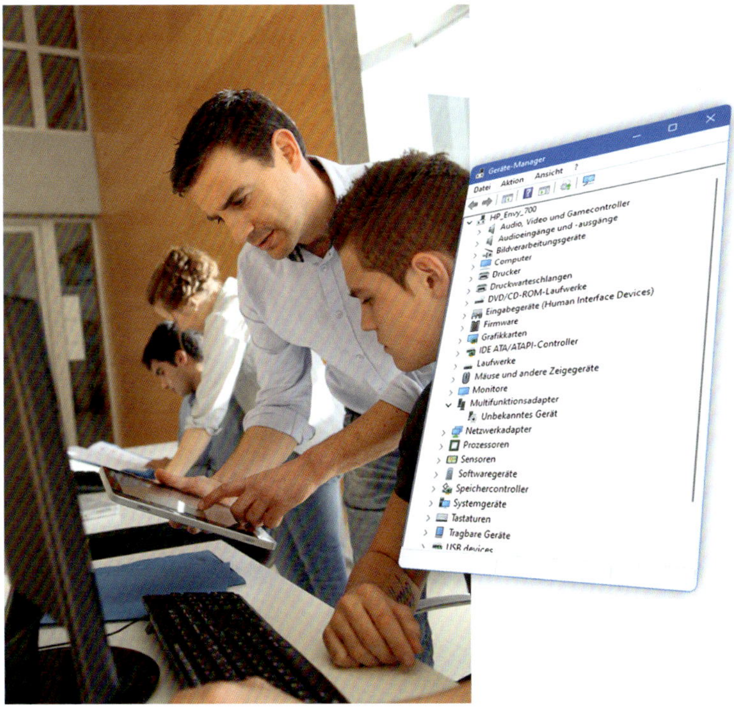

Start

3

1

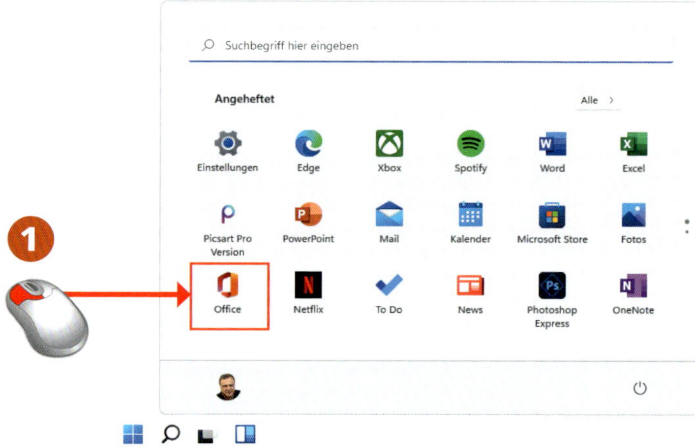

2

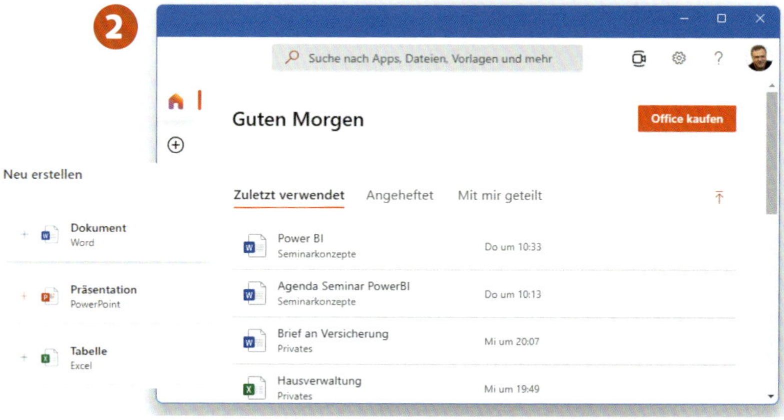

1 Programme installieren Sie über die Cloud. Windows 11 bietet die App *Office* für die Einrichtung des Microsoft-Office-Pakets an.

2 Holen Sie sich ein Abonnement der Software und installieren Sie die Programme auf allen Geräten, die zu Ihrem Microsoft-Konto gehören.

3 Natürlich können Sie auch weiterhin Programme über CDs oder DVDs installieren. Legen Sie den Datenträger ein, ...

WISSEN

Windows-Programme installieren Sie heute aus der Cloud. Sie müssen keine Datenträger mehr kaufen, abonnieren Sie die Software einfach.

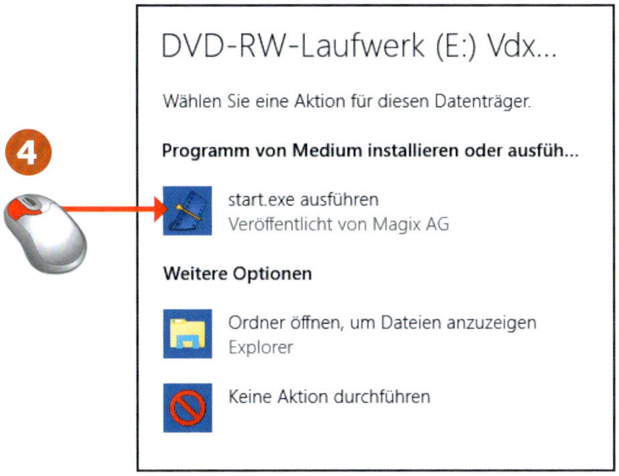

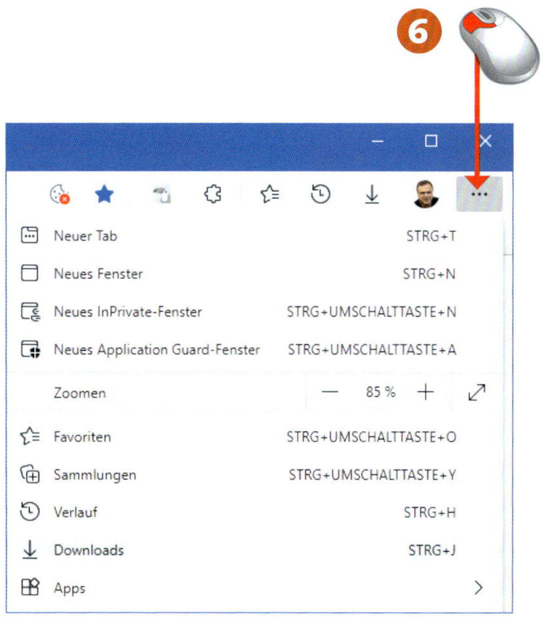

4 ... und starten Sie die Installation über das Installationsprogramm (*start.exe* oder *setup.exe*).

5 Programme, die auf Webseiten zum Download angeboten werden, holen Sie zuerst in den Download-Ordner des Browsers.

6 Öffnen Sie in Microsoft Edge die *Einstellungen* und sehen Sie sich die *Downloads*-Liste an für Programme, die Sie aus dem Internet geladen haben.

Ende

HINWEIS

Apps installieren Sie über den App-Store (siehe Kapitel 5 ab Seite 156).

HINWEIS

Downloads können Sie auch gleich über die Downloadleiste ausführen.

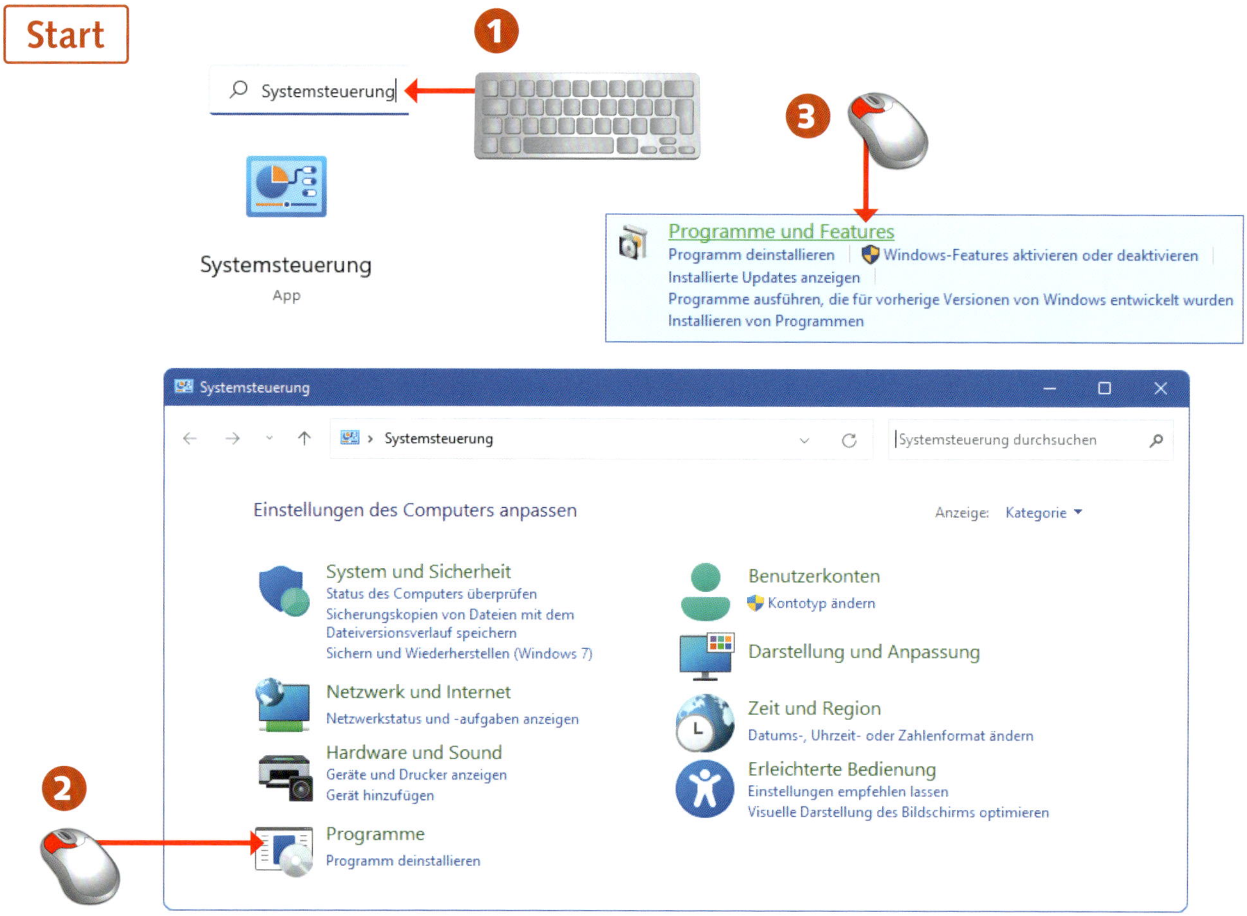

1. Suchen Sie die Systemsteuerung über das Suchfenster in der Taskleiste und starten Sie die App.
2. Wählen Sie in der Systemsteuerung die Option *Programme*.
3. Markieren Sie *Programme und Features* für die Liste aller installierten Programme.

WISSEN

Mit der App-Liste in der Systemsteuerung behalten Sie immer den Überblick über Ihre Windows-Programme und können – falls nötig – Programme reparieren oder deinstallieren.

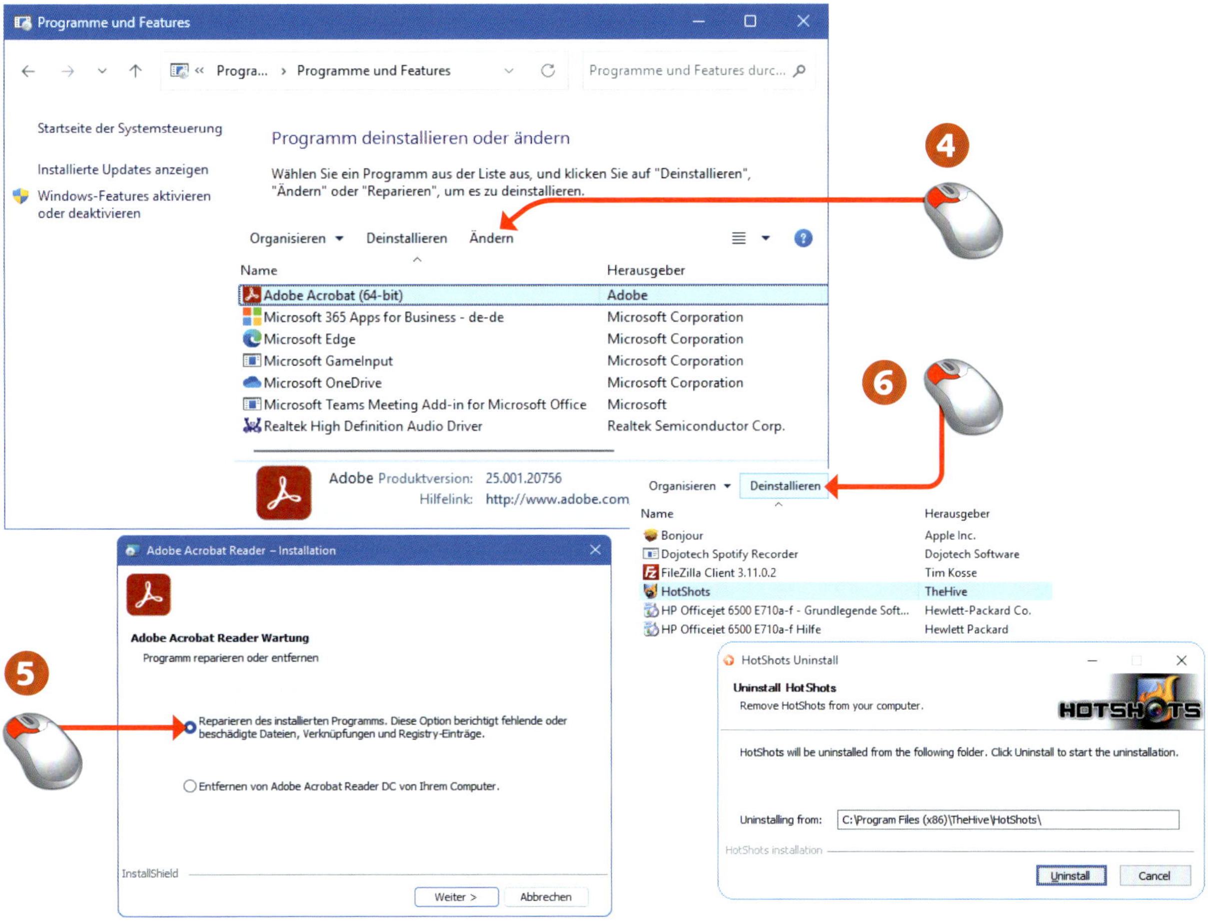

4 Die Liste zeigt alle Programme mit Installationsdatum und Größe an. Markieren Sie ein Programm und wählen Sie *Ändern* oder *Reparieren*.

5 Bestätigen Sie die Informationen des Installationsassistenten für eine Änderung oder Reparatur.

6 Um ein Programm zu entfernen, markieren Sie es in der Liste und wählen *Deinstallieren*. Auch damit startet ein Assistent.

Ende

HINWEIS

Reparieren und *Ändern* werden nur angeboten, wenn das Programm bei der Installation einen entsprechenden Dienst eingerichtet hatte.

TIPP

Achten Sie auf die Statusleiste in der Programmliste, sie zeigt ausführliche Informationen zum markierten Programm.

Start

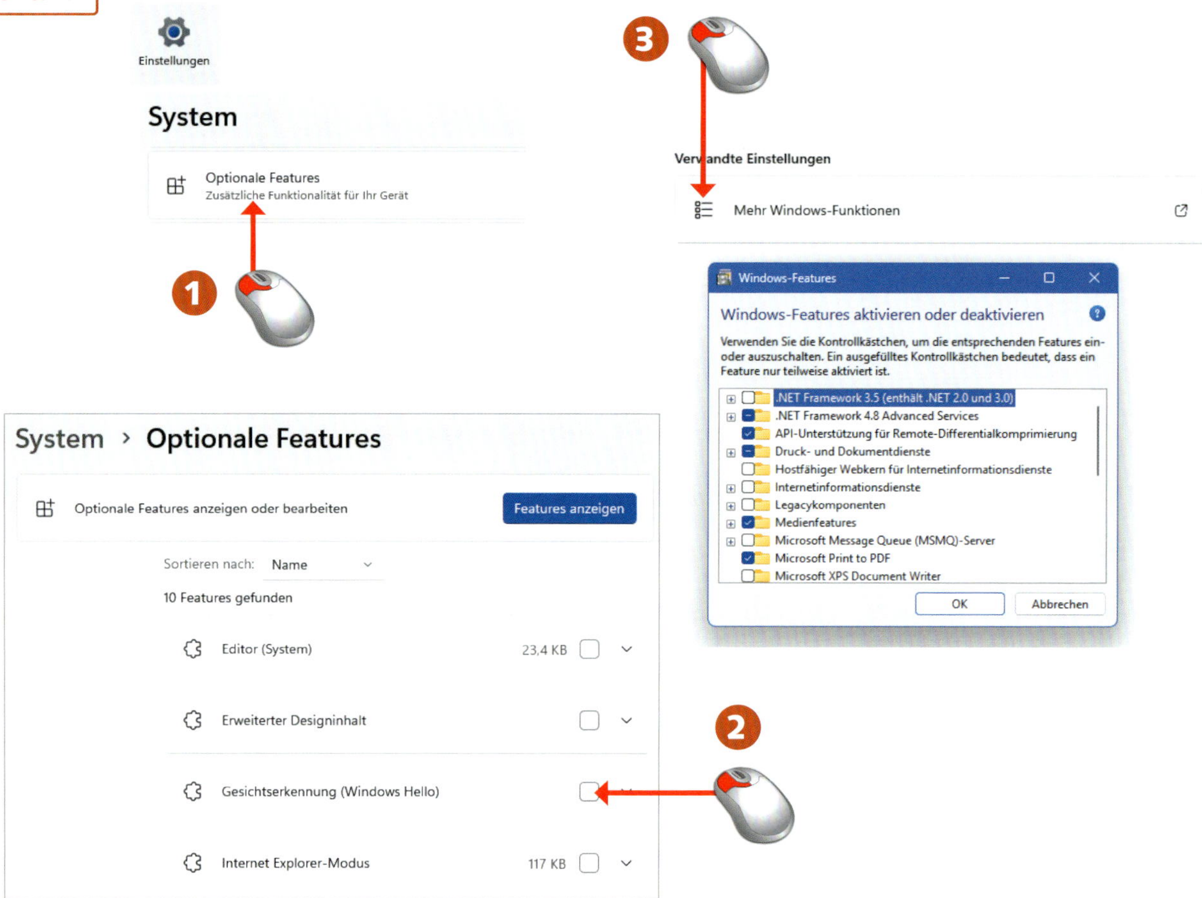

1. Starten Sie die *Einstellungen* und wählen Sie *System/Optionale Features*.
2. Klicken Sie auf *Features anzeigen* und markieren Sie die gewünschten Features.
3. Unter *Mehr Windows-Funktionen* aktivieren Sie die *Windows-Features*.

WISSEN

Durchsuchen Sie das Angebot an optionalen Features in den App-Einstellungen. Die Windows-Features sind eine Sammlung von Spezialprogrammen für Netzwerk- und Internetprofis. Viele davon werden nur für den Serverbetrieb gebraucht.

4

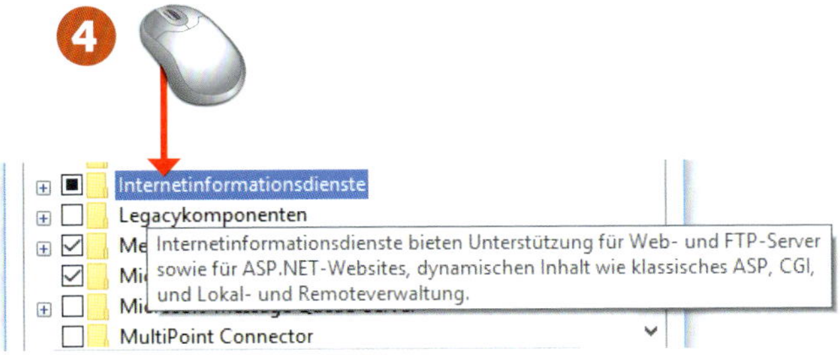

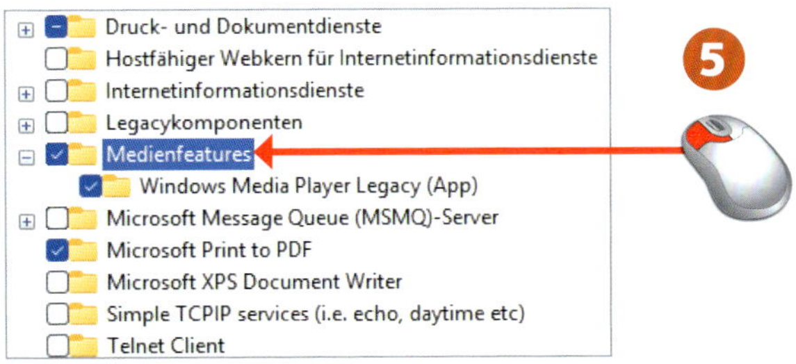

5

6

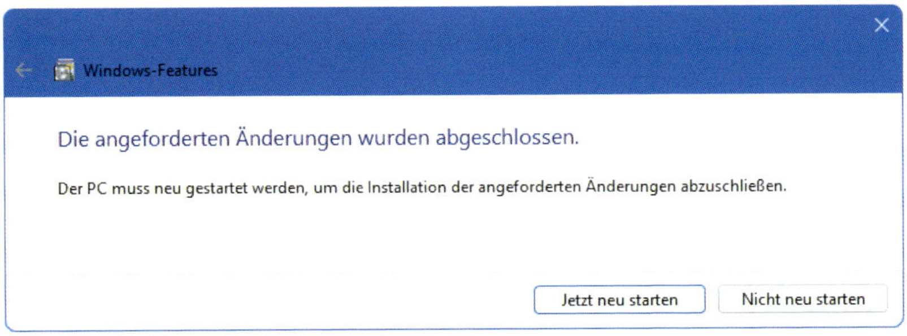

4 Zeigen Sie mit der Maus auf ein Feature, erhalten Sie detaillierte Informationen dazu.

5 Aktivieren oder deaktivieren Sie ein Feature und bestätigen Sie mit *OK*.

6 Die Dienste und Dateien werden installiert bzw. deaktiviert. Achten Sie auf die Warnmeldungen.

Ende

HINWEIS

Nützliche Features: Microsoft Print to PDF, Windows-Fax und -Scan.

HINWEIS

Der Windows Media Player war in früheren Versionen für die Wiedergabe von Videos und Musik zuständig, wird unter Windows 11 von der Medienwiedergabe abgelöst.

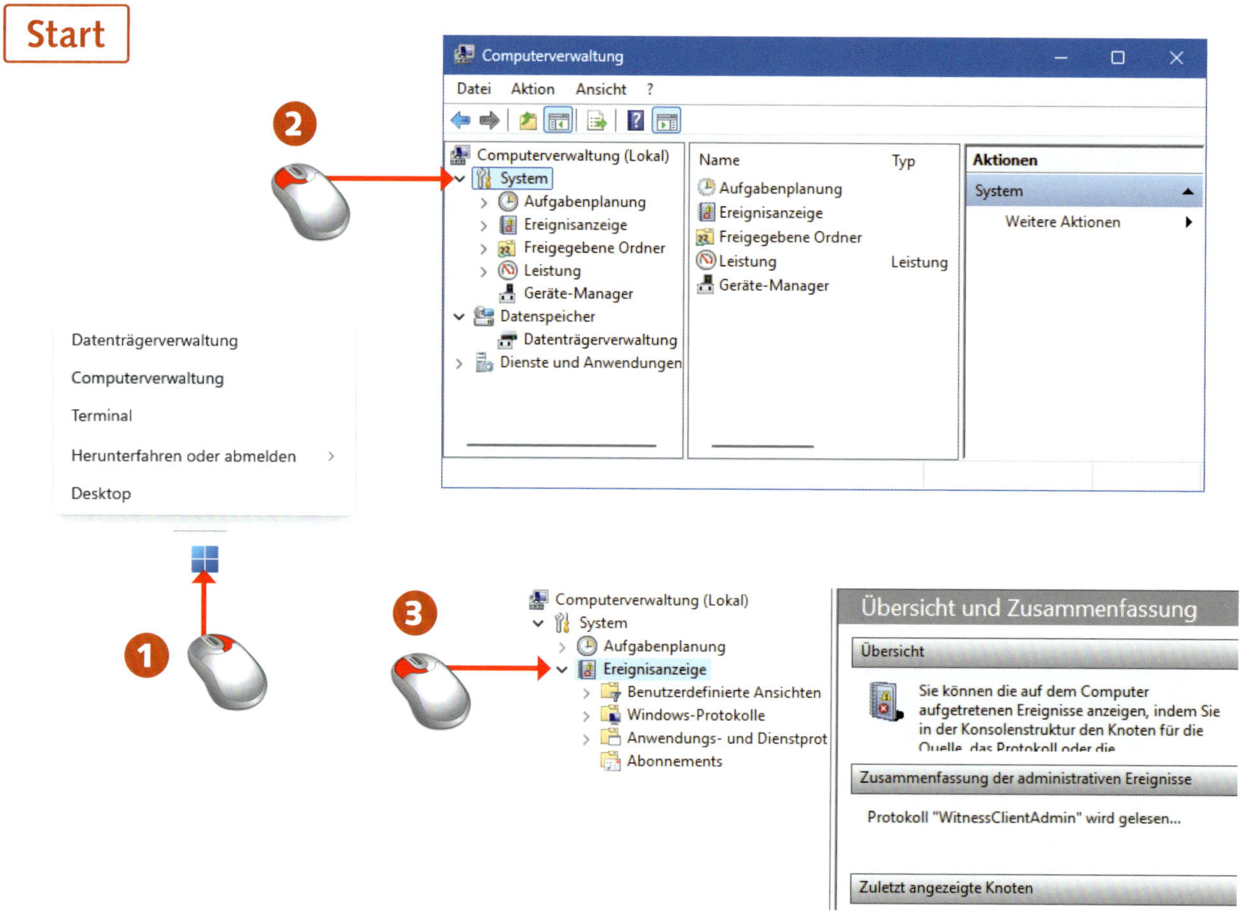

1. Starten Sie mit einem rechten Mausklick auf das Startsymbol die *Computerverwaltung* aus dem Kontextmenü.
2. Markieren Sie die Kategorie *System*. Hier finden Sie fünf oder sechs Dienst-programme.
3. In der *Ereignisanzeige* stehen die System- und Sicherheitsprotokolle zur Verfügung.

WISSEN

Die Computerverwaltung ist eine Konsole mit Programmen für die Verwaltung von lokalen und Remotecomputern, unterteilt in die Kategorien *Systemprogramme*, *Speichergeräte*, *Dienste* und *Anwendungen*.

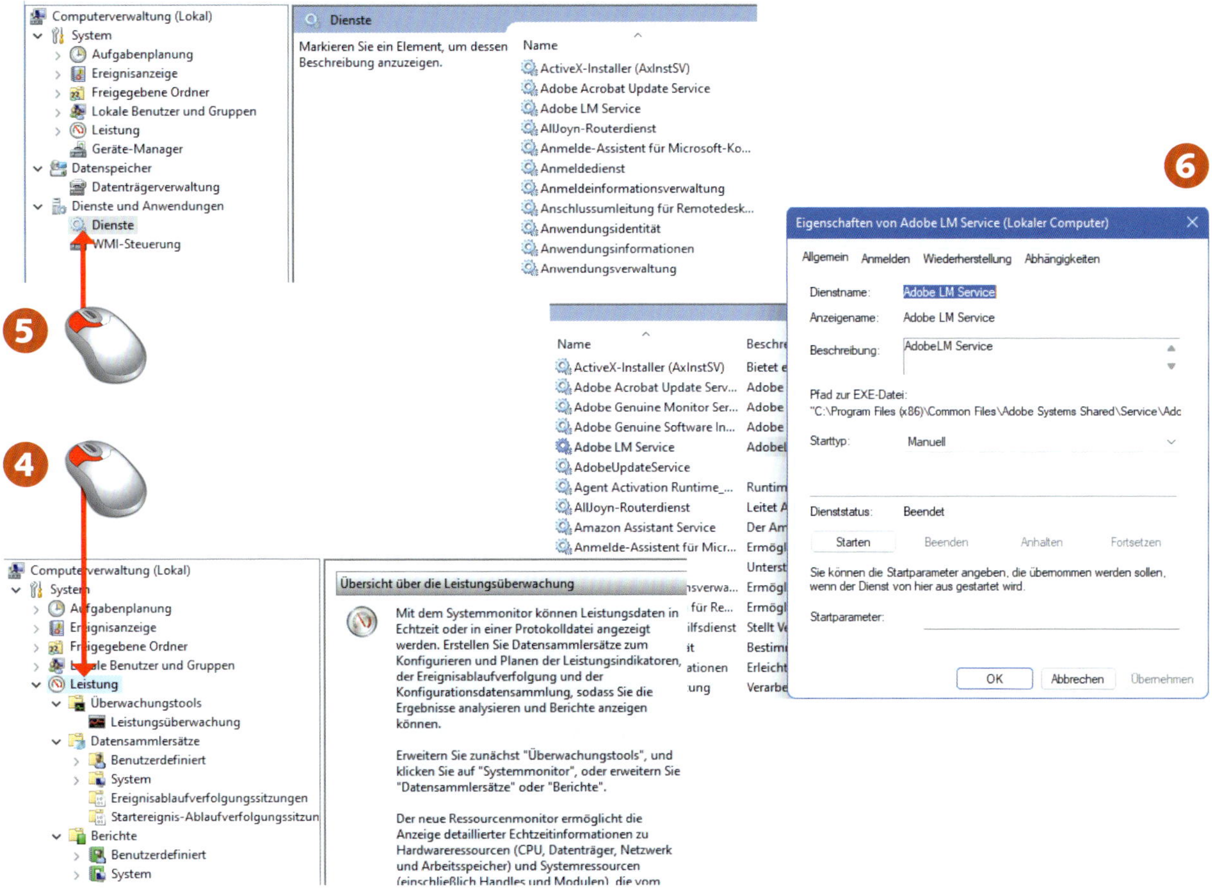

4 Die Kategorie *Leistung* enthält Protokolle und Berichte für die Computerleistung.

5 Schalten Sie unter *Dienste und Anwendungen* auf *Dienste* und markieren Sie einen Dienst, um ihn zu bearbeiten, zu starten oder zu beenden.

6 Sehen Sie sich über das Kontextmenü die Eigenschaften des Dienstes an.

Ende

HINWEIS

Unter *Lokale Benutzer und Gruppen* finden Sie die Benutzerkonten (siehe Kapitel 10).

HINWEIS

Freigegebene Ordner zeigt, welche Ordner in Ihrem Netzwerk freigegeben sind. Im *Aktionen*-Fenster lassen sich weitere Freigaben definieren.

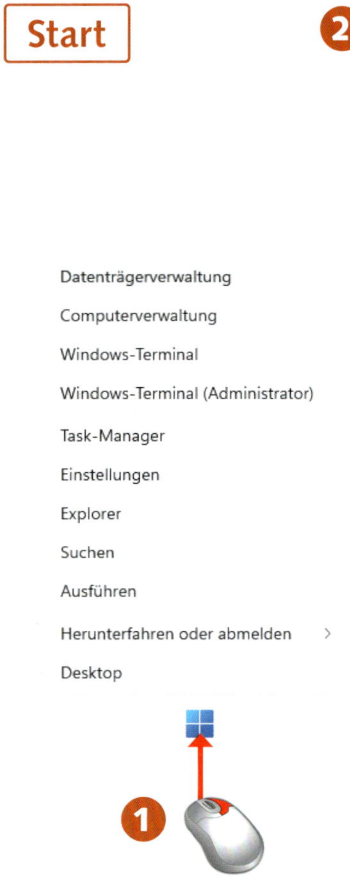

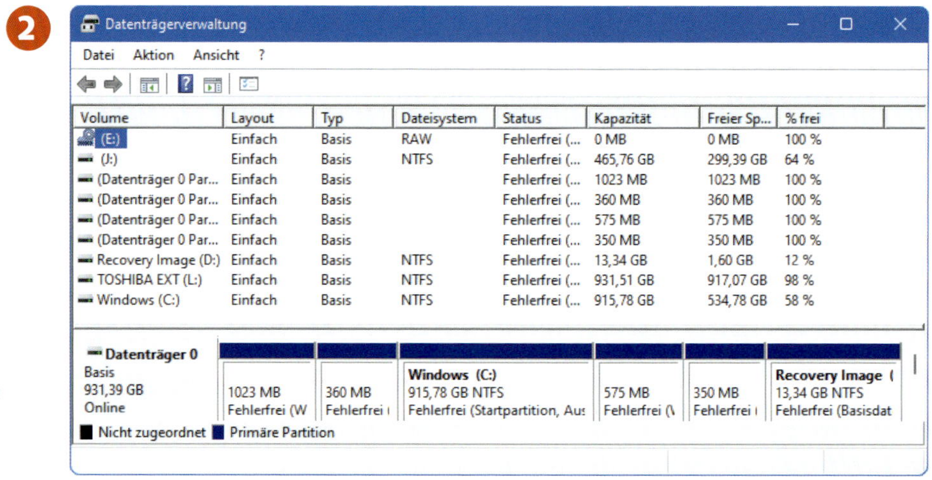

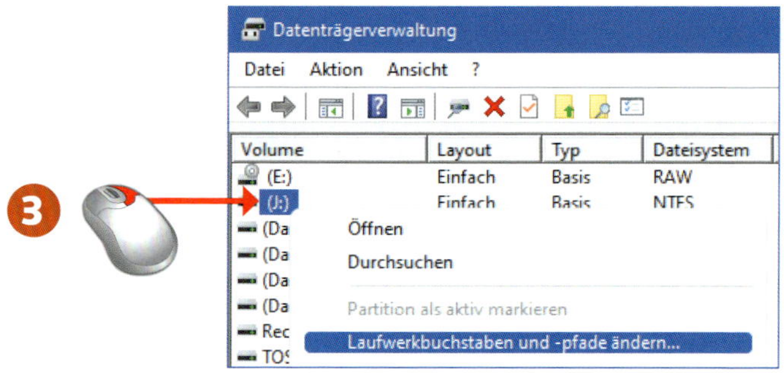

1. Klicken Sie mit der rechten Maustaste auf das Startsymbol und wählen Sie im Kontextmenü *Datenträgerverwaltung*.
2. Die Datenträgerverwaltung zeigt alle Partitionen auf Ihrem Computer an, die aktive Partition ist schraffiert.
3. Klicken Sie mit der rechten Maustaste auf eine Partition und ändern Sie den Laufwerkbuchstaben und den Pfad.

WISSEN

Kontrollieren Sie mit der Datenträgerverwaltung Ihre Festplattenpartitionen, verkleinern und vergrößern Sie diese oder löschen Sie, was nicht mehr gebraucht wird.

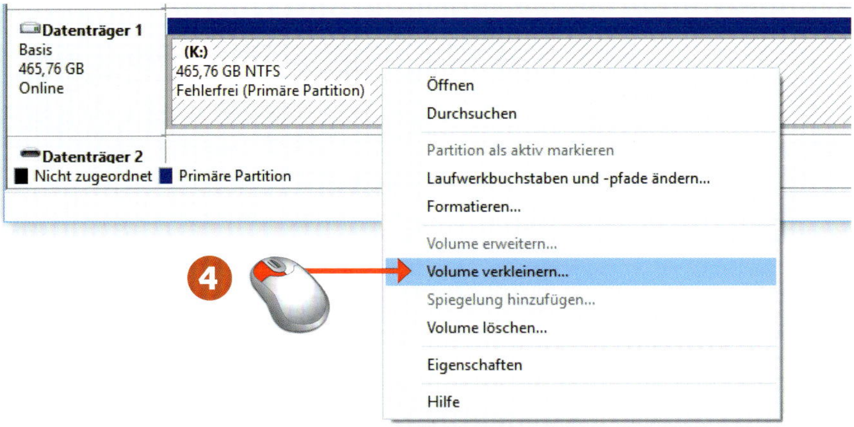

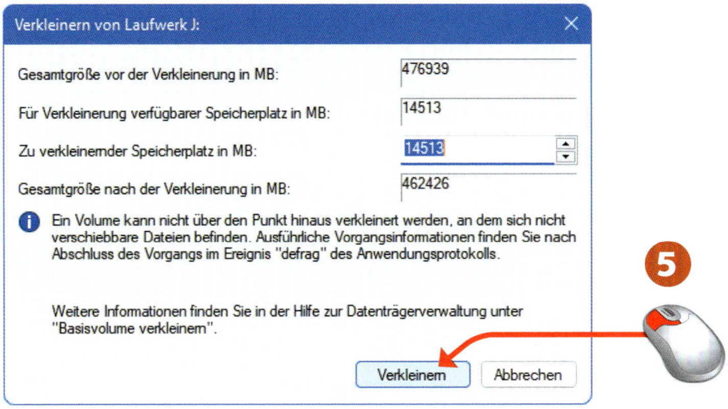

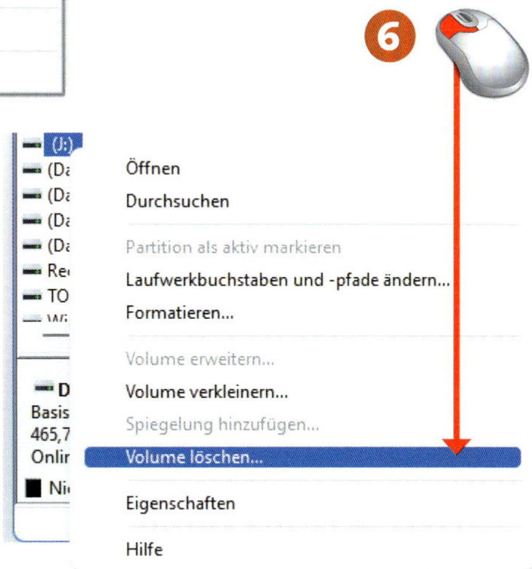

4 Mit *Volume verkleinern* reduzieren Sie den von der Partition benötigten Platz auf der Festplatte. Geben Sie den Speicherplatz in Megabyte an.

5 Geben Sie den zu verkleinernden Speicherplatz in Megabyte an.

6 Löschen Sie Partitionen, die nicht in Gebrauch sind, um den Speicherplatz frei zu machen.

Ende

HINWEIS

Sie können nur Partitionen bearbeiten, die nicht aktiv sind. Beachten Sie, dass beim Formatieren oder Löschen einer Partition alle Daten darauf **unwiederbringlich** verloren gehen.

TIPP

Mit *Eigenschaften* (rechte Maustaste auf eine Partition) erhalten Sie detaillierte Informationen und Ereignisanzeigen.

Start

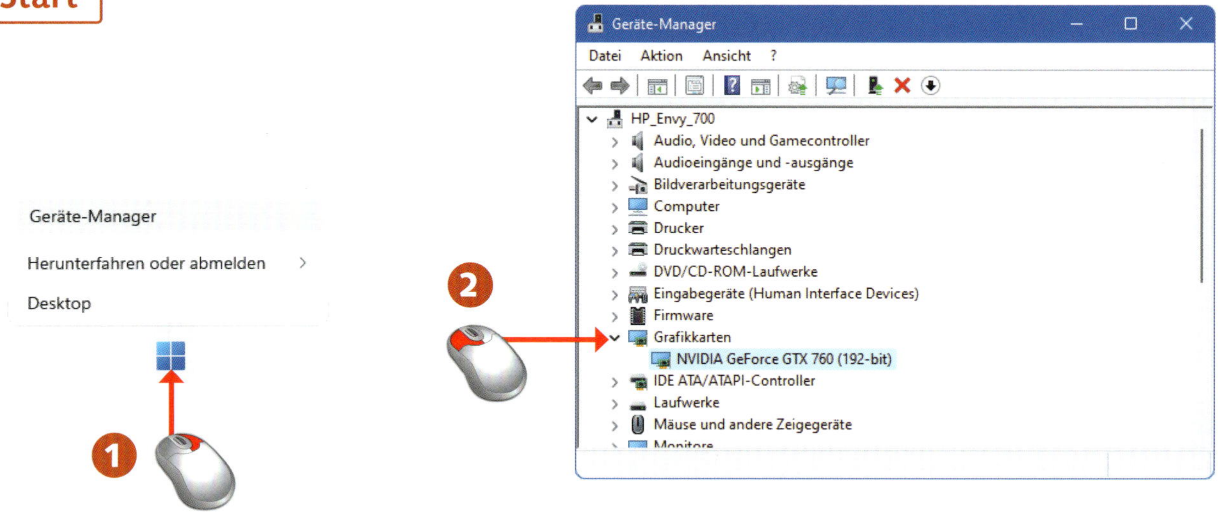

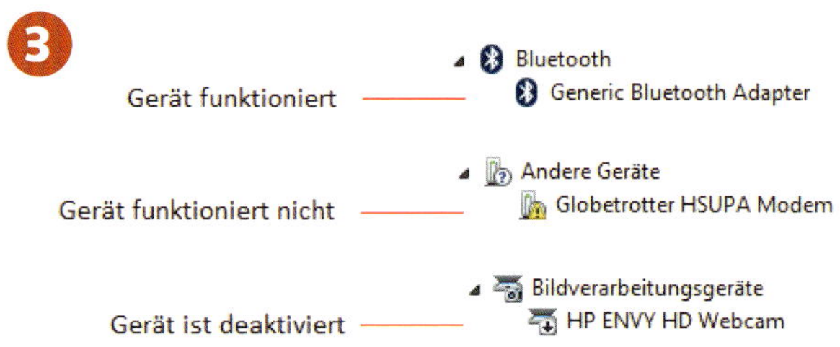

1. Klicken Sie mit der rechten Maustaste auf das Startsymbol und wählen Sie im Kontextmenü den *Geräte-Manager*.
2. Die Geräte werden nach Typ geordnet angezeigt. Öffnen Sie eine Kategorie, um die Geräte aufzulisten.
3. Ein Warnsymbol am Gerät zeigt an, ob das Gerät deaktiviert ist oder nicht funktioniert.

WISSEN

Der Geräte-Manager zeigt alle auf dem Computer installierten Hardwarekomponenten mit Gerätetreibern und Ressourcen. Nutzen Sie ihn, um Fehler in der Hardware aufzuspüren, neue Treiber zu installieren oder instabile Geräte auszuschalten.

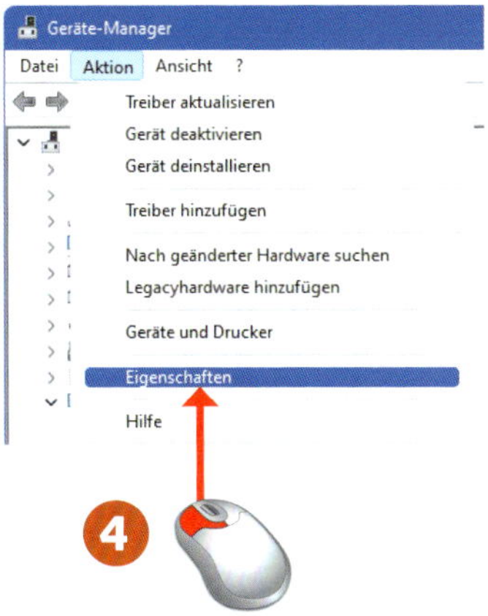

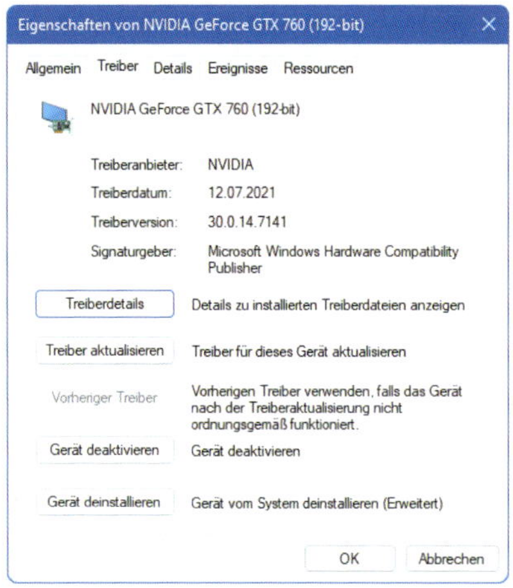

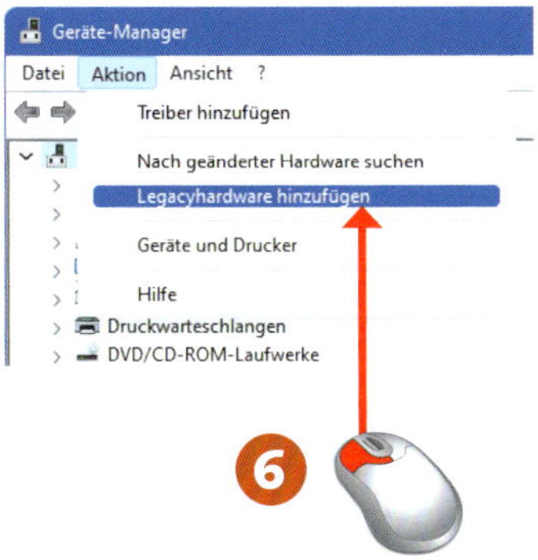

4 Über *Aktion/Eigenschaften* können Sie Gerätetreiber aktualisieren, Geräte aktivieren, deaktivieren oder deinstallieren.

5 Schalten Sie unter *Ansicht* die passende Ansicht ein, um die Geräte nach Typ, Art, Treiber oder Ressourcen zu sortieren.

6 Fügen Sie Legacyhardware hinzu, wenn Sie Geräte benutzen, die nicht automatisch von Windows erkannt und installiert werden.

Ende

HINWEIS

Legacyhardware ist Hardware, die kein Plug and Play unterstützt. Der Assistent bietet eine Auswahl von Herstellern und Modellkomponenten an. Schalten Sie unter *Ansicht* die versteckten Geräte ein, um diese Hardware zu sehen.

HINWEIS

Ressourcen sind u. a. DMA-Kanäle, Ein-/Ausgabe-Ports, IRQ und Speicheradressen.

Start

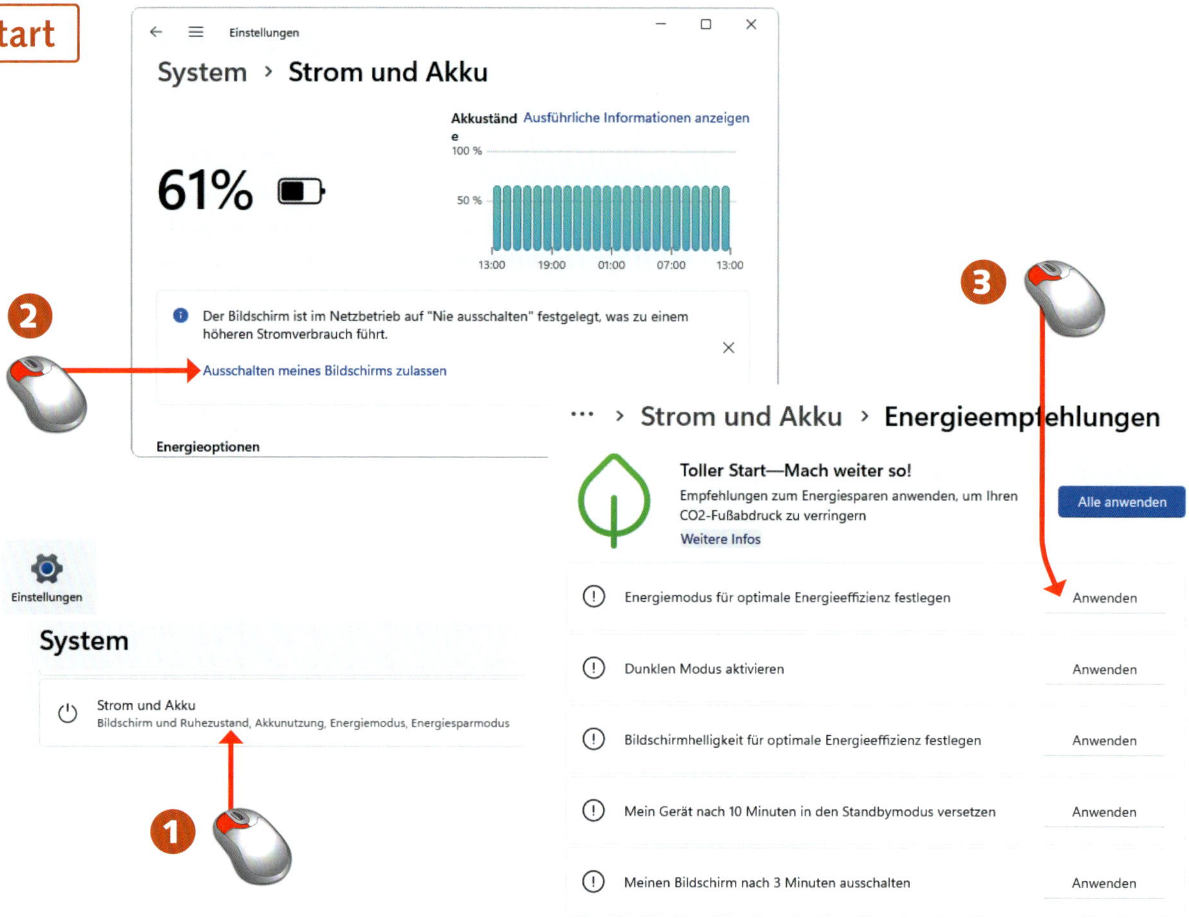

1. Aktivieren Sie die *Einstellungen* und wählen Sie *System*. Schalten Sie um auf *Strom und Akku*.
2. Der Akkustand wird angezeigt. Lassen Sie zu, dass Windows den Bildschirm automatisch abschaltet.
3. Unter *Energieempfehlungen* liefert Windows die optimalen Einstellungen, um den CO_2-Fußabdruck zu verringern.

WISSEN

Mit Windows 11 arbeiten Sie umweltbewusst und energiesparend. Für Netz- und Akkubetrieb gibt es unterschiedliche Energiesparpläne, die Sie nach eigenen Wünschen in allen Details anpassen können.

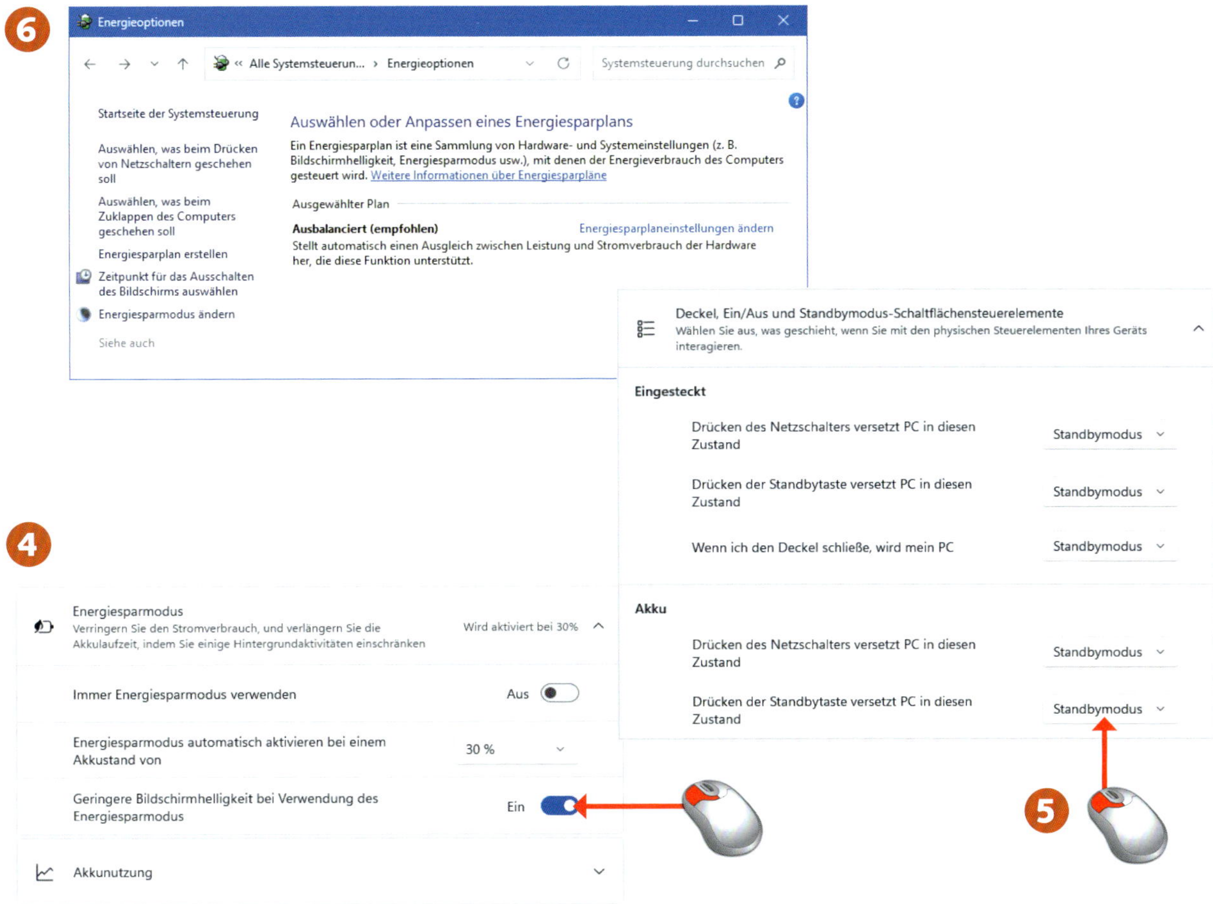

4 Der *Energiesparmodus* verringert den Stromverbrauch und verlängert die Akkulaufzeit des Notebooks.

5 Entscheiden Sie, was bei Interaktionen mit dem Gerät (z. B. Deckel schließen beim Laptop) passiert.

6 In der Systemsteuerung finden Sie eine ältere Version der *Energieoptionen* mit kompakten Energiesparplänen.

Ende

HINWEIS

Nutzen Sie auch das Windows-Mobilitätscenter für die Anzeige und Einstellung der Energieoptionen.

TIPP

Setzen Sie die Energieoptionen so, dass das System beim Zuklappen des Notebook-Deckels automatisch in den Energiesparmodus schaltet.

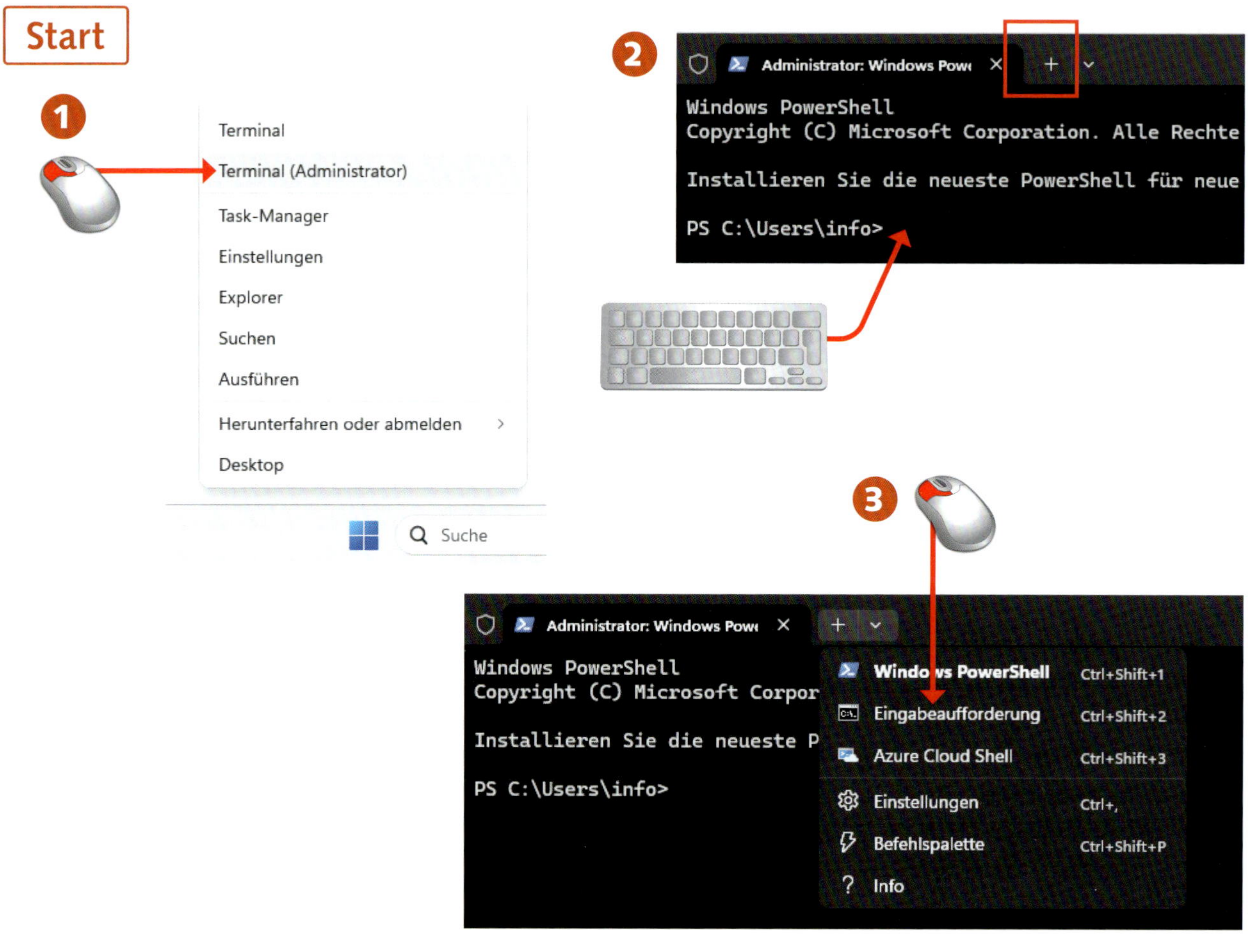

1. Klicken Sie mit der rechten Maustaste auf den Desktop oder auf das Windows-Symbol in der Taskleiste und aktivieren Sie *Terminal (Administrator)*.
2. Geben Sie den Befehl am »Prompt« ein oder legen Sie eine neue Registerkarte an.
3. Hier können Sie entscheiden, welcher Befehlszeilen-Editor ausgeführt wird.

WISSEN

Windows-Terminal ist ein Expertentool für Befehlszeilen-Nutzer. Die App enthält PowerShell, Eingabeaufforderung, Azure Cloud Shell und WSL-Distributoren wie Ubuntu.

TIPP

Geben Sie in die Eingabeaufforderung *help* ein, erhalten Sie eine Liste der häufigsten Befehle: *DIR*, *COPY*, *CLS*, *RENAME* u. a.

6

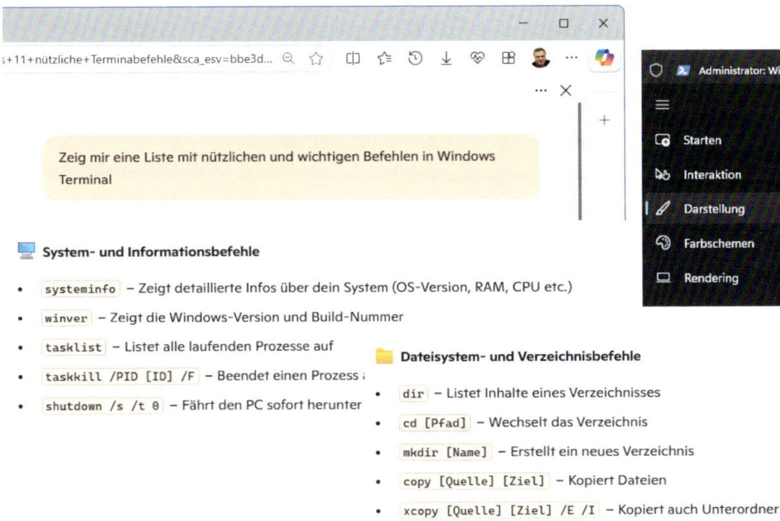

4

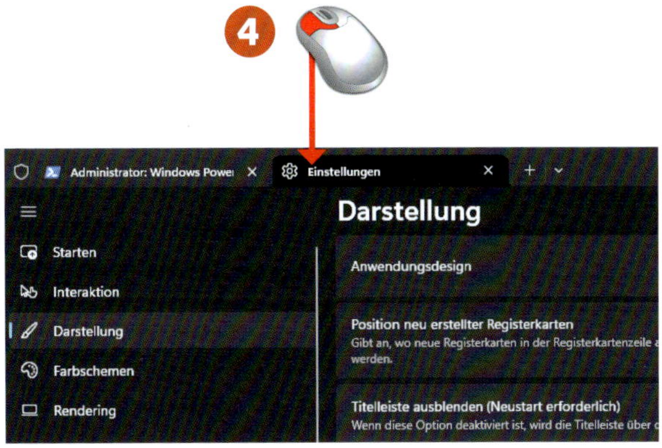

5

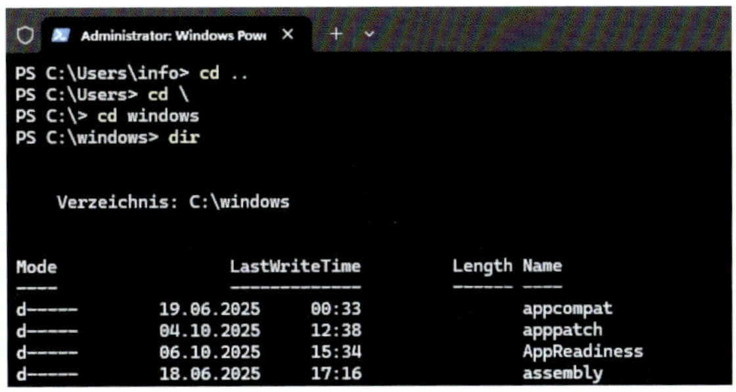

4 Unter *Einstellungen* lässt sich jede Registerkarte separat gestalten. Suchen Sie eine Hintergrundfarbe und passen Sie Schrift und Schriftgröße an.

5 Geben Sie die Befehle am »Prompt« ein und bestätigen Sie mit der [↵]-Taste.

6 Lassen Sie Copilot eine Liste mit wichtigen und nützlichen Befehlen von Windows-Terminal erstellen.

Ende

TIPP

Schnelle Befehle unter *Ausführen*:
devmgmt.msc – Geräte-Manager
control – Systemsteuerung
dxdiag – DirectX-Steuerprogramm
msconfig – Systemkonfiguration

HINWEIS

Verwenden Sie Terminal (Administrator), wenn Sie sichergehen wollen, dass Sie alle Rechte am auszuführenden Programm besitzen.

Start

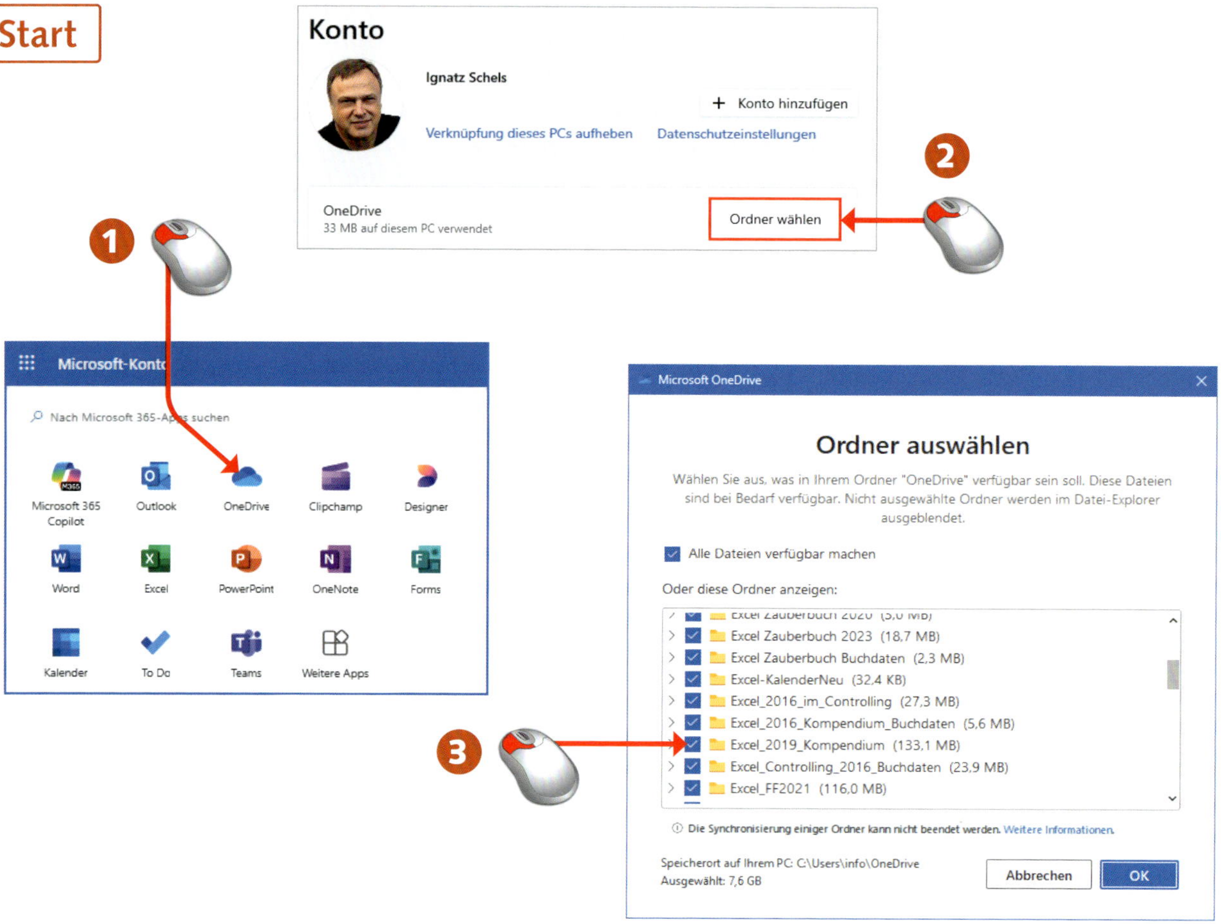

1. Mit Ihrem Microsoft-Konto haben Sie automatisch OneDrive in der Cloud. 5 GB Speicherplatz sind kostenlos.
2. Schalten Sie in den *Einstellungen* auf *Konto* und klicken Sie auf *Ordner wählen*.
3. Wählen Sie die Ordner aus, die auf OneDrive verfügbar sein sollen.

WISSEN

Willkommen in der Cloud. Mit Windows 11 und OneDrive sichern Sie Fotos, Videos und Dokumente auf virtuellen Speichern im Internet, synchronisieren Ihre Dateien und teilen Ihre Cloud mit anderen Benutzern.

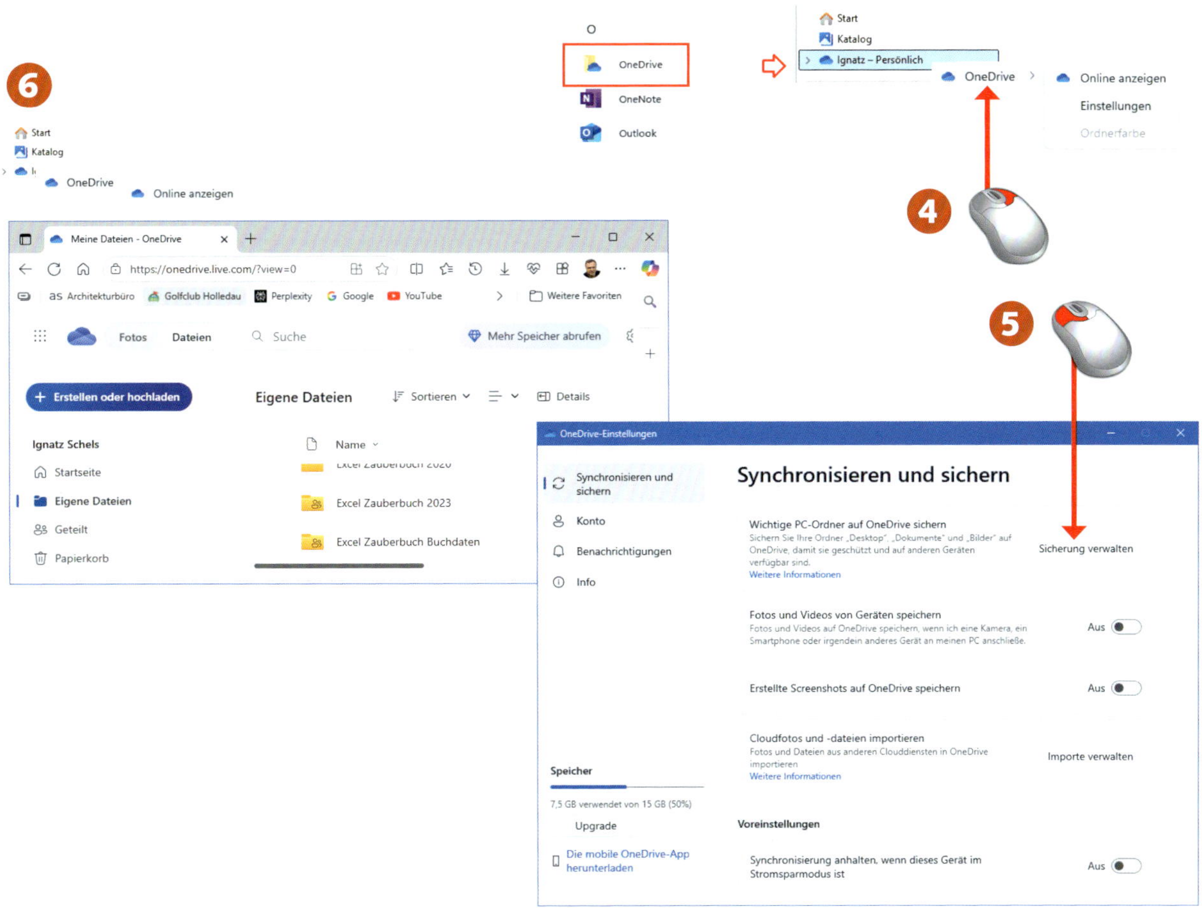

4 Starten Sie die OneDrive-App aus dem Startmenü, um OneDrive im Explorer zu verwalten. Aktivieren Sie die *Einstellungen* im Kontextmenü.

5 Stellen Sie hier die Optionen ein, um Windows-Daten mit OneDrive zu synchronisieren.

6 Lassen Sie Ihren Cloud-Speicher OneDrive im Browser anzeigen, ziehen Sie Daten vom Windows-Explorer einfach in die Cloud-Ordner.

Ende

HINWEIS

Auf OneDrive können Sie mit allen Geräten zugreifen, die unter Ihrem Konto registriert sind. Die Adresse in die Cloud lautet *www.onedrive.live.com*.

HINWEIS

Mit *Dateien nach Bedarf* können Sie Speicherplatz sparen. Das Symbol in der Statusspalte zeigt den Status an, ändern Sie ihn im Kontextmenü.

Lexikon

Acrobat Reader

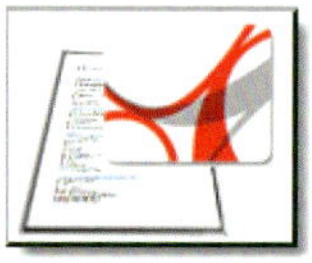

Software zum Anzeigen von PDF-Dateien. Gibt es bei Adobe (*www.adobe.de*) kostenlos als Download.

App

Abkürzung für Application (Anwendung). Zunächst wurde der Begriff für Anwendungen auf mobilen Geräten wie Smartphones und Tablets genutzt, mittlerweile bezeichnen sowohl Microsoft als auch Apple ihre Windows- und macOS-Programme ebenfalls als Apps.

Arbeitsgruppe

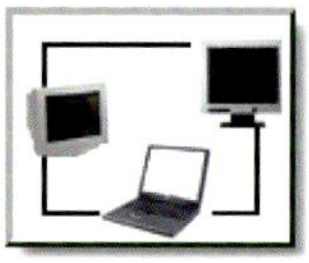

Bezeichnung für eine Gruppe von Computern im Netzwerk. Der Computer wird über die Systemsteuerung einer Arbeitsgruppe zugewiesen.

Arbeitsspeicher

Flüchtiger Speicher im Computer, in dem Programme und Daten abgelegt werden. Wird nach Abschalten der Stromzufuhr gelöscht.

Audiorekorder

Programm von Windows zum Aufnehmen von Sounds über das Mikrofon. Speichert Aufnahmen in Form von M4A-Dateien.

Auflösung

Die Größe des Bildschirms, gemessen in Punkten. Ein Standardmonitor hat ca. 1.920 Punkte in der Breite und 1.080 in der Höhe, das nennt man eine Bildschirmauflösung von 1.920 x 1.080.

Autostart

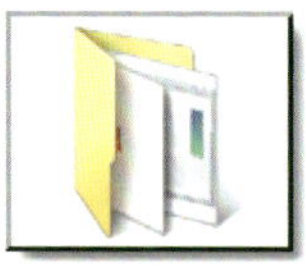

Ein Ordner im Startmenü. Alle Programme, die in diesem abgelegt werden, starten automatisch zusammen mit Windows 11.

AVI

Älteres Dateiformat für Videodateien, wurde von MPEG abgelöst.

Backslash

Das kryptische Zeichen, das in Pfadangaben Laufwerke, Ordner und Dateien voneinander trennt. Wird mit gedrückter [Alt Gr]-Taste und der [ß]-Taste erzeugt.

Backup

Die Sicherung und Archivierung von Daten, früher auf Magnetbändern, später auf DVDs. Windows stellt auch Software für automatische Backups zur Verfügung.

Barrierefreiheit

Programme zum Anpassen der Desktopoberfläche und der Eingabewerkzeuge für Menschen mit Einschränkungen.

Befehl

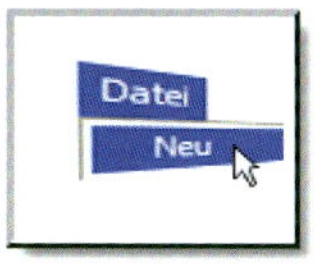

Eine Anweisung an den Computer, meist durch Anklicken eines Symbols oder eines Menüeintrags.

Benutzerkonto

Wenn mehrere Benutzer an einem PC arbeiten, wird für jeden ein Benutzerkonto eingerichtet. Damit hat jeder seine eigenen Bibliotheken.

Benutzerverwaltung

Verwaltung der Anmeldeinformationen aller Benutzer, wahlweise in den Einstellungen des Startbildschirms oder (erweitert) in der Systemsteuerung.

Betriebssystem

Begriff für Software, die den Computer steuert. Windows 11 ist das Standardbetriebssystem für Personal Computer, Windows 10, 8.1 und Windows 7 sind Vorgängerversionen, macOS von Apple und Linux sind Konkurrenzprodukte.

Bibliotheken

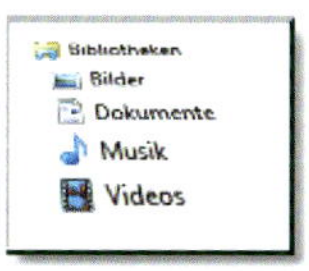

Ordnungsform für Daten im Windows-Explorer. Standardbibliotheken sind *Bilder*, *Dokumente*, *Musik* und *Videos*.

Bildcode

Anmeldeform für Benutzerkonten: Anstelle einer Kennworteingabe müssen drei Punkte auf einem Bild markiert werden (Benutzereinstellungen).

Bildschirmschoner

Programm, das den Bildschirm nach kurzer Zeit der Nichtbenutzung abschaltet. Zur Reaktivierung genügt ein Tastendruck oder eine Mausbewegung, je nach Einstellung ist das Benutzerkennwort erforderlich.

BIOS

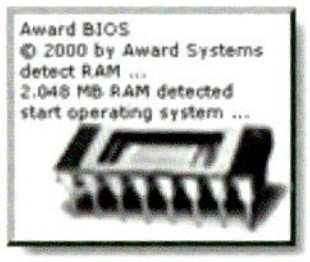

Abkürzung für **B**asic **I**nput/**O**utput **S**ystem. Software in einem Chip, die nach dem Einschalten des Rechners seinen Speicher und das System überprüft und Windows von der Festplatte in den Hauptspeicher lädt. Die neuere Variante heißt UEFI (Abkürzung für **U**nified **E**xtensible **F**irmware **I**nterface).

Bitmap

Grafiktyp, der aus Punkten zusammengesetzt ist – im Gegensatz zur Vektorgrafik, in der die Kurven mathematisch beschrieben sind.

Blu-ray

Digitales optisches Speichermedium, Nachfolgestandard der DVD mit deutlich mehr Kapazität.

Booten

Der Vorgang, den das BIOS/UEFI auslöst: Windows wird von der Festplatte oder einem USB-Stick gestartet. Bootfehler entstehen, wenn kein Betriebssystem zu finden ist.

Browser

(von engl. to browse = blättern). Das Programm für die Anzeige von Internetseiten. Der Standardbrowser für Windows 11 heißt Microsoft Edge, Mozilla Firefox gibt es u. a. als Alternative.

Byte

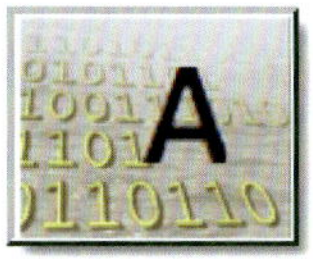

Die Informationseinheit für ein digitales Zeichen. Ein Byte besteht aus 8 Bit.

Chat

(von engl. to chat = plaudern, schwätzen) Internetdienst, bei dem sich Teilnehmer in virtuellen Chat-Räumen miteinander unterhalten können – digital natürlich, per Tastatureingaben.

Chip

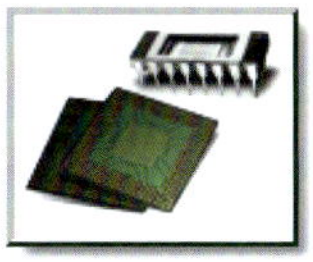

Ein Baustein im Computer, der Geräte steuert oder Informationen speichert (Speicherchip). Der Arbeitsspeicher besteht zum Beispiel aus Chips, auch die CPU, der Prozessor, ist ein Chip.

Clipchamp

Online-Video-Editor von Microsoft für die Herstellung und Bearbeitung von Videos.

Cookies

Kleine Textdateien, die Anbieter von Webseiten auf die Festplatte des Besuchers schreiben, um Zeit und Zweck des Besuchs festzuhalten. Lassen sich im Browser entfernen oder sperren.

Copilot

KI-Assistent von Microsoft, in Windows und Edge verfügbar. Kostenpflichtig unter Microsoft 365.

Datei

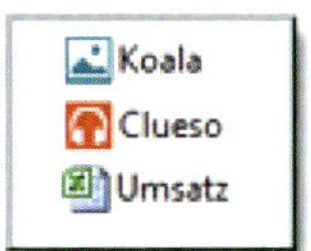

Alle Daten, die von einem Programm erzeugt und gespeichert werden, aber auch Programme, Treiber und Programmzusätze. Zur Anzeige und Bearbeitung wird der Windows-Explorer oder eine Bibliothek geöffnet.

Datenträger

Alles, was Daten speichern kann, ist ein Datenträger: Festplatte, CD, DVD, USB-Stick, Speicherkarte u. a.

Datenträgerbereinigung

Ein Programm aus der Systemsteuerung, das nicht mehr benötigte Daten und überflüssige Programme von der Festplatte löscht und damit Speicherplatz freigibt.

Defragmentierung

Ein Programm aus der Systemsteuerung, das die Daten auf der Festplatte neu anordnet und für Zugriffe optimiert (nur sinnvoll, wenn die Festplatte sehr voll ist oder geringe Speicherkapazität hat).

Design

Sammlung von Desktop-Einstellungen wie Hintergrund, Farben, Sound und Bildschirmschoner. Wird bei den Desktop-Einstellungen im Paket zugewiesen.

Desktop

Die Oberfläche von Windows, auf der mit Startmenü, Kacheln, Taskleiste, Fenstern, Dateien und Ordnern gearbeitet wird.

DFÜ

Datenfernübertragung. Alles, was digital über Telefon oder Internet übertragen wird.

Dialer

Ein Programm, das auf der Festplatte installiert wird und Verbindung mit teuren Telefondiensten aufnimmt. Wird oft von unseriösen Anbietern im Internet untergeschoben, kann sich aber nicht ohne Einwilligung durch den Anwender selbst installieren.

Dialogfenster

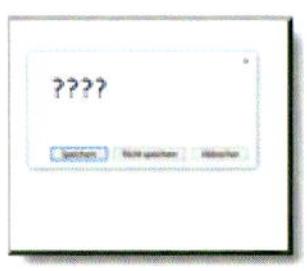

Mit dem Aufruf eines Menübefehls oder nach dem Klick auf ein Symbol erscheint meist ein Fenster, in dem der Anwender Informationen eingibt oder Aktionen aufruft.

Domäne

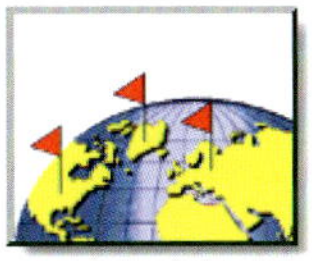

1. In großen Netzwerken eine Gruppe von Computern und Druckern.
2. Eine nationale oder internationale Internetadresse, die deutschen Domänen verwaltet DENIC (*www.denic.de*).
3. Teil der E-Mail-Adresse nach dem @-Zeichen.

DOS, MS-DOS

Das Microsoft-Betriebssystem, bevor es Windows gab. DOS ist nicht grafisch, kann nur Zeichen auf dem Bildschirm anzeigen.

Download

Der Vorgang, bei dem Dateien aus dem Internet auf den Rechner oder ein anderes Speichermedium kopiert und dort gespeichert werden.

Drag and Drop

(von engl. to drag and drop = Ziehen und Ablegen). Bezeichnet die Möglichkeit, ein Symbol oder eine Grafik von einem Fenster in ein anderes zu ziehen und dort abzulegen.

DSL

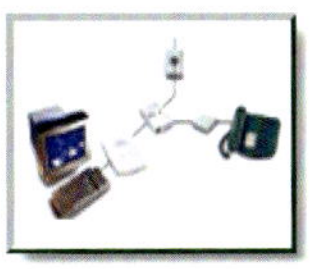

Abk. für **D**igital **S**ubscriber **L**ine. Eine sehr schnelle Übertragungstechnik für digitale Daten. ADSL und SDSL sind Varianten, TDSL ist der Produktname der Telekom.

Edge

Browser von Microsoft für Internetsurfer, Nachfolger des Internet Explorer. Die jetzige Edge-Version basiert auf der Chromium-Technologie von Chrome, dem Browser von Google.

Editor

Ein Textverarbeitungsprogramm in Windows, mit dem unformatierte Texte erstellt werden.

Eingabe-aufforderung

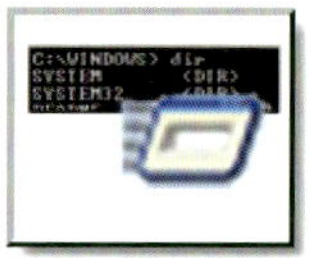

Damit wird ein Fenster geöffnet, das wie das Vorgängerbetriebssystem DOS aussieht. Für den Aufruf wird im *Ausführen*-Fenster des Startmenüs *cmd* eingetippt oder *Windows-Terminal* aktiviert.

Einstellungen

Die App, in der alle Einstellungen zum Betriebssystem versammelt sind.

E-Mail

Elektronische Post, mit der Outlook-App erstellt und von Mailkonto zu Mailkonto verschickt.

Energieoptionen

Programm aus der Systemsteuerung, das Stromverbraucher wie Festplatte oder Monitor automatisch abschaltet, wenn sie nicht in Gebrauch sind.

Energieverwaltung

Einstellungen in Windows, die durch Abschalten von Bildschirm und Datenträgern in den Offlinemodus und Reduzieren der Helligkeit Energie einsparen.

Ethernet

Die Bezeichnung für eine Form der Datenübertragung im Netzwerk, gleichzeitig ein Standard für Netzwerkkarten im PC.

Family Safety

Ein Dienst von Microsoft (auch als App in den verschiedenen App-Stores vorhanden) in der Benutzerkontenverwaltung, mit dem Konten für Kinder und Jugendliche kontrolliert und eingeschränkt werden können, um etwa die Bildschirmzeit zu begrenzen.

FAT

Abk. für **F**ile **A**llocation **T**able. Bezeichnet die Aufteilung von Datenträgern und die Anordnung der Daten.

Firewall

Die »Brandschutzmauer« für Windows überprüft alles, was versucht, in das System einzudringen, schützt und warnt vor schädlicher Software und Hacker-Angriffen aus dem Internet.

Freigabe

Damit ein Computer im Netzwerk Daten oder Geräte (z. B. Drucker) eines anderen benutzen kann, muss dieser sie freigegeben haben. Dabei kann er einen Kennwortschutz zuweisen oder dafür sorgen, dass Daten nur zu lesen und nicht zu ändern sind.

Gamecontroller

Eine Steckkarte oder ein Stecker am PC, an den ein Joystick oder ein ähnliches Spielgerät angeschlossen werden kann.

Geräte-Manager

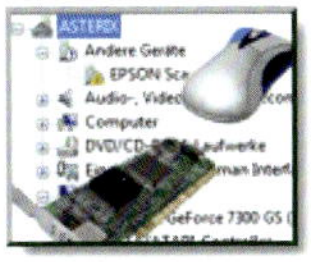

Mit diesem Programm aus der Systemsteuerung wird die auf dem PC installierte Hardware (Festplatte, DVD-Laufwerk, Netzwerkkarte) überprüft und bei Bedarf neu eingerichtet.

GIF

Datenformat für kleine, wenig aufwendige Grafiken. Wird für Werbebanner und Logos auf Internetseiten verwendet.

Grafikkarte

Oder Grafikadapter. Die Steckkarte, die für die Grafikanzeige auf dem Monitor zuständig ist. Monitore sind an die Grafikkarte angeschlossen.

Hub

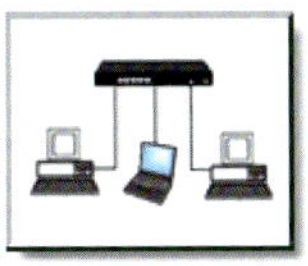

1. Gerät, das mehrere Geräte im Netzwerk sternförmig miteinander verbindet.
2. Menü in Microsoft Edge

Hyperlink

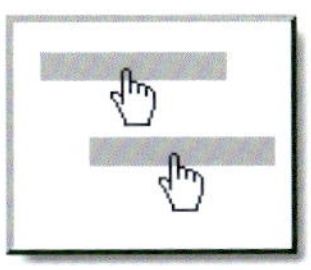

Internetseiten bieten Links an, die der Benutzer anklickt, um auf eine andere Seite zu schalten, eine Mailadresse aufzurufen oder eine Datei auf seinen Computer zu laden.

Internet Explorer

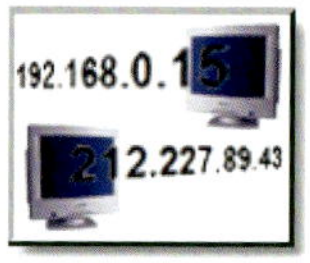

Internetbrowser, bis Windows 8 Standard, in Windows 10 und 11 von Microsoft Edge abgelöst.

IP-Adresse

Abkürzung für **I**nternet **P**rotocol. Über die IP-Adresse, die einen Rechner eindeutig identifiziert, werden Daten im Netzwerk (Internet) versendet.

JPEG

Ein Bildkompressionsverfahren für grafische Dateien, gleichzeitig Standard-Dateiformat für Fotodateien im Internet.

Kilobyte (KB)

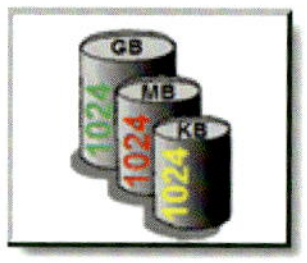

Die großen Maßeinheiten für Datenmengen:
1 Kilobyte = 1.024 Byte,
1 Megabyte = 1.024 Kilobyte,
1 Gigabyte = 1.024 Megabyte,
1 Terabyte = 1.024 Gigabyte.

Kontakte

App für die Verwaltung von Kontakten und Meldungen aus sozialen Netzwerken (Facebook, Instagram etc.).

Laptop/Notebook

Tragbarer Computer für den mobilen Einsatz. Alle Teile sind minimiert, Ausstattung und Leistung sind aber mit den Schreibtischgeräten vergleichbar.

Link

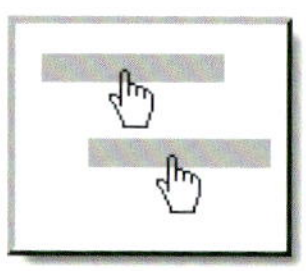

Internetseiten bieten Links an, die der Benutzer anklickt, um auf eine andere Seite zu schalten, eine Mailadresse aufzurufen oder eine Datei auf seinen Computer zu laden.

Mail

App zum Schreiben, Senden, Empfangen und Verwalten elektronischer Post. Voraussetzung ist ein Zugang zu einem Mailanbieter über einen Onlinedienst. Wurde inzwischen von Outlook abgelöst.

Maus

Das Zeigegerät für grafische Computer, als optische Maus, Lasermaus, schnurlos und mit Funkübertragung, mit USB oder Bluetooth erhältlich. Die Systemsteuerung bietet ein Einrichtungsprogramm dafür.

Menü

Texteintrag am oberen Rand eines Windows-Fensters, der auf Klick eine Reihe von Befehlen freigibt (ähnlich einer Menükarte mit Speisenauswahl). Mit der [Alt]-Taste wird die Menüleiste eingeblendet.

Microsoft-Konto

Cloud-Dienst von Microsoft, mit dem ein kostenloses Konto mit Mailadresse und OneDrive-Speicher angelegt wird. Erforderlich, um Apps und den App-Store in Windows 11 nutzen zu können.

Mixer

Programm zur Lautstärke- und Balance-Regelung der angeschlossenen Lautsprecher und Musikgeräte.

MP3

Ein Kompressionsverfahren und gleichzeitig das Standardformat für digitalisierte Sounds, vom Fraunhofer-Institut entwickelt (*www.iis.fraunhofer.de*).

MPEG

Abk. für **M**oving **P**icture **E**xperts **G**roup. Ein Komprimierungs-/Dekomprimierungsverfahren und gleichzeitig das Standarddateiformat für Videodaten.

Multimedia

Bezeichnung für digitale Sounds, Videos und Grafik auf Computersystemen.

Netzwerk, lokales

Computer werden miteinander vernetzt, damit sie Daten austauschen und Geräte gemeinsam nutzen können. Als lokales Netzwerk bezeichnet man alle verbundenen Computer und Drucker.

Newsgroups, Newsreader

Diskussionsforen im Internet, in denen Interessengruppen Beiträge zu bestimmten Themen verfassen. Windows Mail ist ein Newsreader.

Notebook/Laptop

Tragbarer Computer für den mobilen Einsatz. Alle Teile sind minimiert, Ausstattung und Leistung sind aber mit den Schreibtischgeräten vergleichbar.

OCR

Abk. für **O**ptical **C**haracter **R**ecognition. Das Umwandeln von geschriebener Information in digitale Daten, meist mit entsprechend ausgerüsteten Scannern.

OneDrive

Onlinedatenspeicher in der Cloud, wird mit der Einrichtung eines Microsoft-Kontos automatisch eingerichtet und stellt 5 GB kostenlos zur Verfügung.

Ordner

Alle Dateien auf der Festplatte werden in Ordnern abgelegt, ähnlich wie Schriftstücke im Büroschrank. Der Windows-Explorer ist das Programm, mit dem Dateien und Ordner verwaltet werden.

Papierkorb

Hier werden gelöschte Daten noch einmal zwischengespeichert, damit versehentlich Gelöschtes wieder zurückgeholt werden kann. Erst mit dem Leeren des Papierkorbs sind die Daten endgültig weg.

Passkey

Eine Methode, Onlinekonten mit kryptografischen Schlüsseln zu sichern. Macht Passwörter überflüssig.

PDF

Ein Dateiformat, das für gedruckte Daten verwendet wird, ähnlich einem eingescannten Dokument. Mit dem Acrobat Reader von Adobe (kostenlos im Internet) können PDF-Dateien gelesen werden.

Pfad

So wird der Weg zu einem Ordner oder einer Datei bezeichnet. Der Pfad beginnt mit dem Laufwerkbuchstaben, dann werden alle Ordner aneinandergereiht (Beispiel: *C:\Eigene Dateien\Brief.txt*).

Phishing

Trojaner spähen Ihren Computer aus und suchen Passwörter, Webseiten oder gefälschte Mails fordern diese an. Der Browser Microsoft Edge schützt Sie mit einem Phishingfilter.

Plug and Play

Zum Plug-and-Play-Standard gehören Geräte (Drucker, Scanner etc.), die Windows automatisch erkennt und für die passende Treibersoftware ohne Zutun des Anwenders installiert wird.

Provider

Firmen, die Mailadressen und Internetzugänge anbieten (Onlinedienstanbieter).

Prozessor

Die Zentraleinheit, das Rechenwerk des Computers, auch CPU (**C**entral **P**rocessing **U**nit) genannt. Ein Chip von Intel, Athlon oder anderen, dessen Leistungsstärke nach der Taktfrequenz (z. B. 3 Gigahertz) gemessen wird.

Punkt

Typografisches Maß der Schriftgröße (1 Punkt = 0,352 mm). Wird in Windows-Programmen für das Messen und Zuweisen von Schriftgrößen verwendet.

RAM

Abk. für **R**andom **A**ccess **M**emory, siehe Arbeitsspeicher.

Rechner

Eine Taschenrechner-App, die über das Windows-Startmenü aufgerufen werden kann. Wahlweise mit einfachen Funktionen oder als wissenschaftlich-statistischer Rechner.

Registerkarte

Im Browser oder in größeren Windows-Programmen werden die Webseiten auf einzelnen Registerkarten angezeigt.

Registrier-datenbank

Alle Konfigurationen von Windows und Windows-Programmen werden in einer internen Datenbank gespeichert. Diese »Registry« kann mit dem Dienstprogramm *Regedit* bearbeitet werden.

Remotehilfe

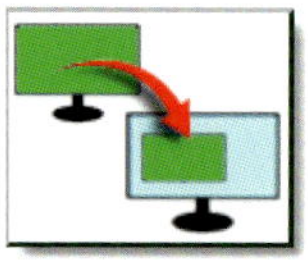

Um auf den Bildschirm eines anderen Benutzers zu schalten, wird eine Verbindung zwischen den Computern hergestellt.

Router

Netzwerkgeräte, die mehrere Rechner oder Rechnernetze koppeln und mit dem Modem verbinden.

Scanner

Ein Gerät, mit dem gedruckte Daten digitalisiert werden. Einfache Scanner können nur Grafiken einlesen, OCR-Scanner digitalisieren auch gedruckte Texte.

Scrollen

So nennt man das Rollen eines Fensters auf dem Bildschirm, wahlweise durch Anklicken des Pfeils einer Scrollleiste, mit dem Rad zwischen den Maustasten oder mit den Pfeiltasten.

Server

Zentraler Computer in einem großen Netzwerk, der alle anderen PCs steuert. Im Internet ist ein Server auch der Computer, der Internetseiten speichert und Dateien zum Download bereitstellt.

Snap-Layout

Windows-Fenstertechnik für perfekte Anordnung von Tasks auf dem Bildschirm.

Soundschema

Eine Sammlung von Sounddateien mit Zuweisung zu bestimmten Windows-Ereignissen (Start, Fehler etc.). Ein Schema wird in der Systemsteuerung konfiguriert und zugewiesen.

Speichermedien

Alles, was Daten speichern kann: Festplatte, CD, DVD, USB-Stick, Speicherkarte u. a.

Sperrbildschirm

Erster Bildschirm, der nach dem Einschalten des Computers angezeigt wird. Enthält bereits Informationen aus aktiven Apps (*Wetter*, *Mail*, *Kontakte*).

Spooler

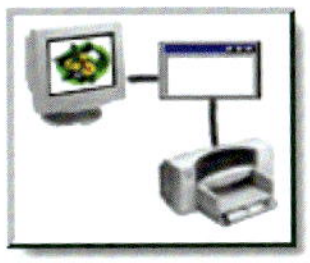

Der Zwischenspeicher für Druckausgaben. Speichert und sendet die gedruckten Daten an den Drucker, der Anwender kann im Hintergrund weiterarbeiten.

Spotify

Musik-Streamingdienst, kann über eine Windows-App gestartet werden.

Spyware

Bösartiges Programm, das persönliche Daten (Kontonummern, Passwörter etc.) ausspäht und versendet.

Startmenü

Wird per Klick auf das Symbol in der Taskleiste aktiviert, enthält Symbole zum Starten von Apps und zum Öffnen von Dateien.

Store

Microsoft-Dienst, bietet Apps und Spiele, Musik, Videos und Fernsehserien für Windows zum Download an.

Systemsteuerung

Hier sind alle Programme zusammengefasst, die Windows für die Steuerung seiner Systembestandteile zur Verfügung stellt.

Tablet

Eingabegeräte mit Touchscreen. Maus und Tastatur können über Bluetooth angeschlossen werden.

Taskleiste

Die Symbolleiste am unteren Bildschirmrand des Desktops. Sie enthält für jedes aktive Programm eine Verknüpfung.

Task-Manager

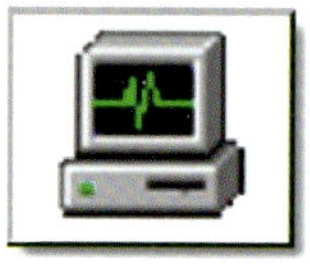

Ein Systemprogramm, das alle laufenden Programme (Tasks) anzeigt. Es kann mit Strg+Alt+Entf oder über das Startmenü aufgerufen werden.

Tastatur

Das Eingabegerät für PCs und mobile Computer. Für Tablets kann unter Windows 11 eine Bildschirmtastatur aktiviert werden.

Teams

App von Microsoft für Videokonferenzen, Teamarbeit, Chat und Kommunikation.

Teilen

Bezeichnung für die Aktion des Nutzers, Daten oder Informationen (Fotos, Videos, Internetlinks) an andere Nutzer zu übermitteln.

Treiber

Software, die den Betrieb eines Gerätes unter Windows ermöglicht. Sie wird aus der Windows-Treiberdatenbank oder von der Hersteller-CD installiert.

Trojaner

Ein bösartiges Programm, das sich über E-Mail-Anhänge auf der Festplatte installiert und von dort aus vom Benutzer unbemerkt Daten zerstört, Mails versendet oder sonstigen Schaden anrichtet. Virenschutzprogramme wie Windows Defender verhindern Trojaner.

URL

Abk. für **U**niform **R**esource **L**ocator, bezeichnet eine Internetadresse oder einen Anbieter im Internet. Wird in die Adresszeile des Browsers zum Aufruf einer Seite eingegeben.

USB

Abk. für **U**niversal **S**erial **B**us. Früher gab es die serielle Schnittstelle, heute ist USB der Standardstecker für Drucker, Scanner, externe Speicher, Digitalkameras und viele andere Geräte.

USB-Stick

Ein Speichermedium mit einer Kapazität von mehreren Gigabyte, das an die USB-Schnittstelle angeschlossen wird.

Verwaltungstools

Alle Windows-Programme, die nicht als Apps angeboten werden, zum Beispiel die Systemsteuerung oder die Computerverwaltung.

Virus

Ein bösartiges Programm, das sich über E-Mail oder Internet verbreitet und programmiert ist, um sich zu vermehren und Schaden anzurichten. Virenschutzprogramme verhindern und vernichten Viren.

Wartungscenter

Überwachungsmechanismus, der Störungen im System oder Sicherheitslücken (z. B. fehlenden Virenschutz) anzeigt. In Windows 11 ist das *Windows-Sicherheit*.

WAV

Älteres Dateiformat für Sounddateien, wird vom Sprachrekorder und Windows Media Player unterstützt. Das aktuelle Format ist M4A.

Widgets

Dienstprogramme für Wetter, Aktien, Nachrichten, Sport u. a. auf dem Windows-11-Desktop.

Windows Defender

Ein Programm zur Abwehr von Viren, Trojanern, Spyware und jeder Art schädlicher Software.

Windows-Explorer

Programm für die Verwaltung von Dateien und Ordnern auf Datenträgern (Festplatte, CD, DVD) und in Netzwerken.

Windows Sounds

Sammlung von Sounddateien, die Windows-Ereignissen (z. B. Start, Fehlermeldung) zugewiesen sind. Kann in der Systemsteuerung verwaltet und geändert werden.

Windows-Terminal

App für Befehlszeilen-Anwender mit PowerShell, Eingabeaufforderung und anderen Editoren.

Windows Update

Automatischer Dienst von Windows 11, der neue oder geänderte Systemdaten automatisch online abruft und installiert. Kann auch auf manuellen Betrieb eingestellt werden.

WLAN

Abk. für **W**ireless **L**ocal **A**rea **N**etwork. Lokales Funknetz mit Reichweiten bis 300 Meter.

Wurm

Ein bösartiges Virenprogramm, das sich ein Programm als »Wirt« sucht, um sich zu vermehren und Schaden anzurichten.

A

B

C

D

E

F

G

H

I

K

L

M